企业劳动合规与职工维权指引

上海市普陀区总工会
上海七方律师事务所 组编

QIYE LAODONG HEGUI
YU
ZHIGONG WEIQUAN ZHIYIN

法律出版社 LAW PRESS · CHINA
北京

图书在版编目(CIP)数据

企业劳动合规与职工维权指引 / 上海市普陀区总工会,上海七方律师事务所组编. -- 北京 : 法律出版社, 2023

ISBN 978 -7 -5197 -7300 -7

Ⅰ. ①企… Ⅱ. ①上… ②上… Ⅲ. ①劳动法-研究-中国 Ⅳ. ①D922.504

中国版本图书馆 CIP 数据核字(2022)第 210237 号

企业劳动合规与职工维权指引
QIYE LAODONG HEGUI YU ZHIGONG WEIQUAN ZHIYIN

上海市普陀区总工会
上海七方律师事务所 组编

策划编辑 朱海波
责任编辑 朱海波 李 军
装帧设计 汪奇峰

出版发行 法律出版社
编辑统筹 法律应用出版分社
责任校对 晁明慧
责任印制 刘晓伟
经　　销 新华书店

开本 710 毫米×1000 毫米 1/16
印张 21.5 **字数** 380 千
版本 2023 年 1 月第 1 版
印次 2023 年 1 月第 1 次印刷
印刷 北京盛通印刷股份有限公司

地址:北京市丰台区莲花池西里 7 号(100073)
网址:www.lawpress.com.cn
投稿邮箱:info@lawpress.com.cn
举报盗版邮箱:jbwq@lawpress.com.cn

销售电话:010-83938349
客服电话:010-83938350
咨询电话:010-63939796

书号:ISBN 978-7-5197-7300-7　　**定价**:80.00 元

凡购买本社图书,如有印装错误,我社负责退换。电话:010-83938349

编 辑 委 员 会

主　　编：姚　军

副 主 编：徐　军　赵龙北

执行副主编：李华平

撰 稿 人：李华平　谢亦团　王余婷　马怡坤　郑　华　李　剑　孙志勇　王年俊　李林芳　吴　炜　朱玉贵　罗雅敏　宋佳凌　孔慧卿

前　言

劳动关系是生产关系的重要组成部分，是最基本、最重要的社会关系之一。劳动关系是否和谐，事关广大职工和企业的切身利益，事关经济发展与社会和谐。以习近平新时代中国特色社会主义思想为指引，维护职工合法权益、竭诚服务职工群众，构建和谐劳动关系是工会工作职责所在。

为了进一步帮助企业规范劳动用工合规管理，提高职工依法维权能力，上海市普陀区总工会组织权益保障部工作人员和上海七方律师事务所劳动法团队律师合作撰写本书，为企业劳动合规和职工维权所用。

本书一共有15章，以“劳动合同的订立、履行、变更、解除与终止”为纵向主线，横向内容涵盖劳动关系、劳动报酬、工时休假、服务期、竞业限制、女职工权益保护、工伤、特殊劳动用工、集体合同及争议处理等内容。全书统一采用【导读】【案情简介】【裁判结果】【案例精析】【维权提醒】【法条索引】的体例撰写而成。本书特色主要体现在以下几个方面：

1. 针对性强。所选劳动争议案例都是真实发生且已经生效的裁判案例，精析内容都是针对劳动用工合规管理的重点难点和常见误区而展开、归纳与总结。

2. 专业性强。参与撰写的作者均是从事企业劳动合规管理和职工维权的工会干部和劳动法专业律师，实务经验丰富；全书由执行副主编、上海七方律师事务所首席合伙人、上海市律师协会劳动与社会保障业务研究委员会副主任、上海市总工会法律顾问团成员李华平律师进行统稿和专业把关。

3. 新颖性强。书中所援引的法律法规和裁审实践都是最新内容，其中《民法典》《个人信息保护法》《最高人民法院关于审理劳动争议案件适用法律问题的解释(一)》以及最高人民法院、人力资源和社会保障部公布的最新劳动案例公报等法律法规和典型案例裁判观点均纳入其中。

4. 实用性强。书中的内容不同于法学理论教程，而是聚焦裁审实践，对规范企业劳动用工和职工维权有明确的指引；适合企业人力资源管理者、工会干部、企业职工直接运用，也适合法务人员、劳动法律师等专业人士阅读和参考。

由于劳动法律法规存在地区差异性，书中撰写内容主要以上海地区为蓝本而展开，广大企业和职工在适用过程中需要特别注意。书中撰写难免有疏漏之处，也欢迎广大读者添加上海市普陀区总工会微信公众号(普工英)或上海七方律师事务所劳动法团队微信公众号(聚焦劳动法)向作者提出宝贵意见和交流探讨。

目　　录

第一章　劳 动 关 系

第一节　确认劳动关系　/001

第二节　达到退休年龄的劳动用工　/006

第三节　新就业形态的劳动用工　/010

第二章　劳动合同的订立

第一节　劳动者招录用　/016

第二节　订立书面劳动合同　/019

第三节　无固定期限劳动合同　/024

第四节　试用期管理　/030

第五节　无效劳动合同　/035

第三章　劳 动 报 酬

第一节　最低工资　/041

第二节　奖金提成　/046

第三节　扣减工资　/052

第四节　停工、停产工资　/057

第四章　工 时 休 假

第一节　工时制度　/062

第二节　加班管理　/067

第三节　病假与医疗期　/074

第四节　年休假管理　/079

第五章　培训与服务期

第一节　服务期约定　/087
第二节　服务期无效约定　/094

第六章　保密与竞业限制

第一节　保密义务　/099
第二节　竞业限制　/103

第七章　劳动合同的履行与变更

第一节　用人单位分立、合并　/112
第二节　劳动合同变更　/116

第八章　劳动合同的解除

第一节　辞职　/122
第二节　劳动者单方解除　/127
第三节　不胜任工作解除　/133
第四节　医疗期解除劳动合同　/138
第五节　客观情况发生重大变化解除　/143
第六节　工作违纪解除　/148
第七节　旷工违纪解除　/154
第八节　工作失职解除　/158
第九节　经济性裁员　/162

第九章　劳动合同的终止

第一节　劳动合同期满终止　/168
第二节　达到法定退休年龄劳动合同终止　/174

第十章　女职工权益保护

第一节　“三期”女职工假期保护　/178

第二节　“三期”女职工解雇保护　/184
第三节　职场性骚扰防范与处置　/188

第十一章　特殊劳动用工

第一节　劳务派遣用工　/192
第二节　非全日制用工　/198
第三节　涉外劳动用工　/203
第四节　无营业执照劳动用工　/208
第五节　个人承包劳动用工　/212

第十二章　工伤认定与工伤保险待遇

第一节　工伤认定　/216
第二节　工伤保险待遇　/224

第十三章　集 体 合 同

第一节　集体合同　/233
第二节　集体劳动争议　/238

第十四章　规 章 制 度

第一节　规章制度的程序合规性　/245
第二节　规章制度的内容合法性　/249
第三节　规章制度的运用　/253

第十五章　劳动争议处理

第一节　劳动争议调解　/260
第二节　劳动监察　/265
第三节　仲裁受理范围　/270
第四节　仲裁管辖机构　/274
第五节　仲裁申请时效　/279
第六节　“一裁终局”　/283

附　录

中华人民共和国劳动法　/288
中华人民共和国劳动合同法　/300
中华人民共和国劳动合同法实施条例　/315
中华人民共和国劳动争议调解仲裁法　/321
最高人民法院关于审理劳动争议案件适用法律问题的解释(一)　/328

后　记　/338

第一章

劳动关系

第一节　确认劳动关系

导　读

确认劳动关系纠纷主要是指用人单位和劳动者就劳动关系存在与否、劳动关系终止与否和劳动关系有效与否等问题发生的争议。根据《劳动合同法》第7条的规定,用人单位自用工之日起即与劳动者建立劳动关系。这表明建立劳动关系的实质性标准是劳动者向用人单位提供了劳动,劳动者接受用人单位的管理和指挥,其提供的劳动是用人单位业务的组成部分。实践中,发生确认劳动关系争议主要是由于没有订立书面劳动合同,部分争议案件是由于劳动者在实际用工中发生伤害,在申请工伤认定之前必须进行确认劳动关系所产生。因此,是否订立书面劳动合同并非判断用人单位和劳动者是否建立劳动关系的标准,实际用工才是核心所在。

案情简介

王先生称其于2021年1月3日进入上海某创图商贸有限公司(以下简称创图公司)处上班,担任电子软件硬件设计师岗位,月工资为税后26,000元。因创图公司未支付其工资,为此王先生向上海市某区劳动人事争议仲裁委员会提出申请,要求确认王先生与创图公司2021年1月3日至20日存在劳动关系,并支付期间的工资15,540元。之后不服仲裁裁决内容,诉讼至法院。

王先生认为与创图公司存在劳动关系的事实和依据为:2021年1月2日王先生看到创图公司的招聘信息,因此在网上向创图公司的法定代表人徐先生询问创图公司工程师的要求,随后双方互相添加了微信。在1月3日的微信记录中,徐先生发了一个“艺术钟”的视频,并询问自己是否会做。自己回答会做的,并向对方报价为月薪是25,000元。对方问自己可否按照项目报价。自己报价为2至3个月的工资。随后徐先生又在微信中发了3个视频的产品,要求自己做其中的一个。徐先生问怎么付款。自己回答道:“不满意不要钱,3个月的工资。”

在庭审中王先生称,自2021年1月4日起根据徐先生的要求在做产品,并在微信上多次与徐先生交流,为创图公司提供了劳动;1月12日通过微信发给徐先生“××项目研发合作协议”实质上就是劳动合同;虽然1月3日至1月20日自己没有到过创图公司,但平时在家工作都是由创图公司法定代表人徐先生安排的。因此,王先生与创图公司存在劳动关系。

创图公司则表示,公司确实在网上发布了招聘广告,公司法定代表人徐先生与王先生进行了联系,但并未进行招聘王先生的工作,当时徐先生只是在微信中询问王先生会不会做相关产品,王先生答复会做,之后王先生进行了报价。2021年1月12日王先生确实通过微信发给创图公司一份“××项目研发合作协议”,但双方未签订过任何协议。创图公司从未安排过王先生在家工作,亦从未支付过王先生任何款项,因此创图公司与王先生之间不存在劳动关系。

裁判结果

法院认为,判断劳动者与用人单位之间存在劳动关系,应具备以下条件:(1)用人单位和劳动者符合法律、法规规定的主体资格;(2)劳动者接受用人单位的管理和指挥,从事用人单位安排的劳动,其提供的劳动是用人单位业务的组成部分;(3)用人单位依照法律规定和合同约定向劳动者给付劳动报酬。本案中王先生提供的其与创图公司法定代表人徐先生之间的微信记录显示双方实际就某个产品进行商谈,上述报价实际针对某个产品的价格,王先生所称系其月工资标准显然与事实不符。而且王先生在微信中发给徐先生“××项目研发合作协议”亦反映双方仅为业务合作,王先生并未提供依据证明其平时工作由创图公司安排。王先生并未接受创图公司的工作安排、管理和指挥,且创图公司从未支付过王先生劳动报酬,双方之间不存在建立长期稳定的劳动关系,亦不符合建立劳动关系的相关要素。故王先生要求确认2021年1月3日至2021年1月20日与创图公司存在劳动关系并要求公司支付王先生这期间工资的诉讼请求,不予支持。

案例精析

本案是一起确认劳动关系纠纷案件。劳动关系是用人单位和劳动者之间依法签订劳动合同而在劳动者与用人单位之间产生的法律关系。劳动者接受用人单位的管理,从事用人单位安排的工作,成为用人单位的成员,从用人单位领取劳动报酬和受劳动保护。实践中,部分用人单位和劳动者没有签订书面劳动合同而直接用工,双方形成事实劳动关系。

针对如何认定劳动关系,我国法律并没有明确的规定,实践中所依据的是2005年原劳动和社会保障部下发的《关于确立劳动关系有关事项的通知》(劳社部发〔2005〕12号)这一规范性文件。根据该规定,同时具备下列情形的,劳动关系成立:(1)用人单位和劳动者符合法律、法规规定的主体资格;(2)用人单位依法制定的各项劳动规章制度适用于劳动者,劳动者受用人单位的劳动管理,从事用人单位安排的有报酬的劳动;(3)劳动者提供的劳动是用人单位业务的组成部分。

一、劳动关系主体资格的认定

在判断是否存在劳动关系这一问题上,首先是用人单位和劳动者都需要符合法律法规规定的主体资格。

根据《劳动合同法》《劳动合同法实施条例》的规定,中国境内的企业、个体经济组织、民办非企业单位、国家机关、事业单位、社会团体、会计师事务所、律师事务所等合伙组织、基金会、依法取得营业执照或者登记证书的用人单位分支机构都属于劳动法意义上的用人单位,具有用人单位主体资格。《民法典》实施后,农村集体经济组织法人、城镇农村的合作经济组织法人以及居民委员会、村民委员会等基层群众性自治组织法人,也有可能被认定为具备用人单位主体资格,可以与劳动者建立劳动关系。而境外公司在境内设立的代表处,未取得营业执照或者登记证书的分支机构、处于筹备期但最终未成立的企业,均不具有用人单位的主体资格,无法与劳动者建立劳动关系。

针对劳动者主体资格问题,主要表现在以下几个方面:一是年龄问题,劳动者应当是年满16周岁(专业文艺工作者、运动员除外)至法定退休年龄。二是身份问题:劳动者已经领取养老保险待遇用人单位继续使用的,其已不再是劳动法意义上的劳动者，双方构成劳务关系；劳动者虽然达到法定退休年龄但未能领取养老保险待遇而用人单位继续使用的，仍然是劳动者的适格主体。三是针对尚未毕业的大学生，利用业余时间勤工俭学为用人单位提供劳动的，不具有劳动者主体资格，双方建立的不是劳动关系（以就业为目的，双方达成建立劳动关系合意的除外）。四是针对外国人、无国籍人，在依法办理了就业许可后方可取得劳动者主体资格。

二、劳动关系从属性的认定

从属性是判断劳动关系的实质标准，劳动关系具有人格从属性、经济从属性、组织从属性的特点，这也是劳动关系区别于其他民事关系的核心所在。

劳动者向用人单位提供劳动时，其人身在一定程度上受到用人单位的支配。用人单位对工作任务的指示和命令，必须由劳动者本人亲自履行；劳动者接受用人单位的管理和监督、遵守其规章制度和劳动纪律，包括工作时间、工作地点、工作内容等构成劳动者一定程度上的人身自由限制，形成管理与被管理的关系。

用人单位提供生产材料和劳动工具，享受劳动者的劳动成果，承担劳动者劳动所带来的职业风险和经营风险；劳动者根据劳动获得劳动报酬和保险福利等待遇，具有一定的“对价”，但并不“等价”。

劳动者始终作为用人单位的一员存在，受用人单位指挥与控制，劳动者与其他劳动者密切协助，共同完成劳动任务，经用人单位许可以用人单位的名义对外开展业务。

三、业务组成部分的认定

相对于劳动关系的主体资格认定和从属性认定来讲，劳动者提供的劳动是用人单位业务的组成部分这一要素的内涵最为宽泛，裁审部门的自由裁量空间很大，基本上不是核心的判断要素，仅作为综合考虑的因素之一。

确认劳动关系之诉，除综合判断以上三大要素外，用人单位和劳动者之间是否具有建立劳动关系的合意也是裁审部门需要查明的关键所在，这一点非常重要。

回到本案，王先生和创图公司在劳动关系主体上并没有问题，但是双方并没有就建立劳动关系达成合意，王先生也没有实际提供劳动以及接受创图公司的管理，不符合劳动关系从属性特征。徐先生和王先生仅就项目合作进行过沟通，并没有构成实际用工行为。因此，法院经审理认为，王先生和徐先生的微信对话有项目研发合作协议等内容可以反映双方仅是业务合作,王先生并不受创图公司的工作安排和管理,双方没有建立长期稳定劳动关系的合意,所以对王先生的确认之诉不予支持。

维权提醒

1. 为避免产生确认劳动关系纠纷,劳动者应当和用人单位签订书面劳动合同。在没有书面劳动合同的情况下,劳动者需要尽可能保留能够证明用人单位实际用工的证据,留下提供过劳动的痕迹,例如,工作内容记录、考勤记录等。

2. 保留与用人单位协商确定劳动报酬的证据,如现金发放的尽可能保存工资支付凭证或记录,没有书面单据的应留有录音证据等;保留盖有公司公章的相关表单、通知书等。

3. 保留与公司相关负责人员的微信记录、短信记录、电子邮件等电子证据。

法条索引

《劳动合同法》

第2条 中华人民共和国境内的企业、个体经济组织、民办非企业单位等组织(以下称用人单位)与劳动者建立劳动关系,订立、履行、变更、解除或者终止劳动合同,适用本法。

国家机关、事业单位、社会团体和与其建立劳动关系的劳动者,订立、履行、变更、解除或者终止劳动合同,依照本法执行。

《劳动合同法实施条例》

第3条 依法成立的会计师事务所、律师事务所等合伙组织和基金会,属于劳动合同法规定的用人单位。

第4条 劳动合同法规定的用人单位设立的分支机构,依法取得营业执照或者登记证书的,可以作为用人单位与劳动者订立劳动合同;未依法取得营业执照或者登记证书的,受用人单位委托可以与劳动者订立劳动合同。

《劳动和社会保障部关于确立劳动关系有关事项的通知》(劳社部发〔2005〕12号)

一、用人单位招用劳动者未订立书面劳动合同,但同时具备下列情形的,劳动关系成立。

（一）用人单位和劳动者符合法律、法规规定的主体资格；

（二）用人单位依法制定的各项劳动规章制度适用于劳动者，劳动者受用人单位的劳动管理，从事用人单位安排的有报酬的劳动；

（三）劳动者提供的劳动是用人单位业务的组成部分。

第二节 达到退休年龄的劳动用工

导 读

劳动关系，是指用人单位招用劳动者为其成员，劳动者在用人单位的管理下，提供由用人单位支付报酬的劳动而产生的权利义务关系。劳务关系则是指平等民事主体之间就一方向另一方提供劳务，另一方接受劳务并支付对价而相互形成的权利义务关系。劳动者开始依法享受基本养老保险待遇或达到法定退休年龄的，劳动合同终止。已经依法享受养老保险待遇或领取退休金的人员再就业的，与用工单位建立劳务关系；劳动者达到法定退休年龄但无法享受养老保险待遇，用人单位选择继续使用的，双方建立的依然是劳动关系。

案情简介

余某（女），1970 年 10 月 25 日出生，系外地来沪从业人员。2018 年 8 月 6 日，余某进入上海某保洁服务有限公司（以下简称保洁公司）从事保洁工作，双方签订多份劳务协议，协议文本中载明双方建立雇佣服务关系，不属于劳动关系。最后一份劳务协议的合同期为 2020 年 9 月 1 日至 2021 年 12 月 31 日。余某入职后，还应保洁公司要求签署了一份承诺书，承诺无须保洁公司为其缴纳社保，由此引发的劳动争议由其自行承担。

余某的基本工资为本市最低工资标准，另有加班费。2020 年 10 月 25 日，余某年满 50 周岁，继续在保洁公司从事上述工作。2021 年 3 月 20 日，余某在工作中受伤，后未再上班。2021 年 4 月 16 日，余某向劳动人事争议仲裁委员会申请仲裁，要求确认 2018 年 9 月 1 日至 2021 年 4 月 16 日与保洁公司存在劳动关系。

裁判结果

劳动人事争议仲裁委员会经审理，以 2020 年 4 月 16 日之前劳动关系确认请求超过仲裁时效为由不予处理，并确认 2020 年 4 月 17 日至 2021 年 3 月 20 日余某与保洁公司具有劳动关系；保洁公司不服仲裁裁决，起诉至法院。

法院认为，劳动者提供的劳动是用人单位业务的组成部分，用人单位支付劳动者工资，劳动者受用人单位管理、约束的，可以认定双方成立劳动关系。余某接受保洁公司安排从事其经营的保洁业务工作，保洁公司按月支付工资，故双方符合劳动关系人身从属性、财产从属性特征。保洁公司和余某虽然签署劳务协议，并言明双方不属劳动关系，余某也出具不缴纳社保的承诺，但均无法推翻劳动关系实质，劳动关系依法成立，不因当事人合意而改变。余某自 2018 年入职，其工作内容、地点、方式持续，于合同期间年满 50 周岁，但并未办理退休手续、领取养老金，保洁公司亦从未告知终止劳动关系、开启劳务关系，故双方此前成立的劳动关系持续至余某年满 50 周岁之后。保洁公司的诉请不成立，余某要求按仲裁裁决处理，法院应予支持。

案例精析

这是一起用人单位与达到法定退休年龄的劳动者之间因确认劳动关系引发的争议。双方之间建立的是劳务关系还是劳动关系，影响双方的实质权利义务和责任承担。

一、劳动者达到法定退休年龄，是否与用人单位建立劳动关系要区分不同情况

《劳动合同法》第 44 条规定，劳动者开始依法享受基本养老保险待遇的，劳动合同终止。劳动者办理退休手续，开始领取养老保险待遇的，用人单位与劳动者之间的劳动关系终止。已经依法享受养老保险待遇或领取退休金的人员再就业的，不属于《劳动法》《劳动合同法》规定的劳动者，用人单位与其建立的不再是劳动关系，而是劳务关系。用人单位与其招用的已经依法享受养老保险待遇或者领取退休金的人员发生用工争议，也不属于劳动争议，而属于劳务纠纷，直接由人民法院进行管辖处理。

劳动者能否享受养老保险待遇与缴纳的社会保险年限相关，现行的相关政策要求劳动者达到法定退休年龄且需缴纳社会保险年限达 15 年（含视同缴费年限)。对达到法定退休年龄但是无法享受养老保险的人员该如何处理?《劳动合同法实施条例》第 21 条规定,劳动者达到法定退休年龄的,劳动合同终止,也就是说,劳动者达到法定退休年龄即使无法享受养老保险,用人单位同样可以与劳动者终止劳动合同,办理退工手续属于合法终止。

但是,在实践中还存在另一种情形,即劳动者达到法定退休年龄但无法享受养老保险待遇,用人单位并未终止其劳动合同而是选择继续使用该劳动者工作的,此时双方建立的依然是劳动关系,并不因为其达到法定退休年龄而自动转为劳务关系。本案中,余某于 2020 年 10 月 25 日年满 50 周岁,保洁公司并未与其终止劳动合同,而是选择继续使用余某工作,尽管余某超过了法定退休年龄但并未享受养老保险,则双方建立的依然是劳动关系。

需要说明的是,本案中保洁公司和余某尽管签订了数份劳务协议,但双方建立何种关系并不看形式上的文本协议约定,而是看实质上的用工性质。假如双方建立的是劳动关系,签订劳务协议并不能改变其劳动关系的实质;同样,如果双方实际建立的是劳务关系,也不会因为签订的是劳动合同而认定为劳动关系。根据《社会保险法》的规定,用人单位为劳动者依法缴纳社会保险是强制性法定义务。本案中,保洁公司还要求余某签署承诺函,承诺无须缴纳社会保险。该承诺内容违反法律、行政法规的强制性规定,属于无效承诺。另外,劳动关系的建立与缴纳社会保险是两个法律关系,没有缴纳社会保险不等于没有建立劳动关系。

二、劳动关系与劳务关系的主要区别

劳动关系,是指用人单位招用劳动者为其成员,劳动者在用人单位的管理下提供由用人单位支付报酬的劳动而产生的权利义务关系。劳务关系则是指平等民事主体之间就一方向另一方提供劳务,另一方接受劳务并支付对价而相互形成的权利义务关系。劳动关系与劳务关系的区别主要有以下几个方面:

1. 主体范围不同。劳动关系的主体一方是用人单位,另一方则必须是劳动者个人;劳务关系的主体则可以同时都是法人、其他组织、自然人,也可以单方是自然人与法人、其他组织。

2. 性质关系不同。劳动关系的主体之间不仅存在财产关系,还存在人身关系,劳动者除了提供劳动之外,还要接受用人单位的管理,服从其工作安排,遵守规章制度等,成为用人单位的成员。劳务关系的双方当事人间只存在财产关系,彼此之间没有隶属关系;劳动者提供劳务服务,劳务单位支付劳务报酬,各自独立,地位平等。

3. 主体待遇不同。劳动关系中的劳动者除获得劳动报酬外,还享有休息休假、保险福利等待遇;劳务关系的劳动者一般只取得劳务报酬。

4. 报酬确定不同。在劳动关系中,用人单位和劳动者可约定劳动报酬,没有约定报酬的按照集体合同执行,没有集体合同需遵循同工同酬原则;劳务关系中的劳务报酬则完全由双方当事人协商确定。

5. 雇主义务不同。劳动关系贯彻国家干预原则,《劳动法》强制性地为用人单位规定了许多有关劳动基准的义务,如缴纳社会保险、最低工资保障、休息休假、劳动安全卫生等;劳务关系的雇主一般没有上述法定义务。

6. 法律适用不同。劳动关系主要由劳动法和社会保障法来调整,如《劳动法》《劳动合同法》《社会保险法》等;劳务关系则主要由《民法典》来调整。

7. 争议处理不同。劳动关系争议必须经过劳动争议仲裁前置程序,对仲裁裁决不服的,则在法定期限内向人民法院提起诉讼,对"一裁终局"案件,用人单位可以向中级人民法院申请撤销;劳务关系纠纷出现后如果协商不成,可以直接通过诉讼方式予以解决。

维权提醒

1. 劳动者签订相关文本协议时最核心的内容是明确劳动报酬、工作时间、工作内容和劳动保护等涉及劳动者切身利益的内容。至于与用人单位之间建立的是劳动关系还是劳务关系,并不看双方签订的文本协议名称,而是看用工的实质。

2. 用人单位要求劳动者签订放弃缴纳社会保险的承诺或约定无效,即使签订了,劳动者仍可以向用人单位主张补缴社会保险。

3. 对达到法定退休年龄的劳动者,用人单位继续使用的,由于无法缴纳工伤保险,劳动者发生工伤的,全部由用人单位承担工伤保险主体责任。

法条索引

《劳动合同法》

第44条 有下列情形之一的,劳动合同终止:

（一）劳动合同期满的；

（二）劳动者开始依法享受基本养老保险待遇的；

……

《劳动合同法实施条例》

第21条 劳动者达到法定退休年龄的，劳动合同终止。

《最高人民法院关于审理劳动争议案件适用法律问题的解释（一）》

第32条 用人单位与其招用的已经依法享受养老保险待遇或者领取退休金的人员发生用工争议而提起诉讼的，人民法院应当按劳务关系处理。

企业停薪留职人员、未达到法定退休年龄的内退人员、下岗待岗人员以及企业经营性停产放长假人员，因与新的用人单位发生用工争议而提起诉讼的，人民法院应当按劳动关系处理。

第三节 新就业形态的劳动用工

导 读

平台经济迅速发展，创造了大量就业机会，依托互联网平台就业的网约配送员、网约车驾驶员、货车司机等新就业形态劳动者数量大幅增加。新就业形态用工灵活性主要表现形式是“去劳动关系化”或“劳动关系不确定性”，维护劳动者劳动保障权益面临新情况、新问题。新就业形态用工对传统劳动关系认定标准带来了挑战，但并未改变劳动力与生产资料相结合之本质。当事人之间是否存在劳动关系，劳动合同并非唯一认定标准，应以实际用工为准。平台用工模式的劳动关系认定，应以劳动实质为优先原则，以劳动管理程度比重为核心依据，辅以企业对劳动持续性影响程度、收益风险分担情况等因素综合判断。

案情简介

曾某于2017年3月10日开始在某一站点做外卖送餐员，固定为某一餐饮外卖平台送餐。2017年9月7日在送餐途中受伤。该外卖平台公司提供了一套完整的资料，包括曾某的基础档案等证明外卖平台公司将该站点的业务交由宁波A公司合作代理经营。曾某向劳动人事争议仲裁委员会申请仲裁，要求确认

2017年3月10日至2018年8月28日曾某与宁波A公司存在劳动关系,并要求宁波A公司支付2017年9月7日至2018年7月31日停工留薪期工资人民币75,790.06元。

宁波A公司则称不负责对骑手的管理、招聘,只是负责运营平台的管理以及站点固定资产的维护,相关站点的骑手与宁波A公司无关。曾某提供的银行交易明细显示,2017年4月、5月、6月北京B公司向曾某支付报酬,客户摘要为“代发工资”;2017年7月、8月安徽C公司向曾某支付报酬,2017年9月、10月安徽D公司向曾某支付报酬,客户摘要为“批量支付款项AGSH”。

为证明与宁波A公司存在劳动关系,曾某提供证据证明杨某系宁波A公司的管理人员,其与曾某妻子的通话中明确承认曾某为工伤,宁波A公司在站点公示栏张贴了营业执照、日常规范及排班表,以及报销曾某医疗费的银行交易明细等,曾某需要每天到宁波A公司指定的站点报到,参加晨会,接受派单及时送单,如果迟到会有扣款。

诉讼时北京B公司已经吊销,安徽C公司在诉讼中提供《业务外包合同》一份,甲方为宁波A公司等,乙方为安徽C公司、安徽D公司,合同期限为2017年1月1日至2019年12月31日。服务范围为甲方(宁波A公司等)经营装卸配送服务的区域(全国范围)。第2条委托事项为甲方(宁波A公司等)委托乙方为甲方签约的客户提供装卸配送服务,甲方签约的客户包括但不限于百度、美团、淘点点、锦食送、大众点评、饿了么。第4条费用结算为……每月5日由甲方(宁波A公司等)发起对账,根据第三方平台装卸配送方的配送单量数据确认结算金额,乙方人员工资支付时间参照各地薪酬管理制度……乙方应当根据本合同甲方定额人工费用标准自行招聘、管理员工,同时根据《劳动合同法》及相关法律法规与所聘员工建立劳动关系,给付劳动福利及待遇,员工与乙方签订合同,薪酬由甲方制定,社保等问题由乙方承担。

裁判结果

劳动人事争议仲裁委员会、一审法院驳回曾某请求,二审法院予以改判,判决宁波A公司与曾某2017年9月1日至2018年8月28日存在劳动关系。

二审法院认为,劳动者的工作是用人单位业务的组成部分,受用人单位的管理、约束等,该情形体现了劳动关系具有人身依附性。同时,劳动者有按劳取酬的权利,劳动者出卖劳动力使用权的目的是获取劳动报酬,该情形体现了劳动关系的财产从属性。宁波A公司、曾某双方均符合法律、法规规定的劳动法主体资格;宁波A公司开展外卖平台送餐经营,与平台公司签订《蜂鸟配送代理合作协议》,约定在指定的范围和区域内开展业务,保证其提供符合要求的员工,曾某提供的外卖派送服务系宁波A公司的业务组成部分;平台结算费用后,先打入宁波A公司账户,再由其分配至具有合作关系的劳务公司,最终支付给骑手;宁波A公司认可的曾某基础档案复印件、当日订单配送明细复印件显示,曾某所属代理商团队名称为宁波A公司。前述种种均体现了双方存有人身依附性及财产从属性,符合劳动关系的基本特征。

本案中,宁波A公司从曾某提供的劳动中获益,其相关合作劳务公司向曾某支付工资,则宁波A公司应当承担相应的法律责任及企业之社会责任。若允许其工资支付主体轮换,则无法明确界分权利义务,进而劳动者基本权利之救济难以保障,即诸如本案曾某其请求确定劳动关系从而获得可能的工伤保险待遇之救济。综上,法院确认自2017年9月1日起,曾某与宁波A公司具有劳动关系。曾某主张劳动关系至2018年8月28日,法院予以准许。另,曾某在宁波A公司工作的时间及完成工作情况具有一定的稳定性,鉴于众多骑手情况各不相同,因此法院认定曾某与宁波A公司之间存有劳动关系,并不代表宁波A公司相关站点的骑手与该公司之间均具有劳动关系。

案例精析

该案获得最高人民法院2021年全国法院系统优秀案例三等奖。

一、新就业形态用工与"去劳动关系化"

区别于传统的标准劳动关系,新就业形态的用工模式改由"用工单位+平台+个人"的方式构成,通过互联网平台连接了人力资源供需两侧,实现用工的灵活化。因此,按照传统的劳动关系认定标准来判断,新就业形态用工方式的人身依附性弱化,经济从属性弱化,组织从属性也弱化,一般难以被认定为劳动关系。就目前的司法实践来看,快递员、外卖员、网约车驾驶员等新形态就业群体,不被认定为劳动关系居多。可以说,"去劳动关系化"的现象非常明显。

诚然,一旦新就业形态用工被直接认定为劳动关系,会对用工灵活性带来一系列影响,这些影响主要由《劳动法》《劳动合同法》的相关特殊劳动保护规定所导致,比如,签订书面劳动合同、签订无固定期限劳动合同、劳动报酬要求、休息休假规定、女职工特殊保护、医疗期保护、社会保险缴纳、劳动合同解除保护、经济补偿金支付等一系列规定。因此,将劳动关系泛化会影响新就业形态的快速发展,司法实践中,一般不倾向于将新就业形态用工认定为劳动关系。

正是因为新就业形态群体很难纳入《劳动法》《劳动合同法》的劳动权益保障范围之内,许多平台企业往往也认为自己仅属于信息提供者,属于“居间中介”身份,一旦劳动者在就业过程中发生伤害或致使他人受伤,平台企业通常把自己的责任撇得干干净净。但实际上,平台企业作为信息纽带并不是简单的信息提供者,其还存在诸多的雇主特征,因此并不是所有新就业形态用工都不能认定为劳动关系。

二、新就业形态劳动用工的不同情形

针对新就业形态用工,需要根据不同情形进行区分;对符合确立劳动关系情形的,企业应当依法与劳动者订立劳动合同。有关劳动关系确立的标准按照人身性、经济性、组织性的标准进行综合判断。一般情况下,平台公司不会选择直接与新就业形态劳动者建立劳动关系,往往通过第三方合作公司开展业务,由第三方对劳动者进行管理,因此,核心是判断合作公司是否与新就业形态劳动者建立劳动关系。本案中,宁波 A 公司开展外卖平台送餐经营,与平台公司签订《蜂鸟配送代理合作协议》,约定在指定的范围和区域内开展业务,曾某提供的外卖派送服务系宁波 A 公司的业务组成部分;曾某获取的劳动报酬也是通过平台公司向宁波 A 公司进行结算后再通过合作公司支付的;曾某的订单配送以及相关基础档案能够反映其服务的公司实际为宁波 A 公司,符合双方确立劳动关系的基本特征。

还有一些类似“骑手”等众包性质的新就业形态,可能同时为一家或多家平台提供服务,同样需要接受平台企业的相应管理,但在工作时间等方面又具有相当的灵活性,难以完全按照劳动关系认定标准进行认定。人力资源和社会保障部等八部委联合发布的《关于维护新就业形态劳动者劳动保障权益的指导意见》(人社部发〔2021〕56 号)中对这种不完全符合确立劳动关系情形但企业对劳动者进行劳动管理的平台用工情形加以规范,要求平台企业与劳动者订立书面协议,合理确定平台企业与劳动者的权利义务。这是一种介于劳动关系与非劳动关系之间的不完全确立劳动关系的中间地带,平台企业不能免除相应的用工责任。

当然,也有一种完全是平等主体之间的业务合作,新就业形态者完全属于自由职业者,不依附于平台,不接受平台企业的管理,不具有人身依附性,二者之间完全是合作模式,此类情形应当按照民事法律来界定相互之间的权利义务。客观地说,此类情形极少。因为此类情形的用工,平台企业无法进行有效的管理和控制,很多平台一般不会采用。

平台企业为了规避法律风险,甚至还会采取形式上的合作模式。例如,让劳动者直接去注册成个体工商户,然后以个体工商户的名义与平台企业合作,这是典型的以虚假的意思表示实施的民事法律行为。司法实践中该种情形往往认定为合作形式无效,而遵循"事实优先原则"和隐藏的民事法律行为对相应法律关系进行认定。

三、新就业形态劳动者的劳动权益保障困境

新就业形态改变的是就业认知和就业模式,并没有改变产业劳动本身。但由于去劳动关系化所导致的问题就是平台用工主体责任的缺失,新就业形态群体劳动权益难以得到保障。比较突出的问题主要有以下几点:

1. 社会保险缴纳问题。社会保险缴纳是把养老、医疗、失业、工伤、生育保险捆绑在一起的,缴纳社会保险与建立劳动关系挂钩。如果没有建立劳动关系,则无须缴纳社会保险。新就业形态群体一旦在工作中受到职业伤害,就几乎没有任何职业保障。

2. 劳动报酬结算问题。新就业形态群体在几乎所有的平台是没有议价权的,劳动报酬的结算标准、支付时间,消费者支付费用标准等,无论是确定或调整变更,都是平台单方面说了算,也不存在与个体或集体协商的情形。

3. 劳动时间及强度问题。劳动时间、劳动强度不受劳动法律保护,超长时间工作、超负荷劳动是新就业形态群体的常态,目前这些都游离在劳动法律监管之外。

4. 权利侵犯救济问题。由于不存在劳动关系,劳动监察和劳动仲裁都不受理,只能到法院提起诉讼,但是由于平台用工所涉及的相关数据等证据都由平台公司掌握,新就业形态从业人员难以获得相关证据,"谁主张,谁举证"的举证规则导致维权难度很大。

新就业形态劳动者劳动权益保障问题已经引起了国家相关部门的极大重视,国家人力资源和社会保障部等八部委联合发布了《关于维护新就业形态劳动者劳动保障权益的指导意见》。新就业形态劳动者的职业伤害保障已经在部分省市开始试点,随着该指导意见相关举措相继落地,相信新就业形态劳动者的劳动权益将得到更好的保护。

维权提醒

1. 对新就业形态劳动者劳动关系的认定，应以劳动实质为优先原则，以平台劳动者入职、考勤、接单、薪资、评价等各环节的劳动管理程度比重为核心依据，辅以企业对劳动持续性影响程度、收益风险分担情况等因素综合判断，需要综合考量平台经营者及合作用工方在工作规则管理、任务分配、劳动过程监督与检查、工作时间要求等方面对劳动者的控制，以及劳动者对工作时间和工作量的自主决定程度，对相关主体在生产资料（包括数据）、生活来源上的依赖性等，来判断认定其是否构成劳动关系。因此，新就业形态劳动者应尽量保存和收集有关接受实质劳动管理的相关证据。

2. 建议组建快递企业行业工会、网约送餐行业工会、网约车企业行业工会等新形态就业行业工会，通过行业工会与平台企业进行集体协商，对新就业形态的劳动工时、劳动定额、最低工资、劳动条件、劳动安全卫生等多样化劳动标准体系内容进行协商，形成公约、集体合同等，从而保障从业人员的劳动报酬、休息休假、劳动安全卫生等劳动基准权益。

3. 新就业形态劳动者的劳动权益受损，可以向行业工会、上级工会寻求帮助和救济。

法条索引

人力资源和社会保障部等八部委《关于维护新就业形态劳动者劳动保障权益的指导意见》（人社部发〔2021〕56号）

（二）符合确立劳动关系情形的，企业应当依法与劳动者订立劳动合同。不完全符合确立劳动关系情形但企业对劳动者进行劳动管理（以下简称不完全符合确立劳动关系情形）的，指导企业与劳动者订立书面协议，合理确定企业与劳动者的权利义务。个人依托平台自主开展经营活动、从事自由职业等，按照民事法律调整双方的权利义务。

（三）平台企业采取劳务派遣等合作用工方式组织劳动者完成平台工作的，应选择具备合法经营资质的企业，并对其保障劳动者权益情况进行监督。平台企业采用劳务派遣方式用工的，依法履行劳务派遣用工单位责任。对采取外包等其他合作用工方式，劳动者权益受到损害的，平台企业依法承担相应责任。

第二章

劳动合同的订立

第一节　劳动者招录用

导　读

用人单位招录用过程中通常会向通过面试考核的应聘者发出录用通知,其内容一般包括工作岗位、劳动报酬、入职时间以及指定的回复时间等。录用通知书与劳动合同不同,其实质属于民法上的“要约”,因此,我国劳动法相关法律法规并未对此进行规定。这也导致在劳动关系建立前,用人单位与拟录用人员之间的关系极其不稳定,不少用人单位并不能正确认识录用通知书的法律性质,实践中否认录用通知效力从而侵害劳动者合法权益的现象时有发生。

案情简介

上海某商务服务有限公司(以下简称商务公司)是一家外资企业,该公司的法定代表人为蔡先生。2019 年 1 月,商务公司通过猎头公司找到陈先生,并就招聘录用达成意向。2019 年 2 月 12 日,商务公司的蔡先生通过电子邮件向陈先生发出《录用确认书》,同时该确认书上有蔡先生的签名。

《录用确认书》中载明:“您的薪酬为每月税前人民币 40,000 元,每年按 13 个月计算。”陈先生按照商务公司的要求在《录用确认书》上签名,并将扫描件通过邮件发送给蔡先生。2019 年 3 月 1 日,陈先生与商务公司签订了期限自 2019 年 3 月 1 日至 2020 年 2 月 28 日的《劳动合同》和《工资确认书》,约定陈先生的月基本工资为 40,000 元。2020 年 2 月 28 日,劳动合同期满商务公司不再续签,双方劳动合同关系终止。

2020 年 6 月,陈先生向劳动人事争议仲裁委员会提起劳动仲裁,要求商务公司支付 2019 年 3 月 1 日至 2020 年 2 月 28 日的第 13 薪 40,000 元。商务公司则认为,陈先生的劳动报酬应以《劳动合同》及《工资确认书》的约定为准,因双方对第 13 薪并无约定,公司已经支付了其年终金,故无须再支付第 13 薪。该案经过劳动仲裁,法院一审、二审审结。

裁判结果

法院认为,虽然陈先生与商务公司签订的《劳动合同》以及《工资确认书》中并未就第 13 薪进行约定,但其中关于陈先生入职后的月基本工资金额与《录用确认书》一致,合同约定的关于合同期限、试用期时间、合同的解除等其他条款亦与《录用通知书》约定的并无矛盾或发生变更。故陈先生主张《录用确认书》系《劳动合同》的组成部分法院予以采纳。现双方一致确认《劳动合同》所附规章制度中并无关于第 13 薪的约定,商务公司自身亦并未制定薪酬管理制度,陈先生在此情况下以《录用确认书》中约定的薪酬标准主张第 13 薪,有合同作为依据。因商务公司未能提供证据推翻《录用确认书》中关于第 13 薪的约定,应承担由此产生的不利后果。陈先生要求商务公司支付其入职后第 13 薪的诉请,有事实及合同依据,法院予以支持。

案例精析

本案的主要争议在于商务公司所发送的《录用确认书》上明确载明有第 13 薪,但在陈先生与商务公司之间所签署的《劳动合同》中并未约定第 13 薪,当《录用确认书》与《劳动合同》中约定内容不一致时,陈先生依据《录用确认书》主张第 13 薪的请求能否得到裁审部门的支持。

一、录用通知书的要约性质

根据《民法典》的规定,合同的订立需要经过要约和承诺两个程序。所谓"要约"是希望和他人订立合同的意思表示。该意思表示应满足两个条件:一是内容具体确定;二是表明经受要约人承诺,要约人即受该意思表示约束。所谓"承诺"是指受要约人同意要约的意思表示,承诺生效时合同成立并产生法律约束力。

录用通知书的法律性质为要约,劳动者作为受要约人,其同意入职的承诺到达用人单位时双方已经形成了民事上的合同关系。该预约合同在用人单位和劳动者之间产生法律约束力,劳动者应当在指定时间内入职,用人单位也应当及时为劳动者办理入职并签订书面劳动合同。本案中,用人单位发出的要约中包含了劳动者月基本工资、合同期限、试用期时间、合同的解除等其他条款,劳动者基于上述要约条件作出同意要约的承诺,双方签订劳动合同时应当以要约内容为基础确定双方权利义务。双方签订的《劳动合同》及相关规章制度中并未对第13薪进行规定,商务公司也没有与陈先生有诸如"录用通知书与劳动合同约定不一致,以劳动合同为准"或"签署劳动合同后,之前所签署的任何协议均作废"或"有关薪资待遇标准以劳动合同约定为准"等约定。因此,商务公司应当根据《录用确认书》中的约定向陈先生支付第13薪。

二、录用通知书能否撤销

《民法典》第476条规定:"要约可以撤销,但是有下列情形之一的除外:(一)要约人以确定承诺期限或者其他形式明示要约不可撤销;(二)受要约人有理由认为要约是不可撤销的,并已经为履行合同做了合理准备工作。"录用通知书中一般会限定应聘者在一定时间内回复(确定承诺期限),劳动者通常在收到录用通知后已经从前一家用人单位离职(已经做了合理准备工作),故用人单位不能任意撤销录用通知,否则应当承担相应的缔约过失责任。

因撤销录用通知书所发生的争议并不属于劳动争议,不适用劳动仲裁程序前置,守约一方可以依据《民法典》第500条规定直接向有管辖权的人民法院提起诉讼,主张相关的损害赔偿。有关违反录用通知书的约定未录用拟录用人员造成损害的,对损害赔偿的金额,法院一般会结合违约过错程度、应得工资收入损失,以及劳动合同磋商过程中发生的合理费用等,并结合个案的具体情况予以综合计算。

维权提醒

1. 劳动者应在用人单位限定的期限内对录用通知进行回复,并按照录用通知的要求做好入职前的准备工作。

2. 劳动者与用人单位签订书面劳动合同时,应当要求用人单位将录用通知中承诺的劳动报酬、福利待遇明确载入劳动合同条款,避免履行劳动合同过程中出现不必要的纠纷。

3. 求职过程中，劳动者应当注意保留与用人单位相关负责人员的微信记录、短信记录、电子邮件等沟通记录，防止出现举证不能的情形。

法条索引

《劳动合同法》

第3条 订立劳动合同，应当遵循合法、公平、平等自愿、协商一致、诚实信用的原则。

依法订立的劳动合同具有约束力，用人单位与劳动者应当履行劳动合同约定的义务。

《民法典》

第476条 要约可以撤销，但是有下列情形之一的除外：

（一）要约人以确定承诺期限或者其他形式明示要约不可撤销；

（二）受要约人有理由认为要约是不可撤销的，并已经为履行合同做了合理准备工作。

第500条 当事人在订立合同过程中有下列情形之一，造成对方损失的，应当承担赔偿责任：

（一）假借订立合同，恶意进行磋商；

（二）故意隐瞒与订立合同有关的重要事实或者提供虚假情况；

（三）有其他违背诚信原则的行为。

第二节 订立书面劳动合同

导 读

用人单位与劳动者之间建立劳动关系的，应当自用工之日起1个月内与劳动者之间订立书面劳动合同。这一要求的目的在于规范用人单位与劳动者之间的用工关系，以书面方式固定双方权利义务，更好地保障劳动者合法权益。用人单位负有主动与劳动者签订劳动合同的义务，劳动者也应积极配合用人单位履行签约义务。用人单位违反法律规定未及时履行订立书面劳动合同义务，自用工之日起超过1个月不满1年未与劳动者订立书面劳动合同的，应当向劳动者每月支付2倍的工资。

案情简介

陶某于2018年3月3日进入上海某企业管理有限公司(以下简称企业管理公司)从事采购工作,双方未签订劳动合同。陶某入职时与公司口头约定合同期限1年,其中试用期为2个月。

2018年7月20日,公司要求陶某签订书面劳动合同,并向陶某寄送了一式两份已经加盖好公章的劳动合同。2018年7月22日,陶某收到劳动合同,但认为内容与自己入职时口头约定的不一致,不同意签订该劳动合同。公司告知陶某如不同意签订,将以其拒绝签订为由终止劳动关系。陶某仍坚持自己的观点,拒绝签署书面劳动合同。2018年7月31日,公司终止与陶某之间的劳动关系,理由为陶某拒绝签订书面劳动合同。

陶某于2018年8月9日向劳动人事争议仲裁委申请仲裁,要求公司支付2018年4月3日至2018年7月31日未签订劳动合同的双倍工资差额以及支付终止劳动关系的经济补偿金等。仲裁期间,公司称一直要求陶某签订劳动合同,但遭到拒绝,不同意陶某的仲裁请求。

裁判结果

法院认为,企业管理公司超过1个月未与陶某订立书面劳动合同,是否应当承担支付双倍工资差额,取决于企业管理公司是否尽到诚实磋商义务。如用人单位已尽诚实磋商之义务,因不可抗力或劳动者拒绝签订等非用人单位原因致书面劳动合同未签订,用人单位无须承担双倍工资责任。然而,公司称其于2018年3月18日已经向陶某提供过劳动合同版本,陶某对此不予认可,而公司又没有证据可以相互印证;另外,对用人单位在订立书面劳动合同过程中单方面增加劳动者劳动时间、变更工作地点、降低劳动报酬等磋商行为,也不能认定为尽到诚实磋商义务,故不能免除其需向陶某支付双倍工资差额的法律责任。陶某因企业管理公司降低劳动合同条件拒绝与公司订立书面劳动合同,企业管理公司于2018年7月31日通知陶某终止劳动关系,需要依法向陶某支付终止劳动关系的经济补偿金。

案例精析

一、用人单位和劳动者建立劳动关系应当订立书面劳动合同

劳动合同作为用人单位与劳动者确立劳动关系、明确双方权利义务的基本依据，法律对签订书面劳动合同进行了强制性规定。书面劳动合同不仅包括纸质的劳动合同文本，还包括以数据电文为载体的电子劳动合同。人力资源和社会保障部办公厅发布的《关于订立电子劳动合同有关问题的函》中明确规定："用人单位与劳动者协商一致，可以采用电子形式订立书面劳动合同。"采用电子形式订立劳动合同，应当使用符合电子签名法等法律法规规定的可视为书面形式的数据电文和可靠的电子签名。符合劳动合同法规定和上述要求的电子劳动合同一经订立即具有法律效力，用人单位与劳动者应当按照电子劳动合同的约定，全面履行各自的义务。

用人单位在劳动者入职前一般会向其发送录用通知，在双方并未另行签订劳动合同的情形下，用人单位是否可以主张将录用通知作为双方签订的劳动合同呢？《劳动合同法》要求劳资双方签订的劳动合同中需要明确双方主体信息、劳动合同期限、工作内容和工作地点、工作时间和休息休假、劳动报酬、社会保险等内容。结合司法实践中的观点来看，若录用通知书等双方所签署的文件中已经包含了劳动合同的必备条款，事实上双方也按照文件的内容履行双方权利和义务，足以证明用人单位尽到了诚实磋商义务，该录用通知有可能被视为劳动合同。

二、用人单位未及时订立书面劳动合同的法律责任

《劳动合同法》第 82 条规定，用人单位自用工之日起超过 1 个月不满 1 年未与劳动者订立书面劳动合同的，应当向劳动者每月支付 2 倍的工资。《劳动合同法实施条例》第 7 条规定，用人单位自用工之日起满 1 年未与劳动者订立书面劳动合同的，自用工之日起满 1 个月的次日至满 1 年的前一日应当依照《劳动合同法》第 82 条的规定向劳动者每月支付 2 倍的工资，并视为自用工之日起满 1 年的当日已经与劳动者订立无固定期限劳动合同，应当立即与劳动者补订书面劳动合同。可见，双倍工资的起算时间规定为自用工之日起满 1 个月的次日，截止时间为自用工之日起满 1 年的前一日，因此，劳动者主张双倍工资的最长期间为 11 个月。

1. 用人单位需要支付双倍工资的认定

劳动合同的订立和履行，应当遵循诚实信用原则。劳动者已经实际为用人单位工作，用人单位超过1个月未与劳动者订立书面合同的，是否需要双倍支付劳动者的工资，应当考虑用人单位是否履行诚实磋商的义务以及是否存在劳动者拒绝签订等情况。如用人单位已尽到诚实义务，因不可抗力、意外情况或者劳动者拒绝签订等用人单位以外的原因，造成劳动合同未签订，用人单位无须支付双倍工资。

本案中，用人单位不能举证其在2018年3月18日已向劳动者提出签订书面劳动合同且不能说明未签劳动合同的理由，故法院认为其未尽诚实磋商义务，应支付双倍工资。

2. 双倍工资仲裁时效的认定

劳动争议申请仲裁的时效期间一般为1年，仲裁时效期间从当事人知道或者应当知道其权利被侵害之日起计算。但劳动关系存续期间因拖欠劳动报酬发生争议的，劳动者申请仲裁不受上述一般仲裁时效期间的限制，劳动关系终止的，应当自劳动关系终止之日起1年内提出。

未订立书面劳动合同的双倍工资，并非劳动者提供正常劳动获得的一种劳动报酬，而是因用人单位未按规定与劳动者签订书面劳动合同而应承担的法定责任，因此，双倍工资差额属于法定责任的部分，应适用一般仲裁时效规定。在上海地区，对双倍工资仲裁时效的起算点为当事人知道或者应当知道其权利被侵害之日，即从未签订书面劳动合同的第2个月起按月分别计算仲裁时效。

三、劳动者拒绝签订书面劳动合同，用人单位可终止劳动关系

实践中，不少劳动者出于自身原因拒绝与用人单位签订书面劳动合同，为平衡双方利益，法律对此情形也进行了相应规定。《劳动合同法实施条例》第5条规定："自用工之日起一个月内，经用人单位书面通知后，劳动者不与用人单位订立书面劳动合同的，用人单位应当书面通知劳动者终止劳动关系，无需向劳动者支付经济补偿，但是应当依法向劳动者支付其实际工作时间的劳动报酬。"

签订书面劳动合同不仅是用人单位的法定义务，也是劳动者应当承担的义务。用工之日起1个月内，若劳动者拒绝签订书面劳动合同，为避免用工风险，用人单位应当终止双方劳动关系。因用工之日起1个月内属于法律拟制的宽限期，用人单位对此并无过错，故无须承担支付经济补偿金的责任。但因为劳动者

已经实际提供了劳动，所以用人单位应当支付相应劳动报酬。

“用人单位自用工之日起超过一个月不满一年未与劳动者订立书面劳动合同的，应当依照劳动合同法第八十二条的规定向劳动者每月支付两倍的工资，并与劳动者补订书面劳动合同；劳动者不与用人单位订立书面劳动合同的，用人单位应当书面通知劳动者终止劳动关系，并依照劳动合同法第四十七条的规定支付经济补偿。”自用工之日起超过1个月不满1年，劳动者仍然拒绝签订书面劳动合同，用人单位可采取终止劳动关系的补救措施，但应当承担支付经济补偿金的法律责任。

维权提醒

1. 劳动者入职后应当督促用人单位与其签订书面劳动合同，并留存好相关微信、邮件等督促签订劳动合同的材料。

2. 劳动者应当在合理时间内提出双倍工资请求，否则超过仲裁时效，其请求事项难以得到支持。

法条索引

《劳动合同法》

第10条 建立劳动关系，应当订立书面劳动合同。

已建立劳动关系，未同时订立书面劳动合同的，应当自用工之日起一个月内订立书面劳动合同。

用人单位与劳动者在用工前订立劳动合同的，劳动关系自用工之日起建立。

第17条 劳动合同应当具备以下条款：

（一）用人单位的名称、住所和法定代表人或者主要负责人；

（二）劳动者的姓名、住址和居民身份证或者其他有效身份证件号码；

（三）劳动合同期限；

（四）工作内容和工作地点；

（五）工作时间和休息休假；

（六）劳动报酬；

（七）社会保险；

（八）劳动保护、劳动条件和职业危害防护；

（九）法律、法规规定应当纳入劳动合同的其他事项。

劳动合同除前款规定的必备条款外，用人单位与劳动者可以约定试用期、培训、保守秘密、补充保险和福利待遇等其他事项。

第82条 用人单位自用工之日起超过一个月不满一年未与劳动者订立书面劳动合同的,应当向劳动者每月支付二倍的工资。

用人单位违反本法规定不与劳动者订立无固定期限劳动合同的,自应当订立无固定期限劳动合同之日起向劳动者每月支付二倍的工资。

《劳动合同法实施条例》

第5条 自用工之日起一个月内,经用人单位书面通知后,劳动者不与用人单位订立书面劳动合同的,用人单位应当书面通知劳动者终止劳动关系,无需向劳动者支付经济补偿,但是应当依法向劳动者支付其实际工作时间的劳动报酬。

第6条 用人单位自用工之日起超过一个月不满一年未与劳动者订立书面劳动合同的,应当依照劳动合同法第八十二条的规定向劳动者每月支付两倍的工资,并与劳动者补订书面劳动合同;劳动者不与用人单位订立书面劳动合同的,用人单位应当书面通知劳动者终止劳动关系,并依照劳动合同法第四十七条的规定支付经济补偿。

前款规定的用人单位向劳动者每月支付两倍工资的起算时间为用工之日起满一个月的次日,截止时间为补订书面劳动合同的前一日。

第三节 无固定期限劳动合同

导 读

无固定期限劳动合同是指只有起始期限没有终止时间的劳动合同,此类劳动合同不存在劳动合同期满终止的情形。对无固定期限劳动合同的签订存在两种情形:一种由用人单位与劳动者通过自由协商确定;另一种则是法律规定的应当签署无固定期限劳动合同的情形。无固定期限劳动合同的签署不仅决定了劳资双方劳动合同的期限,更关系到终止劳动合同合法性的判断,这其中劳动者与用人单位双方的意思表示尤为重要。

案情简介

2005年12月1日,顾女士进入浙江某服饰有限公司(以下简称服饰公司)工作，服饰公司将其安排在上海的某大型商场担任营业员，双方签有多份书面劳动合同，约定每月基本工资为4500元，外加提成奖金，双方最后一份劳动合同期限至2013年11月30日。劳动合同尚未期满，公司就提出顾女士之后的劳动合同改由与服饰公司上海子公司签订，合同期限为2013年12月1日至2016年3月31日。除合同订立主体发生变化外，其他内容如工作场所、工作岗位、工作内容、劳动报酬等约定均未发生任何变化。

2016年3月初，顾女士听到上海子公司可能在合同到期后不与自己续签劳动合同的消息后，于3月7日通过邮寄方式向上海子公司发出订立无固定期限劳动合同的书面通知，理由为本人在服饰公司及其子公司连续工作超10年，符合订立无固定期限劳动合同的要求；上海子公司在收到书面通知后，并未予以理会，而是于2016年3月31日以合同到期为由终止双方劳动关系，并办理了退工手续。

裁判结果

法院认为，本案中顾女士系非本人原因由服饰公司安排至其上海子公司工作，除合同订立主体发生变化外，其他内容如工作场所、工作岗位、工作内容、劳动报酬等约定均未发生任何变化，应当视为在同一用人单位工作，工作年限需要合并计算。顾女士在同一用人单位工作已经满了10年，向上海子公司提出要求订立无固定期限劳动合同，上海子公司不得以合同期满终止为由拒绝。本案经过法院审理，支持了顾女士的诉求，认定上海子公司系违法终止劳动合同，判决服饰公司上海子公司支付顾女士违法终止劳动合同的赔偿金。

案例精析

本案涉及上海地区无固定期限劳动合同签订情形的判断问题。无固定期限劳动合同的签订除双方合意外，还有《劳动合同法》第14条规定的应当签订（或视为签订）无固定期限劳动合同的情形。实践中对如何判断劳动者工作年限以及签订两次固定期限劳动合同后是否必须签订无固定期限劳动合同存在较大争议。

一、劳动者在用人单位连续工作满10年的判断

1. 工作年限的起算时间

在同一用人单位连续工作满10年的情况下，劳动者向用人单位提出订立无

固定期限劳动合同的，用人单位就必须与劳动者之间订立无固定期限劳动合同。此时，用人单位没有选择订立固定期限劳动合同的权利，更没有权利以劳动合同期满为由终止劳动合同。对“连续工作满十年”到底从什么时间开始计算的问题，根据《劳动合同法实施条例》第9条的规定，《劳动合同法》第14条第2款规定的连续工作满10年的起始时间，应当自用人单位用工之日起计算，包括《劳动合同法》施行前（2008年1月1日）的工作年限。

2. 工作年限的合并计算

《劳动合同法实施条例》第10条对劳动者工作年限合并计算进行了规定：“劳动者非因本人原因从原用人单位被安排到新用人单位工作的，劳动者在原用人单位的工作年限合并计算为新用人单位的工作年限……”《最高人民法院关于审理劳动争议案件适用法律问题的解释（一）》第46条对此进行了详细解释：“用人单位符合下列情形之一的，应当认定属于‘劳动者非因本人原因从原用人单位被安排到新用人单位工作’：（一）劳动者仍在原工作场所、工作岗位工作，劳动合同主体由原用人单位变更为新用人单位；（二）用人单位以组织委派或任命形式对劳动者进行工作调动；（三）因用人单位合并、分立等原因导致劳动者工作调动；（四）用人单位及其关联企业与劳动者轮流订立劳动合同；（五）其他合理情形。”

本案中，顾女士根据服饰公司的安排与上海子公司签订劳动合同，其仍在原工作场所、工作岗位工作，只是劳动合同主体进行变更，应当认定为“非因本人原因从原用人单位被安排到新用人单位工作”，因此应当将顾女士在服饰公司的工作年限合并计算为在上海子公司的工作年限，合并后的连续工作年限已满十年，符合订立无固定期限劳动合同的条件。

《劳动合同法》第14条规定，劳动者在该用人单位连续工作满10年，劳动者提出或者同意续订、订立劳动合同的，除劳动者提出订立固定期限劳动合同外，应当订立无固定期限劳动合同。《劳动合同法实施条例》第11条规定，除劳动者与用人单位协商一致的情形外，劳动者依照《劳动合同法》第14条第2款的规定，提出订立无固定期限劳动合同的，用人单位应当与其订立无固定期限劳动合同。

据此，只要劳动者在用人单位连续工作满10年，提出订立无固定期限劳动合同的，用人单位就必须与其订立无固定期限劳动合同，用人单位不得以固定期限劳动合同期满为由终止劳动关系。本案中，顾女士连续工作满10年，书面提出订立无固定期限劳动合同的要求符合法律规定，服饰公司上海子公司不与其订立无固定期限劳动合同而直接终止劳动合同的行为违法。顾女士要求上海子公司支付违法终止劳动合同的赔偿金于法有据。

3. 法定顺延期间的特殊情形规定

《劳动合同法》第45条规定，劳动合同期满，有《劳动合同法》第42条规定情形之一的，劳动合同应当续延至相应的情形消失时终止。根据上海地区裁审实践，法定事由顺延本身就是照顾劳动者的特殊情形，是法律对劳动者的倾斜保护，如将法定顺延期间计入要求用人单位与劳动者之间订立无固定期限劳动合同的工作年限，很显然就用人单位而言负担太重。更何况，根据《劳动合同法》第45条的规定，因法定事由致使劳动合同顺延的，劳动合同应顺延至法定事由消失时终止。因此，仅会导致劳动合同顺延至法定事由消失时终止，法律并未规定用人单位需承担订立无固定期限劳动合同的法律责任。因而，在上海地区，如因法定顺延事由导致工作年限满10年，此时用人单位并不负有必须与劳动者之间签订无固定期限劳动合同的法定义务。

二、连续订立两次固定期限劳动合同

就连续订立两次固定期限劳动合同后，用人单位是否必须与劳动者之间订立无固定期限劳动合同的问题，各省市规定有所不同。就上海地区而言，连续两次订立固定期限劳动合同后，只有用人单位同意续订劳动合同，且劳动者提出订立无固定期限劳动合同的，用人单位才应订立无固定期限劳动合同；若用人单位根本就不同意续订劳动合同，即便劳动者提出订立无固定期限劳动合同，用人单位也有权在劳动合同期满时终止劳动合同。

同时，根据《劳动合同法》第97条的规定，连续订立固定期限劳动合同的次数，从《劳动合同法》施行后续订固定期限劳动合同时开始计算，即连续订立固定期限劳动合同的次数，从2008年1月1日后起算，并不包含《劳动合同法》施行之前订立劳动合同的次数。

另外，劳动者与用人单位连续订立了3次固定期限的劳动合同，在第3次固定期限劳动合同届满时，劳动者提出要求用人单位订立无固定期限劳动合同，此时用人单位能否选择终止劳动合同而不续签无固定期限劳动合同？根据上海地区裁审实践，劳动者符合签订无固定期限劳动合同的条件，但与用人单位签订固定期限劳动合同的，只要没有违反公平自愿、诚实信用原则，该固定期限劳动合同对双方当事人具有约束力。劳动合同期满时，该劳动合同自然终止，用人单位应向劳动者支付终止劳动合同的经济补偿金。

在实务中,有些用人单位将正在履行的劳动合同期限延长,以规避签订无固定期限劳动合同的法律责任。此变更与劳动合同续订并无实质不同,这明显是用人单位以合法形式掩盖非法目的的规避行为,若这种行为得到认可,则《劳动合同法》规定的劳动者连续订立两次固定期限劳动合同续订劳动合同的权利将无法得到保障,这显然有违立法宗旨,也不利于对劳动者合法权益的保护。在司法实践中,此种行为被认定为"用人单位免除自己的法定责任、排除劳动者权利"的行为,延长劳动合同期限的行为,视为再次订立了一次劳动合同,将其纳入劳动合同订立次数中。因此,如在第一次固定期限劳动合同期满后,用人单位又将劳动合同期限延长 1 年,待延长 1 年期满后,用人单位同意续签,劳动者提出签署无固定期限劳动合同的,用人单位就必须签署无固定期限劳动合同。

维权提醒

1. 劳动者应当保存好劳动合同、工作记录等能证明工龄及劳动合同签订次数相关的书面文件。

2. 在订立两次固定期限劳动合同后,用人单位同意续订劳动合同的情形下,劳动者应当及时向用人单位提出签订无固定期限劳动合同的请求,并保留好相关的证据。

3. 在单位工作满 10 年的情形下,劳动者可以与用人单位协商将固定期限劳动合同变更为无固定期限劳动合同。在用人单位不同意变更的情况下,劳动者可待固定期限劳动合同期满前,以书面形式向用人单位提出订立无固定期限劳动合同的要求。

法条索引

《劳动合同法》

第 14 条 无固定期限劳动合同,是指用人单位与劳动者约定无确定终止时间的劳动合同。

用人单位与劳动者协商一致,可以订立无固定期限劳动合同。有下列情形之一,劳动者提出或者同意续订、订立劳动合同的,除劳动者提出订立固定期限劳动合同外,应当订立无固定期限劳动合同:

(一)劳动者在该用人单位连续工作满十年的;

（二）用人单位初次实行劳动合同制度或者国有企业改制重新订立劳动合同时，劳动者在该用人单位连续工作满十年且距法定退休年龄不足十年的；

（三）连续订立二次固定期限劳动合同，且劳动者没有本法第三十九条和第四十条第一项、第二项规定的情形，续订劳动合同的。

用人单位自用工之日起满一年不与劳动者订立书面劳动合同的，视为用人单位与劳动者已订立无固定期限劳动合同。

《劳动合同法实施条例》

第7条 用人单位自用工之日起满一年未与劳动者订立书面劳动合同的，自用工之日起满一个月的次日至满一年的前一日应当依照劳动合同法第八十二条的规定向劳动者每月支付两倍的工资，并视为自用工之日起满一年的当日已经与劳动者订立无固定期限劳动合同，应当立即与劳动者补订书面劳动合同。

第9条 劳动合同法第十四条第二款规定的连续工作满10年的起始时间，应当自用人单位用工之日起计算，包括劳动合同法施行前的工作年限。

第10条 劳动者非因本人原因从原用人单位被安排到新用人单位工作的，劳动者在原用人单位的工作年限合并计算为新用人单位的工作年限。原用人单位已经向劳动者支付经济补偿的，新用人单位在依法解除、终止劳动合同计算支付经济补偿的工作年限时，不再计算劳动者在原用人单位的工作年限。

《最高人民法院关于审理劳动争议案件适用法律问题的解释（一）》

第46条 劳动者非因本人原因从原用人单位被安排到新用人单位工作，原用人单位未支付经济补偿，劳动者依据劳动合同法第三十八条规定与新用人单位解除劳动合同，或者新用人单位向劳动者提出解除、终止劳动合同，在计算支付经济补偿或赔偿金的工作年限时，劳动者请求把在原用人单位的工作年限合并计算为新用人单位工作年限的，人民法院应予支持。

用人单位符合下列情形之一的，应当认定属于“劳动者非因本人原因从原用人单位被安排到新用人单位工作”：

（一）劳动者仍在原工作场所、工作岗位工作，劳动合同主体由原用人单位变更为新用人单位；

（二）用人单位以组织委派或任命形式对劳动者进行工作调动；

（三）因用人单位合并、分立等原因导致劳动者工作调动；

（四）用人单位及其关联企业与劳动者轮流订立劳动合同；

（五）其他合理情形。

第四节 试用期管理

导　读

试用期作为劳动合同选择性约定的内容之一，由用人单位与劳动者协商确定。约定试用期的目的，在于考察劳动者是否符合录用条件，让劳动者和用人单位在试用期限内对彼此的情况作进一步的了解，并根据实际情况和法律规定作出是否继续履行或解除劳动合同的决定。《劳动合同法》对试用期限进行了限定，用人单位与劳动者只能在法定的框架范围内约定，约定的试用期限如超出法定范围则需要承担相应的法律责任。

案情简介

2020 年 11 月 9 日，李女士入职某医疗器械公司，双方签订期限为 2020 年 11 月 9 日至 2021 年 11 月 8 日的劳动合同，其中试用期为 2020 年 11 月 9 日至 2021 年 2 月 8 日。该份劳动合同约定李女士从事营销工作，月工资为 5000 元。

2020 年 12 月 4 日，李女士参加公司产品培训及考核，课前测试得分为 62 分，毕业考试得分为 47 分，平均成绩为 54.5 分。2021 年 2 月 8 日，医疗器械公司出具《公司公告》载明："因李女士不符合公司工作岗位的要求，现决定在试用期内与其解除劳动关系，她在公司的最后服务日期为 2021 年 2 月 8 日。"李女士实际工作至 2021 年 2 月 8 日。

2021 年 2 月 9 日，李女士向劳动人事争议仲裁委员会申请仲裁，要求医疗器械公司自 2021 年 2 月 9 日起恢复劳动关系。医疗器械公司认为李女士在其代理产品的厂商培训考核中，成绩未达合格分 60 分，属于未通过考核，并经医疗器械公司考察评判，李女士销售工作能力未得到客户认同，不适合担任销售工作。故医疗器械公司于 2021 年 2 月 8 日以李女士不符合工作岗位要求为由解除劳动合同系合法解除。李女士称，医疗器械公司在录用时并未告知录用条件，劳动合同中亦未明确载明岗位要求；在参加培训前，医疗器械公司并未告知李女士该考核成绩会有何影响，且比李女士分数低的员工仍然在职；医疗器械公司真正的辞退理由为李女士处于孕期。2021 年 2 月 5 日，李女士告知医疗器械公司已怀孕，

2021 年 2 月 8 日医疗器械公司便解除了劳动合同,明显属于违法解除。

裁判结果

法院认为,首先,根据相关法律规定,因用人单位作出解除劳动合同决定发生劳动争议的,由用人单位负举证责任。本案中,医疗器械公司解除理由为李女士在试用期内不符合工作岗位要求及李女士工作未得到客户认可,但对李女士工作岗位具体职责及评判标准、客户对李女士工作反馈信息等均未向本院提交任何证据,故该解除理由证据不足。其次,医疗器械公司称其系在试用期内解除,但根据《劳动合同法》的规定,劳动合同期限 1 年以上不满 3 年的,试用期不得超过 2 个月。劳动者与用人单位签订 1 年期劳动合同,试用期不得超过 2 个月,双方在劳动合同中约定试用期为 3 个月违反法律规定,应属无效,医疗器械公司与李女士解除劳动合同之日已超过法定的试用期期限,故医疗器械公司系违法解除劳动合同。

案例精析

劳动合同的主要内容包括用人单位和劳动者的基本信息、劳动合同期限、工作内容及时间、劳动报酬等内容,除上述必备条款外,用人单位与劳动者还可以约定试用期、服务期等其他事项。可见,是否约定试用期属于用人单位和劳动者自由协商的范围,不是法律规定必须约定的内容。

由于劳动者往往处于劳动关系的弱势地位,难以在劳动合同拟定过程中拥有平等话语权,因此《劳动合同法》给予劳动者更多的制度倾斜,通过规定不得约定试用期的情形来加强对劳动者的保护。非全日制用工、以完成一定工作任务为期限的劳动合同以及劳动合同期限不满 3 个月的劳动合同不得约定试用期。另外,同一用人单位与同一劳动者只能约定一次试用期,此规定意图避免个别用人单位有意在短期内多次与劳动者签订合同,约定多个试用期的情形。

一、试用期的期限约定

《劳动法》规定,试用期期限最长不得超过 6 个月。《劳动合同法》在此基础上,将试用期期限与劳动合同期限相结合,根据劳动合同期限的不同,对试用期限进行了划分:劳动合同期限 3 个月以上不满 1 年的,试用期不得超过 1 个月;劳动合同期限 1 年以上不满 3 年的,试用期不得超过 2 个月;3 年以上固定期限和无固定期限的劳动合同,试用期不得超过 6 个月。

为更全面保障劳动者权益,《劳动合同法》明确规定试用期必须包含在劳动合同期限内,仅约定试用期的,试用期不成立,该期限为劳动合同期限。如用人单位与劳动者之间签署《试用期劳动合同》,在合同中只约定了试用期的期限,该约定的试用期是无效的,其实质上仅是一份没有约定试用期的短期合同。

二、试用期的工资要求

《劳动合同法》规定,自用工之日起,劳动者便与用人单位建立了劳动关系,并自此享有作为劳动者的一切权利。员工在试用期同样可以享受包括劳动报酬权、社会保险权在内的所有劳动者权益,用人单位不能因为劳动者处于试用期而加以限制。《社会保险法》第 58 条明确规定,用人单位应当自用工之日起 30 日内为其职工申请办理社会保险登记,即试用期内用人单位也应当为劳动者缴纳社会保险。

《劳动合同法》及《劳动合同法实施条例》都有对劳动者在试用期内工资待遇的规定,劳动者在试用期的工资不得低于本用人单位相同岗位最低档工资的 80% 或者不得低于劳动合同约定工资的 80% ,并不得低于用人单位所在地的最低工资标准。

三、违法约定试用期的法律责任

对违法约定试用期的法律责任,《劳动合同法》第 83 条规定:"用人单位违反本法规定与劳动者约定试用期的,由劳动行政部门责令改正;违法约定的试用期已经履行的,由用人单位以劳动者试用期满月工资为标准,按已经履行的超过法定试用期的期间向劳动者支付赔偿金。"本案中,用人单位与劳动者订立了期限为 1 年的固定期限劳动合同,按照法律规定双方试用期不得超过 2 个月。但李女士试用期为 2020 年 11 月 9 日至 2021 年 2 月 8 日,违反法律规定。故李女士可要求用人单位按照 5000 元的标准补发其 2021 年 1 月 9 日至 2021 年 2 月 8 日的工资差额,并可额外要求支付违法约定试用期 5000 元的赔偿金。

为防止用人单位反复设定试用期侵害劳动者权益的情形,《劳动合同法》第 19 条规定"同一用人单位与劳动者只能约定一次试用期"。一般情形下,用人单位任意延长试用期明显属于违法行为,劳动者可参照《劳动合同法》第 83 条的规定积极维权。但实践中,部分劳动者入职不久就发生如长病假、疫情等情形导致企业无法对其进一步考察,此种情形下双方约定中止试用期是否有效存在一定争议。本书认为，如果中止试用期系用人单位与劳动者为了更好地履行劳动合同，在遵循平等自愿的前提下协商决定，该约定并不属于滥用试用期的行为，应为有效。

四、试用期内的劳动合同解除

就劳动者而言，在试用期内，提前3日通知用人单位，即可解除劳动合同，这是保障劳动者择业自由权的体现。

实践中，部分用人单位认为，劳动者处在试用期内，只要提前30日通知劳动者就可以解除劳动合同。这是非常典型的误解。为防止用人单位在试用期内滥用劳动合同解除权利，法律对用人单位解雇处于试用期内的劳动者有严格的限制。《劳动合同法》第21条明确规定，在试用期中，除劳动者有《劳动合同法》第39条和第40条第1项、第2项规定的情形外，用人单位不得解除劳动合同。用人单位在试用期解除劳动合同的，应当向劳动者说明理由。

《劳动合同法》第39条规定："劳动者有下列情形之一的，用人单位可以解除劳动合同：（一）在试用期间被证明不符合录用条件的……"首先，用人单位要想证明劳动者在试用期间不符合录用条件的前提就是必须有录用条件（录用条件是指用人单位在招用劳动者时依据不同岗位要求所设置的具体标准，与用人单位发布的招聘要求不同），并且用人单位应当通过劳动合同、岗位说明等方式将录用条件告知劳动者。其次，用人单位必须证明员工在试用期间不符合录用条件。用人单位应将试用期劳动者工作情况与前述明文告知的录用条件进行对比，以此衡量该职工是否符合录用条件，同时用人单位要保证考核过程和结果的客观公正，不得仅凭主观因素判定劳动者是否符合录用条件。最后，用人单位必须在试用期内作出是否符合录用条件的决定，超过了试用期就不能以员工不符合录用条件为由与其解除劳动合同，否则就属于违法解除，要承担支付违法解除劳动合同赔偿金或恢复劳动关系的法律责任。

本案中，用人单位并不能证明李女士具体的岗位职责，也不能证明李女士试用期工作表现不符合岗位要求。更为重要的是，用人单位于2021年2月8日以李女士不符合岗位要求解除劳动合同，该解除行为系在法定试用期满后作出的，故即使用人单位能证明李女士不符合录用条件，该解除行为也不符合法律规定。李女士根据《劳动合同法》第48条选择恢复劳动关系于法有据。

维权提醒

1. 劳动者应当格外注意用人单位与其约定的试用期期限以及试用期工资标准是否符合法律规定，如不符合法律规定应及时向用人单位提出异议。

2. 试用期内劳动者应当切实履行劳动义务，深入了解岗位职责和录用条件。如果在试用期内不符合录用条件或者存在严重违纪等情形，用人单位是可以依法解除劳动合同的。

3. 用人单位违法解除处于试用期内劳动者劳动合同的，劳动者可及时提起劳动仲裁要求用人单位支付违法解除劳动合同的赔偿金或主张恢复劳动关系。

法条索引

《劳动法》

第 21 条 劳动合同可以约定试用期。试用期最长不得超过六个月。

《劳动合同法》

第 19 条 劳动合同期限三个月以上不满一年的，试用期不得超过一个月；劳动合同期限一年以上不满三年的，试用期不得超过二个月；三年以上固定期限和无固定期限的劳动合同，试用期不得超过六个月。

同一用人单位与同一劳动者只能约定一次试用期。

以完成一定工作任务为期限的劳动合同或者劳动合同期限不满三个月的，不得约定试用期。

试用期包含在劳动合同期限内。劳动合同仅约定试用期的，试用期不成立，该期限为劳动合同期限。

第 20 条 劳动者在试用期的工资不得低于本用人单位相同岗位最低档工资或者劳动合同约定工资的百分之八十，并不得低于用人单位所在地的最低工资标准。

第 21 条 在试用期中，除劳动者有本法第三十九条和第四十条第一项、第二项规定的情形外，用人单位不得解除劳动合同。用人单位在试用期解除劳动合同的，应当向劳动者说明理由。

第 39 条 劳动者有下列情形之一的，用人单位可以解除劳动合同：

（一）在试用期间被证明不符合录用条件的；

……

第48条 用人单位违反本法规定解除或者终止劳动合同，劳动者要求继续履行劳动合同的，用人单位应当继续履行；劳动者不要求继续履行劳动合同或者劳动合同已经不能继续履行的，用人单位应当依照本法第八十七条规定支付赔偿金。

第83条 用人单位违反本法规定与劳动者约定试用期的，由劳动行政部门责令改正；违法约定的试用期已经履行的，由用人单位以劳动者试用期满月工资为标准，按已经履行的超过法定试用期的期间向劳动者支付赔偿金。

《劳动合同法实施条例》

第15条 劳动者在试用期的工资不得低于本用人单位相同岗位最低档工资的80%或者不得低于劳动合同约定工资的80%，并不得低于用人单位所在地的最低工资标准。

第五节 无效劳动合同

导 读

无效劳动合同是指所订立的劳动合同不符合法定条件，不能发生当事人预期的法律后果的劳动合同。不同于民法中的无效合同理论，《劳动法》及《劳动合同法》中都对劳动合同无效的情形及其法律后果进行了规定。实践中，用人单位与劳动者往往围绕劳动合同无效解除、劳动合同的合法性以及劳动合同条款无效产生的法律责任而引发劳动争议。

案情简介

方女士于2019年5月20日入职某建筑公司，从事行政人事工作，实行标准工时制。建筑公司与方女士签订了一份固定期限劳动合同，截止日期为2022年5月19日，月工资为6000元。

2019年5月20日，方女士填写《应聘人员登记表》及《入职声明》。其中，《应聘人员登记表》记载，“2016年8月至2017年4月为杭州A有限公司运营专员；2017年5月至2018年9月为杭州B有限公司行政助理；2018年10月至2019年4月为杭州C有限公司人事行政”。方女士确认“本人承诺所填写的资料真实可靠，郑重授权贵用人单位核实上述资料的属实性，如存在虚假信息愿意承担企业对于本人作出的任何处理，包括解聘在内的所有应负责任，同时接受企业针对本人信息虚假作出相应经济追偿的权利要求”。方女士在《入职声明》中同时确认，“本人向公司提交的、陈述的任何有关本人的相关信息均是真实的，包括但不限于本人身份、学历、学位、资格、技能、工作经历、身体状况和本人填写的应聘登记表、入职登记表。”

2020年4月27日，方女士在《上海市居住证积分申请表》中填写：“2016年8月至2017年3月为杭州D有限公司运营部运营专员；2017年6月至2018年9月为杭州B有限公司综合部综合助理；2018年12月至2019年4月为杭州C有限公司综合部行政人事；2019年5月至2020年4月在建筑公司担任行政人事。”

2020年1月18日，方女士超声诊断为妊娠状态。2020年4月29日，建筑公司以方女士入职时存在欺诈行为，提供了虚假的工作经历为由解除与方女士之间的劳动合同。当日，方女士向劳动人事仲裁委员会提起劳动仲裁，其认为因记忆偏差，填写的过往经历存在轻微瑕疵，不具有主观恶意，公司解除行为违法，要求恢复劳动关系。

裁判结果

法院认为，以欺诈、胁迫或者乘人之危，使对方在违背真实意思的情况下订立或者变更劳动合同，劳动合同无效或者部分无效。其中欺诈，是指为使对方发生错误认识，故意虚构事实或者隐瞒真相的行为；虚构事实，是指捏造并不存在的情况；隐瞒真相，是指将必须说明的情况隐瞒不说。就本案而言，方女士填写的《应聘人员登记表》《上海市居住证积分申请表》所示的工作经历起止时间及职务描述，虽存有差异，但差异并不显著，尚不构成欺诈。且工作经历仅是用人单位判断劳动者能力的辅助信息，经过3个月试用期考核，方女士在公司正常工作将近1年，足以说明方女士的实际工作能力等方面已经得到公司认可。因此，建筑公司于2020年4月29日解除与方女士之间的劳动合同，有悖法律规定，属违法解除劳动合同。方女士处于怀孕期间，公司以其工作已经由他人代替为由不同意恢复劳动合同未能完成举证责任，故方女士要求自2020年4月29日起恢复双方之间的劳动关系符合法律规定，法院予以支持。

案例精析

《劳动合同法》第26条规定了劳动合同无效或者部分无效的三种情形，分别为：(1)以欺诈、胁迫的手段或者乘人之危，使对方在违背真实意思的情况下订立或者变更劳动合同；(2)用人单位免除自己的法定责任、排除劳动者权利；(3)违反法律、行政法规强制性规定的。同时规定对劳动合同的无效或者部分无效有争议的，由劳动争议仲裁机构或者人民法院确认。实践中，少有用人单位或劳动者依据该条款要求确认劳动合同无效，多数劳动者或用人单位会依据《劳动合同法》第38条、第39条的规定解除劳动合同。本案中，用人单位认为劳动者有欺诈行为导致合同无效，依据《劳动合同法》第39条第1款第5项即存在《劳动合同法》第26条第1款第1项规定的情形导致劳动合同无效解除劳动合同。

一、劳动合同无效的判断

实践中劳动合同无效的争议多集中在以下几类：一是围绕劳动者欺诈行为导致的合同无效；二是用人单位免除自己的法定责任、排除劳动者权利的情形；三是违反法律、行政法规强制性规定的情形。

1. 劳动者欺诈行为的判断

《劳动合同法》第8条规定了劳动合同签订双方的告知义务："用人单位招用劳动者时，应当如实告知劳动者工作内容、工作条件、工作地点、职业危害、安全生产状况、劳动报酬，以及劳动者要求了解的其他情况；用人单位有权了解劳动者与劳动合同直接相关的基本情况，劳动者应当如实说明。"

如果劳动者违反诚实信用原则，隐瞒或者虚构与劳动合同直接相关的基本情况，用人单位可以根据《劳动合同法》第39条解除劳动合同。劳动者的欺诈行为多体现在虚假学历、虚假资格证书、隐瞒或虚构工作经历等方面，实践中，裁审部门判断劳动者行为是否构成《劳动合同法》第26条第1款属劳动合同无效或部分无效的情形时，除判断劳动者的行为是否对用人单位造成错误认识外，还要考量用人单位是否基于该错误认识作出了签订劳动合同的意思表示。

本案中的方女士因填写的工作经历与事实不符，被用人单位认为实施了欺诈行为并解除劳动合同。法院则认为方女士虽然填写信息不实，但差异并不显著，未达到使用人单位陷入错误认识的程度，且用人单位也并非仅因方女士的工作经历决定对其录用,故方女士尚未达到欺诈程度。

需要注意的是,《劳动合同法》第 8 条规定的劳动者应当如实说明仅限于与劳动合同直接相关的基本情况,如履行劳动合同所必需的知识技能、学历、学位、职业资格、工作经历等,用人单位无权要求劳动者提供婚姻状况、生育情况等涉及个人隐私的信息,也即不能任意扩大用人单位知情权及劳动者告知义务的外延。劳动者不负有向用人单位说明个人隐私的义务,用人单位也不得以劳动者隐瞒为由解除劳动合同。

2. 用人单位免除自己的法定责任、排除劳动者权利的情形

实践中,用人单位免除自己的法定责任、排除劳动者权利的情形主要体现在要求劳动者签订放弃个人工伤保险待遇等协议,无疑此类条款都属于无效约定。用人单位按照规定支付工伤理赔费用属于法律强制性义务,《劳动法》作为社会法,为劳动者设置了基本的劳动保障,用人单位不得通过协议剥夺劳动者的法定权益。

又如,有的用人单位和劳动者在劳动合同中约定,劳动者放弃在劳动合同期内提出辞职的权利,即劳动者在劳动合同期内不得辞职。该约定排除了劳动者享有的辞职自由权,属于无效约定。

3. 违反法律、行政法规强制性规定的情形

最为常见和典型的违反法律、行政法规强制性规定的情形,即用人单位和劳动者约定无须缴纳社会保险。根据《社会保险法》的规定,用人单位应当依法为劳动者缴纳社会保险,这是强制性的法定义务。用人单位和劳动者约定,或者劳动者单方面放弃缴纳社会保险,均构成违反法律、行政法规强制性规定的情形。

需提醒劳动者注意的是,如劳动者离职时和用人单位就工资报酬、加班费、经济补偿或者赔偿金等达成协议,该协议有效,劳动者不得反悔。当然,确实有证据证明达成的协议有违反法律、行政法规的强制性规定,或存在欺诈、胁迫或者乘人之危情形的,可以主张无效。《最高人民法院关于审理劳动争议案件适用法律问题的解释(一)》第 35 条规定:“劳动者与用人单位就解除或者终止劳动合同办理相关手续、支付工资报酬、加班费、经济补偿或者赔偿金等达成的协议,不违反法律、行政法规的强制性规定,且不存在欺诈、胁迫或者乘人之危情形的,应当认定有效。前款协议存在重大误解或者显失公平情形,当事人请求撤销的,人民法院应予支持。”

二、劳动合同无效的法律后果

依据《劳动合同法》第 38 条第 1 款第 5 项、第 39 条第 5 项以及第 46 条第 1 项的规定，如果因用人单位存在《劳动合同法》第 26 条第 1 款导致劳动合同无效，劳动者可以随时解除劳动合同，用人单位需要依照法律规定的标准向劳动者支付经济补偿金；如果劳动者存在《劳动合同法》第 26 条第 1 款导致劳动合同无效，用人单位也可以随时解除劳动合同且无须向劳动者支付任何经济补偿。

1. 用人单位应当向劳动者支付劳动报酬

劳动合同无效后，依据《劳动合同法》第 28 条的规定，对劳动者已经付出劳动的，用人单位应该支付相应的劳动报酬。这一点劳动法上的规定与民法存在较大区别。在民法上合同无效是自始无效，合同的已履行部分应当被恢复至未履行的状态，由过错方承担相应民事责任。但是在劳动法领域，劳动者在劳动合同履行过程中已经提供了劳动，已经提供的劳动是无法恢复原状的，因而用人单位应向劳动者支付解除劳动合同之前的劳动报酬。需要注意的是，对于劳动者已经付出劳动的，无论劳动者对劳动合同被确认无效有无过错，用人单位均需要支付劳动报酬。

对于劳动报酬的数额，可参照用人单位相同或者相近岗位劳动者的劳动报酬确定。实践中，如果双方劳动合同中存在对劳动报酬的约定，用人单位应当按照双方合同约定的标准和数额支付劳动报酬；如果劳动合同中没有约定劳动报酬标准，才参照用人单位相同或者相近岗位薪酬来确定劳动报酬。

2. 有过错的一方给对方造成损害的，应当承担赔偿责任

根据《劳动合同法》第 86 条的规定，劳动合同依照《劳动合同法》第 26 条规定被确认无效，给对方造成损害的，有过错的一方应当承担赔偿责任。

一般来说，因劳动者原因造成劳动合同无效的主要存在于《劳动合同法》第 26 条第 1 款第 1 项规定的情形。用人单位向劳动者主张赔偿责任的，应就劳动者存在导致劳动合同无效的行为造成的损失以及因果关系承担举证责任，该损失限定在用人单位直接损失的范围内。同样，在因用人单位原因造成劳动合同无效的情形下，应该由劳动者就其遭受的损失承担举证责任，但是鉴于劳动者在劳动关系中处于的弱势地位以及收集证据的难度，对劳动者的举证责任不会过于严苛。

维权提醒

1. 劳动者应当遵守诚实信用原则，如实向用人单位告知与履行劳动合同直接相关的必要个人信息，对涉及个人隐私的可以拒绝提供。

2. 对于用人单位免除自己的法定责任、排除劳动者权利的协议，劳动者应提高警惕，并可以拒绝签订。

法条索引

《劳动法》

第 18 条　下列劳动合同无效：

（一）违反法律、行政法规的劳动合同；

（二）采取欺诈、威胁等手段订立的劳动合同。

无效的劳动合同，从订立的时候起，就没有法律约束力。确认劳动合同部分无效的，如果不影响其余部分的效力，其余部分仍然有效。

劳动合同的无效，由劳动争议仲裁委员会或者人民法院确认。

《劳动合同法》

第 26 条　下列劳动合同无效或者部分无效：

（一）以欺诈、胁迫的手段或者乘人之危，使对方在违背真实意思的情况下订立或者变更劳动合同的；

（二）用人单位免除自己的法定责任、排除劳动者权利的；

（三）违反法律、行政法规强制性规定的。

对劳动合同的无效或者部分无效有争议的，由劳动争议仲裁机构或者人民法院确认。

第 27 条　劳动合同部分无效，不影响其他部分效力的，其他部分仍然有效。

第 28 条　劳动合同被确认无效，劳动者已付出劳动的，用人单位应当向劳动者支付劳动报酬。劳动报酬的数额，参照本用人单位相同或者相近岗位劳动者的劳动报酬确定。

第三章

劳动报酬

第一节 最低工资

导　读

最低工资标准是指劳动者在法定工作时间或依法签订的劳动合同约定的工作时间内提供了正常劳动的前提下,用人单位依法应支付的最低劳动报酬。这是对劳动者的最基本保障。

案情简介

2017年8月23日,吕先生入职上海某运输公司(以下简称运输公司),从事驾驶员的工作,运输公司与吕先生之间签署过多份书面劳动合同,最后一份是起始日期为2020年8月23日的无固定期限劳动合同。

吕先生每月的工资由基本工资、出车奖金、餐补、交通补贴、津贴、加班工资构成,运输公司于每月10日发放上一自然月工资,且每月均向吕先生送达工资单。2020年10月11日开始,吕先生开始休病假,休至2021年2月1日。2021年2月4日,吕先生以运输公司未及时、足额支付劳动报酬为由向运输公司发送《解除劳动合同通知书》。

运输公司当天就回复吕先生,确认收到《解除劳动合同通知书》,同意吕先生离职,但对《解除劳动合同通知书》中解除的理由不予认可,公司不存在未及时或未足额支付劳动报酬的行为。

吕先生认为,运输公司每月向其支付的基本工资都低于上海市最低工资标准,因而运输公司应向其补足在职期间的工资差额;同时,因存在未按法定最低标准支付工资的行为,其据此为由提出解除劳动合同,应向其支付解除劳动合同的经济补偿金。

运输公司在庭审中辩称,吕先生的月工资由基本工资、出车奖金、餐补、交通补贴、津贴、加班工资构成,除去加班工资外,公司每月向吕先生支付的工资均未低于最低工资标准,因而不同意吕先生的两项仲裁请求。

裁判结果

法院认为,工资是指企业根据国家和本市的规定,以货币形式支付给劳动者的劳动报酬,包括计时工资、计件工资、奖金、津贴、补贴、加班工资等。最低工资是指劳动者在法定工作时间内履行了正常劳动义务的前提下,由其所在单位支付的最低劳动报酬。吕先生每月工资由基本工资、出车奖金、餐补、交通补贴、津贴及加班工资构成。运输公司已将工资单发放给吕先生,吕先生对工资单中各项类目是清楚的,吕先生实际每月收入均已超过当年度上海市最低工资标准,吕先生对其在职期间实际领取的工资金额亦是认可的,因基本工资与最低工资是有区别的,故吕先生要求运输公司支付其 2017 年 8 月 23 日至 2021 年 2 月 1 日工资差额的主张无依据,法院不予支持。

因运输公司并不存在未及时、足额支付劳动报酬的行为,因而,吕先生以此为由提出解除劳动合同的理由是不成立的,其主张解除劳动合同的经济补偿金没有法律依据,法院不予支持。

案例精析

本案主要涉及劳动者的基本工资是否可以低于所在地职工最低工资标准的问题。由于每个用人单位的工资结构组成不尽相同,当劳动者的月工资中包含基本工资及其他项目的工资时,其基本工资是可以低于职工最低工资标准的,但劳动者当月正常出勤的,最终获得的月工资总额不得低于最低工资标准。

一、支付最低工资标准的前提条件

最低工资标准,是指劳动者在法定工作时间或依法签订的劳动合同约定的工作时间内提供了正常劳动的前提下,用人单位依法应支付的最低劳动报酬。而所谓“正常劳动”,是指劳动者按依法签订的劳动合同约定,在法定工作时间或劳动合同约定的工作时间内从事的劳动。劳动者依法享受带薪年休假、探亲假、婚丧假、生育(产)假、节育手术假等国家规定的假期期间,以及法定工作时间内依法参加社会活动期间,视为提供了正常劳动。

在以下情况下,如劳动者请事假、旷工或请病假,这些情况均不属于劳动者已提供正常劳动;出现上述情况的,用人单位向劳动者支付的月工资标准是可以低于最低工资的。如劳动者与用人单位之间约定的月工资为最低工资标准,劳动者整月均请病假的,用人单位就可按照最低工资标准的80%向劳动者发放当月病假工资。

再如,用人单位因受疫情影响等情形导致停工停产的,按照规定在停工停产的第一个工资支付周期,用人单位应按照劳动者正常出勤工资支付;从第二个工资支付周期,根据《上海市企业工资支付办法》第12条的规定,如劳动者未提供劳动,用人单位可按照最低工资标准进行发放。

有关劳动者的最低工资标准,是应得工资还是实得工资标准,各地执行情况有一定的差异。例如,在北京和上海地区,最低工资标准是劳动者最后实得工资(不含个人应缴纳社会保险和公积金部分)不得低于本市最低工资标准。假如用人单位和劳动者约定的月工资标准为本市职工最低工资标准,也就意味着用人单位需承担劳动者个人应承担的社保及公积金应缴纳的费用。

二、最低工资标准应剔除的项目

根据原劳动和社会保障部发布的《最低工资规定》第12条第1项的规定,在劳动者提供正常劳动的情况下,用人单位支付给劳动者的工资,在剔除延长工作时间工资后,不得低于当地最低工资标准。因而,如劳动者当月实得工资减去当月加班工资,金额低于本市最低工资标准,用人单位应予以补足。

以上海地区为例,除《最低工资规定》第12条中规定的应剔除的项目外,根据上海市人力资源和社会保障局发布的《关于调整本市最低工资标准的通知》第1条第3项及第4项的规定,伙食补贴、上下班交通费补贴、住房补贴及个人依法缴纳的社会保险费和住房公积金,也应予以剔除。

本案中,吕先生的月工资是由基本工资、出车奖金、餐补、交通补贴、津贴及加班工资构成的。判断运输公司发放的月工资是否违法时,需将加班工资、餐补及交通补贴这三项剔除后看是否低于最低工资标准。运输公司每月均向吕先生发放工资单,经核算,吕先生每月实得工资远超最低工资标准,其误解系因吕先生错误理解基本工资就等于最低工资。

吕先生在职期间,从未向运输公司提出有关工资差额的问题,直到解除劳动合同时才提出疑问,这对劳动者是不利的。劳动者如对工资存有异议,应及时与用人单位提出,及时主张相关的工资差额,无论是基本工资,还是加班工资等。

三、与最低工资相关的劳动权益

1. 试用期工资

劳动者在试用期的工资不得低于本用人单位相同岗位最低档工资的80%或者不得低于劳动合同约定工资的80%,并不得低于用人单位所在地的最低工资标准,也就是说,劳动者在试用期内,月实得工资也不得低于最低工资标准。

2. 加班工资计算基数

用人单位支付劳动者加班工资的,计算加班工资的基数不得低于本市职工最低工资标准。如劳动者于2021年8月1日入职上海某公司,用人单位与劳动者约定月工资由2000元的基本工资以及数额不等的提成组成,并在劳动合同中约定加班工资计算基数按照基本工资2000元的标准计算,该约定是违反法律规定的,因其已低于上海市最低工资标准2590元。

3. 病假工资标准

劳动者患病或非因工负伤,在治疗康复期间未提供劳动的,用人单位应当向其支付病假工资,病假工资的支付与在本单位的工作年限挂钩进行相应的折算,但是劳动者经过折算后的疾病休假工资或疾病救济费同样不得低于本市职工最低工资标准的80%。

4. 伤残津贴标准

工伤员工被鉴定为五级、六级伤残的,用人单位应与其保留劳动关系,并安排适当工作,但难以安排工作的,用人单位分别应按照工伤员工负伤前一月本人缴费工资的70%、60%向工伤员工按月支付伤残津贴。伤残津贴实际金额低于本市职工最低工资的,由用人单位补足差额。

5. 被派遣劳动者无工作期间的报酬

用人单位(劳务派遣单位)应当与被派遣劳动者订立2年以上的固定期限劳动合同,按月支付劳动报酬。在劳动合同期内,被派遣劳动者无工作期间,用人单位应当按照所在地人民政府规定的最低工资标准,向其按月支付报酬。

6. 损害赔偿后的剩余工资

劳动者因本人原因给用人单位造成经济损失,用人单位依法要求劳动者承担损害赔偿责任,并需从月工资中扣除赔偿款项的,扣除的部分不得超过劳动者当月工资收入的20%,且扣除后的剩余工资不得低于本市规定的最低工资标准。

7. 停工、停产期间的工资标准

用人单位停工、停产在一个工资支付周期内的,应当按约定的标准支付劳动者工资。超过一个工资支付周期的,用人单位可根据劳动者提供的劳动,按双方新约定的标准支付工资,但不得低于本市规定的最低工资标准(部分地区执行的是生活费标准,可以略低于最低工资标准)。

8. 经济补偿金的标准

劳动者在劳动合同解除或终止前12个月的平均工资低于当地最低工资标准的,按照当地最低工资标准计算,换言之,经济补偿金的基数最低为本市最低工资标准,低于该标准的,以本市最低工资标准为准。

9. 竞业限制经济补偿的标准

用人单位和劳动者约定了竞业限制,用人单位应当按月支付竞业限制经济补偿,针对竞业限制经济补偿是有红线的,最低标准也是本市最低工资标准。

维权提醒

1. 最低工资保障制度是工资的重要保障制度。若用人单位违反了最低工资保障制度,劳动者可以根据《最低工资规定》第4条之规定,向县级以上地方人民政府劳动保障行政部门投诉、举报,责令其改正。

2. 用人单位无正当理由,向正常出勤的劳动者支付的工资低于最低工资的,劳动者应及时向用人单位进行催告,要求及时补足。经多次催告后,用人单位仍不改正的,劳动者可依据《劳动合同法》第38条第2项,以未及时足额支付劳动报酬为由提出解除劳动合同,并要求用人单位支付解除劳动合同的经济补偿金。

法条索引

《最低工资规定》

第12条 在劳动者提供正常劳动的情况下,用人单位应支付给劳动者的工资在剔除下列各项以后,不得低于当地最低工资标准:

(一)延长工作时间工资;

(二)中班、夜班、高温、低温、井下、有毒有害等特殊工作环境、条件下的津贴;

(三)法律、法规和国家规定的劳动者福利待遇等。

实行计件工资或提成工资等工资形式的用人单位,在科学合理的劳动定额基础上,其支付劳动者的工资不得低于相应的最低工资标准。

劳动者由于本人原因造成在法定工作时间内或依法签订的劳动合同约定的工作时间内未提供正常劳动的,不适用于本条规定。

第二节　奖金提成

导　读

企业为了激励和留住人才,往往会设置发放年终奖的激励措施。同时,在薪酬制度方面,对销售人员、项目管理人员等,除基本工资外,还会设置与业绩相挂钩的提成。法律、法规对年终奖及提成并未规定,这属企业与员工之间约定的内容。有关年终奖及提成的发放金额、发放时间、发放条件等内容均可在协议或制度中进行明确,约定的内容需遵循合理公平原则。

案情简介

谭先生于2018年5月8日入职上海某地产公司(以下简称地产公司),担任销售经理的职务。地产公司与谭先生之间签署过多份书面劳动合同,最后一份书面劳动合同的期限为2019年5月8日至2022年5月7日。

谭先生入职时,地产公司向其送达了《新员工聘用意向确认书》,在该确认书中载明,谭先生的工资由固定薪酬、浮动薪酬及福利补贴三部分组成,其中浮动薪酬包括年终奖、超额业绩奖金和绩效提成三部分,在发放前因任何原因离职不发放年终奖。年终奖的金额为3个月工资,且业绩考评结果为B(含)以上才可发放。

同时,地产公司与谭先生之间签署《绩效提成协议》,该协议第7条约定:“提成金额按照合同回款金额的7%进行计算,其中5%按季度结算考核发放,剩余2%累积到年底后按年度结算考核发放。提成的发放时间,按照季度回款,在下季度首月的5日前计算完毕,并在当月15日前审批完毕,按照3个月平均发放。自离职日起给予1个月缓冲期回收应收账款,其间由离职人员收回的款项将按制度核算发放提成,超出1个月的回款将不计提成。”

2019年12月5日,地产公司向谭先生出具《解除劳动合同通知书》,该通知书载明:“因您岗位能力不胜任,工作态度消极,多次沟通后未明显改善,同您沟通协商解除劳动合同未果,根据《劳动合同法》第87条的规定,公司将于2019年12月22日,解除与您的劳动关系。”谭先生认为地产公司是违法解除劳动合同,需向其支付违法解除劳动合同的赔偿金、2019年度的年终奖及2019年度A项目提成。

地产公司则辩称,认可公司是违法解除劳动合同,但谭先生在职期间工作业绩不佳,日常表现有待提升,工作态度消极,经多次沟通仍无改进提升,故其绩效考核结果为C档,同时,《新员工聘用意向确认书》和《员工手册》中均规定,在年终奖发放前,无论任何原因离职的,将不予发放年终奖。因而,谭先生不符合发放年终奖的条件。A项目的回款是在谭先生离职一个月之后,因而根据《绩效提成协议》的规定,公司无须向谭先生支付提成。

谭先生认为地产公司在《新员工聘用意向确认书》及《员工手册》中规定的,在年终奖发放前,无论任何原因离职的,均不发放年终奖的规定是无效的,属免除用人单位义务、排除劳动者权益的条款,且地产公司在2019年12月22日违法解除劳动合同,阻却其进行年度考核,其从未收到过考核结果为C的评估报告,其几乎已服务了2019年整年度,因而,地产公司应向其支付2019年度的年终奖。A项目确实未在谭先生离职后一个月内回款,但提起劳动仲裁时已回款,因而,地产公司应支付A项目的提成。

裁判结果

法院认为,地产公司系违法解除劳动合同,故谭先生未能于2019年度全年向地产公司提供劳动,过错不在于谭先生。对于地产公司提供的绩效考核结果汇总表,因谭先生未予认可,又无谭先生本人签名,故法院难以采信。根据《新员工聘用意向确认书》载明的谭先生工资待遇组成,年终奖系工资组成的一部分。故地产公司在《员工手册》等有关无论离职原因,离职员工均不得享有年终奖的规定不具有合理性。现按地产公司陈述,其公司的员工已领取了2019年度的年终奖,故法院根据《新员工聘用意向确认书》载明的谭先生年终奖标准,结合地产公司向谭先生发放的2018年度年终奖的数额以及谭先生于2019年度向原告提供劳动的时间,计算年终奖的金额。

有关提成款项,谭先生离职一个月后的回款能否享受提成,根据《绩效提成协议》,自离职日起给予1个月缓冲期回收应收账款,其间由离职人员收回的款项将发放提成,超出1个月的回款将不计提成。谭先生主张该条款系格式条款,排除了其权利,应属无效。对此,法院认为,本案所涉的销售提成系针对回款后的奖励,而非完成销售任务的奖励,因此回款系发放销售提成的最关键因素,谭先生作为销售人员离职后,无法继续以地产公司员工的身份催收应收账款,而地产公司亦需另行安排人员完成回款催收工作,故地产公司给予离职的销售人员一个月缓冲期完成回款催收,并无不妥,法院予以采信。谭先生主张该条款无效的意见,法院不予采纳。综上,地产公司无须向谭先生支付A项目的提成。

案例精析

本案中,地产公司与谭先生之间约定的年终奖金额是固定的,为3个月的月工资,但设置了两个条件即年度考核为B(含)以上,且发放年终奖时在职。对于提成部分,在《绩效提成协议》中明确规定离职后一个月内回款的计算提成,超出一个月的不发放提成。有关这两个约定的发放条件是否有效,需结合年终奖及提成的性质、劳动者的职务、离职原因、离职时间等综合进行分析。

一、奖金、提成属于工资组成部分

提成属计件工资。如果用人单位和劳动者仅约定以提成方式计算劳动报酬,劳动者正常提供劳动但所获得的提成低于最低工资标准的,用人单位应当按照最低工资标准发放。如果用人单位和劳动者仅约定以基本工资加上提成的方式计算劳动报酬,劳动者提供正常劳动的,其基本工资加上提成同样不得低于最低工资标准,如果有差额应相应补足。

用人单位为了激励劳动者,可以和劳动者约定奖金的发放标准、发放条件等。年终奖并非法定的,在没有约定的情形下,用人单位享有自主权,可以自行决定年终奖是否发放以及发放的数额。

提成、奖金均属于劳动报酬,属于工资组成部分,因而劳动者计算离职前12个月的月平均工资时,应将提成、奖金纳入。因追索提成、年终奖发放发生争议提起劳动仲裁申请的,适用特殊时效,即劳动者在劳动关系存续期间主张提成及年终奖,不受1年时效的限制;劳动关系解除或终止后,劳动者应在1年内提起劳动仲裁申请。需要提醒的是,当用人单位未及时足额支付劳动者提成或年终奖的，劳动者应及时主张权利。

二、提成及年终奖的发放规则

有关提成及年终奖的发放，部分用人单位会与劳动者通过签署"一对一"的《绩效协议》或《年终奖协议》等方式进行约定，也有的用人单位会制定有关提成及年终奖的薪酬制度，并在制度中对提成及年终奖发放条件、计算基数、发放时间等进行统一的规定。司法实践中，就提成及年终奖发放的争议主要集中在发放基数是否正确、发放条件是否满足及发放时间是否到来这三方面，下文逐一进行分析。

1. 发放基数

有关年终奖及提成的发放金额，有的用人单位采用确定的金额，达到发放条件的，则按此金额进行发放，采用此类型的，争议会比较少。而更多的用人单位对年终奖及提成的发放金额不会采用确定的金额，而是采用确定发放基数以及所对应发放比例的计算方式处理。这种方式更能激励劳动者，为用人单位创造更大的利润空间。但随之而来的，对年终奖或提成的发放基数也会存在一定的争议。如是按照销售额还是按照销售额减去税费的金额来作为提成或年终奖的计算基数？如未约定的，按照有利于劳动者的原则，则会直接按照销售额作为基数；当然，如之前有发放过相关的提成或年终奖的情况，实践中往往会按照之前的惯例计算年终奖或提成的计算基数。

本案中，地产公司与谭先生之间明确规定是按照合同回款金额基数来计算提成的，并未约定需扣除相关的税费成本及人工成本等费用，这样的约定是比较明确和清楚的，关键点就在于款项是否回款的问题，当项目回款时才满足发放提成的条件。

2. 发放条件

有关提成及年终奖的发放条件，用人单位会在协议或制度中设置一定的限制性条件，如条件未满足的，则用人单位无须向劳动者支付相关的提成或年终奖。例如，用人单位会在绩效协议或年终奖制度中规定"如劳动者离职时，项目尚未回款，则用人单位无须向劳动者发放提成；劳动者未完成指定销售目标或考核不合格的，用人单位不发放销售提成；发放年终奖前，劳动者提出辞职的，则用人单位不发放年终奖；劳动者因严重违纪被解除劳动合同的，用人单位不发放提成或年终奖"等内容。

对于上述约定或规章制度规定的提成或年终奖发放条件是否有效呢？一般情况下，确实应按照约定条件发放提成及年终奖。例如，对于劳动者未完成指定销售额或考核不合格的，或者存在严重违纪行为，并在相关协议或制度中约定无须发放提成或年终奖的，裁审部门基本会按照约定进行判决，对于这两点基本无争议。

但特殊情况下，约定或规定的发放条件也有可能被认定为无效。如约定劳动者在发放年终奖或提成之前离职的，则用人单位无须向其发放年终奖或提成。这样的约定需要区分不同的情况，不能一概认定为有效，需结合劳动者的离职原因、离职时间等综合进行判断。如本案中的谭先生是在2019年12月22日，还有9天就满一整年的情况下，被用人单位违法解除劳动合同的，从公平、合理及用人单位违法解除劳动合同存在恶意阻却年终奖或提成发放的角度出发，裁审部门一般会支持劳动者主张年终奖或提成的请求。如劳动者是在年初或年中因个人原因向用人单位提出辞职的，则裁审部门一般会按照约定或规定，不支持劳动者主张年终奖或提成的诉讼请求。

有关款项未收回，用人单位就无须发放提成。对于这个问题，司法实践中存在两种观点。一种观点认为，对于提成的发放，用人单位具有自主权，当用人单位与劳动者之间签署的协议或经民主程序，并向劳动者有效公示告知的规章制度中有此约定的，约定有效，款项未收回的，用人单位可不支付提成；另一种观点认为，此种约定属用人单位将自身经营风险转嫁给劳动者，违反法律强制性规定，该约定无效。本案中，谭先生是地产公司的销售经理，在《绩效提成协议》第7条中规定："自离职日起给予1个月缓冲期回收应收账款，期间由离职人员收回的款项将按制度核算发放提成，超出1个月的回款将不计提成。"争议焦点在于该条约定条款是否有效，因谭先生系地产公司的销售经理，属高级管理人员的范畴，其承担的责任与风险有别于普通的销售人员。地产公司与谭先生之间约定的提成基数也是按照回收款项金额为基数的，且一直按照该约定支付相关的提成，催讨相关的业务款项是谭先生完成项目的一个重要指标，因而，法院按照约定，判决在谭先生离职之日起1个月内未回款的A项目不予发放提成并无不妥。

3. 发放时间

有关年终奖及提成的发放时间，一般应按照用人单位与劳动者之间在协议或制度中规定的发放时间进行发放。如裁审部门认定用人单位系违法解除劳动合同，恶意阻却年终奖或提成的发放，虽未到协议或制度中规定的发放时间，因劳动关系已解除，因而用人单位需提前一次性支付年终奖或提成。如用人单位与劳动者之间约定，待项目款项回款后发放提成的，则有可能会出现劳动者已离职而用人单位仍需向劳动者支付相关提成的情况。

对于上述情况，建议劳动者尽量与用人单位核实有关项目回款的情况，并注意保留好相关的证据。同时建议劳动者根据《劳动人事争议调解仲裁法》第 27 条，在离职后 1 年内向劳动仲裁提起相关索要项目提成的仲裁请求，否则会出现超过仲裁请求时效的问题。

维权提醒

1. 劳动者应保管好有关年终奖及提成发放的相关协议或制度、历年发放年终奖及提成的相关凭证等，如对年终奖及提成发放存有疑问的，应及时与用人单位进行沟通并主张权利。

2. 劳动者办理离职手续过程中，用人单位要求劳动者签署《离职协议》的，劳动者应仔细阅读协议的内容，如有"劳动报酬已经结清、双方无劳动争议"等字样，一旦签署，劳动者再主张权利则非常困难。

法条索引

《关于工资总额组成的规定》

第 4 条 工资总额由下列六个部分组成：

（一）计时工资；

（二）计件工资；

（三）奖金；

（四）津贴和补贴；

（五）加班加点工资；

（六）特殊情况下支付的工资。

第 7 条 奖金是指支付给职工的超额劳动报酬和增收节支的劳动报酬。包括：

（一）生产奖；

（二）节约奖；

（三）劳动竞赛奖；

（四）机关、事业用人单位的奖励工资；

（五）其他奖金。

《劳动争议调解仲裁法》

第27条 劳动争议申请仲裁的时效期间为一年。仲裁时效期间从当事人知道或者应当知道其权利被侵害之日起计算。

前款规定的仲裁时效，因当事人一方向对方当事人主张权利，或者向有关部门请求权利救济，或者对方当事人同意履行义务而中断。从中断时起，仲裁时效期间重新计算。

因不可抗力或者有其他正当理由，当事人不能在本条第一款规定的仲裁时效期间申请仲裁的，仲裁时效中止。从中止时效的原因消除之日起，仲裁时效期间继续计算。

劳动关系存续期间因拖欠劳动报酬发生争议的，劳动者申请仲裁不受本条第一款规定的仲裁时效期间的限制；但是，劳动关系终止的，应当自劳动关系终止之日起一年内提出。

第三节　扣减工资

导　读

劳动者与用人单位建立劳动关系后，劳动者有义务按照劳动合同提供劳动服务，而作为用人单位即劳动成果的接收方，其应当按约及时足额向劳动者支付对价，即有及时、足额向劳动者支付劳动报酬的法定义务。同时，法律规定用人单位支付劳动者报酬时具有代扣代缴的义务，此种扣减工资的行为是合法的，如用人单位无故拖欠或克扣工资，则属违法行为，劳动者应注意区分两者的区别，并采取有效的方式维护自身的合法权益。

案情简介

李先生于2006年9月1日入职上海某销售公司，从事销售员的工作。公司与李先生之间签署过多份书面劳动合同，最后一份是起始日期为2015年9月1日的《无固定期限劳动合同》，公司于每月25日发放上一自然月的工资。

2019年，李先生的月工资为7200元。2019年4月25日发放3月工资时，李先生认为公司无故克扣3月工资1124.70元;2019年5月的工资,公司一直没有发放,直到2019年7月15日才通过银行转账方式发放。李先生在收到公司发放的2019年5月工资后,就以公司拖欠工资为由解除劳动合同,并于次日提起劳动仲裁,要求公司向其支付2019年4月的工资差额及解除劳动合同的经济补偿金。

公司答辩称,因李先生在2019年3月请假6天,因而扣除了对应天数的工资,3月不存在工资差额。从2019年1月开始,公司出现经营困难,在2019年4月20日已向全体员工发送通知,告知因公司生产经营困难,2019年5月的工资需暂缓发放,当时李先生在微信群内也回复了知晓,并未提出任何异议,公司并不存在故意不发放工资的行为,且在李先生提出解除劳动合同前已向李先生支付了该月工资,因而,不同意向李先生支付解除劳动合同的经济补偿金。

裁判结果

法院经审理认为,根据《劳动合同法》的规定,如用人单位未及时、足额支付劳动报酬,劳动者以此为由提出解除劳动关系时,用人单位应当支付经济补偿金。用人单位按照劳动合同约定向劳动者依法足额支付劳动报酬,是用人单位的基本义务,而上述法律规定的目的是促使劳动合同双方当事人都诚信履行劳动合同,如用人单位存在主观恶意、违背诚信原则拖欠或者拒付劳动者工资报酬,才是法律所遏制的对象。其一,原被告劳动合同约定被告应于每月25日左右支付上月工资,根据原告的银行对账记录,2019年1月起的工资存在未按劳动合同约定迟延支付的现象,但系因被告资金周转困难,并非故意拖延支付工资,且事实上被告每月发放员工工资,积极努力保障员工的基本生活,客观上并未对双方劳动合同的履行、原告的基本生活造成严重影响,并非必须以解除劳动关系作为唯一的解决方法。其二,2019年7月15日双方调解不成后,公司法定代表人承诺即刻支付工资并切实履行,可见公司不存在拒付劳动报酬的行为,而是在尽最大努力诚信履行劳动合同,双方劳动关系仍可继续履行,但李先生在收到工资后仍然执意提出解除劳动关系。其三,至于2019年3月工资,因李先生缺勤,公司扣减工资,并非克扣工资。综上分析,公司并无拖欠劳动报酬的故意,也不存在拒付劳动报酬的行为,李先生的解除理由不成立,不属于法律规定的公司应当支付经济补偿金的法定情形。因此,要求公司支付解除劳动合同经济补偿金的诉讼请求,于法无据,法院不予支持。

用人单位应当按照劳动合同约定和国家规定,向劳动者及时、足额支付劳动报酬。李先生 2019 年的月工资固定为 7200 元,另有全勤奖 100 元。2019 年 3 月原告请事假 6 天,公司无须支付工资,按照李先生的工资标准计算,公司已经足额支付工资,不存在工资差额。要求公司支付 2019 年 3 月工资差额的诉讼请求,于法无据,法院不予支持。

案例精析

本案主要涉及用人单位是否存在克扣工资的行为以及劳动者以用人单位拖欠工资为由解除劳动合同的经济补偿金的请求能否得到支持的问题。

一、合法扣减工资的情形

用人单位应按照约定向劳动者足额支付工资,通常情况下,用人单位与劳动者之间约定的月工资为应发工资。根据《上海市企业工资支付办法》第 20 条的规定,个人应承担社保费用,个人应承担的公积金费用,个人所得税,法院判决、裁定中要求代扣的抚养费、赡养费及法律、法规规定可以从劳动者工资中扣除的其他费用。

另外,根据《上海市企业工资支付办法》第 22 条的规定,因劳动者的原因给用人单位造成经济损失的,用人单位可从劳动者的工资中扣除赔偿费,但扣除的金额不得超过劳动者当月工资的 20%,同时,用人单位最终当月发放给劳动者的月工资不得低于上海市最低工资标准。

对于劳动者请事假或旷工的,因足额支付劳动报酬是以提供正常劳动为提前,未提供正常的,用人单位可扣减请事假或旷工对应天数的工资。本案中,对于 2019 年 3 月的工资,系因李先生请假而扣减了对应天数的工资,这完全是合理、合法的。对于劳动者请病假的,用人单位可依据病假工资计算规定扣除一定比例的工资;有些劳动者的月工资除基本工资外,还有绩效工资,有关绩效工资的金额需根据用人单位处有关绩效考核的相关规定执行。

二、扣减工资不等于克扣工资

何为“克扣工资”? 克扣工资是指用人单位无正当理由扣减劳动者应得工资(在劳动者已提供正常劳动的前提下用人单位按劳动合同规定的标准应当支付给劳动者的全部劳动报酬)。

克扣行为主要体现在用人单位的主观故意上,故意不按照正常出勤月的工资标准向劳动者支付工资。本案中,对 2019 年 5 月的工资,公司并不存在故意克扣的行为，系因经营困难，且已向员工进行说明，李先生也表示理解，并未提出过任何的异议。因而，对李先生主张公司克扣2019年3月及5月工资的理由是不成立的。

如发生公司克扣工资的情况，劳动者可向用人单位进行索要，并保留好相关的证据，如微信记录、往来邮件及短信等。对于故意克扣工资的行为，劳动者应及时进行催讨，用人单位仍存在无正当理由而不足额发放工资行为时，劳动者根据《劳动合同法》第38条以“用人单位未及时足额支付劳动报酬”为由单方解除劳动合同的，可以向用人单位主张支付解除劳动合同的经济补偿金。

但需要提醒的是，对《劳动合同法》第38条规定“用人单位未及时足额支付劳动报酬”，一般是指没有争议的月正常工资。对于加班工资、提成等需要用人单位和劳动者进行后续确认的劳动报酬，用人单位和劳动者往往都在是否存在加班事实、提成的计算基数、计发比例、病假工资的计算等方面可能存有争议。如果仅对加班工资、提成、病假工资问题存有争议，劳动者应向用人单位主张及时补足，而不能直接以“未及时足额支付劳动报酬”为由单方解除劳动合同。

三、克扣工资的救济途径

对于用人单位克扣劳动者工资的，劳动者应如何救济自己的权利呢？首先，可直接向用人单位进行催讨，要求用人单位及时补发，并保留好向用人单位催讨的相关证据。其次，经催讨无效的，可向劳动监察部门进行投诉。根据《劳动合同法》第85条的规定，用人单位拖欠工资、加班工资或经济补偿金等，经劳动行政部门责令限期支付，如逾期不支付的，则需按照应付金额的50%至100%的标准向劳动者支付加付赔偿金。在实务中，经常有劳动者通过劳动仲裁向用人单位主张上述加付赔偿金，最终并未得到裁审部门的支持，理由就在于未经过向劳动监察投诉的前置程序。最后，劳动者也可以选择不向劳动监察部门进行投诉，而直接向劳动人事争议仲裁委员会提起劳动仲裁申请。

维权提醒

1. 当劳动者对用人单位发放的月工资数额存有异议时，应及时向用人单位提出，核对少发或扣减工资的原因。

2. 用人单位如存在克扣工资行为，劳动者应及时向用人单位催讨，并保留好相关的证据,同时,也可向劳动监察部门进行投诉。

3. 对于用人单位拖欠劳动者工资的行为,适用特殊仲裁时效。劳动者在劳动关系存续期间或离职后1年内,可向劳动仲裁委员会提起劳动仲裁。

法条索引

《劳动合同法》

第85条 用人单位有下列情形之一的,由劳动行政部门责令限期支付劳动报酬、加班费或者经济补偿;劳动报酬低于当地最低工资标准的,应当支付其差额部分;逾期不支付的,责令用人单位按应付金额百分之五十以上百分之一百以下的标准向劳动者加付赔偿金:

(一)未按照劳动合同的约定或者国家规定及时足额支付劳动者劳动报酬的;

(二)低于当地最低工资标准支付劳动者工资的;

(三)安排加班不支付加班费的;

(四)解除或者终止劳动合同,未依照本法规定向劳动者支付经济补偿的。

《上海市企业工资支付办法》

第20条 企业不得克扣劳动者工资。有下列情况之一的,企业可以代扣工资:

(一)代缴应由劳动者个人缴纳的个人所得税;

(二)代缴应由劳动者个人承担的社会保险费和住房公积金;

(三)按法院判决、裁定代扣的抚养费、赡养费;

(四)法律、法规规定可以从劳动者工资中扣除的其他费用。

第22条 劳动者因本人原因给企业造成经济损失,企业依法要其赔偿,并需从工资中扣除赔偿费的,扣除的部分不得超过劳动者当月工资的20%,且扣除后的剩余工资不得低于本市规定的最低工资标准。

第四节 停工、停产工资

导 读

企业停工、停产，是指企业因自身生产任务不足或自然灾害、公共卫生事件、法规政策影响等原因，导致企业无法安排员工进行有效生产，企业单方面决定全部或部分停止生产，暂时停止为劳动者提供劳动条件，劳动者不能按劳动关系继续提供劳动的情形。企业仅针对特定员工要求其停止提供劳动，并不属于企业停工、停产的情形，因企业的原因要求员工停止工作的，可能存在补足工资差额的法律风险。

案情简介

2019年5月5日，奚某进入上海某科技发展有限公司（以下简称科技公司）工作，担任大客户经理，双方签订一份期限自2019年5月5日至2022年5月31日的劳动合同。劳动合同约定："公司将根据奚某所在岗位的工作绩效和对公司的贡献，以及公司的经营业绩，确定奚某的薪资标准；薪资标准以公司给奚某的录用通知书、聘任书确定的金额为准，并作为本合同的附件。"奚某每月基本工资为16,000元，另有数额不固定的绩效提成，科技公司每月10日以银行转账方式发放上一自然月工资。

2020年4月22日，科技公司向奚某发出待岗通知书，载明："因受新型冠状病毒引发的肺炎疫情影响，公司业务量骤减，致使相应岗位停工、停产，您所负责的岗位暂无工作安排，现就待岗事宜通知如下：公司安排您从2020年5月1日起开始待岗，待岗结束时间公司将视疫情控制情况及政府公告另行通知，待岗期间工资待遇，将按照上海市最低工资标准的70%发放，'五险一金'继续缴纳。"科技公司向奚某发放了2020年2月工资10,628.58元、3月工资15,137.61元、4月工资12,185.51元、5月工资1736元、6月工资1736元。

奚某不同意科技公司的通知内容，他认为在科技公司80多位员工中，只安排他一人待岗，公司还把自己的工作账号封闭，公司6月销售部还有新增工作人员，持续开展业务。2020年5月至6月待岗，自己每天仍旧到公司打卡。

奚某向劳动人事争议仲裁委员会申请仲裁，要求科技公司支付2020年2月1日至6月30日工资差额49,224.93元。

裁判结果

仲裁委员会裁决科技公司应支付奚某支付2020年2月1日至6月30日工资差额33,328元。科技公司不服起诉至法院。

法院认为，公民、法人的合法民事权益受法律保护。根据相关规定，企业因受疫情影响导致生产经营困难的，可以通过与职工协商一致采取调整薪酬、轮岗轮休、缩短工时等方式稳定工作岗位，尽量不裁员或者少裁员；企业停工、停产在一个工资支付周期内的，企业应按劳动合同规定的标准支付职工工资，超过一个工资支付周期的，若职工提供了正常的劳动，企业支付给职工的工资不得低于当地最低工资标准，职工没有提供正常劳动的，企业应当发放生活费。本案中，科技公司CEO向全体员工发出的公开信显示，2020年2月至4月公司因受疫情影响导致非正常经营，采取排班方式稳定工作岗位，可参照国家关于停工、停产期间工资支付相关规定支付工资，但停工、停产在一个工资支付周期内的，科技公司应按劳动合同规定的标准支付奚某工资，故科技公司应按基本工资16,000元标准支付奚某2020年2月工资。根据科技公司向奚某出具的待岗通知书内容，公司系因受疫情影响导致相应岗位停工、停产，安排奚某自2020年5月1日起待岗；科技公司确认公司包括奚某在内共有8位大客户经理，却仅安排奚某一人待岗，故科技公司的行为难以显示与疫情相关联。鉴于自2020年5月1日起奚某待岗系科技公司安排所致，故科技公司应按劳动合同约定的基本工资16,000元标准支付相应工资。仲裁裁决科技公司应支付被告2020年2月1日至6月30日工资差额33,328元，奚某对此无异议，故法院予以确认。

案例精析

本案是一起用人单位以受疫情影响为由安排劳动者待岗引发的劳动报酬支付的争议案件，涉及停工、停产的原因以及工资待遇的支付等相关问题。

一、企业停工、停产的原因

企业停产，是指企业因自身生产任务不足或自然灾害、公共卫生事件、法规政策影响等原因，导致企业无法安排员工进行有效生产，企业单方面决定暂时停止为劳动者提供劳动条件，劳动者不能按劳动关系继续提供劳动的情形。因此实践中，对企业停工、停产的原因，可以分为两大类型：一类是企业的自身原因导致，例如，自身的生产经营管理出现问题，简单来讲就是经营不善。对于此类情形的停工停产，企业一般会根据自身情况决定何时停工、停产以及是否复工复产。另一类是非企业的原因所致，例如，受自然灾害、公共卫生事件、法规政策等影响，此类停工、停产企业往往是被动的，企业停工、停产以及复工、复产都不是企业自己能决定的，随着自然灾害、公共卫生事件的消除或解决，法规政策的调整或企业进行相应的整改，符合法规政策的生产许可后，企业方可决定复工、复产。

对于企业因自身生产经营导致的停工、停产，企业应当事先向全体员工说明情况，宣布作出停工、停产的决定后才会对员工具有约束力；而对受自然灾害、公共卫生事件等影响出现的停工、停产，性质上属于不可抗力情形，不可抗力情形是否导致劳动合同无法继续履行，主要视停工的事实状态确定。例如，因为疫情的原因政府部门采取封控措施，企业不能正常营业，员工也要求“足不出户”，此类情形尽管事先并没有宣布停工、停产的决定，但实践中如果企业不能安排员工居家办公或休年假等，则参照停工、停产进行处理。

二、停工、停产的适用范围

实务中，企业决定停工、停产，并非要求所有岗位都一律停止生产，企业可以根据自身经营情况决定全部或部分停产。全部或部分停工停产所涉及的岗位和人员，企业按照停工、停产的规定发放停工、停产期间的工资和生活费。但是，如果企业针对特定员工要求其停止工作而待岗的，并非属于企业决定停工、停产的情形。

企业要求特定员工待岗，实际上是变更劳动合同内容，需要与员工协商一致。仅以停工、停产的名义对特定员工作出待岗安排，违反《劳动合同法》的规定。员工完全可以要求企业继续履行劳动合同，企业安排员工待岗期间需要向员工支付全额工资。企业没有按照劳动合同约定条件提供岗位、没有足额支付劳动报酬的，员工可以要求企业补足差额。本案中，公司以受疫情影响为由，仅安排奚某一人待岗，显然不符合企业作出停工、停产的情形，因此，法院判决科技公司应按劳动合同约定支付奚某相应工资。不属于企业停工、停产情形的，如果企业没有提供劳动合同约定条件，没有足额支付劳动报酬，员工还可以依据《劳动合同法》第38条第2项提出解除劳动合同,并向企业主张解除劳动合同的经济补偿金。

三、停工、停产期间的工资和生活费

《上海市企业工资支付办法》第12条规定,企业停工、停产在一个工资支付周期的,应当按约定支付劳动者工资。超过一个工资支付周期的,企业可根据劳动者提供的劳动,按双方新的约定支付工资,但不得低于本市规定的最低工资标准。

因为企业自身原因宣布停工、停产的,“第一个工资支付周期”的起算自企业宣布开始停工停产的第一天开始起算一个月,即在第一个工资支付周期应当按照正常出勤的工资标准向员工支付工资。企业停工、停产后,还有少部分员工留守处理停工、停产期间的善后事宜,对于这少部分员工由于工作任务不足等原因,在超过一个工资支付周期的可以双方约定新的工资标准,同时明确不得低于最低工资标准;而对于没有提供任何劳动的员工,企业则需要发放生活费。对于生活费的标准,上海地区并没有明确的规定,实务中一般以不低于最低工资标准的80%为宜。

非企业的原因所致的企业停工、停产或员工不能返岗工作的,首先看企业能否安排员工居家办公,如果能够安排居家办公,则需要向员工支付在此期间的正常工资;如果企业不能安排居家办公,而是安排休法定年休假或企业福利假的,则支付在此期间的假期工资;如果既不能安排居家办公又不能安排休假的,则参照企业因自身原因停工、停产的方式:第一个工资支付周期支付正常工资,超过一个工资支付周期支付生活费。

维权提醒

1. 企业因自身原因作出停工、停产的决定,或者受自然灾害、公共卫生事件等影响导致的停工、停产的,尽管员工没有提供劳动,企业仍需要向员工支付停工、停产期间的工资和生活费。

2. 企业针对少数特定员工作出的待岗安排,属于变更劳动合同内容,应当与员工协商一致。如员工对企业待岗存有异议的,应及时以书面形式提出异议,并保留好相关证据。

法条索引

《上海市企业工资支付办法》

第12条 企业停工停产在一个工资支付周期的,应当按约定支付劳动者工资。超过一个工资支付周期的,企业可根据劳动者提供的劳动,按双方新的约定支付工资,但不得低于本市规定的最低工资标准。

《人力资源社会保障部办公厅关于妥善处理新型冠状病毒感染的肺炎疫情防控期间劳动关系问题的通知》

第2条 企业因受疫情影响导致生产经营困难的,可以通过与职工协商一致采取调整薪酬、轮岗轮休、缩短工时等方式稳定工作岗位,尽量不裁员或者少裁员。符合条件的企业,可按规定享受稳岗补贴。企业停工停产在一个工资支付周期内的,企业应按劳动合同规定的标准支付职工工资。超过一个工资支付周期的,若职工提供了正常劳动,企业支付给职工的工资不得低于当地最低工资标准。职工没有提供正常劳动的,企业应当发放生活费,生活费标准按各省、自治区、直辖市规定的办法执行。

第四章

工时休假

第一节 工时制度

导读

我国法律规定了三种全日制工时制度，即标准工时工作制、不定时工作制、综合计算工时工作制，其中不定时工作制和综合计算工时工作制称为“特殊工时制”。此外，我国还有非全日工时制度。因工作性质或者生产特点的限制，不能实行标准工时制度的，如需要实行不定时工作制和综合计算工时工作制的，需要事先通过劳动行政部门的审批，且向劳动者公示告知。

案情简介

林先生于2007年2月6日进入上海某汽车维修公司工作，双方签订了多份书面劳动合同，最后一份劳动合同期限为2020年8月1日至2021年7月31日，合同约定林先生同意公司有权根据业务发展需要随时调整其工作岗位；公司每月10日前以货币形式支付林先生工资，工资不低于上海市当年最低工资标准等。林先生的岗位为门岗，吃、住均在门岗。2021年2月22日，林先生以公司未及时、足额支付其劳动报酬，未按照合同约定提供劳动条件为由向公司寄送书面解除劳动关系通知书，双方劳动关系于2021年2月24日解除。

公司的经营场地有两个分园区，××路××号和1160号。2018年7月31日起，公司不再经营汽车维修业务，将厂房和场地出租给他人使用。林先生在××路××号门岗上班。承租公司××路××号服务的企业员工的工作时间为早上9时到下午5时。

公司实行打卡考勤制度。由林先生提供的2019年1月至2021年1月的考勤记录显示,林先生在此期间仅累计休年休假6天,其余时间均出勤,每天上班时间为8时至16时30分。

公司支付林先生2019年1月至12月的实发工资为3863元至5192元不等,支付2020年1月至12月的实发工资为3721元至6404元不等,支付2021年1月、2月实发工资为4659元、4255元。

2021年3月23日,林先生向上海市浦东新区劳动人事争议委员会提出仲裁申请,要求公司支付2018年7月31日至2021年2月23日加班工资504,304元。

裁判结果

法院认为:根据相关规定,用人单位必须书面记录支付劳动者工资的数额、时间、领取者的姓名以及签字,并保存2年以上备查。在公司已经提供了自2019年1月起始的工资发放记录的情况下,林先生要求公司支付自2018年7月1日至2018年12月31日的加班工资的,自应提供相应证据以证明该期间存在加班的情形,还应提供公司未足额发放加班工资的相关证据,现因林先生未能就以上事实提供充足证据予以证明,所以林先生主张该期间的加班工资,不予支持。

2019年1月1日至2021年2月23日,林先生仅于2019年4月3日、4月28日,2020年1月10日、3月9日、11月20日、11月21日休年休假,其余时间均出勤,林先生存在双休日和法定节假日加班的情形。林先生的考勤时间为上午8时、下午4时30分,法院可予认定林先生于上述期间的每个休息日和每个法定节假日的加班时间均为8小时;但因由林先生提供门岗服务的,向公司租赁房屋的企业于下午5时下班,因此法院酌定林先生于每个工作日的加班时间为2小时;至于林先生于工作日的17时30分后至次日的8时,因林先生吃住于门岗,该时间系值班行为,不能认定为平时的加班时间。综上,法院认定林先生于2019年4月至2021年2月23日的工作日延长工作时间共计942小时、休息日共计1544小时、节假日共计176小时。

双方签订的期限为2020年8月1日至2021年7月31日的劳动合同中,约定公司支付林先生的工资不低于上海市当年最低工资标准,又因双方均未能提供2019年1月至2020年7月的劳动合同以证明该期间林先生的工资标准,故法院以同时期本市最低工资标准为基数,计算林先生于2019年1月1日至2021年

2月23日的加班工资;至于林先生主张双方口头约定其每月工资为3500元,亦因无相应证据可以证明,法院不予采信。经核算,公司应支付林先生2019年1月1日至3月31日和2019年4月1日至2021年2月23日的加班工资分别为9624.37元和71,677.70元。

双方签署的劳动合同中仅约定公司支付林先生的工资不低于上海市当年最低工资标准,而无其他工资组成的约定内容,公司实际发放林先生的每月工资远超过当月的本市最低工资标准,在林先生未能提供相应证据证明公司发放林先生月工资中除月最低工资外的其余部分组成明细时,法院可以采信公司的主张,认定公司发放了林先生2019年1月1日至2021年2月23日的休息日加班工资和法定节假日加班工资共计53,324元。因此,扣除公司已发放的该部分加班工资以外,公司还应支付林先生上述期间工资差额为27,978.07元。

案例精析

本案主要涉及工时制度以及值班性质的工作时间能否算作加班时间等焦点问题。

一、工时制度介绍

我国的工时制度常见的有标准工时制、不定时工作制、综合计算工时工作制、非全日制用工。

1. 标准工时制。目前我国实行的标准工时制度为平均每天工作不超过8小时,每周工作40小时,但用人单位应当保证劳动者每周至少休息一日。通常所说的"做五休二",这是最为常见的工时制度。

实行标准工时制的岗位,劳动者延时加班的,用人单位按照日工资的150%支付延时加班工资;休息日加班的,按照日工资的200%支付双休日加班工资;法定节假日加班的,按照日工资的300%支付法定节假日加班工资。

2. 不定时工作制。对于因生产特点、工作特殊需要或职责范围的关系,无法按照标准工作时间衡量或需要机动作业的职工所采用的一种工时制度。主要适用于以下三类员工:(1)企业中的高级管理人员、外勤人员、推销人员、部分值班人员和其他因工作无法按照标准工作时间衡量的职工;(2)企业中的长途运输人员、出租汽车司机和铁路、港口、仓库的部分装卸人员以及因工作性质特殊,需机动作业的职工;(3)其他因生产特点、工作特殊需要或职责范围的关系,适合实行不定时工作制的员工。经批准实行不定时工作制的职工,不受劳动法规定的日延长工作时间标准和月延长工作时间标准的限制,但用人单位应采用弹性工作时间等适当的工作和休息方式,确保职工的休息休假权利和生产、工作任务的完成。对于实行不定时工作制的劳动者,企业应当根据标准工时制度合理确定劳动者的劳动定额或其他考核标准,以便安排劳动者休息。

针对不定时工作制,劳动者只有法定节假日加班的,用人单位才需要按照劳动者本人日工资的300%支付其加班工资。为保障劳动者的休息权利,对于执行不定时工作制的岗位,不能仅凭借用人单位和劳动者双方的约定,而是需要向劳动行政部门进行申请并得以审批通过后方可实施。

3.综合计算工时工作制。对于因工作性质特殊,需连续作业或受季度及自然条件限制的企业的部分职工,采用的以周、月、季、年等为周期综合计算工作时间的一种工时制度,但其平均日工作时间和平均周工作时间应与法定标准工作时间基本相同。综合计时工作制主要适用于:(1)交通、铁路、邮电、水运、航空、渔业等行业中因工作性质特殊,需连续作业的职工;(2)地质及资源勘探、建筑、制盐、制糖、旅游等受季节和自然条件限制的行业的部分职工;(3)其他适合实行综合计算工时工作制的职工。比如,“做一休一”或“三班倒”的保安岗位。

实行季度综合计算工时的,劳动者该季度出勤超出500小时的则按加班计算,用人单位应当按照劳动者本人日工资的150%支付其加班工资;劳动者法定节假日加班的,用人单位应当按照日工资的300%支付加班工资。同样地,为保障劳动者的休息权利,对于执行综合计算工时工作制的岗位,不能仅凭借用人单位和劳动者双方的约定,也是需要向劳动行政部门进行申请并得以审批通过后方可实施。

4.非全日制用工。非全日制用工是灵活用工的一种重要形式。非全日制用工当事人可以对劳动时间、工作内容、劳动报酬及支付形式、保守用人单位商业秘密等内容进行约定。针对非全日制用工,劳动者平均每天工作4小时,每周工作时间不超过24小时,每15日结算一次报酬,用工方式极为灵活。

二、值班与加班的区别

值班和加班表面上很相似,都是应用人单位的要求为用人单位提供劳动,但两者有本质差别,处理的规则也不相同。判断加班与值班的主要依据是看劳动者是否继续在原来的岗位上从事本职工作,或者是否有具体的生产或经营任务,可以从以下几个方面进行区别。

1. 工作内容不同。值班是因某些特殊原因，由用人单位安排劳动者在非工作时间内承担一定非生产性、非本职的工作，比如，用人单位因安全、消防、假日等需要而进行的临时安排劳动者从事与其本职工作有关的任务，值班一般是可以休息的。而加班是因用人单位的生产经营需要，或因劳动者无法在正常的工作时间完成工作任务，由劳动者在原工作岗位和非工作时间继续从事本职工作的行为。

2. 时间限制不同。值班没有时间长短的限制，可长可短。而针对加班，劳动法对加班的时间作出了限制，即每日不得超过 1 小时，因特殊原因需要延长工作时间的，在保障劳动者身体健康的条件下延长工作时间每日不得超过 3 小时，每月不得超过 36 小时。

3. 劳动报酬计算不同。对于值班津贴标准法律并无强制性规定，取决于双方的约定；而加班工资则应当按照《劳动法》等相关法律、法规执行。

具体到本案，因公司对林先生所在的岗位并没有申请不定时工作制或综合计算工时工作制，故林先生的出勤应当按照标准工时进行认定，即每日 8 小时，每周 40 小时，超出该时间的工作时间属于加班时间，公司应当支付加班工资。林先生自己的公司规定林先生的上下班时间为早上 8 时至下午 4 时 30 分，每个休息日和每个法定节假日的加班时间均为 8 小时；因自 2018 年 7 月 31 日起公司不再从事汽车维修服务，而是将场地外租给第三方，而第三方的工作时间为 9 时至下午 5 时，最终法院酌情认定每个工作日加班 2 小时。工作日的 17 时 30 分至次日的 8 时，因林先生吃住于门岗，车辆人员几乎没有进出，而且可以住宿，故该时间认定值班更为妥当，不宜全部算作加班时间，最终法院支持了林先生合理的加班工资。

三、超时加班的救济途径

劳动法作为基准法，它从宏观上调控用人单位与劳动者之间的社会关系，劳动法划定了二者在进行劳动生产过程中必须遵守的最低限度标准，属于禁止性法律规范，所以用人单位的工时制度违反劳动法的相关规定时，劳动者可以向劳动行政部门进行投诉，由劳动行政部门责令其改正，并可处以罚款。

当然，如果用人单位超时加班，劳动者没有获得加班工资，也可以不经过劳动监察处理，而直接申请劳动仲裁。

维权提醒

1. 用人单位因安全、消防、假日等特殊情况需要安排值班时，劳动者应尽量配合，且同时要明白该工作时间不属于加班时间，不能要求加班工资，建议与用人单位协商值班津贴。

2. 需要实行特殊工时制的岗位，用人单位需要向所在地劳动行政部门提出申请，获得审批后并向劳动者公示告知才有效。如用人单位和劳动者仅在劳动合同中约定实施特殊工时制，在劳动者有证据证明其提供劳动的时间超过标准工时的，超过部分仍可以主张加班工资。

法条索引

《劳动法》

第 38 条　用人单位应当保证劳动者每周至少休息一日。

第 90 条　用人单位违反本法规定，延长劳动者工作时间的，由劳动行政部门给予警告，责任改正，并可以处以罚款。

《国务院关于职工工作时间的规定》

第 5 条　因工作性质或生产特点的限制，不能实行每日工作 8 小时、每周工作 40 小时标准工时制度的，按照国家有关规定，可以实行其他工作和休息办法。

《劳动保障监察条例》

第 25 条　用人单位违反劳动保障法律、法规或者规章延长劳动者工作时间的，由劳动保障行政部门给予警告，责令限期改正，并可以按照受侵害的劳动者每人 100 元以上 500 元以下的标准计算，处以罚款。

第二节　加班管理

导　读

加班是指劳动者根据用人单位的要求，在标准工作时间之外以及休息日、法定节假日等工作或生产。简言之，劳动者超出法律规定的工时进行的工作。据不完全统计，追索加班工资的案件占所有劳动争议案件的 20% ~30%。在日常工作中，劳动者可能会接到用人单位要求加班的指令或者因为工作量太大无法在正常工作时间内完成的情形。实践中，哪些情况下可以认定为加班，用人单位要求加班劳动者是否可以拒绝，用人单位要求劳动者加班需要申请获得批准的规定是否有效，以及如何计算加班工资等核心问题经常引起纠纷。

案情简介

林女士于2016年4月15日进入某网络公司工作，担任研发工程师。双方签订过多份书面劳动合同，最后一份为起始日期自2019年4月14日起的无固定期限劳动合同，林女士每月工资为24,000元。

入职之初，公司通过电子邮件向林女士发送《申请办理入职须知》。须知中明确告知"公司采取指纹考勤，考勤时间：上午9:00～12:00，下午13:30～18:00。公司OA系统中有《员工手册》《新员工温馨提示》帮助你进一步了解公司"。

公司《员工手册》中规定，加班：(1)公司不鼓励员工加班，因特殊情况需要加班的，由员工提出申请，部门负责人根据实际工作需要审批，并由部门主管安排调休，且必须在下个自然季度内调休完成，逾期作废。除法定节假日加班外，其余一律实行调休。(2)若未经过上级领导批准，员工延长工作时间等行为，属于自愿行为，不视为加班。(3)所有加班必须有完整的上下班打卡记录，如考勤记录不完整则视为无效加班。(4)所有加班原则上应在加班前完成加班申请，若有特殊情况，须在加班结束后第一个工作日补齐，否则一律不视为加班。加班审批流程：员工提出《加班申请》，由部门主管核准后由人力资源行政中心审批备案。

林女士每日指纹考勤，每月在《集群考勤表》中签名确认。《集群考勤表》中分类项目包括应出勤天数、实际出勤天数、非法定假日加班、法定假日加班、调休天数等；显示2016年4月21日至2017年1月20日，林女士全勤，其中累计调休5.5天。林女士于2016年5月21日至2017年1月17日，通过OA系统，累计申请休息日加班57.14小时、平时延时加班26.58小时(申请加班时间都是从晚上9时开始)、法定节假日加班14.25小时。同时表示公司从未实际执行过加班审批制度。

公司表示规章制度中明确加班必须经过审批，考勤记录表上虽显示林女士的出勤，但未经申请，不视为加班，林女士的加班时间应以OA系统申请为准。公司还表示，晚上6时至9时的时间是给员工的晚餐和休息时间，在该时间段员工并未工作，因而9时以后视为员工加班时间。

2017年2月24日，林女士向区劳动人事争议仲裁委员会申请仲裁，要求公司支付2016年4月15日至2017年1月22日的平时延时、休息日及法定节假日加班工资共计57,404.13元。

裁判结果

法院认为，从《申请办理入职须知》中的内容来看，公司在入职之初即要求林女士登录企业邮箱，并告知企业邮箱中会有《员工手册》《新员工温馨提示》以帮助林女士了解公司。林女士于本案中提供的证据亦显示其使用企业邮箱。结合当事人之陈述，林女士亦明知公司有加班申请审批之制度。由此，公司的《员工手册》适用于林女士，故根据林女士于OA系统中申请的休息日及法定节假日加班之信息，确定林女士休息日及法定节假日加班之事实。

然，从OA系统申请情况来看，平时延时加班申请均自21时开始。公司为此主张18时至21时的时间为安排员工晚餐和休息时间，故自21时起算平时延时加班，但公司未提供证据证明其就此已经向员工明示告知，且公司此项主张明显缺乏合理性，故公司此节主张，不予采信。由此，根据考勤记录，结合OA系统申请记录，扣除林女士合理的用餐休息时间，核算林女士平时延时加班时间。

综上所述，结合考勤记录、集群考勤表及OA系统记录，对林女士加班事实予以审查，酌情认定公司应支付林女士2016年4月15日至2017年1月22日加班工资32,000元。

案例精析

本案主要涉及加班时长的认定、审批制度的效力以及加班时间和加班工资的计算等问题。

一、关于加班情形的认定

工作时间是指法律规定的，劳动者在一定时间内必须完成其所负担工作任务。法定工作时间以外的时间是劳动者休息的时间，可以自行安排与支配。劳动者加班主要有以下两种情形：一是用人单位根据生产经营需要安排劳动者在法定工作时间之外完成工作任务；二是由于工作量大或者其他原因导致劳动者无法在规定的工作时间内完成工作任务，需要延长工作时间。

为保障劳动者的休息权，法律对用人单位安排劳动者加班作出限制性规定。《劳动法》第41条规定，用人单位由于生产经营需要，经与工会和劳动者协商后可以延长工作时间，一般每日不得超过1小时；因特殊原因需要延长工作时间的，在保障劳动者身体健康的条件下延长工作时间每日不得超过3小时，但是每月不得超过36小时。《工资支付暂行规定》第13条规定，用人单位在劳动者完成劳动定额定制工作任务后，根据实际需要安排劳动者在法定标准工作时间以外工作的，应当支付加班工资。

因此，一般同时满足以下三个条件的可以认定为劳动者属于加班情形：一是劳动者是接受用人单位的安排提供劳动；二是提供劳动的时间在法定标准工作时间以外；三是从事的是与劳动者工作相关的事务。

如果劳动者系自身原因而晚于正常下班时间离开工作场所的，一般不认为是加班。但是，如果是用人单位安排劳动者加班，同时要求劳动者签署自愿加班放弃主张加班费的权利的协议，则会被认定为"免除用人单位法定责任，排除劳动者权利"的情形，该协议内容无效。

本案中，公司虽规定21时之后的工作时间经过申请获得批准才能作为加班，并将18时至21时这段时间作为用餐时间，但3小时的用餐时间显然超出正常所必需，明显缺乏合理性，是公司在排除自己的法定义务，公司以此为由拒付加班工资没有获得法院的支持。

二、关于加班的申请与审批

加班审批制度是一种用人单位规范员工加班行为、保障劳动者休息权利的管理制度，一般规定劳动者由于工作原因需要加班的，应当提前填写加班申请表，经相关负责人批准后才属于用人单位认可的加班。当用人单位建立了合法、有效的加班审批制度，劳动者确需加班时，应当履行申请手续，如果没有按照用人单位规定的流程提交加班申请并获得批准，即使劳动者能够证明其存在超时工作的情形，例如，提供考勤记录或工作邮件等，也难以证明是用人单位安排所致，劳动者要求主张未经审批期间的加班工资难以获得支持。

本案中，公司在《员工手册》中明确约定加班需要提前进行申请，林女士应当遵照执行，而且也申请过几次，所以林女士认为公司的加班审批制度几乎没有执行，并以此为由进行抗辩，是不能成立的。

三、关于加班事实的举证责任

根据《最高人民法院关于审理劳动争议案件适用法律问题的解释（一）》第

42 条的规定,劳动者主张加班工资的,应当就加班事实的存在承担举证责任。但劳动者有证据证明用人单位掌握加班事实存在的证据,用人单位不提供的,由用人单位承担不利后果。由此可知,劳动者主张加班工资时,需要承担初步的举证义务。通常情况下,劳动者可以提供以下证据来证明存在加班的事实。

1. 考勤记录

有的公司采取纸质考勤的,提供纸质考勤记录;有的公司将排班表通过邮件或者微信发给劳动者的,劳动者可以提供排班表等。如果公司没有将考勤记录给劳动者,劳动者可以提供规章制度规定、截图考勤方式(刷脸、指纹、钉钉等)证明考勤方式,由于考勤记录由用人单位掌握和管理,因加班时间发生争议的,可要求用人单位提供完整的考勤记录。但法律规定,用人单位对考勤记录最多具有两年的保管义务,因此,劳动者主张加班工资的,应当及时主张权利。

2. 工资条

有的用人单位会向劳动者发放工资条,从工资条中可以看到月度的工资构成,能证明用人单位是否支付了加班工资,通过已载明的加班工资的金额也可以推算出加班时间等,从而可以判断用人单位是否已足额支付加班工资。

3. 工作记录

用人单位通常会建立微信工作群或在 OA 系统等办公软件中进行内部沟通,并向劳动者发出工作安排、工作任务等。如用人单位在周六给劳动者发送工作任务,并要求劳动者在周末完成,劳动者如能提供微信或 OA 系统中的聊天记录也可证明用人单位安排加班的事实。

4. 餐费及车费报销记录

有些用人单位对加班超过一定时间的劳动者提供餐费补贴或打车补贴,劳动者可提供申请并获得报销的记录,结合公司的报销制度证明存在加班事实。

5. 工作记录本

自行制作的工作记录尽管是单方记录,但如果记载比较详细并且有主管批注,或者与其他证据能相互佐证,主张存在加班事实也有可能得到认可。

四、关于加班工资的计算基数

加班工资的计算是以劳动者月工资为计算基数,除以计薪日 21.75 日,得出劳动者的日工资标准,再除以 8 小时,计算出劳动者的小时工资,然后根据延长工作时间、双休日、法定节假日的加班工资支付标准计算相应的加班工资。

因此,确定劳动者的月工资标准尤为关键,按照《上海市企业工资支付办法》第9条,劳动者的加班工资计算基数按照如下标准确定:(1)劳动合同对劳动者月工资有明确约定的,按劳动合同约定的劳动者所在岗位相对应的月工资确定;实际履行与劳动合同约定不一致的,按实际履行的劳动者所在岗位相对应的月工资确定;(2)劳动合同对劳动者月工资未明确约定,集体合同对岗位相对应的月工资有约定的,按集体合同约定的与劳动者岗位相对应的月工资确定;(3)如劳动合同、集体合同对劳动者月工资均无约定的,按劳动者正常出勤月的70%来确定。

需要注意的是,劳动者的加班工资计算基数不得低于当地的最低工资标准。另外,确认加班工资基数时,月工资是指劳动者正常出勤期间的工资,并不包括上下班交通补贴、工作餐补贴、住房补贴,中夜班津贴、夏季高温津贴等特殊情况下支付的工资。

有些用人单位为了规避法律,经常将月工资恶意拆分为基本工资、各类补贴、绩效工资等,然后以基本工资作为加班工资基数;也有些用人单位将最低工资作为加班费基数等,这些都是与法律规定相冲突的,存在需补足加班工资差额的风险。

五、关于加班调休的规定

按照法律规定,劳动者休息日加班的,用人单位可安排劳动者进行调休。劳动者要求用人单位支付加班工资,而用人单位只愿意安排劳动者调休的,应当先调休。只有当用人单位难以安排劳动者调休的,才需要向其支付加班费。

对于实行标准工时制的劳动者,用人单位安排其延时加班或法定节假日加班的,用人单位是不可采用调休的方式进行处理的,而是应当分别按照日工资的150%和300%向其支付加班工资。对于实行特殊工时制的劳动者,如以季度为周期的综合计算工时制,用人单位可以根据生产经营的需要安排劳动者在工作日或休息日休息,只要在季度内其提供劳动时间没有超过500小时,则无须支付加班费(法定节假日加班除外)。

维权提醒

1. 劳动者应当尽量保留能证明存在加班事实的相关证据,尤其是主张超过两年的加班工资时,更加需要证明具体的加班日期、加班时间、加班申请及审批的证据及工资标准等。

2. 对于用人单位和劳动者约定“做六休一”，且明确约定月工资数额包括了休息日工作一天的加班工资的，实践中劳动者再主张加班工资则难以获得支持。

3. 用人单位和劳动者在规章制度或劳动合同中仅规定“管理人员加班没有加班费”或约定“月工资当中包含了可能存在的加班工资”等，该规定或约定一般会被认定为免除用人单位法定责任、排除劳动者权利的情形，属于无效条款，劳动者有证据证明加班的，仍可以主张加班费。

4. 劳动者对用人单位每月发放的加班工资计算基数有异议的，应及时向用人单位提出异议，并保留好提出相关异议的证据材料。

法条索引

《劳动法》

第44条 有下列情形之一的，用人单位应当按照下列标准支付高于劳动者正常工作时间工资的工资报酬：

（一）安排劳动者延长工作时间的，支付不低于工资的百分之一百五十的工资报酬；

（二）休息日安排劳动者工作又不能安排补休的，支付不低于工资的百分之二百的工资报酬；

（三）法定休假日安排劳动者工作的，支付不低于工资的百分之三百的工资报酬。

《上海市企业工资支付办法》

第9条 企业安排劳动者加班的，应当按规定支付加班工资。劳动者在依法享受婚假、丧假、探亲假、病假等假期期间，企业应当按规定支付假期工资。

加班工资和假期工资的计算基数为劳动者所在岗位相对应的正常出勤月工资，不包括年终奖，上下班交通补贴、工作餐补贴、住房补贴，中夜班津贴、夏季高温津贴、加班工资等特殊情况下支付的工资。

加班工资和假期工资的计算基数按以下原则确定：

（一）劳动合同对劳动者月工资有明确约定的，按劳动合同约定的劳动者所在岗位相对应的月工资确定；实际履行与劳动合同约定不一致的，按实际履行的劳动者所在岗位相对应的月工资确定。

（二）劳动合同对劳动者月工资未明确约定，集体合同（工资专项集体合同）对岗位相对应的月工资有约定的，按集体合同（工资专项集体合同）约定的与劳动者岗位相对应的月工资确定。

(三)劳动合同、集体合同(工资专项集体合同)对劳动者月工资均无约定的,按劳动者正常出勤月依照本办法第二条规定的工资(不包括加班工资)的70%确定。

加班工资和假期工资的计算基数不得低于本市规定的最低工资标准。法律、法规另有规定的,从其规定。

《最高人民法院关于审理劳动争议案件适用法律问题的解释(一)》

第42条 劳动者主张加班工资的,应当就加班事实的存在承担举证责任。但劳动者有证据证明用人单位掌握加班事实存在的证据,用人单位不提供的,由用人单位承担不利后果。

《劳动争议调解仲裁法》

第6条 发生劳动争议,当事人对自己提出的主张,有责任提供证据。与争议事项有关的证据属于用人单位掌握管理的,用人单位应当提供;用人单位不提供的,应当承担不利后果。

第三节 病假与医疗期

导 读

"病假"一词并非法律概念,只是一个日常术语,法律上与之相关联的概念为"医疗期",两者既有联系又有区别。有关病假工资的支付、医疗期的计算在实务操作中特别容易出现争议,各地区在实务操作中也不尽相同,本节以上海地区为例,对病假与医疗期的相关规定进行梳理。

案情简介

黄女士于1993年入职上海某建筑公司,担任人事部部长职务,双方签订了多份书面劳动合同,最后一份为自2003年8月8日起的无固定期限劳动合同。2016年1月起每月工资调整为35,000元。因黄女士即将达到55周岁并面临退休,公司为了让新的人事部部长平稳过渡,于2016年4月对黄女士岗位进行了调整,工资保持不变。

根据公司的规章制度规定，员工在制度工作日内请假时日工资的计算方式为正常情况下该员工本人月基本工资的70%除以21.75。计发病假工资的比例根据休病假期限及工作年限确定（与《上海市劳动局关于加强企业职工疾病休假管理保障职工疾病休假期间生活的通知》的规定相同）。

2016年4月起黄女士开始休长病假，黄女士每月会到公司提交其当月的考勤，在休病假期间，公司按照每月24,500余元标准发放其病假工资。

2017年1月13日，黄女士年满55周岁，达到法定退休年龄，公司为黄女士办理了退休手续，并据此终止了双方的劳动合同关系。黄女士认为自己连续工龄超过8年以上，应当按照正常出勤的工资标准即每月应当按照35,000元支付其工资，而且连续病假6个月才可以发疾病救济费，自己每月都有一天的出勤，不符合连续病假6个月的规定，所以病假6个月后仍然应当按照本人正常出勤工资支付，现在公司只是按照正常出勤工资的70%，应当补足其中的差额。公司则认为支付的病假工资远高于法律规定，不存在工资差额，双方争执不下。

2017年4月1日，黄女士提起劳动仲裁，要求公司支付其2016年4月至12月病假工资差额78,489.83元。

裁判结果

法院认为，职工疾病或非因工负伤待遇高于上海市上年度月平均工资的，可按本市上年度月平均工资计发。根据已查明的事实，2016年4月至12月，公司每月支付给黄女士的病假工资已远高于上海市上年度的月平均工资，黄女士主张病假工资差额，缺乏事实和法律依据，法院不予支持。

案例精析

本案主要涉及病假工资、疾病救济费如何计算的问题。有关病假和医疗期规定，各省市在操作层面上有所差异。下文以上海地区为例进行介绍。

一、病假工资的计算

（一）疾病休假工资标准

职工疾病或非因工负伤连续休假在6个月以内的，企业应按下列标准支付疾病休假工资：

（1）连续工龄不满2年的，按本人工资的60%计发；

(2)连续工龄满 2 年不满 4 年的,按本人工资 70% 计发;

(3)连续工龄满 4 年不满 6 年的,按本人工资的 80% 计发;

(4)连续工龄满 6 年不满 8 年的,按本人工资的 90% 计发;

(5)连续工龄满 8 年及以上的,按本人工资的 100% 计发。

职工疾病或非因工负伤连续休假超过 6 个月的,由企业支付疾病救济费:

(1)连续工龄不满 1 年的,按本人工资的 40% 计发;

(2)连续工龄满 1 年不满 3 年的,按本人工资的 50% 计发;

(3)连续工龄满 3 年及以上的,按本人工资的 60% 计发。

(二)病假工资基数的确定

针对制度工作日内请病假的日工资计算,按以下原则确定的计算基数除以发生当月的计薪日。

1. 劳动合同有约定的,按不低于劳动合同约定的劳动者本人所在岗位(职位)相对应的工资标准确定。集体合同(工资集体协议)确定的标准高于劳动合同约定标准的,按集体合同(工资集体协议)标准确定。

2. 劳动合同、集体合同均未约定的,可由用人单位与职工代表通过工资集体协商确定,协商结果应签订工资集体协议。

3. 用人单位与劳动者无任何约定的,假期工资的计算基数统一按劳动者本人所在岗位(职位)正常出勤月工资的 70% 确定。

按以上原则计算的假期工资基数均不得低于本市规定的最低工资标准。法律、法规另有规定的,从其规定。

(三)注意事项

1. 职工疾病或非因工负伤休假日数应按实际休假日数计算,连续休假期内含有休息日、节假日的应予剔除。

2. 职工疾病或非因工负伤待遇高于本市上年度月平均工资的,可按本市上年度月平均工资计发。

3. 企业职工疾病休假工资或疾病救济费最低标准不包括应由职工缴纳的养老、医疗、失业保险费和住房公积金。

本案中,黄女士一直在公司中担任人事部部长,给其他员工进行培训,所以对公司的病假工资制度是完全知晓。公司按照其工作年限和月工资,以其本人月工资的 70% 即 24,500 元支付其病假和疾病救济费,已远高于 2015 年上海市职工平均工资 5939 元。所以劳动仲裁和法院都驳回了其请求。需要说明的是，尽管黄女士每月会到公司一天，试图达到并不属于“连续休假超过 6 个月”的目的，但其病假一直都是连续，不可能一个月就有一天的身体符合上班要求，明显存在主观恶意。

高工资人员其病假工资按比例折算后如高于上年度本市月平均工资，其病假工资基数可以按照本市上年度月平均工资计算。该规定有相当的合理性，目前仅适用于上海地区的劳动者。通过病假工资的上下限规定，很好地平衡了用人单位和劳动者双方的利益。需要说明的是，如果用人单位规定的病假工资发放标准高于国家和本市规定，则按照用人单位的规定执行；如果用人单位规定的病假工资发放标准低于国家和本市规定，则按照国家和本市规定执行。

二、病假与医疗期的区别与联系

1. 两者的区别

(1)病假是指劳动者因患病或非因工负伤，需要停止工作进行治疗或休息等期间。而医疗期是指企业职工因患病或非因工负伤停止工作治疗或休息，用人单位不得解除劳动合同的期限。从两者的概念可知，病假是劳动者因患病或非因工负伤根据医嘱需要休息的时间，而医疗期是劳动者因患病或非因工负伤休息的一定期限内，用人单位不得解除双方的劳动合同的期限，是一种解雇保护。

(2)病假与医疗期最大的不同在于医疗期是法定期间，而病假则是事实期间。医疗期是法律有特别规定的固定的法定期限，而病假则是劳动者患病或非因工负伤事实上需要接受诊疗的事实期间，也可以说是治疗期，是不固定的期限。

(3)病假的长短取决于病情休假单，而医疗期的长短取决于劳动者在用人单位的工作年限。

2. 两者的联系

病假是触发医疗期的条件，即无病假则无医疗期。另外，医疗期并不等同于病假的享受期限，不能认为医疗期有多长时间，劳动者在用人单位的病假时间就有多长时间。同时劳动者在医疗期届满后，仍享有申请病假的权利，此时用人单位具有是否批准的权利，如用人单位不批准病假，则可以医疗期满为由解除劳动合同。

三、医疗期的计算

有关医疗期的计算，各省市在实际操作过程中不太一致。本节仅介绍上海地区医疗期的计算。

1. 医疗期按照劳动者在本用人单位的工作年限设置。劳动者在本用人单位工作第1年，医疗期为3个月；以后工作每满1年，医疗期增加1个月，但不超过24个月。

2. 劳动者经劳动能力鉴定委员会鉴定为完全丧失劳动能力但不符合退休、退职条件的，应当延长医疗期。延长的医疗期由用人单位与劳动者具体约定，但约定延长的医疗期与前条规定的医疗期合计不得低于24个月。

3. 下列情形中关于医疗期的约定长于上述规定的期限时从其约定：

(1) 集体合同对医疗期有特别约定的；

(2) 劳动合同对医疗期有特别约定的；

(3) 用人单位内部规章制度对医疗期有特别规定的。

4. 劳动者在本用人单位工作期间累计病休时间超过按照规定享受的医疗期，用人单位可以依法与其解除劳动合同。

5. 特殊人群的医疗期规定

根据《劳动部关于贯彻〈企业职工患病或非因工负伤医疗期规定〉的通知》第2条的规定，根据目前的实际情况，对某些患特殊疾病（如癌症、精神病、瘫痪等）的职工，在24个月内尚不能痊愈的，经企业和劳动主管部门批准，可以适当延长医疗期。

对于患有癌症、精神病、瘫痪等特殊疾病的劳动者，其医疗期是否直接适用24个月，实务中存在一定争议。一种观点认为，应当进行劳动能力鉴定，鉴定为完全丧失劳动能力的，医疗期应不低于24个月，如果没有经过鉴定则不应当直接适用24个月，而应根据其在本单位的工作年限来确定医疗期。另一种观点则认为，针对其他疾病而言需要延长医疗的，确实需要先通过劳动能力鉴定，而对患有癌症、精神病、瘫痪等特殊疾病的劳动者，应当从保护劳动者的角度进行倾斜保护，无须考虑劳动者在用人单位的工作年限，可以直接适用24个月的医疗期。笔者倾向于后一种观点。

维权提醒

1. 劳动者应当遵守用人单位的请假流程，履行正常的请假手续，并按照规定提交相关的病假资料。

2. 如因突发疾病或意外受伤,需至医院接受治疗,劳动者应先通过电话、微信等方式及时告知主管部门,并于就医后按照用人单位的规定补办请假手续。

3. 如用人单位不接收劳动者的病假单,不同意或不批准劳动者休病假时,劳动者需及时将病假单邮寄给用人单位,同时保留好邮寄证据。

法条索引

《关于本市劳动者在履行劳动合同期间患病或者非因工负伤的医疗期标准的规定》

第2条 医疗期按照劳动者在本用人单位的工作年限设置。劳动者在本用人单位工作第1年,医疗期为3个月;以后工作每满1年,医疗期增加1个月,但不超过24个月。

第3条 劳动者经劳动能力鉴定委员会鉴定为完全丧失劳动能力但不符合退休、退职条件的,应当延长医疗期。延长的医疗期由用人单位与劳动者具体约定,但约定延长的医疗期与前条规定的医疗期合计不得低于24个月。

《劳动部关于贯彻〈企业职工患病或非因工负伤医疗期规定〉的通知》

第2条 根据目前的实际情况,对某些患特殊疾病(如癌症、精神病、瘫痪等)的职工,在24个月内尚不能痊愈的,经企业和劳动主管部门批准,可以适当延长医疗期。

第四节 年休假管理

导 读

《职工带薪年休假条例》的颁布实施,对保障劳动者休息休假权利具有十分重要的意义,但在实践中劳动者和用人单位仍然遇到不少问题和困惑。例如,带薪年休假的适用范围有哪些,"连续工作12个月"如何理解,年休假的天数如何计算,劳动者应休而未休年休假的工资如何计算,年休假是依申请还是依安排等,本节通过案例进行解答。

案情简介

2008 年 12 月 15 日,谢先生入职一家置业公司,担任公司高级人力资源经理,双方签订了多份劳动合同,最后一份劳动合同为起始日期自 2014 年 12 月 15 日起的无固定期限劳动合同。谢先生同时签收了公司的《员工手册》,该手册约定:"在合同期内,员工当年度没有使用完成的年(休)假可以带转至下一个年度,并须在下一个合同年度内使用完毕,如因员工自身原因未能使用的年假,视为自动放弃。"

2019 年 5 月 20 日,公司以谢先生存有严重违纪行为,违反公司规章制度为由,解除双方的劳动合同关系,并对剩余假期进行了结算,总金额为 29,526.40 元(按谢先生离职前 12 个月平均工资数额 27,500 元/21.75 天/8 小时 ×312 小时 ×200% 计算而来,其中有 200 小时属于 2018 年之前的未休年休假)。公司主张误将谢先生 2018 年以前未休年休假累积部分予以结算,造成向谢先生多支付 63,218.39 元未休年休假的工资,要求谢先生返还,遭到谢先生的拒绝。于是,公司申请劳动仲裁,要求谢先生返还多支付的年休假工资 63,218.39 元。

裁判结果

法院认为,关于未休年休假工资,公司主张《员工手册》中规定了"年休假须在下一个合同年度内使用完毕,如因员工自身原因未能使用的年假,视为自动放弃",故谢先生应返还多支付的未休年休假工资。但是,劳动者带薪年休假是法定权利,《职工带薪年休假条例》第 5 条第 3 款规定"用人单位确因工作需要不能安排劳动者休年休假的,经劳动者本人同意,可以不安排劳动者休年休假"。但同时亦规定了"对劳动者应休未休的年休假天数,用人单位应当按照该劳动者日工资收入的 300% 支付年休假工资报酬"。由此可见,除该条例第 4 条规定的劳动者不享受当年年休假的情形外,员工同意不休年休假,是用人单位不支付未休年休假工资的前提。在公司未举证证明曾安排谢先生休假但谢先生自己拒绝的前提下,公司仍应向谢先生支付未休年休假工资,公司在支付后要求返还没有法律依据,所以一审、二审法院都驳回了公司的请求。

案例精析

本案的主要争议焦点是,公司在规章制度中规定"未休年休假未在当年度休完，视为自动放弃”的条款是否有效，以及公司对谢先生未休年休假进行折算支付年休假工资后能否要求撤销的问题。

一、劳动者享有法定年休假的前提条件

《职工带薪年休假条例》规定，机关、团体、企业、事业用人单位以及民办非企业用人单位、有雇工的个体工商户等用人单位的职工连续工作 1 年以上的，享受带薪年休假。用人单位应当保证职工享受年休假。职工在年休假期间享受与正常工作期间相同的工资收入。

“连续工作 1 年以上”如何理解？实践中有一定的争议。一种观点认为，这里的“连续工作”是指同一用人单位内的工作，如果按照不同单位累计工作时间计算年休假天数，实际上是让现在的用人单位为劳动者之前的劳动买单，对用人单位不公平，加大了用人单位的用工成本；另一种观点则认为，指在社会上连续工作 12 个月以上，不仅包括在本用人单位连续工作 12 个月以上，也包括在其他用人单位连续工作 12 个月以上，还包括在不同用人单位连续工作 12 个月以上，即包含劳动者在其他用人单位工作的年限。休息权和劳动权密不可分，休息权并不因劳动者变更工作单位而被剥夺或减损。笔者赞同后一种观点。

根据《职工带薪年休假条例》第 5 条，劳动者新进用人单位且符合该条例第 3 条规定的，当年度年休假天数，按照在本用人单位剩余日历天数折算确定，折算后不足 1 整天的部分不享受年休假。从该表述来看，“连续工作”应当包含在其他用人单位的工作时间，否则劳动者在新进用人单位第 1 年都不可能有年休假，也就不存在年休假折算的问题。

《人力资源和社会保障部办公厅关于〈企业职工带薪年休假实施办法〉有关问题的复函》第 1 条也进行了明确，《企业职工带薪年休假实施办法》第 3 条中的“劳动者连续工作满 12 个月以上”，既包括劳动者在同一用人单位连续工作满 12 个月以上的情形，也包括劳动者在不同用人单位连续工作满 12 个月以上的情形。

对于新入职的劳动者，只要之前有过“连续工作 12 个月”的工作经历，到新用人单位第 1 年就可以享受年休假，还是必须在当年度原用人单位和新用人单位工龄“连续工作 12 个月”才能享有入职当年的年休假，这在司法实践中也有不同的观点。笔者赞同前一种理解，即只要之前有过“连续工作 12 个月”以上的，到新用人单位就应该享受当年度的年休假。因为劳动者更换工作，几乎无法做

到无缝衔接，正常情况下都会出现空档，也就是不连续是常态，按照后一种理解，新入职的劳动者几乎很难获得当年度的年休假。此外，因为是折算，所以在前后两家用人单位所能享受的年休假总天数并不可能超过在同一用人单位所享受的总天数，所以劳动者并未占得便宜。若按照后一种理解，就会导致劳动者在原用人单位和新用人单位都不能获得年休假，损害了劳动者的合法权益。

二、劳动者可享有法定年休假的情形及例外

根据《职工带薪年休假条例》第 3 条，累计工作已满 1 年不满 10 年的，年休假 5 天；已满 10 年不满 20 年的，年休假 10 天；已满 20 年的，年休假 15 天。国家法定休假日、休息日不计入年休假的假期。根据上述法条的规定，劳动者享受年休假分三档，根据劳动者的累计工作年限进行计算。需要注意的是，该处的“累计工作”不仅指劳动者在本用人单位的工作年限，还包含劳动者在其他用人单位的工作年限以及依照法律、行政法规或者国务院规定视同工作的时间。

在某些特殊情况下，劳动者是无法享受当年度的年休假的。根据《职工带薪年休假条例》第 4 条，劳动者有下列情形之一的，不享受当年的年休假：(1)劳动者依法享受寒暑假，其休假天数多于年休假天数的；(2)劳动者请事假累计 20 天以上且用人单位按照规定不扣工资的；(3)累计工作满 1 年不满 10 年的劳动者，请病假累计 2 个月以上的；(4)累计工作满 10 年不满 20 年的劳动者，请病假累计 3 个月以上的；(5)累计工作满 20 年以上的劳动者，请病假累计 4 个月以上的。

如劳动者休探亲假、婚丧假、产假等国家规定的假期以及因工伤停工留薪期间，根据《企业职工带薪年休假实施办法》第 6 条，是不影响劳动者享受年休假的。此外，《企业职工带薪年休假实施办法》第 14 条规定，被派遣劳动者在劳动合同期限内无工作期间由劳务派遣单位依法支付劳动报酬的天数多于其全年应当享受的年休假天数的，不享受当年的年休假；少于其全年应当享受的年休假天数的，劳务派遣用人单位、用工单位应当协商安排补足被派遣劳动者年休假天数。

三、用人单位应当统筹安排劳动者休年休假

根据《职工带薪年休假条例》第 5 条第 2 款及第 3 款，年休假在 1 个年度内可以集中安排，也可以分段安排，一般不跨年度安排。用人单位因生产、工作特点确有必要跨年度安排劳动者年休假的，可以跨 1 个年度安排。用人单位确因

工作需要不能安排劳动者休年休假的,经劳动者本人同意,可以不安排劳动者休年休假。因而,用人单位有权统筹安排劳动者休年休假,可以考虑劳动者的意愿,但并非一定要与劳动者协商一致才能安排劳动者休年休假。统筹安排劳动者休年休假,既是用人单位的权利,也是用人单位的义务。

四、应休未休年休假工资的支付

根据《职工带薪年休假条例》第 5 条,用人单位根据生产、工作的具体情况,并考虑劳动者本人意愿,统筹安排劳动者年休假。年休假应当由用人单位进行统筹安排;劳动者提出申请休假的,用人单位有权根据自身的经营需要作出是否同意休假的决定。由此可知,即使劳动者没有提出休年休假,用人单位没有主动安排的,也不能推定劳动者放弃休年休假的权利。

根据《企业职工带薪年休假实施办法》第 10 条,用人单位经职工同意不安排年休假或者安排职工年休假天数少于应休年休假天数,应当在本年度内对职工应休未休年休假天数,按照其日工资收入的 300% 支付未休年休假工资报酬,其中包含用人单位支付职工正常工作期间的工资收入。因而,用人单位需要向劳动者按照其日工资收入的 200% 额外支付应休未休年休假工资(其中 100% 的日工资已经包含在月度劳动报酬中)。

当然,如果用人单位主动安排劳动者休年休假,劳动者书面提出不休年休假的,根据《企业职工带薪年休假实施办法》第 10 条第 2 款,可以只支付其正常工作期间的工资收入,而不用按照日工资收入的 200% 支付年休假工资。

五、关于约定未休年休假过期作废的效力

劳动者只要符合享受法定年休假的条件,进入用人单位后就可以享受年休假待遇,这属于劳动者的法定权利。用人单位没有统筹安排劳动者休年休假,而仅约定“当年度劳动者未休年休假则视为劳动者自动放弃”等内容,属于用人单位免除自己的法定责任、排除劳动者权利的条款,该约定是无效的。

本案中,公司虽然主张谢先生系高级人力资源经理,是年休假制度的制定者,对使用规则完全熟悉,自己没有主动申请视为自动放弃。但公司未能举证已主动安排其年休假,也未提供谢先生书面放弃休年休假的证据,公司主张谢先生已自动放弃年休假没有事实及法律依据。

六、协商解除协议中对年休假的处理

《最高人民法院关于审理劳动争议案件适用法律问题的解释(一)》第 35 条

规定,劳动者与用人单位就解除或者终止劳动合同办理相关手续、支付工资报酬、加班费、经济补偿或者赔偿金等达成的协议,不违反法律、行政法规的强制性规定,且不存在欺诈、胁迫或者乘人之危情形的,应当认定有效。达成的协议存在重大误解或者显失公平情形,当事人请求撤销的,人民法院应予支持。

本案中,公司已与谢先生就未休假期进行了结算,并已实际支付,视为双方对于谢先生未休假期达成一致。该合意并不违反法律、行政法规的强制性规定,且不存在欺诈、胁迫或者乘人之危情形。因此,即使谢先生 2018 年以前累计未休年休假已过 1 年仲裁时效,但公司在 2019 年办理离职手续后仍然进行了结算,视为对诉讼时效权利的放弃。最终,公司要求谢先生返还多付的年休假工资得到裁审部门的支持。

七、劳动者离职时对应休未休年休假的处理

用人单位与劳动者解除或者终止劳动合同的,当年度未安排劳动者休满应休年休假的,应当按照劳动者当年已工作时间折算应休未休年休假天数并支付未休年休假工资报酬,但折算后不足 1 整天的部分不支付未休年休假工资报酬。折算方法:(当年度在本用人单位已过日历天数 ÷ 365 天) × 劳动者本人全年应当享受的年休假天数 – 当年度已安排年休假天数。

有关劳动者离职时对应休未休年休假的处理需要注意的几个问题:(1)折算出现小数时,采取的是“去零取整”而不是“四舍五入”的方法。(2)对于中途离职劳动者,用人单位没有安排其休年休假都应当进行折算,无论是用人单位还是劳动者提出解除或者终止的。当然如果是劳动者自己提出辞职,用人单位来不及安排的,劳动者向用人单位主张未休年休假补偿难以获得支持。(3)当同一年度出现天数“跳级”时,应当分段计算。在同一年度内,如果累计工龄满 10 年、20 年的,年休假总天数就会发生“跳级”的情形,这时应当分段计算可休年休假的总天数。(4)年休假是一种法定假期,是劳动者依法享有的权利,用人单位不得通过规章制度或其他单方面的方式变相剥夺职工享受年休假的权利,不能在劳动者休病假或其他法定假期时安排劳动者休年休假。当然,如果劳动者具有特定事由时仍自愿选择或主动申请使用年休假,用人单位可根据具体情况来决定是否同意,或者在相应的休假制度中对此进行规定。

八、用人单位对福利年休假的处理

除法定年休假外,部分用人单位还会设定福利年休假等,根据《企业职工带薪年休假实施办法》第13条，劳动合同、集体合同约定的或者用人单位规章制度规定的年休假天数、未休年休假工资报酬高于法定标准的，用人单位应当按照有关约定或者规定执行。因而，用人单位设置福利年休假，不仅可以约定或者规定标准，也可以约定或规定福利年休假的使用规则。

由于福利年休假并非法定休假，所以用人单位的自主权应当得到尊重，用人单位设定福利年休假的天数、先休法定年休假再休福利年休假、逾期作废、离职时未休的按照100%补偿或无须支付任何的补偿、未休年休假补偿按照基本工资作为基数及必须于次年度第一季度前休完等约定都是有法律效力的。

维权提醒

1. 劳动者应当充分了解用人单位的年休假制度，尤其是福利年休假的使用规则，在规定时间内合理申请休年休假。

2. 劳动关系存续期间，劳动者的累计工龄满10年或20年，应主动将社保缴纳记录等相关的证明资料提交给用人单位，便于提前做好安排。

3. 年休假适用1年的普通仲裁时效，劳动者应及时主张未休年休假补偿；如劳动者主张多年以前的年休假，则因超过仲裁时效难以得到裁审部门的支持。

法条索引

《职工带薪年休假条例》

第2条 机关、团体、企业、事业用人单位、民办非企业用人单位、有雇工的个体工商户等用人单位的职工连续工作1年以上的，享受带薪年休假（以下简称年休假）。用人单位应当保证职工享受年休假。职工在年休假期间享受与正常工作期间相同的工资收入。

第5条 用人单位根据生产、工作的具体情况，并考虑职工本人意愿，统筹安排职工年休假。

年休假在1个年度内可以集中安排，也可以分段安排，一般不跨年度安排。用人单位因生产、工作特点确有必要跨年度安排职工年休假的，可以跨1个年度安排。

用人单位确因工作需要不能安排职工休年休假的，经职工本人同意，可以不安排职工休年休假。对职工应休未休的年休假天数，用人单位应当按照该职工日工资收入的300%支付年休假工资报酬。

《企业职工带薪年休假实施办法》

第6条 职工依法享受的探亲假、婚丧假、产假等国家规定的假期以及因工伤停工留薪期间不计入年休假假期。

第11条 计算未休年休假工资报酬的日工资收入按照职工本人的月工资除以月计薪天数(21.75天)进行折算。

前款所称月工资是指职工在用人单位支付其未休年休假工资报酬前12个月剔除加班工资后的月平均工资。在本用人单位工作时间不满12个月的,按实际月份计算月平均工资。

职工在年休假期间享受与正常工作期间相同的工资收入。实行计件工资、提成工资或者其他绩效工资制的职工,日工资收入的计发办法按照本条第一款、第二款的规定执行。

第五章

培训与服务期

第一节 服务期约定

导 读

服务期是指劳动者接受用人单位出资提供的专项技术培训后而承诺必须为用人单位提供服务的期限。实践中,由服务期引发的劳动合同纠纷主要集中于用人单位和劳动者之间是否提供专项培训费用、是否进行专业技术培训以及培训费用范围、违约责任认定和违约金计算等问题。

案情简介

王某与上海某地产公司(以下简称地产公司)签订劳动合同,从事运营兼执行总裁秘书相关工作,合同期限为2016年10月12日至2019年10月11日。2017年2月15日,双方另签订一份培训服务协议,约定王某参加该公司组织的未来领导人项目培训,其间培训课程费、交通费、签证费、食宿费等由该公司承担,培训结束后王某应为该公司服务3年,服务期自培训项目结束日之后第1天起算。

2017年2月19日,王某赴泰国培训,于2017年8月17日取得培训结业证书,后于2017年9月再至泰国担任后期学员的导师,于2018年1月底返回国内。2018年2月26日,地产公司的关联企业某置业公司与地产公司、王某签订三方协议,约定王某的劳动关系转移至置业公司,由置业公司和王某重新签订新劳动合同,地产公司与王某于2018年2月28日解除劳动合同。

置业公司、王某签订2018年3月1日至2019年10月11日的劳动合同,约定王某从事新事业发展部—项目经理工作;王某与地产公司权利和义务将由置业公司承继,王某与地产公司之间无任何争议事项,王某在地产公司的工作年限视作连续工龄等。

2018 年 4 月 8 日,王某以个人原因为由提出离职,置业公司与王某劳动关系于 2018 年 5 月 7 日解除。

2019 年 1 月 16 日,置业公司提起劳动争议仲裁请求,主张王某违反培训服务期约定需要支付违约金。劳动人事仲裁委员会后裁决不予支持,置业公司不服该裁决内容,向人民法院提起诉讼。

置业公司为佐证诉称中的培训费用主张,提供了各类费用汇总表、工资明细表、各类记账凭证,显示 2017 年 1 月至 2017 年 7 月为王某支出签证、机票、住宿、交通等费用 27,200.50 元和培训费 171,304.39 元,不含出差津贴。

王某则表示,置业公司和地产公司是两家独立法人,王某与地产公司签订了《公司培训服务协议》,后双方解除劳动合同并承诺"就前述劳动合同的解除双方互不承担任何责任,且双方互不通过任何渠道向对方主张任何费用、补偿及赔偿",显然该承诺表明地产公司放弃了培训服务期约定。虽然王某被转移至置业公司工作,但置业公司承继的权利和义务范围并不包括《公司培训服务协议》。此外,王某参加的培训虽名为"未来领导人培训",但实质为"在小餐饮店的工作实践",而且《公司培训服务协议》也没有明确告知培训内容和培训费用,置业公司也始终无法解释有关培训机构的资质和半年 17 万元天价培训费的组成,故对培训费用也不认可。

裁判结果

法院认为,本案争议焦点在于:(1)置业公司是否承继了《公司培训服务协议》中有关服务期的权利和义务。(2)专业技术培训的定义以及培训费用的认定标准。

首先,关于服务期权利义务的承继问题。法院认为,根据地产公司与王某签订的旧《劳动合同》可知,《公司培训服务协议》属于旧《劳动合同》的补充及附件,系旧《劳动合同》的有效组成部分,具有同等法律效力。2018 年 2 月 26 日既签有三方协议,又签有置业公司、王某的劳动合同,对王某的权利和义务应以与置业公司的劳动合同确定。该合同约定,王某与地产公司的劳动合同终止,相应的权利和义务由置业公司、王某承继,可以认定置业公司承继了王某对地产公司的服务期义务。现因王某辞职，于2018年5月7日解除与置业公司的劳动合同，应当支付未提供服务期间的违约金。

其次，用人单位是否提供了专业技术培训。法院认为王某所参加的培训显然有别于仅为了提高劳动者的日常劳动效率和劳动质量而开展的职业培训，具有专门性，故应当认定王某接受了专业技术培训，应当履行其所负有的服务期义务。

最后，对于培训费用，置业公司亦提供了由地产公司支付培训费171,304.39元的支付凭据和支出签证、机票、住宿、交通等直接因培训而发生之费用的相应付款和报销凭据，证明了上述培训费用的真实发生。虽然王某对171,304.39元培训费的支出持有异议，但其并未提供足以否定该培训费支出的反驳证据；而置业公司主张的出差津贴、薪资待遇并非直接用于培训，不能认定为培训费用。结合王某的服务期限，经折算，王某应当支付置业公司违反培训服务期违约金150,827.50元。

案例精析

本案是一起由服务期引发的劳动合同纠纷。服务期是指劳动者接受用人单位出资提供的专项技术培训而承诺必须为用人单位服务的期限。根据《劳动合同法》第22条第1款之规定，约定服务期的前提条件应当是用人单位为劳动者提供专项培训费用，对其进行专业技术培训。劳动者违反服务期约定的，应当按照约定向用人单位支付违约金。违约金的数额不得超过用人单位提供的培训费用。用人单位要求劳动者支付的违约金不得超过服务期尚未履行部分所应分摊的培训费用。解决此类纠纷，关键在于把握对专业技术培训、培训费用范围以及违约金的认定。另外，本案中涉及的关于服务期协议权利和义务转让问题也值得思考。

一、服务期协议具有可转让性

用人单位与劳动者签订的服务期协议，实际上在二者之间形成的是一种债权债务关系。用人单位对劳动者负有提供专项培训费用和专业技术培训的义务，同时对劳动者享有其为自身工作一定期限的权利。根据《民法典》第555条的规定，当事人一方经对方同意，可以将自己在合同中的权利和义务一并转让给第三人。此又称为债权债务的概括转移，即用人单位可以将服务期合同的权利和义务一并转让给第三人。

在本案中,置业公司、王某和地产公司签订三方协议,约定置业公司、王某重新签订新劳动合同,王某在地产公司的工作年限连续计算。同时,原劳动合同的权利和义务由新劳动合同双方承继,且地产公司亦表示,其认可置业公司承继的权利和义务包括但不限于培训服务期产生的相关协议权利和义务,并认可由置业公司主张相关权利,地产公司不会向王某主张任何费用及补偿。王某的劳动关系已转至置业公司,作为补充文件的培训服务协议亦转至置业公司,因此,置业公司、王某应当按照培训服务协议约定的内容享有权利和承担义务。

二、专业技术培训的性质认定

服务期并不是劳动合同的必备条款,而是用人单位与劳动者在平等、自愿、协商一致基础上订立的劳动合同的约定条款。约定服务期的前提是用人单位为劳动者提供了专项技术培训,目的在于满足用人单位更高层次的技术需求。如岗前培训或职业培训只是让劳动者能基本上适应用人单位的生产要求,则不属于能够约定服务期的范围。

认定用人单位是否为劳动者提供了专业技能培训,应从培训内容、目的、对象、培训时间、形式等角度进行综合考量。主要包括:(1)从接受培训的对象上看,劳动者作为接受培训的人员是否是经过单位挑选后确定的人员,并非相同岗位的人员均统一接受此培训;(2)从培训的内容和目的上看,劳动者接受培训的内容是否具有一定的专业性,其培训目的是否使劳动者胜任更高层次和专业的工作;(3)从培训的形式和时间上看,培训的形式是否有别于一般的职业培训,培训时间是否具有一定的稳定性及持续性。

本案中,王某是用人单位经过严格挑选后才被确定至泰国参加"未来领导人项目"培训活动,该培训活动为专业型和个体型的培训;同时根据培训的内容和目的,显然是用人单位为了拓展某项业务,而选送劳动者进行有针对性地学习和训练,以掌握从事该新业务所必需的技能,具有较强的针对性,培训的目的是使劳动者能胜任更高层次或更加专业的工作;且用人单位安排劳动者脱产进行学习和进修,培训的时间也较长。可见,王某所参加的培训显然有别于仅为了提高劳动者的日常劳动效率和劳动质量而开展的职业培训,故应该认定王某接受了专业技术培训,应当履行其在服务期内持续为用人单位提供服务的义务。

三、专项培训费用的范围认定

用人单位与劳动者签订服务期协议,则必须对劳动者给予特殊的给付,即要有为劳动者提供专项培训费用的行为。同时,当劳动者违反服务期协议时,也是以培训费用为上限计算违约金,即违约金的上限不得超过用人单位所支付的培训费用,同时当劳动者已经履行了部分服务期时,其支付的违约金不应超过服务期尚未履行部分所分摊的培训费用。

根据《劳动合同法实施条例》第16条,《劳动合同法》第22条第2款规定的培训费用,包括用人单位为了对劳动者进行专业技术培训而支付的有凭证的培训费用、培训期间的差旅费用以及因培训产生的用于该劳动者的其他直接费用。由此可见,用人单位提供给劳动者专项技术培训所产生的直接培训费用、交通费、住宿费、伙食费可直接认定为此处的"培训费用",至于第16条兜底条款规定的"其他培训费用"则要综合考虑是否基于专业技术培训而产生。例如,支付给劳动者的工资就并非因培训而产生的,而是基于用人单位与劳动者之间的劳动关系。因此,工资不属于培训费范畴,即使劳动者违反服务期的协议,用人单位也无权要求劳动者返还相应的工资。

在本案中,置业公司提供了由地产公司支付培训费171,304.39元的支付凭据和支出签证、机票、住宿、交通等直接因培训而发生之费用的相应付款和报销凭据,证明了上述培训费用的真实发生。而置业公司关于出差津贴和薪资待遇亦属于培训费用的主张,因缺乏事实和法律依据被驳回。

四、劳动者承担违约金的情形

承担违约金的前提是当事人存在违约行为,就违反服务期协议的违约金而言,当劳动者对劳动合同的解除存在过错导致服务期协议无法履行时,劳动者就应对此承担违约责任;若劳动者对劳动合同的解除无过错,则无须承担相应的违约责任。

根据民事权利可以放弃原则,若服务期期限长于劳动合同期限,劳动合同期限届满时,用人单位可以放弃要求劳动者继续履行剩余服务期的相关义务。此时,劳动合同期满终止,用人单位不得要求劳动者支付违约金。同时,当劳动者依据《劳动合同法》第38条的情形解除劳动合同,系用人单位的过错导致劳动合同的解除,服务期协议无法履行,劳动者对此并无过错,因而无须承担违约金。但当劳动者依据《劳动合同法》第36条主动提出与用人单位解除劳动合同,或者用人单位依据《劳动合同法》第39条第2项至第6项的情形与劳动者解除劳动合同,导致服务期协议无法履行的,劳动者对此需承担违约金。其法条依据是《劳动合同法实施条例》第26条第2款,即有下列情形之一,用人单位与劳动者解除约定服务期的劳动合同，劳动者应当按照劳动合同的约定向用人单位支付违约金：(1)劳动者严重违反用人单位的规章制度的；(2)劳动者严重失职，营私舞弊，给用人单位造成重大损害的；(3)劳动者同时与其他用人单位建立劳动关系，对完成本单位的工作任务造成严重影响，或者经用人单位提出，拒不改正的；(4)劳动者以欺诈、胁迫的手段或者乘人之危，使用人单位在违背真实意思的情况下订立或者变更劳动合同的；(5)劳动者被依法追究刑事责任的。

因此，并不是一旦劳动者离开用人单位导致服务期协议无法履行就要承担相应的违约责任，当用人单位主动放弃要求劳动者继续履行服务期或用人单位对劳动合同的解除具有过错的情况下，劳动者无须承担相应的违约责任。劳动者只有在主动解除劳动合同或者对劳动合同解除存在过错，导致服务期协议无法履行的情况下才承担违约责任。本案中的王某即属于劳动者主动提出解除劳动合同而导致的服务期协议无法履行的情形，依法应当支付违约金。

需要指出的是，如果用人单位和劳动者约定了服务期，劳动者在试用期内主动辞职或用人单位以劳动者不符合录用条件解除劳动合同的，劳动者无须支付违约金。因为在试用期内，属于双方相互考察的阶段，不能附加遵守服务期限的约定而限制其择业自由权；用人单位认为劳动者不符合录用条件解除劳动合同，劳动者本身并没有过错，因而无须支付违约金。

五、违约金的计算方式

劳动合同违约金的设定和支付标准是劳动争议中最常见、最复杂的问题之一。《劳动合同法》第25条对违约金的适用范围作了明确规定，违约金仅适用于竞业限制和服务期两种情形。

服务期的违约金是用人单位与劳动者约定的，其充分体现双方当事人的意思自治，但法律为了防止用人单位利用其优势地位损害劳动者的合法权益，对违反服务期的违约金进行了一定程度的限制，即违约金的上限不得超过用人单位所支付的培训费用，同时当劳动者已经履行了部分服务期时，其支付的违约金不应超过服务期尚未履行部分所分摊的培训费用。

维权提醒

1. 在用人单位未为劳动者提供专业技能培训费的情况下，劳动者即使与用人单位订立服务期协议，也无须支付违约金。

2. 当用人单位向劳动者提供了专项培训，约定了服务期的，建议在培训期满后，双方应及时就支出的培训费用进行相应的确认。

法条索引

《劳动合同法》

第22条 用人单位为劳动者提供专项培训费用，对其进行专业技术培训的，可以与该劳动者订立协议，约定服务期。

劳动者违反服务期约定的，应当按照约定向用人单位支付违约金。违约金的数额不得超过用人单位提供的培训费用。用人单位要求劳动者支付的违约金不得超过服务期尚未履行部分所应分摊的培训费用。

用人单位与劳动者约定服务期的，不影响按照正常的工资调整机制提高劳动者在服务期期间的劳动报酬。

《劳动合同法实施条例》

第16条 劳动合同法第二十二条第二款规定的培训费用，包括用人单位为了对劳动者进行专业技术培训而支付的有凭证的培训费用、培训期间的差旅费用以及因培训产生的用于该劳动者的其他直接费用。

第17条 劳动合同期满，但是用人单位与劳动者依照劳动合同法第二十二条的规定约定的服务期尚未到期的，劳动合同应当续延至服务期满；双方另有约定的，从其约定。

第26条 用人单位与劳动者约定了服务期，劳动者依照劳动合同法第三十八条的规定解除劳动合同的，不属于违反服务期的约定，用人单位不得要求劳动者支付违约金。

有下列情形之一，用人单位与劳动者解除约定服务期的劳动合同的，劳动者应当按照劳动合同的约定向用人单位支付违约金：

（一）劳动者严重违反用人单位的规章制度的；

（二）劳动者严重失职，营私舞弊，给用人单位造成重大损害的；

（三）劳动者同时与其他用人单位建立劳动关系，对完成本单位的工作任务造成严重影响，或者经用人单位提出，拒不改正的；

（四）劳动者以欺诈、胁迫的手段或者乘人之危，使用人单位在违背真实意思的情况下订立或者变更劳动合同的；

（五）劳动者被依法追究刑事责任的。

第二节 服务期无效约定

导 读

上海作为特大型城市,对人口规模有严格控制,因此上海户口成了稀缺资源。用人单位为了吸引人才,往往以为非上海户籍人员办理落户手续为条件,并通过约定服务期和违约金的方式维系劳动关系,但此种情形的约定又违反法律、行政法规的强制性规定。而用人单位办理落户申办手续的成本,以及户口具有较高的隐性价值和劳动者违反诚实信用的事实则是客观存在的。此类纠纷一般以酌情赔偿用人单位的相应损失进行处理。

案情简介

林某系上海某"211"大学的应届毕业硕士研究生,2019 年 7 月 22 日林某和上海某科技股份有限公司(以下简称科技公司)签订劳动合同,双方约定劳动合同期限为 3 年,其中试用期为 6 个月。

2019 年 8 月 26 日,林某和科技公司签订《落户协议书》,约定:"乙方(林某)因个人需要,委托甲方(科技公司)通过人才引进方式为乙方申请及办理落户手续。经甲乙双方协商约定,就落户相关事宜,本着合法、公平、平等自愿、互惠互利的原则,达成以下协议:(1)甲方根据乙方需求,通过甲方单位系统账户提交落户申请,并由甲方向相关部门提交落户材料。(2)乙方协助提供甲方办理落户手续相关材料,并确保提供的落户材料真实可靠。(3)乙方落户申报成功的,自材料上报之日,即 2019 年 7 月 22 日起 3 年内不主动与甲方解除劳动关系。(4)甲方如不履行申请即办理落户手续义务或落户审批未通过,乙方将不再履行本协议。乙方如违反本协议,需向甲方支付违约金,违约金为人民币 30,000 元……"

2019 年 12 月 2 日,林某以书面方式在试用期内向科技公司申请辞职,并于 2019 年 12 月 5 日正式离职。2020 年 3 月 27 日,科技公司申请劳动仲裁,要求林某:(1)支付违约金 30,000 元;(2)支付赔偿金 15,000 元。

裁判结果

劳动争议仲裁委员会判决林某于裁决书生效之日起 3 日内支付科技公司违约

金26,274元,其他请求事项不予支持;林某、科技公司均不服该裁决,诉至法院。

法院认为:上海户籍具有客观的隐性价值,林某因科技公司为其办理了落户手续而获益。林某取得上海户籍后,违反《落户协议书》约定迅速离职的行为,为科技公司后续招聘和人事管理造成不利影响。为员工办理落户申请并非用人单位的劳动合同义务,科技公司为林某办理落户手续,需要额外支出相应的各项成本。综合本案在案证据和双方当事人的陈述,再结合当事人的违约情节、损害后果等各种因素,法院酌定由林某赔偿科技公司损失金额12,000元。林某、科技公司双方系劳动合同关系,鉴于用人单位仅能以劳动者违反服务期约定和竞业限制约定为由向劳动者主张违约金,故林某虽显系违约,但不符合适用违约金的法定情形,故林某不应支付科技公司违约金。

案例精析

本案是一起用人单位为劳动者办理落户手续而约定服务期和违约金,劳动者违反约定进而引发争议的典型劳动争议案件。

一、用人单位为劳动者办理落户手续并约定服务期和违约金的,违约金条款违反法律、行政法规强制性规定而归于无效

根据《劳动合同法》第22条,用人单位为劳动者提供专项培训费用,对其进行专业技术培训的,可以与该劳动者订立协议,约定服务期。用人单位为劳动者申报落户手续,并不属于可以约定服务期的情形。因此,用人单位和劳动者即使约定了服务期和违约金,也属于《劳动合同法》第26条规定中的违反法律、行政法规强制性规定的条款,属于无效条款。目前上海的司法实践基本采取这一观点,即自2008年1月1日《劳动合同法》施行之日起,用人单位不能就为劳动者提供办理落户的特殊待遇而设定服务期和违约金。双方即使约定了服务期和违约金,该约定也无效。本案中,科技公司和林某就办理落户手续约定服务期和违约金,在劳动争议仲裁阶段,仲裁委员会裁决林某需要支付违约金而法院予以改判,理由也就是在于办理户口不属于可以约定服务期和违约金的情形。

在《劳动合同法》施行之前,《上海市劳动合同条例》规定,劳动合同当事人可以对由用人单位出资招用、培训或者提供其他特殊待遇的劳动者的服务期作出约定。《上海市高级人民法院关于审理劳动争议案件若干问题的解答》(沪高法民一〔2006〕17号)第7条规定:用人单位为其引进的部分非本市户籍人员办

理本市户籍,可约定其为特殊待遇。当事人通过书面合同约定,明确将用人单位为引进人员办理本市户口作为特殊待遇,并据此设定服务期和违约责任的,劳动争议处理机构可予以确认。服务期期限和违约金数额应当合理确定,审理中发现所设定的服务期期限和违约金数额不合理的,可以根据当事人的具体违约原因、违约程度酌情调整。但是,《劳动合同法》实施后,上海的司法实践中基本不再认为用人单位为劳动者办理落户可以约定服务期和违约金。

实践中,对于突破服务期约定的情形还是存在的。例如,对用人单位提供较高价值的特殊待遇的情形,《上海市高级人民法院关于适用〈劳动合同法〉若干问题的意见》(沪高法〔2009〕73 号)第 7 条规定:用人单位给予劳动者价值较高的财物,如汽车、房屋或住房补贴等特殊待遇的,属于预付性质。劳动者未按照约定期限付出劳动的,属于不完全履行合同。根据合同履行的对等原则,对劳动者未履行的部分,用人单位可以拒绝给付;已经给付的,也可以要求相应返还。因此,用人单位以劳动者未完全履行劳动合同为由,要求劳动者按照相应比例返还的,可以支持。

二、用人单位为劳动者办理落户手续后,劳动者违反服务期约定给用人单位造成不利影响,违反诚实信用原则,应当赔偿用人单位相应损失

就上海户籍本身而言,没有可直接关联确定的经济利益。但众所周知,依据现行的各项政策,在上海市辖区范围内,员工是否具有本市的户籍,在就学、就业、购房资格、拍车牌等诸多方面与非沪籍人员所享有的条件、待遇均有所不同,可以说上海户籍本身有诸多隐性"经济价值"。

每年上海市政府机构会公布关于非上海生源应届普通高校毕业生进沪就业申请本市户籍的办法。非上海生源应届毕业生能否落户主要是依据毕业生的毕业学校、学历学位、学习成绩、计算机水平、荣誉称号、科研创新等要素。因此,很多人认为,应届毕业生能否成功落户,主要是看自身是否足够优秀,与用人单位的关系并不大,用人单位仅是配合履行申报手续而已。实际上,上海公布的关于非上海生源应届普通高校毕业生进沪就业申请本市户籍的办法中,也同时需要考量用人单位行业、规模等因素。比如,用人单位为承担国家和上海经济社会发展重大项目而录用专业和行业匹配的毕业生的,评分中可以加分;用人单位为远郊地区教育、卫生、农业等社会公益事业单位的,也享有额外分值。既然要考虑用人单位因素,足以说明落户上海并不是毕业生单凭一已之力可以办成,用人单位资质条件也是要件之一。部分毕业生正是利用了用人单位享有加分的条件才达到落户分数线的。

同时，为了防止用人单位虚假申报，经有关部门认定存在虚假申报等情况的用人单位，当年提出的落户申请无效。用人单位与上年度所录用且已办理直接落户的非上海生源应届毕业生全部未依法履行劳动合同的，该单位当年提出的落户申请无效。因此，如本案中的林某，在取得上海户籍后，违反落户协议迅速离职的行为，为科技公司后续招聘和人事管理造成不利影响是显而易见的。

由于在实践中用人单位为劳动者办理落户手续不能约定服务期和违约金，客观上影响了用人单位引进人才的动力，尤其约定服务期还被认定为无效的情况，更是在一定程度上助长了劳动者违反诚实信用和契约精神的不良风气，否定了双方的意思自治，从社会效果上来看也存在不少弊端。

因劳动者原因违反服务期约定，势必会给用人单位造成一定损失，因此，法院一般判定劳动者因违约行为而承担相应的赔偿责任。对于损失的数额，鉴于劳动者的行为给用人单位造成的损害后果难以用具体数字来衡量，裁审部门一般参照用人单位和劳动者双方约定的违约金额，结合承诺工作年限与实际工作年限、薪酬标准等综合因素酌情确认赔偿数额。

三、特殊性质的用人单位为职工办理落户约定服务期和违约金的约定有效

2018年11月13日，中共上海市委组织部、上海市人力资源和社会保障局共同颁布《上海市事业单位聘用合同管理办法》（沪人社规〔2018〕33号，以下简称《聘用合同管理办法》）。《聘用合同管理办法》第18条规定，聘用合同当事人可以对由聘用单位出资招聘、培训或者提供其他特殊待遇的受聘人员的服务期作出约定。这里明确约定服务期的情形有三种：出资招聘；培训；提供特殊待遇。申办户口属于提供特殊待遇的一种。从《聘用合同管理办法》对服务期约定的范围来看，明显要比《劳动合同法》列举的范围广。因此，对于事业单位和在编人员就引进户口约定服务期和违约金是有效的。但是，服务期和违约金的约定仍需遵循公平和合理性原则。

维权提醒

1. 用人单位为劳动者办理落户手续并非建立劳动关系的法定义务，落户成

功后客观上给劳动者带来隐性价值，劳动者属于获利方，应当按照合同约定全面履行义务。

2. 劳动者在劳动合同期限违反服务期约定离职，违反了诚实信用原则，用人单位尽管不能向劳动者主张违约金，但是仍可以主张相应的损失赔偿，赔偿数额一般会综合考虑酌情确定。

3. 用人单位给予劳动者价值较高的特殊待遇并约定服务期和违约金的，特殊待遇属于预付性质，劳动者违反约定，需要向用人单位返还相应待遇。

法条索引

《劳动合同法》

第22条 用人单位为劳动者提供专项培训费用，对其进行专业技术培训的，可以与该劳动者订立协议，约定服务期。

劳动者违反服务期约定的，应当按照约定向用人单位支付违约金。违约金的数额不得超过用人单位提供的培训费用。用人单位要求劳动者支付的违约金不得超过服务期尚未履行部分所应分摊的培训费用。

用人单位与劳动者约定服务期的，不影响按照正常的工资调整机制提高劳动者在服务期期间的劳动报酬。

第25条 除本法第二十二条和第二十三条规定的情形外，用人单位不得与劳动者约定由劳动者承担违约金。

第26条 下列劳动合同无效或者部分无效：

（一）以欺诈、胁迫的手段或者乘人之危，使对方在违背真实意思的情况下订立或者变更劳动合同的；

（二）用人单位免除自己的法定责任、排除劳动者权利的；

（三）违反法律、行政法规强制性规定的。

对劳动合同的无效或者部分无效有争议的，由劳动争议仲裁机构或者人民法院确认。

第六章

保密与竞业限制

第一节　保密义务

导　读

商业秘密是企业的核心竞争力,用人单位为保护商业秘密,一般会与涉密员工签署保密协议,对商业秘密范围、劳动者的保密义务、保密期限等进行约定。

与竞业限制不同,保密义务是法定义务,任何与用人单位之间建立劳动关系的劳动者,如其知晓用人单位商业秘密,无论签署保密协议与否,均应履行保密义务。用人单位与劳动者之间签署保密协议的目的在于加上"安全阀",意在说明用人单位对商业秘密采取了相关的保密措施,将该劳动者列为保密人员。

案情简介

谭先生于2010年4月27日入职上海某机械公司(以下简称机械公司),担任车间主任的职务。机械公司与谭先生之间签署过多份书面劳动合同,最后一份劳动合同的期限为2020年4月27日至2021年4月26日。

由于谭先生所从事的工作涉及机械公司控制柜的设计图纸、技术资料、客户信息及价格报表等商业秘密,因而,机械公司在谭先生入职之日起就与其签署了《保密协议》。在该协议中明确规定:"保密内容包括但不限于技术信息(技术方案、设计图纸、技术数据、技术资料、工程设计、技术报告等)、经营信息(客户信息、经营方针、投资决策意向、产品服务定价、市场分析、广告策略等)、公司依照法律规定或者有关协议的约定对外承担保密义务的事项;保密期限为在职期间及离职之日起5年。如谭先生违反保密义务的,应向机械公司支付违反保密义务的违约金50万元。”

2020年5月19日，谭先生因个人原因提出辞职。离职后1个月，机械公司就发现谭先生在2019年3月21日以其配偶的名义注册设立了上海某科技公司（以下简称科技公司），谭先生的配偶担任科技公司的法定代表人，且科技公司和机械公司的经营范围存在多处重合之处。机械公司认为，谭先生在职期间将机械公司的控制柜价目表、设备图纸等商业秘密提供给自己所设立的科技公司使用，并与机械公司的客户进行交易。谭先生违反保密义务，给机械公司造成了巨大的经济损失，应按照保密协议约定向机械公司支付50万元的违约金。

庭审中，谭先生辩称，其在职期间虽设立了科技公司，但该科技公司并未经营，其未违反保密义务的约定，且并未使用机械公司的商业秘密，价目表系普通市场报价单，并未采取任何保密措施，非特定人员都可以转发。客户、经销商的报价性文件，不属商业秘密的客体。机械公司也未提供证据证明其有50万元的经济损失，因而不同意支付违反保密义务的违约金。

裁判结果

法院认为，根据《劳动合同法》的规定，用人单位与劳动者应当按照劳动合同的约定，全面履行各自的义务。劳动者应当遵守劳动纪律和职业道德，在劳动合同履行期间负有为用人单位保守商业秘密，遵守用人单位规章制度，忠实履职，不自营或为他人经营与用人单位同类业务等。《劳动合同法》还规定，对负有保密义务的劳动者，用人单位可以在劳动合同或者保密协议中与劳动者约定竞业限制条款，劳动者违反竞业限制约定的，应当按照约定支付违约金。

本案中，原被告之间签订有保密协议，约定被告应当遵守保密义务，并约定被告违反保密义务应承担违约金，但《劳动合同法》明确规定，除劳动者违反服务期约定、违反竞业限制约定的情形外，用人单位不得与劳动者约定由劳动者承担违约金，即在法无明文规定情形下，不允许用人单位与劳动者随意约定违约金，故双方保密协议中关于违反保密义务违约金的约定无效，原告据此要求被告支付违反保密义务违约金的诉讼请求，于法无据。如被告违反保密义务，给原告造成损失的，可以追究赔偿责任而非违约金。

案例精析

一、掌握商业秘密的劳动者应承担保密义务

保护用人单位商业秘密是劳动者的法定义务,是基于劳动者与用人单位劳动关系而产生的附随义务。该保密义务不以签署《保密协议》为前提,即便未签署保密协议的,知晓商业秘密的劳动者也应承担保密义务。竞业限制则不同,劳动者履行竞业限制义务以双方签署《竞业限制协议》或在其他协议中明确约定为前提。

《反不正当竞争法》第 9 条第 4 款规定:“本法所称的商业秘密,是指不为公众所知悉、具有商业价值并经权利人采取相应保密措施的技术信息、经营信息等商业信息。”商业秘密的一个特征就在于用人单位要对自身商业秘密采取保密措施,且该商业秘密不为公众所知悉。实务中,用人单位一般通过与劳动者签署《保密协议》,划定商业秘密范围,明确劳动者保密义务。本案中,谭先生称机械公司的价目表系普通市场报价单,未采取保密措施,且机械公司已将该报价单公布,在网站等方面可以随意查询到,自然就不属于商业秘密范畴。

二、劳动者违反保密义务的,需承担损害赔偿责任

根据《劳动合同法》第 25 条的规定,用人单位与劳动者仅在下列情形下允许约定违约金条款:一是用人单位与劳动者之间约定竞业限制的;二是用人单位与劳动者之间约定服务期的。其他情形下,即便双方约定违约金条款的,因该违约金条款违反了法律法规强制性的规定,归于无效。本案中,双方在保密协议中约定的违约金条款无效,机械公司提出的违约金请求显然无法得到法院支持。

《劳动合同法》第 90 条规定,劳动者违反保密义务,给用人单位造成损失的,应当承担赔偿责任。根据该规定,如劳动者违反保密义务的,用人单位虽然无法主张违约责任,但可以就劳动者违反保密义务给单位造成的损失主张侵权损害赔偿责任。

与侵权纠纷不同,在竞业限制纠纷中,用人单位仅需证明劳动者存在违反竞业限制义务的行为,就可主张相关违约责任,要求劳动者支付违反竞业限制违约金及继续履行竞业限制义务。但用人单位提起侵权之诉中,除需举证劳动者存在侵犯商业秘密的行为外,还要明确劳动者侵权行为给单位造成的经济损失,并就侵权行为与经济损失间的因果关系承担举证责任。

维权提醒

1. 劳动者知晓用人单位商业秘密的，无论是否签订保密协议，均应切实履行保密义务。劳动者侵犯用人单位商业秘密，严重的可被依法追究刑事责任。

2. 用人单位和劳动者就违反保密义务约定的违约金条款虽然无效，但如用人单位能证明实际损失的，劳动者仍需承担给单位造成的损失，违约金数额也是裁审部门酌定损失金额的参考因素。

3. 保密义务与竞业限制义务不同，劳动者应进行区分。保密义务是法定义务，除有明确规定外，用人单位无须额外支付保密费；而竞业限制是约定义务，用人单位需向劳动者支付竞业限制经济补偿。

法条索引

《劳动合同法》

第 25 条 除本法第二十二条和第二十三条规定的情形外，用人单位不得与劳动者约定由劳动者承担违约金。

第 90 条 劳动者违反本法规定解除劳动合同，或者违反劳动合同中约定的保密义务或者竞业限制，给用人单位造成损失的，应当承担赔偿责任。

《反不正当竞争法》

第 9 条 经营者不得实施下列侵犯商业秘密的行为：

（一）以盗窃、贿赂、欺诈、胁迫、电子侵入或者其他不正当手段获取权利人的商业秘密；

（二）披露、使用或者允许他人使用以前项手段获取的权利人的商业秘密；

（三）违反保密义务或者违反权利人有关保守商业秘密的要求，披露、使用或者允许他人使用其所掌握的商业秘密；

（四）教唆、引诱、帮助他人违反保密义务或者违反权利人有关保守商业秘密的要求，获取、披露、使用或者允许他人使用权利人的商业秘密。

经营者以外的其他自然人、法人和非法人组织实施前款所列违法行为的，视为侵犯商业秘密。

第三人明知或者应知商业秘密权利人的员工、前员工或者其他单位、个人实施本条第一款所列违法行为，仍获取、披露、使用或者允许他人使用该商业秘密的，视为侵犯商业秘密。

本法所称的商业秘密，是指不为公众所知悉、具有商业价值并经权利人采取相应保密措施的技术信息、经营信息等商业信息。

第二节 竞业限制

导 读

竞业限制并非劳动合同的必备条款，其以用人单位与劳动者之间约定为前提。竞业限制的目的在于保护用人单位的商业秘密，对于高级管理人员、高级技术人员及其他负有保密义务的人员，竞业限制义务会对其离职后的自由择业权进行一定限制，因而，用人单位需向其支付竞业限制经济补偿作为弥补和对价。

劳动者违反竞业限制义务，用人单位可要求其支付违反竞业限制义务的违约金，并继续履行竞业限制义务。违反竞业限制义务的违约金数额的认定并非完全按照双方约定进行裁判，需结合劳动者违反竞业限制义务的主观过错、用人单位已支付的竞业限制经济补偿、违反竞业限制行为给用人单位造成的损失等因素综合判断。劳动者认为约定的违反竞业限制违约金畸高的，在裁审过程中可要求适当调整。

案情简介

夏先生于2016年4月18日入职上海某环保科技有限公司（以下简称环保公司），担任销售员的职务。环保公司与夏先生之间签署过多份书面劳动合同，最后一份劳动合同的期限为2019年4月18日至2021年4月17日。

入职当天，环保公司与夏先生之间签署《竞业限制协议》，载明："无论任何原因员工与环保公司解除劳动关系后2年内，员工都不得向第三方泄露有关本公司的生产、设计、销售及服务的任何相关资料、信息及技术，也不得在与环保公司有竞争关系或潜在竞争关系的单位担任任何职务；员工若违反以上保密协议，无论员工的行为是否对聘用方造成损失，都将被视为损害了聘用方的利益，员工需向聘用方支付100万元的违约金；在劳动合同生效期间，聘用方将会根据劳动合同的规定，每月发给员工竞业禁止补偿金1000元，竞业补偿金与工资同时发放。"

2019年8月20日，夏先生因个人原因向环保公司提出辞职，并于当日离职。后环保公司发现夏先生在离职后一个月内就设立了上海某环境公司（以下简称环境公司），夏先生是该公司的股东之一，该公司的工商登记经营范围与环保公司的经营范围存在诸多重合之处。环保公司认为夏先生违反了双方之间所签署的《竞业限制协议》，遂提起劳动仲裁要求夏先生支付违反竞业限制义务的违约金，并继续履行竞业限制义务。

庭审中，夏先生辩称，《竞业限制协议》是被迫签署的，并非其真实的意思表示，其只是普通的销售人员，不是竞业限制的适格主体；有关竞业限制经济补偿在《竞业限制协议》中约定是在职期间支付，其发放形式不符合法律规定，是环保公司恶意将月工资进行拆分，实际并未支付竞业限制经济补偿；环保公司与环境公司的主营业务并不一致，且其并未入职环境公司，因而未违反竞业限制义务，无须支付违反竞业限制义务的违约金。

裁判结果

法院认为，根据环保公司与夏先生之间的劳动合同，夏先生担任销售员的职务，而环保公司亦在《竞业限制协议》中明确“特别是客户名单、价格表、产品核心机密”等系其公司保密信息，并约定员工不得泄露有关公司“生产、设计、销售及服务的任何相关资料、信息及技术”。夏先生的工作内容涉及上述保密内容，属于“其他负有保密义务的人员”，应属竞业限制的适格主体。夏先生虽主张其系受胁迫签署《竞业限制协议》，然未提供证据予以证明。法院认为《竞业限制协议》并不存在无效的情形，可以作为认定双方权利义务关系的依据。

另外，夏先生离职后一个月之内投资设立了案外人环境公司并担任股东，该公司与环保公司两者营业执照上所载的经营范围高度重合，可初步认定两公司存在竞争关系。夏先生现称两公司主营业务并不相同，对此应进行举证，然其未能提供相应证据证明其主张，法院不予采纳。本案中，虽双方对竞业限制补偿金的发放形式以及是否发放存在争议，然该争议并非夏先生不予履行竞业限制义务的法定理由。结合夏先生的相应行为，可认定其违反了竞业限制义务。因而，需向环保公司支付违反竞业限制义务的违约金30万元及继续履行竞业限制义务至竞业限制期满为止。

案例精析

本案是一起竞业限制纠纷案件，主要涉及夏某是否属竞业限制的主体、环境公司与环保公司之间在经营范围上存在重合是否可认定两家公司之间具有竞争关系、竞业限制经济补偿在每月工资中进行发放是否有效、违反竞业限制义务的是否需返还竞业限制经济补偿及违反竞业限制违约金的金额能否调整等问题。

一、竞业限制的主体

很多劳动者认为其只是一般岗位，并不知晓用人单位的商业秘密，即使签署了《竞业限制协议》，但该份协议并不当然对其产生法律约束力。

根据《劳动合同法》，竞业限制义务的主体包括三类人员，即高级管理人员、高级技术人员及其他负有保密义务的人员。“高级管理人员”和“高级技术人员”的判断往往比较容易，关键在于“其他负有保密义务的人员”应如何进行认定。

在司法实践中，一般仅对竞业限制义务主体进行形式审查，如签署了竞业限制协议一般认为该劳动者负有竞业限制义务。劳动者要从主体上抗辩，证明自身并不接触用人单位的商业秘密因而不属于适格主体，需承担较高的证明责任。本案中的夏某是销售员，其对客户的信息、销售价格等必然是知晓的，且环保公司也与夏先生之间签署了《竞业限制协议》，《竞业限制协议》的签署是双方真实的意思表示，显然对双方均具有法律约束力。

二、竞业限制的期限

根据《劳动合同法》第 24 条，竞业限制的起始期限从劳动关系解除或终止的次日开始起算，期限不得超过两年。如双方约定的竞业限制期限超过两年的，超过部分无效；在两年期限之内的，劳动者仍需按照竞业限制协议的约定履行竞业限制义务。

在司法实践中，有些用人单位虽与劳动者约定了为期两年的竞业限制期限，但在离职时仅要求劳动者履行半年或一年的竞业限制义务。此举属于用人单位部分放弃要求劳动者履行竞业限制的权利，免除劳动者继续履行竞业限制义务，应为有效。

当用人单位和劳动者约定了超过两年的竞业限制期限，并不是整个竞业限制无效，而是会认定为超过两年期限的部分无效。超过两年的期限后，劳动者无须遵守竞业限制的约定。

不少用人单位认为，竞业限制纠纷中提起劳动仲裁或诉讼期间的审限，不应计算到劳动者履行竞业限制义务的期限内。但相关法律法规并未规定竞业限制期限存在中止或中断的情形，因而，如发生竞业限制纠纷，仲裁或诉讼过程中竞业限制期限一般仍然继续计算。

三、竞业限制义务履行起始时间

因竞业限制属于后劳动合同义务，法律、法规并未强制要求用人单位书面通知后，劳动者才开始履行竞业限制义务。因而，如劳动者与用人单位之间所签署的竞业限制协议无特别约定的，劳动者在劳动关系解除或终止后就应自动履行竞业限制义务。

不少用人单位与劳动者约定，竞业限制协议的生效以用人单位通知为前提，如未书面通知的，则劳动者无须履行竞业限制义务。提醒劳动者注意，如所签署的竞业限制协议中有此条款的，在离职时可与用人单位进行沟通，明确自己是否需履行竞业限制义务，并保留好相关的证据。

四、竞业限制的经济补偿

竞业限制经济补偿数额原则上尊重用人单位与劳动者之间的约定，但该约定不得低于法律法规的最低标准，即当地的最低工资标准。用人单位与劳动者未在竞业限制协议中约定竞业限制经济补偿的，不会影响竞业限制协议的效力，劳动者离职后仍需按照协议履行竞业限制义务，并可要求用人单位支付相应补偿。当用人单位超过 3 个月未向劳动者支付竞业限制补偿的，劳动者可以提出单方解除竞业限制协议。

对竞业限制经济补偿未约定的，根据《最高人民法院关于审理劳动争议案件适用法律问题的解释(一)》第 36 条，用人单位应当按照劳动者离职前 12 个月的月平均工资标准的 30% 来支付竞业限制经济补偿。如该数额低于当地最低工资标准的，应按照当地最低工资标准进行支付。

竞业限制经济补偿一般是在劳动者离职后按月进行支付，当然，如用人单位在劳动者离职后一次性将所有的竞业限制经济补偿全部足额支付也会产生同样的法律后果。本案中双方在劳动合同中约定夏先生竞业禁止补偿金 1000 元，每月与工资一并发放。如环保公司没有确切的证据可以证明该 1000 元补偿不属于工资范畴，则存在将月工资进行恶意拆分的嫌疑，夏某离职后环保公司仍应每月向其支付竞业限制补偿。

五、违反竞业限制义务的法律责任

(一)返还已支付的竞业限制经济补偿

竞业限制协议作为双务合同,劳动者需要遵守竞业限制义务,用人单位需要按约支付经济补偿作为对价。劳动者违反竞业限制约定,用人单位可以按约向其主张违约责任。但劳动者除需要支付违约金外,是否需要同时返还竞业限制补偿金,法律并无明确规定。上海地区审判实践中,劳动者违反竞业限制是否需要返还已支付的经济补偿金,一般以约定为前提。如双方明确约定劳动者违反竞业限制协议需要返还单位已经支付的经济补偿金,裁审部门会尊重双方约定,裁判予以支持。

一般情形下,如果用人单位与劳动者在竞业限制协议中并未明确约定返还义务,由于我国法律法规及相关司法解释均未规定违反竞业限制义务需返还竞业限制经济补偿,因此用人单位主张返还既无合同依据,也无法律依据,往往难以得到裁审部门的支持。

(二)承担违反竞业限制义务的违约金

《劳动合同法》第 25 条规定,劳动者违反竞业限制义务的,应向用人单位支付违反竞业限制义务的违约金。一般情况下,用人单位会与劳动者在竞业限制协议中明确约定违反竞业限制义务的违约金金额。

《民法典》第 585 条规定,如约定的违约金过分高于造成的损失的,人民法院或仲裁机构可以根据当事人的请求予以适当减少。竞业限制的违约金同样适用此条款的规定,如劳动者认为违约金约定过高,可向裁审部门提出请求降低违约金的金额。实务审判中,裁审部门会在尊重当事人意思自治的同时,综合考虑各种因素,平衡当事人双方利益,如考虑劳动者的工资收入标准、劳动者违反竞业限制义务的时间、劳动者违反竞业限制义务的主观过错、用人单位是否已支付竞业限制经济补偿、竞业限制经济补偿的金额及违反竞业限制义务给用人单位造成的损失等因素进行综合考量。本案中,法院最终对夏先生的违约金进行了调整,判决夏先生需向环保公司支付 30 万元的违约金。

关于劳动者违反竞业限制义务,支付完违约金后,在竞业限制期限内再次违约,劳动者是否需要再次支付违约金的问题,法律并没有明确规定。在司法实践中,不少案例均裁判劳动者支付两次违约金,只要在约定的竞业限制违约金范围内，即便第一次承担了违约金后，如再次违反竞业限制义务的，仍有可能需要承担违约责任。

（三）继续履行竞业限制义务

根据《最高人民法院关于审理劳动争议案件适用法律问题的解释（一）》第40条，如劳动者承担违反竞业限制义务的违约金后，竞业限制的期限尚未届满的，用人单位有权要求劳动者继续按照竞业限制协议的约定履行竞业限制义务，直到竞业限制期限届满。由于劳动仲裁及法院诉讼阶段的审限规定，有时到法院二审阶段，两年的竞业限制期间已届满，因而，就会出现一种比较尴尬的局面，一审判决继续履行竞业限制义务，而二审可能就会进行改判因竞业限制期限已届满无须再履行竞业限制义务。

（四）承担违反竞业限制义务的经济损失

有些用人单位在与劳动者之间所签署的竞业限制协议中可能未约定违反竞业限制的违约金金额，劳动者并非无须承担违约责任。根据《劳动合同法》第90条，劳动者违反劳动合同中约定的保密义务或者竞业限制，给用人单位造成损失的，应当承担赔偿责任。因而，即便竞业限制协议中未对违约金作出约定，用人单位仍可要求劳动者承担损害赔偿责任。根据“谁主张，谁举证”的原则，对于具体的损失金额，用人单位应承担举证责任。

六、存在竞业行为的判断

竞业限制义务禁止劳动者入职或者设立与原单位有竞争关系的其他单位，裁审部门判断劳动者是否违反竞业限制协议，往往通过审查新旧用人单位之间是否存在竞争关系来认定。从证据角度主要对比两家用人单位的工商登记信息是否存在重合之处，如存在重合的，裁审部门一般就认定存在竞争关系。在本案中，法院在审理环保公司与环境公司之间是否存在竞争关系时就采用的此种审查方法。

但实际上，有很多用人单位注册时选择经营范围并不严谨，在工商登记部门登记的经营范围可能与实际经营的业务有很大出入。此种情形下，原用人单位还需举证证明与新的用人单位实际经营的业务领域之间存在竞业关系，裁审部门会据此进行实体审查，判断是否构成竞争关系时，会结合公司实际经营内容及受众等因素加以综合评判。

七、竞业限制义务的免除

根据《最高人民法院关于审理劳动争议案件适用法律问题的解释（一）》第

39 条,用人单位如免除劳动者竞业限制义务的,应以明示的方式告知劳动者。如用人单位在劳动者离职前或离职时告知劳动者免除竞业限制义务,则无须支付额外的竞业限制经济补偿;但如用人单位在劳动者离职后再免除劳动者竞业限制义务的,用人单位除支付履行竞业限制义务期间的竞业限制经济补偿外,还需额外向劳动者支付 3 个月的竞业限制经济补偿。

不少用人单位与劳动者产生竞业限制纠纷对簿公堂时,会在诉讼中明确表示劳动者无须再履行竞业限制义务,用人单位的意思表示到达劳动者即产生效力。裁审部门一般会认定竞业限制协议解除,并判令用人单位支付相应补偿。当然,就劳动者而言,最好留存相关证据材料,如盖有公司公章的书面通知、微信记录、短信等资料。

八、竞业限制协议的解除

劳动者履行竞业限制义务,用人单位应按照竞业限制协议的约定向劳动者支付竞业限制经济补偿。因用人单位的原因导致 3 个月未支付竞业限制经济补偿的,劳动者可单方解除竞业限制协议。

需注意的是,因劳动者本人的原因,如未提供银行卡信息或注销银行卡导致不能收到竞业限制经济补偿的,即便劳动者单方解除竞业限制协议,也不会发生解除竞业限制协议的法律效力。另外,用人单位未支付竞业限制经济补偿的时间达到 3 个月,劳动者方可行使解除权。因而,确认竞业限制经济补偿的支付时间就比较关键,建议劳动者与用人单位签署竞业限制协议时,可对每月支付竞业限制经济补偿金作明确的约定。

维权提醒

1. 劳动者签署竞业限制协议时需保持谨慎态度,一旦签署了竞业限制协议,就应当依约履行。劳动者单方拒绝履行竞业限制义务,需要承担违约责任。

2. 一般情形下,用人单位与劳动者即使在职期间没有约定需要履行竞业限制义务的,劳动者也应尽到勤勉尽责和忠诚义务,不得损害用人单位合法利益,否则会认定劳动者具有严重违纪的行为,用人单位可以依法解除劳动者劳动合同。

3. 劳动者在离职前,可通过微信、邮件及短信等方式与用人单位之间确认是否需履行竞业限制协议,以避免发生不必要的纠纷。

4. 劳动者在离职后,用人单位超过 3 个月未向劳动者支付竞业限制经济补偿的,劳动者应向用人单位发出解除竞业协议的书面通知,并保留相关证据。

法条索引

《劳动合同法》

第23条 用人单位与劳动者可以在劳动合同中约定保守用人单位的商业秘密和与知识产权相关的保密事项。

对负有保密义务的劳动者,用人单位可以在劳动合同或者保密协议中与劳动者约定竞业限制条款,并约定在解除或者终止劳动合同后,在竞业限制期限内按月给予劳动者经济补偿。劳动者违反竞业限制约定的,应当按照约定向用人单位支付违约金。

第24条 竞业限制的人员限于用人单位的高级管理人员、高级技术人员和其他负有保密义务的人员。竞业限制的范围、地域、期限由用人单位与劳动者约定,竞业限制的约定不得违反法律、法规的规定。

在解除或者终止劳动合同后,前款规定的人员到与本单位生产或者经营同类产品、从事同类业务的有竞争关系的其他用人单位,或者自己开业生产或者经营同类产品、从事同类业务的竞业限制期限,不得超过二年。

第25条 除本法第二十二条和第二十三条规定的情形外,用人单位不得与劳动者约定由劳动者承担违约金。

第90条 劳动者违反本法规定解除劳动合同,或者违反劳动合同中约定的保密义务或者竞业限制,给用人单位造成损失的,应当承担赔偿责任。

《最高人民法院关于审理劳动争议案件适用法律问题的解释(一)》

第36条 当事人在劳动合同或者保密协议中约定了竞业限制,但未约定解除或者终止劳动合同后给予劳动者经济补偿,劳动者履行了竞业限制义务,要求用人单位按照劳动者在劳动合同解除或者终止前十二个月平均工资的30%按月支付经济补偿的,人民法院应予支持。

前款规定的月平均工资的30%低于劳动合同履行地最低工资标准的,按照劳动合同履行地最低工资标准支付。

第37条 当事人在劳动合同或者保密协议中约定了竞业限制和经济补偿,当事人解除劳动合同时,除另有约定外,用人单位要求劳动者履行竞业限制义务,或者劳动者履行了竞业限制义务后要求用人单位支付经济补偿的,人民法院应予支持。

第38条 当事人在劳动合同或者保密协议中约定了竞业限制和经济补偿，劳动合同解除或者终止后，因用人单位的原因导致三个月未支付经济补偿，劳动者请求解除竞业限制约定的，人民法院应予支持。

第39条 在竞业限制期限内，用人单位请求解除竞业限制协议的，人民法院应予支持。

在解除竞业限制协议时，劳动者请求用人单位额外支付劳动者三个月的竞业限制经济补偿的，人民法院应予支持。

第40条 劳动者违反竞业限制约定，向用人单位支付违约金后，用人单位要求劳动者按照约定继续履行竞业限制义务的，人民法院应予支持。

《民法典》

第585条 当事人可以约定一方违约时应当根据违约情况向对方支付一定数额的违约金，也可以约定因违约产生的损失赔偿额的计算方法。

约定的违约金低于造成的损失的，人民法院或者仲裁机构可以根据当事人的请求予以增加；约定的违约金过分高于造成的损失的，人民法院或者仲裁机构可以根据当事人的请求予以适当减少。

当事人就迟延履行约定违约金的，违约方支付违约金后，还应当履行债务。

第七章

劳动合同的履行与变更

第一节　用人单位分立、合并

导　读

由于市场经济的迅猛发展和技术变更等，企业发生合并、分立的现象较为常见。有关企业合并、分立过程中的劳动关系处理问题矛盾也相对突出，实践中少数用人单位甚至利用合并、分立等形式转移债务或者逃避对劳动者的法律义务。为了防止此类行为损害劳动者合法权益，《劳动合同法》明确规定，用人单位发生合并或者分立等情况，劳动合同由承继其权利和义务的用人单位继续履行，原劳动合同继续有效。

案情简介

王某于2013年3月6日进入A劳务公司工作，岗位为搬运工，双方签订的最后一份劳动合同期限为2018年4月1日至2019年3月31日。

A劳务公司于2019年1月22日向王某发出签订变更协议的通知，告知本公司将被B劳务公司吸收合并，之后企业名称为B劳务公司，A劳务公司原有所有人员、经营业务和债权债务由B劳务公司承接。原劳动合同其他内容不变，员工在A劳务公司的工龄由B劳务公司接续，原工资、工龄、福利待遇不变。收到A劳务公司签订变更协议的通知后，王某拒绝签订变更协议。

2019年4月11日，王某向劳动人事争议仲裁委员会申请仲裁，要求A劳务公司支付其终止劳动合同的经济补偿金。仲裁委员会驳回其请求，王某不服诉至法院。

2019年8月9日,A劳务公司办理工商注销登记。故王某以A劳务公司的出资人C公司为被告向法院提起一审诉讼。

庭审中,王某称其在看到A劳务公司发出的变更协议通知时,明确表示不同意签订三方协议,也不同意对方提出的到B劳务公司工作,因为其与被告存在劳动关系。

C公司称,2019年1月A劳务公司和B劳务公司合并重组,A劳务公司的所有债权债务都由B劳务公司接替,并告知合并重组后仍使用原有的B劳务公司名称。当月底A劳务公司即通过开会及张贴公告的形式将相关情况告知了员工,王某劳动合同到期时,公司要求其与B劳务公司续签劳动合同,原有的工作条件、薪资待遇等均不发生变化,工龄也连续计算,但王某不同意,故只能在劳动合同到期后与王某终止劳动合同。

裁判结果

法院认为,A劳务公司与B劳务公司归并重组,由B劳务公司作为吸收合并主体,将A劳务公司予以合并,2019年1月1日起,A劳务公司不再对外承接业务,A劳务公司原有工作人员、经营业务和债权债务由B劳务公司承接。而王某与A劳务公司签订的最后一期劳动合同于2019年3月31日到期,故A劳务公司要求王某签订变更协议,在维持原劳动合同约定的情况下与B劳务公司签订劳动合同,并无不妥。本案王某虽称其并未收到续签劳动合同通知,然在2019年1月,A劳务公司已通过发放通知并召开会议、张贴公告等方式,明确告知其将与B劳务公司归并重组且企业名称为B劳务公司,原劳动合同义务将由B劳务公司承继,王某此时已明确拒绝与B劳务公司签订劳动合同;且此后A劳务公司在双方合同期满后,亦向王某作出了续签劳动合同的意思表示。本案王某逾期未与公司签订劳动合同,并不属于《劳动合同法》规定的用人单位于劳动合同期满后不续签等应当支付劳动者经济补偿之情形,王某要求支付终止劳动合同经济补偿的诉求缺乏依据,法院对王某的诉求不予支持。

案例精析

本案是典型的由用人单位合并、分立所产生的劳动合同纠纷。在用人单位发生合并、分立时,劳动者往往认为原单位主体注销,自己的权益无法得到保障,从而要求原单位解除劳动关系,支付经济补偿金等;而部分用人单位也常以此方式逃避对劳动者的义务。但根据《劳动合同法》第 34 条,用人单位发生合并或者分立等情况,原劳动合同继续有效,劳动合同由承继其权利和义务的用人单位继续履行。

一、用人单位合并或分立,劳动合同继续有效

用人单位合并是指两个以上的用人单位合并为一个用人单位,包括吸收合并和新设合并两种情形。吸收合并是指一个用人单位吸收其他用人单位的合并方式,被吸收单位消灭,吸收单位仍然存在的情形;新设合并是指两个以上的用人单位合并为新的用人单位,原有两个用人单位同时消灭,新的用人单位产生的情形。

用人单位分立是指一个用人单位依照有关法律、法规的规定,分立为两个或两个以上的用人单位的法律行为。对于用人单位分立,也包括存续分立和新设分立两种情况。其中,存续分立指一个用人单位分离成两个以上用人单位,原用人单位继续存在的情形;新设分立指一个用人单位分散为两个以上新的用人单位,原用人单位消灭的情形。

《劳动合同法》第 34 条规定:"用人单位发生合并或者分立等情况,原劳动合同继续有效,劳动合同由承继其权利和义务的用人单位继续履行。"该条款的目的在于,企业经营发生重大变化时,通过新用人单位承继的方式继续履行原合同,确定双方权利和义务,以此维护劳动关系的稳定,既保护劳动者不因原用人单位的主体消灭导致原合同失效而失业,也保护新用人单位不因原用人单位的主体消灭导致劳动者的大量流失,给企业运行造成影响和损失。无论是合并还是分立,均不影响劳动者与原用人单位依法签订的劳动合同的有效性。

二、用人单位合并或分立后,劳动者工作年限的计算

随着用人单位的合并、分立,劳动合同的主体也随之变更,劳动者对工作年限的计算问题特别关注。根据《劳动合同法实施条例》第 10 条,劳动者非因本人原因从原用人单位被安排到新用人单位工作的,劳动者在原用人单位的工作年限合并计算为新用人单位的工作年限。原用人单位已经向劳动者支付经济补偿的,新用人单位当依法解除、终止劳动合同计算支付经济补偿的工作年限时,不再计算劳动者在原用人单位的工作年限。

《最高人民法院关于审理劳动争议案件适用法律问题的解释(一)》第 46 条对应当属于"劳动者非因本人原因从原用人单位被安排到新用人单位工作"的情

形进行了列举,包括以下五种情形:(1)劳动者仍在原工作场所、工作岗位工作,劳动合同主体由原用人单位变更为新用人单位;(2)用人单位以组织委派或任命形式对劳动者进行工作调动;(3)因用人单位合并、分立等原因导致劳动者工作调动;(4)用人单位及其关联企业与劳动者轮流订立劳动合同;(5)其他合理情形。

可见,因用人单位合并、分立导致劳动者工作变动的,其工作年限应当合并计算。本案中,王某原系 A 劳务公司员工,A 劳务公司与 B 劳务公司合并,并以 B 劳务公司作为吸收合并的主体。在合并后,王某的实际工作单位即是 B 劳务公司,王某与 A 劳务公司签订的原劳动合同的权利和义务应当由 B 劳务公司承继,故 A 劳务公司要求王某签订变更协议,在维持原劳动合同约定的情况下与 B 劳务公司签订劳动合同,并无不妥。王某没有签订劳动合同变更协议,不影响与 B 劳务公司存续劳动关系。劳动合同期满后,B 劳务公司以维持或提高原有条件同意续签劳动合同,王某不同意续签劳动合同,不能获得经济补偿金。

维权提醒

1. 企业的合并、分立属于重大事项,用人单位应当通过民主程序向劳动者告知,听取职代会或全体劳动者的意见。

2. 无论用人单位出于何种原因进行合并、分立,原劳动合同都是继续有效的,用人单位和劳动者都应当按照原劳动合同确定的权利和义务继续履行。

3. 因用人单位合并、分立,新的用人单位与劳动者重新签订劳动合同的,双方解除或终止劳动合同时应当将劳动者在新旧用人单位的工作年限合并计算。

法条索引

《劳动合同法》

第 34 条 用人单位发生合并或者分立等情况,原劳动合同继续有效,劳动合同由承继其权利和义务的用人单位继续履行。

《劳动合同法实施条例》

第 10 条 劳动者非因本人原因从原用人单位被安排到新用人单位工作的,劳动者在原用人单位的工作年限合并计算为新用人单位的工作年限。原用人单位已经向劳动者支付经济补偿的,新用人单位在依法解除、终止劳动合同计算支付经济补偿的工作年限时,不再计算劳动者在原用人单位的工作年限。

《最高人民法院关于审理劳动争议案件适用法律问题的解释(一)》

第46条 劳动者非因本人原因从原用人单位被安排到新用人单位工作,原用人单位未支付经济补偿,劳动者依据劳动合同法第三十八条规定与新用人单位解除劳动合同,或者新用人单位向劳动者提出解除、终止劳动合同,在计算支付经济补偿或赔偿金的工作年限时,劳动者请求把在原用人单位的工作年限合并计算为新用人单位工作年限的,人民法院应予支持。

用人单位符合下列情形之一的,应当认定属于"劳动者非因本人原因从原用人单位被安排到新用人单位工作":

(一)劳动者仍在原工作场所、工作岗位工作,劳动合同主体由原用人单位变更为新用人单位;

(二)用人单位以组织委派或任命形式对劳动者进行工作调动;

(三)因用人单位合并、分立等原因导致劳动者工作调动;

(四)用人单位及其关联企业与劳动者轮流订立劳动合同;

(五)其他合理情形。

第二节 劳动合同变更

导 读

劳动合同履行过程中,如用人单位的生产经营状况发生变化,导致劳动合同难以继续履行的,用人单位应当和劳动者对变更劳动合同内容进行协商。例如,企业因为环保要求,办公场所需要由市区迁往郊区或者迁往外地,必然产生工作地点的变更等。用人单位无论是基于法律规定或劳动合同约定,或者规章制度的规定对劳动者的劳动合同内容进行变更时,都应当遵循合理性原则。因此,认定用人单位变更劳动合同内容的合理性至关重要。

案情简介

周某于2012年2月进入上海某制造公司工作,任操作工一职,双方签订过多份劳动合同,最后一份劳动合同于2018年6月30日签订,期限自2018年7月1日至2019年6月30日,约定工作时间为标准工时制,工资为每月2420元,加班工资另计。

2018 年 5 月,公司经营场所从上海市浦东新区搬迁至上海市奉贤区。为此,公司提供了班车接送周某等员工 4 人上下班。2018 年 11 月底,由于班车接送上下班的员工只剩下周某一人,故公司与周某协商,从 2018 年 12 月 1 日起,不再班车接送,由周某自行上下班,周某乘坐公车的时间算出勤时间,费用由公司承担。由于周某不同意,故未在 2018 年 11 月 29 日的通知上签名确认,公司于同日在厂区过道上予以张贴该通知。2018 年 12 月 3 日起,周某不再至公司上班,2018 年 12 月 7 日,公司以周某自 2018 年 12 月 3 日至今未到公司上班,也未办理相关请假手续,故公司按照相关规章制度,以自动离职为由,向周某寄送落款日期为 2018 年 12 月 6 日的通知一份,该通知周某于同日收到。

周某于 2019 年 1 月 23 日向劳动人事争议仲裁委员会申请仲裁,要求公司支付违法解除劳动合同的赔偿金 63,000 元。

裁判结果

法院认为,由于至 11 月 29 日前,需班车接送的员工就周某一人,公司口头通知自 12 月 1 日起,不再班车接送,由周某自行上下班,路途时间及所需费用均由公司承担,周某对口头通知认可,但不同意。2018 年 11 月 29 日,公司出具通知一份,载明上述内容,周某拒绝签收该通知,故公司在其厂区过道上予以张贴。由此可知,公司为节约成本,采取的方式并未损害周某的合法权益,周某理应予以积极配合。周某自 12 月 3 日起至 12 月 6 日未至公司上班,以消极的态度予以对抗,该行为显然构成旷工,故公司根据其规章制度的相关规定(旷工)于 12 月 7 日寄送终止双方之间劳动关系的通知并不违法,周某的诉讼请求缺乏事实及法律依据,法院难以支持。

案例精析

劳动合同履行过程中,用人单位由于生产经营状况、社会生活和市场条件的变化,变更劳动者劳动合同内容较为常见。用人单位拥有用工自主权,可以对劳动合同内容进行合理变更。在变更劳动者工作内容过程中,如何做到既保障劳动者合法权益又能够充分尊重用人单位的用工自主权,如何平衡和兼顾二者之间的利益,变更行为的合理性认定显得尤为关键。

一、变更劳动合同内容的法律依据

（一）双方合意协商变更

根据《劳动合同法》第 35 条第 1 款，用人单位与劳动者协商一致，可以变更劳动合同约定的内容。变更劳动合同，应当采用书面形式。这是比较常见的形式之一，在劳动合同履行过程中因发生某些变化，由用人单位或者劳动者提出对现有劳动合同内容进行变更，比如，对劳动报酬、工作地点、工作时间、工作内容等重要内容进行调整，达成双方或者三方协议。

除了通过书面形式对劳动合同内容变更进行确认外，还可以通过实际履行的方式进行推定变更。根据《最高人民法院关于审理劳动争议案件适用法律问题的解释（一）》第 43 条，用人单位与劳动者协商一致变更劳动合同，虽未采用书面形式，但已经实际履行了口头变更的劳动合同超过一个月，变更后的劳动合同内容不违反法律、行政法规且不违背公序良俗，当事人以未采用书面形式为由主张劳动合同变更无效的，人民法院不予支持。通过推定变更形式的，用人单位应当对双方协商一致变更劳动合同的事实进行举证。

（二）根据劳动合同的约定或规章制度的规定变更

用人单位通常在劳动合同中约定或者在规章制度中规定，用人单位可以根据生产经营需要，综合劳动者的工作技能、工作态度、考评结果等，对工作地点、工作内容、劳动报酬等内容进行调整，劳动者应当服从。此类约定或规定，实务中可以作为用人单位变更劳动合同内容的依据，因为劳动者对发生特定情形时劳动合同内容需要变更有所预期，但同时用人单位的调整也必须具备相应的合理性。

（三）根据法律规定变更

根据《劳动合同法》第 40 条，劳动者在规定的医疗期满，不能从事原工作的，用人可以单方面给劳动者另行安排合适的工作；劳动者不能胜任工作时，用人单位可以对劳动者的岗位进行调整。用人单位的单方变更行为是依据法律规定而为，用人单位无须与劳动者协商一致。同样地，用人单位需要对单方变更劳动合同内容的合理性承担举证责任。

二、变更劳动合同内容的合理性认定

用人单位无论是基于法律规定、劳动合同约定，还是基于规章制度规定，对双方劳动合同内容进行变更，都应当具有合理性。但是，无论是最高人民法院的司法解释，还是地方性法院的指导意见，均没有就用人单位变更劳动合同合理性认定给出相应的判断标准。合理性边界的模糊，必然导致变更劳动合同纠纷的产生，而且由于缺乏统一的裁判口径，在变更行为的合理性认定中裁审部门有较大的自由裁量权，不同案件裁判结果的差异性也较大。就实务操作而言，可以从以下几方面对变更的合理性加以判断和认定。

（一）变更劳动合同的目的正当性

用人单位是否有变更劳动者劳动合同的必要性，一般应当尊重用人单位的用工自主权。比如，用人单位因为“生产经营的需要”而变更劳动合同，裁审部门对其必要性一般不会作过多的审查，但会重点审查单位变更目的是否正当，包括审查变更后的劳动合同是否能够继续履行，变更的内容有无侮辱或变相逼迫劳动者辞职等情形。如用人单位把高级管理人员调整去做保安、保洁岗位，这种落差较大的岗位调整显然属于变更目的不正当。本案中，该制造公司因为经营地址发生变化，需要调整劳动者办公地点，在原劳动待遇不变的情况下，给予了员工额外补贴，提供了合理性的解决方案，所以最终法院认定公司的变更行为合理。

（二）变更劳动合同的对象差异性

我国对劳动者并没有进行分层保护，无论是高级管理人员还是普通劳动者在法律上都得到同样的保护。但是，由于高级管理人员在管理能力或专业技术能力上拥有较高的竞争能力，高级管理人员的经营决策、理念、工作水平等和用人单位的生存与发展息息相关，市场条件的变化、经营情况的调整对高级管理人员的要求也不一样，因此，用人单位经常会对高级管理人员的劳动合同进行调整。针对高级管理人员的劳动合同调整，应当对用人单位采用较为宽松的审查标准，充分尊重用人单位的用工自主权。而针对普通劳动者，因处于明显的弱势地位，劳动关系的稳定性要求更高，对用人单位变更劳动合同的合理性审查则较为严格，需要倾斜保护普通劳动者的合法权益。

（三）变更劳动合同的内容关联性

用人单位变更劳动者劳动合同，既要考虑用人单位的经营需要，同时也要考虑劳动者的工作技能、工作范围、工作职责和岗位属性等因素，因此，变更后的劳动合同与之前的劳动合同在性质上应具有关联性，要能够让劳动者充分发挥自身已掌握的工作技能、工作经验等。例如，对劳动者不能胜任工作的，用人单位可以调整劳动合同,用人单位应当结合劳动者的工作能力、教育背景、工作经历调整劳动合同,安排相关联、相近似的工作。此类调岗行为发生争议,很多时候就是因为调整后的岗位与之前丧失了内容关联性而被认定为调整不合理。

(四)变更劳动合同的报酬相近性

用人单位根据劳动合同或者规章制度对劳动者的劳动合同进行调整,大都实行"薪随岗变"的做法。劳动合同的变化,影响劳动者切身利益最为明显的就是劳动报酬的变化。一般地,劳动合同变更后的劳动报酬应当与之前的劳动报酬相近。当然,也不是说就一定不能减少,而是降低幅度不能过大。目前司法实践中并没有规定幅度线,一般认为,对普通劳动者幅度控制在10%以内比较合适,对高收入的高级管理人员降低幅度也不宜超过30%。

(五)变更劳动合同的条件相当性

变更后的劳动合同劳动强度不能超过原有岗位。例如,对于孕期女职工不能适应原劳动的,用人单位应当予以减轻劳动量或者安排其他能够适应的劳动。这种情形需要审核的是劳动合同变更后的劳动强度是否有所降低。其他劳动者的劳动强度应当和调整前岗位的劳动强度相当,不得增加劳动强度而变相加重劳动者义务。

针对工时制度的调整,比如,由标准工时制调整到综合计算工时工作制,还有工作地点的变更,都有可能对劳动者的上下班时间造成重大影响,增加劳动者的义务。如果涉及人数众多,用人单位应当尽量通过民主协商进行确定;如果是少数劳动者,也尽量通过协商的方式进行解决,不建议将劳动者不到新岗位作为不服从工作安排、旷工等严重违纪行为处理。

由于变更劳动合同内容不再局限于书面确认形式,如果劳动者认为用人单位变更劳动合同是滥用用工自主权,应当要及时寻求救济,而不能在实际履行后再反悔。同时,用人单位只有充分考量变更行为的目的正当性、对象差异性、内容关联性、报酬相近性、条件相当性等综合因素,对劳动者劳动合同进行合理变更,才能真正实现用人单位的用工自主权和保护劳动者权利的利益平衡,构建和谐稳定的劳动关系。

维权提醒

1. 用人单位确实需要对劳动合同内容进行变更时,劳动者应当积极与单位协商变更条件，达成书面协议，维持双方劳动合同继续履行，而不是一味拒绝了之。

2. 用人单位对劳动合同内容作出变更时，无论是经双方协商还是按照约定，抑或法律规定，都必须具有合理性。

3. 作为劳动者，对用人单位的合理安排应当遵从，积极履行劳动义务，即使用人单位的变更不具有合理性，劳动者也应当通过正常的法律途径来维权，不得采取过激的方式进行对抗，否则可能会因不服从工作安排或构成旷工被解除劳动合同。

法条索引

《劳动合同法》

第35条第1款 用人单位与劳动者协商一致，可以变更劳动合同约定的内容。变更劳动合同，应当采用书面形式。

《最高人民法院关于审理劳动争议案件适用法律问题的解释(一)》

第43条 用人单位与劳动者协商一致变更劳动合同，虽未采用书面形式，但已经实际履行了口头变更的劳动合同超过一个月，变更后的劳动合同内容不违反法律、行政法规且不违背公序良俗，当事人以未采用书面形式为由主张劳动合同变更无效的，人民法院不予支持。

第八章

劳动合同的解除

第一节　辞　　职

导　读

辞职是指劳动者主动自愿与用人单位解除劳动关系的行为,根据《劳动合同法》第37条,劳动者享有无理由辞职权,在满足程序性时间要求和书面化形式要求的情况下,双方劳动关系即告解除。实践中,因辞职而产生的争议主要表现在劳动者提出辞职后又反悔,以及劳动者未履行提前预告义务等方面,需要明晰辞职行为的性质。

案情简介

杨女士原系上海某食品企业管理有限公司(以下简称管理公司)商贸经理,双方签订有2016年4月1日起的无固定期限劳动合同。

2019年12月,因对直属领导安先生告知其考核结果不达标表示不满,杨女士于2019年12月26日向安先生发送电子邮件,表达了想离开职场回家休息的想法,向公司提出辞职。同日,安先生邮件回复尊重杨女士的选择。随后,管理公司人事向杨女士发送了辞职流程,包括书写辞职信,在系统中提交离职申请,办理交接手续等。同日,安先生与杨女士确定杨女士的最后工作日为2020年1月31日。

2020年1月2日,杨女士向安先生发送微信,表示上周的辞职太冲动了,"我要收回我上周的辞职申请"。1月3日,杨女士、安先生与公司人事三方进行了面谈,安先生在面谈中告知杨女士,管理公司不同意杨女士收回辞职申请。1月7

日，杨女士向安先生发送电子邮件，再次表示“我要撤回我的辞职意愿”，安先生于同日回复，主要内容仍为公司不接受，并要求杨女士于2020年1月31日前配合公司完成离职手续。2020年2月12日，管理公司通过电子邮件向杨女士发送了离职证明，其上载明的离职原因为“本人辞职”。

2020年3月31日，杨女士向上海市某区劳动人事争议仲裁委员会提出申请，以违法解除劳动合同为由，要求管理公司支付解除劳动合同赔偿金453,011.28元。之后，杨女士因不服仲裁裁决，诉至法院。

杨女士的主要理由为，在公司人事向其发送电子邮件，要求填写正式的离职申请并提示相应的离职流程后，其未按照要求提交书面辞职申请，而是在2020年1月2日通过微信向安先生明确表示撤回2019年12月26日发送的电子邮件。

而管理公司则认为，杨女士通过电子邮件提出了辞职，还与安先生确认了最后工作日期，其辞职的意思表示真实、明确，且在2019年12月26日到达公司时即已生效，非经公司同意，不得撤销。双方劳动关系是因杨女士辞职而解除，因此，管理公司无须支付解除劳动合同赔偿金。

裁判结果

法院认为，杨女士于2019年12月26日发送电子邮件向领导提出辞职，双方商定最后工作日为2020年1月31日，辞职的意思表示送达管理公司，对管理公司已经发生法律效力，且双方已协商达成合意。杨女士虽于2020年1月2日通过微信向领导表示撤回辞职，但管理公司在随后的面谈及电子邮件中明确回复不同意撤回辞职申请，并且要求杨女士按照流程办理离职手续。因此，双方的劳动关系因杨女士提出辞职而解除，杨女士是否填写了格式化的辞职信以及是否符合用人单位要求的辞职流程等因素均与辞职是否生效无关。鉴于双方的劳动关系非用人单位违法解除所致，故杨女士主张违法解除赔偿金缺乏事实依据与法律依据，法院不予支持。

案例精析

本案是一起因员工辞职而引发的劳动纠纷案件。实践中，因为对辞职的行为性质、生效条件和程序要求等理解不同，产生了不少争议和纠纷。

一、辞职是法律赋予员工的一项法定权利

辞职权是劳动者择业自由权的一种体现,是一种劳动者单方意思表示就能使法律关系发生变动的形成权。根据《劳动合同法》第 37 条的规定,劳动者只需要向用人单位提前 30 日以书面形式(试用期内提前 3 日,且无书面形式的要求)明确表达解除劳动合同的意思表示,即可解除劳动合同,无须得到用人单位的批准或同意。

实践中,由于对辞职这一行为的性质存在错误认识,许多劳动者认为辞职应当经过用人单位的批准,因此,辞职时向用人单位提交的是“辞职申请”,在末尾往往还会加上“请批准”“请批示”“请同意”等具有征询用人单位意见的类似文字。“通知”与“申请”,在性质上完全不同,员工提出申请的行为,会被认定为劳动者向用人单位提出协商解除劳动合同的请求,而作为相对方的用人单位,可以选择批准或者不批准,用人单位不批准的,则员工的请求不成立。司法实践中,就有员工因在辞职报告中写了“请批示”字样,而被法院认定其并非向公司辞职,而是向公司提出协商解除劳动合同,在公司未同意的情况下其擅自离职的行为构成违法解除,最终被判赔偿公司经济损失。

二、员工提出辞职后不享有任意反悔撤销的权利

员工提出辞职,其单方意思表示即可导致劳动法律关系的变动,因此,员工行使权利应当遵循诚信原则,不得任意反悔,不能损害用人单位的信赖利益。认定辞职是否生效,核心在于员工是否向公司作出了单方解除劳动合同的意思表示。辞职的意思表示到达公司之后,除非用人单位同意,否则无法撤销。

本案中,杨女士主张其在向安先生发送电子邮件表达了离开职场回家休息的想法后,经过深思熟虑,并未按照公司人事提示的离职流程提交正式的辞职信,而是向安先生明确表示撤回上述邮件。在本案二审过程中,杨女士还主张,双方签订的劳动合同中对解除合同的方式有明确约定,员工应提前 30 日把亲笔签字的辞职信交给公司人力资源部或主管,而其未发出亲笔签字的辞职信,因此,其并未正式提出辞职,且之前不成熟的离职表述已经撤回。

事实上,杨女士在向其直属领导发送电子邮件提出辞职时,其意思表示已经作出并到达管理公司,相应的法律效果已经产生,至于是否符合公司要求的辞职流程,与辞职是否生效无关。杨女士主张的劳动合同中关于解除劳动合同应提交亲笔签字的辞职信的约定,这一约定也并非辞职的生效要件,因此杨女士的主

张无法得到法院支持。

实践中,还会产生如何认定辞职的意思表示已到达用人单位的问题。比如,某员工将其辞职信交给直属领导,再由直属领导交给公司人事,而在直属领导将辞职信交给公司人事之前,该员工向公司提出撤回该辞职信,此时应该如何认定?员工辞职的意思表示是否已经到达公司?直属领导接收该员工辞职信的行为是仅作为代理人进行转交还是代表公司进行代收?

判断这一问题的核心是该直属领导的行为是否属于职务行为。职务行为是与用人单位工作人员职责范围密切相关的,司法实践中,对此类行为是否属于职务行为的认定范围较广,凡是法律规范明确规定和用人单位的章程、条例中明确设定的应当由用人单位行使的职权以及为了实现用人单位的生产经营活动的目的和维护用人单位自身管理及社会活动需要而实施的行为,都属于职务行为。因此,直属领导出于维护公司自身管理需要而接收辞职信的行为属于职务行为,该行为并不要求接收人必须具备人事管理职权,故员工辞职的意思表示在其将辞职信交于领导时已到达公司,此时其辞职行为已发生法律效力。

三、员工辞职应当提前向用人单位预告

为了保障劳动者的自由择业权,法律赋予了劳动者无理由辞职权,然而,劳动者的突然离职,可能会对用人单位生产经营的连续性产生影响,给用人单位造成经济损失,因此,法律规定劳动者辞职应当遵守有关程序性时间要求,即应当提前向用人单位预告,以使用人单位可以安排人员替代其工作,并有充分时间与劳动者之间做好相关的工作交接手续。

根据法律规定,劳动者提出辞职的,应当提前30日以书面形式通知用人单位,而对于试用期内的劳动者,也应当提前3日通知用人单位。对于试用期内的劳动者,法律虽未规定以书面形式进行告知,但从证据角度来看,建议劳动者以书面形式提出,并保留好相关证据,口头辞职存在举证难的问题。预告解除的规定既是对劳动者辞职行为的规范,也是对用人单位利益的保护。法律还规定,劳动者违反该法定义务,给用人单位造成损失的,应当承担赔偿责任。

另外,部分劳动者的工作岗位相对特殊,如果短时间提出辞职,则容易给用人单位造成损失,因此用人单位和掌握了公司商业秘密的高级管理人员或高级技术人员在劳动合同中约定“劳动者提出辞职需要提前2个月通知用人单位”的内容,该约定是双方真实意思的表示,司法实践中一般会认定为约定有效,劳动者应当遵守。

而且，司法实践中普遍认为，法律规定的辞职预告期既是劳动者的义务，同时也是用人单位的权利，如果用人单位认为劳动者可以立即进行离职交接，而无须等待预告期满，这属于用人单位处分自身权利的正当行为，双方可立即解除劳动关系，这一行为不会改变对劳动合同解除理由的认定。

维权提醒

1. 劳动者辞职一经提出，就不能随意反悔，因此劳动者在行使辞职权时应当慎重，不要因一时冲动或其他类似原因而仓促、随意地提出辞职。

2. 劳动者提出辞职，需要履行提前预告义务，做好工作交接，不要立即辞职，任意地"一走了之"，这既是职业道德的要求，也是劳动法律的规定，否则需要承担相应的损害赔偿责任。

法条索引

《劳动合同法》

第37条 劳动者提前三十日以书面形式通知用人单位，可以解除劳动合同。劳动者在试用期内提前三日通知用人单位，可以解除劳动合同。

第90条 劳动者违反本法规定解除劳动合同，或者违反劳动合同中约定的保密义务或者竞业限制，给用人单位造成损失的，应当承担赔偿责任。

《劳动合同法实施条例》

第18条 有下列情形之一的，依照劳动合同法规定的条件、程序，劳动者可以与用人单位解除固定期限劳动合同、无固定期限劳动合同或者以完成一定工作任务为期限的劳动合同：

……

（二）劳动者提前30日以书面形式通知用人单位的；

（三）劳动者在试用期内提前3日通知用人单位的；

……

第二节　劳动者单方解除

导　读

劳动者单方解除，是指劳动者根据《劳动合同法》第 38 条，在具有法定情形的情况下可以即时单方解除劳动合同，这是劳动者所享有的一种法定的解除权。而且，根据《劳动合同法》第 46 条，劳动者行使该解除权，理由成立的，用人单位应向劳动者支付解除劳动合同的经济补偿金。实践中，因劳动者单方解除而产生的争议主要表现在劳动者主张的事实是否符合法定情形，以及劳动者是否可以获得经济补偿。

案情简介

梅女士于 2015 年 5 月 21 日进入上海某服务有限公司（以下简称服务公司），双方签订的最后一份劳动合同期限为 2017 年 5 月 21 日至 2019 年 5 月 20 日，该合同约定梅女士月基本工资为 8000 元，岗位为人事行政总监。

服务公司每月 5 日左右通过银行转账方式支付梅女士上月工资 8000 元，另通过费用报销或交通费名义支付梅女士款项，其中 2017 年 1 月至 2018 年 4 月每月支付 9500 元，2018 年 5 月至 8 月每月支付 12,000 元。该笔费用报销款或交通费均由梅女士提供任意发票后，服务公司凭票支付。

因经营发生困难，服务公司于 2018 年 8 月搬迁至案外人 Z 公司办公场所办公，Z 公司与服务公司系合作关系，2018 年 11 月 8 日服务公司通知梅女士正式中断与 Z 公司合作，无须再至新的办公地点工作。服务公司按每月 8000 元标准支付梅女士 2018 年 8 月 1 日至 2018 年 11 月工资。按 8000 元标准为梅女士缴纳工作期间的社会保险费。

2018 年 11 月 23 日，梅女士以公司未足额支付 2018 年 8 月至 11 月工资、未依法足额缴纳社会保险费公积金、未提供劳动工作场所为由，依据《劳动合同法》第 38 条书面通知服务公司解除劳动合同，并要求服务公司支付经济补偿金 75,833 元。

2018 年 12 月 11 日，梅女士向上海市某区劳动人事争议仲裁委员会申请仲裁,要求支付工资差额、2018 年度第 13 薪以及解除劳动合同的经济补偿金等。之后,因不服仲裁裁决,诉至法院。

梅女士的主要理由为公司未及时足额支付劳动报酬等,其依据《劳动合同法》第 38 条解除劳动合同,服务公司应当向其支付经济补偿金。服务公司则认为,公司自 2018 年 8 月起经营状况极度恶化,不足以支付原先的费用报销福利待遇,但已足额支付劳动合同约定的工资 8000 元,公司也按梅女士核定的社保基数 8000 元按月为梅女士缴纳社保,公司并未不提供劳动条件,因此,不认可梅女士劳动合同解除事由,不同意支付经济补偿金。

裁判结果

一审法院认为,2018 年 8 月起,服务公司在其经营困难情况下仍支付梅女士劳动合同约定的工资数额,而双方实际对于以报销形式发放的工资性质也存在争议,梅女士以服务公司未足额支付 2018 年 8 月至 11 月工资为由解除劳动合同进而要求支付经济补偿金,不符合法律规定的情形。法院还认为,服务公司已按照劳动合同约定的工资标准为梅女士缴纳工作期间的社会保险费,服务公司原租赁的办公场所被收回致使暂时无法提供工作场地,服务公司在此期间也支付梅女士部分工资,并非不提供劳动条件。因此,法院对梅女士要求服务公司支付经济补偿金 75,833 元的诉讼请求,不予支持。

二审法院驳回梅女士的上诉,维持原判。

案例精析

本案是一起因员工行使特别解除权而引发的劳动纠纷案件,主要争议焦点在于劳动者所主张的经济补偿金是否符合法律规定。出于保护劳动者权益的目的,《劳动合同法》第 38 条明确规定了劳动者可以即时解除劳动合同的几种情形,比如,用人单位未及时足额支付劳动报酬等。需要注意的是,劳动者的这种即时解除权,通常会给用人单位的正常生产经营带来较大影响,特别是在此情况下,劳动者还可以主张经济补偿金,所以需要正确理解立法的本意和目的。

法律规定的目的是促使劳动合同当事人双方都诚信履行,无论用人单位还是劳动者,其行使权利、履行义务都不能违背诚实信用的原则,也就是说,只有用人单位有悖诚信、存在过错的情况,才是立法要规制的对象,劳动者才能据此行使即时解除权,从而实现对劳动者和用人单位利益的平衡保护。

本案中，劳动者根据《劳动合同法》第38条第1款的规定向公司提出解除劳动合同，并主张经济补偿金，现对其理由评析如下。

一、用人单位未按照劳动合同约定提供劳动保护或者劳动条件的

“加强劳动保护，改善劳动条件”，是我国《宪法》为保护劳动者在生产过程中的安全与健康而制定的原则。我国《劳动法》在第六章以专章规定了“劳动安全卫生”。

对于劳动保护，针对一些特殊工作岗位，我国不断健全劳动保护立法，制定了相应的劳动安全卫生规程，比如，为防止粉尘危害、防止有毒有害物质的危害、防止噪声和强光的刺激等，用人单位应当按照劳动安全卫生规程，达到相应的劳动卫生标准，切实保护劳动者的身体健康，按劳动合同约定为劳动者提供劳动保护。实践中，劳动者以用人单位未提供劳动保护为由解除劳动合同的案例并不多。

对于劳动条件，一般是指劳动者在劳动过程中所必需的物质设备条件，如劳动场所、劳动工具、安全卫生、环境、设施条件等。但在实践中，劳动者所主张的“未提供劳动条件”，一般是指用人单位单方调整所导致的工作时间的变化、工作地点的变化、工作岗位的变更等，并将该等变更认为是用人单位未按劳动合同约定提供劳动条件，这一理解扩大了劳动条件的含义，属于对法律概念的错误理解。

本案中，梅女士认为，其在公司通知不去指定地点上班之后，多次询问公司工作地点、工作如何安排，但公司均不予理睬，且要求其交出有关工作账号等，属于未提供劳动条件。但实际上，服务公司因原租赁的办公场所被收回致使暂无法提供工作场地，但服务公司在此期间支付了梅女士部分劳动报酬，其因经营发生困难暂时无法提供工作场地，不应等同于《劳动合同法》第38条规定的“未按照劳动合同约定提供劳动保护或者劳动条件”的情形。

二、用人单位未及时足额支付劳动报酬的

这是实践中劳动者主张适用最多的理由之一。用人单位依法向劳动者支付劳动报酬，是用人单位的基本义务，对用人单位克扣或者无故拖欠劳动者劳动报酬的，劳动者可以行使其即时解除权。

但是需要注意的是，立法所要规制的对象是用人单位有悖诚信，拖延支付或拒绝支付的情况。但实践中，劳动报酬的计算标准往往比较复杂，确因客观原因导致计算标准不清楚、有争议，使用人单位未能“及时、足额”支付劳动报酬的，不能作为劳动者解除合同的依据，劳动者据此要求经济补偿金的，法院不予支持，也就是说，法律并不鼓励劳动者在用人单位并无恶意的情况下，一旦工资迟发几日就立即解除合同，申请劳动仲裁。

本案中，梅女士认为服务公司在2018年8月至11月每月仅支付其8000元工资，未足额支付其劳动报酬的事实清楚。但是，服务公司提供的证据表明，其经营状况确实发生了困难，梅女士对此也表示理解，且在此情况下服务公司仍支付了梅女士劳动合同约定的工资数额，而双方对于以报销形式发放的工资性质也存在争议，故服务公司并不属于因主观恶意而未“及时、足额”支付劳动报酬的情形。

三、用人单位未依法为劳动者缴纳社会保险费的

这也是实践中劳动者主张适用较多的理由之一。为劳动者缴纳社会保险费是用人单位的法定义务。对于“未依法为劳动者缴纳社会保险费”的理解，实践中有两种不同的观点：一种观点认为，“未依法为劳动者缴纳”，包括用人单位“未缴纳”，也包括未按照法定标准足额缴纳；另一种观点认为，“未依法为劳动者缴纳”仅指“未缴纳”，即用人单位从未给劳动者缴纳过社会保险费，而不包括未足额缴纳的情形。

在上海司法实践中，基本采用的是第二种观点，与未“及时、足额”支付劳动报酬一样，对确因客观原因导致计算标准不清楚、有争议，使用人单位未依法缴纳社保金的，不能作为劳动者解除合同的依据，劳动者据此要求经济补偿金的，法院不予支持。这里考量的还是用人单位是否存在主观恶意的情形。

本案中，服务公司在双方劳动关系存续期间已经为梅女士建立社会保险账户，并已按照劳动合同约定的每月8000元的工资标准为梅女士缴纳了工作期间的社会保险费，该情形不属于“未缴纳”社会保险费的情形。如梅女士认为缴费基数低于其实际收入的可通过社保部门强制征缴，但其以公司未依法足额缴纳社会保险费为由解除劳动合同进而主张经济补偿金，不符合法律规定的情形。综上，本案中，梅女士主张经济补偿金的理由均不能成立。

根据《劳动合同法》第38条，除了以上三个理由之外，劳动者可以行使即时解除权并要求用人单位支付经济补偿金的情形还包括：(1)用人单位的规章制度违反法律、法规的规定，损害劳动者权益的；(2)因欺诈、胁迫的手段或乘人之危，违背真实意思情况下订立或变更劳动合同,致使劳动合同无效的;(3)法律、行政法规规定劳动者可以解除劳动合同的其他情形;(4)用人单位以暴力、威胁或者非法限制人身自由的手段强迫劳动者劳动的,或者用人单位违章指挥、强令冒险作业危及劳动者人身安全的。除第4种情形用人单位必然存在恶意之外,劳动者在适用前3种情形主张解除合同并要求经济补偿金的,还是要考量用人单位是否存在主观恶意,要综合平衡劳动者与用人单位的利益。

维权提醒

1. 当用人单位因主观恶意存在克扣或者无故拖欠工资、不缴纳社会保险费等损害员工合法权益的情况时,员工要善于根据法律规定向用人单位提出解除劳动合同,不要随意主动提出辞职。

2. 员工因上述原因向用人单位提出解除劳动合同时,要明确写明解除的理由,争议发生时,该理由会成为裁审部门的审理依据,员工没有机会在裁审过程中增加或者变更解除合同的理由。

3. 员工要遵循诚信原则,与用人单位双方均应诚信履行合同义务,在履行劳动合同的过程中应当相互配合,互相成就。用人单位遇到困难时应当给予相应的理解与宽容,不能因为用人单位稍一迟延发放工资等就提出解除合同而主张经济补偿金,这会得不偿失,同时,此种方式也是无法获得经济补偿金的。

法条索引

《劳动合同法》

第38条 用人单位有下列情形之一的,劳动者可以解除劳动合同:

(一)未按照劳动合同约定提供劳动保护或者劳动条件的;

(二)未及时足额支付劳动报酬的;

(三)未依法为劳动者缴纳社会保险费的;

(四)用人单位的规章制度违反法律、法规的规定,损害劳动者权益的;

(五)因本法第二十六条第一款规定的情形致使劳动合同无效的;

(六)法律、行政法规规定劳动者可以解除劳动合同的其他情形。

用人单位以暴力、威胁或者非法限制人身自由的手段强迫劳动者劳动的,或者用人单位违章指挥、强令冒险作业危及劳动者人身安全的,劳动者可以立即解除劳动合同,不需事先告知用人单位。

《劳动合同法实施条例》

第18条 有下列情形之一的,依照劳动合同法规定的条件、程序,劳动者可以与用人单位解除固定期限劳动合同、无固定期限劳动合同或者以完成一定工作任务为期限的劳动合同:

……

(四)用人单位未按照劳动合同约定提供劳动保护或者劳动条件的;

(五)用人单位未及时足额支付劳动报酬的;

(六)用人单位未依法为劳动者缴纳社会保险费的;

(七)用人单位的规章制度违反法律、法规的规定,损害劳动者权益的;

(八)用人单位以欺诈、胁迫的手段或者乘人之危,使劳动者在违背真实意思的情况下订立或者变更劳动合同的;

(九)用人单位在劳动合同中免除自己的法定责任、排除劳动者权利的;

(十)用人单位违反法律、行政法规强制性规定的;

(十一)用人单位以暴力、威胁或者非法限制人身自由的手段强迫劳动者劳动的;

(十二)用人单位违章指挥、强令冒险作业危及劳动者人身安全的;

(十三)法律、行政法规规定劳动者可以解除劳动合同的其他情形。

《最高人民法院关于审理劳动争议案件适用法律问题的解释(一)》

第45条 用人单位有下列情形之一,迫使劳动者提出解除劳动合同的,用人单位应当支付劳动者的劳动报酬和经济补偿,并可支付赔偿金:

(一)以暴力、威胁或者非法限制人身自由的手段强迫劳动的;

(二)未按照劳动合同约定支付劳动报酬或者提供劳动条件的;

(三)克扣或者无故拖欠劳动者工资的;

(四)拒不支付劳动者延长工作时间工资报酬的;

(五)低于当地最低工资标准支付劳动者工资的。

《上海市高级人民法院关于适用〈劳动合同法〉若干问题的意见》

九、劳动者以用人单位未“及时、足额”支付劳动报酬及“未缴纳”社保金为由解除合同的,“及时、足额”支付及“未缴纳”情形的把握

用人单位依法向劳动者支付劳动报酬和缴纳社保金,是用人单位的基本义务。但是,劳动报酬和社保金的计算标准,在实际操作中往往比较复杂。而法律规定的目的就是要促使劳动合同当事人双方都诚信履行,无论用人单位还是劳

动者,其行使权利、履行义务都不能违背诚实信用的原则。如果用人单位存在有悖诚信的情况,从而拖延支付或拒绝支付的,才属于立法所要规制的对象。因此,用人单位因主观恶意而未"及时、足额"支付劳动报酬或"未缴纳"社保金的,可以作为劳动者解除合同的理由。但对确因客观原因导致计算标准不清楚、有争议,导致用人单位未能"及时、足额"支付劳动报酬或未缴纳社保金的,不能作为劳动者解除合同的依据。

劳动者以存在《劳动合同法》第三十八条规定的其他情形为由主张解除劳动合同的,应当遵循合法、合理、公平的原则,参照前款精神处理。

第三节 不胜任工作解除

导 读

用人单位以劳动者不胜任工作为由解除其劳动合同,是用人单位无过失性解除劳动合同的情形之一。不能胜任工作是指不能按要求完成劳动合同中约定的任务或者同工种、同岗位人员的工作量。当然,用人单位不得故意提高定额标准,使劳动者无法完成。在司法实践中,如何判断劳动者是否胜任工作是关键性的问题。根据《劳动合同法》第 40 条第 2 项,劳动者不胜任工作的,经过培训或调岗后,仍不能胜任工作的,用人单位才可以解除劳动者劳动合同。

用人单位以劳动者不胜任工作为由解除劳动合同的,需提前 30 日通知劳动者或额外支付 1 个月的代通金,另外还需要向劳动者支付解除劳动合同的经济补偿金。

案情简介

谢先生于 2018 年 2 月 22 日入职上海某贸易公司(以下简称贸易公司),从事招商顾问工作。贸易公司与谢先生之间签署了一份期限为 2018 年 2 月 22 日起至 2021 年 2 月 21 日止的劳动合同。

2020 年 6 月 15 日,贸易公司与谢先生之间签署《军令状》,明确了谢先生 2020 年下半年的保底业绩值,2020 年 7 月至 12 月未完成保底业绩值则予以淘汰,属不胜任工作,贸易公司有权解除劳动合同。

谢先生并未完成《军令状》中载明的保底业绩值。2021年1月31日,贸易公司以不胜任工作为由解除与谢先生之间的劳动合同。谢先生认为贸易公司在2020年度销售考核结果出来后,并未对其销售能力不达标进行专项培训,也未在培训之后对谢先生进行再次考核,单方解除劳动合同行为违法。谢先生提起劳动仲裁要求贸易公司支付违法解除劳动合同的赔偿金。

庭审中,贸易公司辩称,在双方之间所签署的《军令状》中明确约定只要谢先生未完成保底业绩,贸易公司就有权以不胜任工作为由单方解除劳动合同,该约定有效,贸易公司单方解除劳动合同行为合法,无须支付违法解除劳动合同赔偿金。

裁判结果

法院认为,本案中贸易公司以谢先生业绩不达标为由,根据《军令状》的约定解除与谢先生的劳动合同,但根据法律规定,劳动者不胜任工作,经培训或调岗仍不胜任工作的用人单位方可解除劳动合同。《军令状》虽约定未完成保底业绩值予以淘汰,但该约定有悖法律规定,对其效力法院难以认可。

贸易公司在谢先生业绩不达标时并未对谢先生进行培训或调岗,也未在培训或调岗之后对谢先生进行再次考核,现仅以谢先生业绩不达标解除劳动合同,缺乏法律依据。故贸易公司应当支付谢先生违法解除劳动合同赔偿金。

案例精析

本案的争议焦点在于用人单位与劳动者之间约定未完成指定业绩,就属不胜任工作,进而用人单位可直接解除劳动合同的约定是否有效?不胜任工作是指劳动者的工作能力不行,如何判断劳动者是否属不胜任工作就尤为重要,需要根据劳动者的岗位职责、考核制度及考核结果等进行综合判断。

一、用人单位需承担劳动者不胜任工作的举证义务

根据《劳动合同法》第40条第2项,劳动者不能胜任工作,经培训或调整工作岗位,仍不胜任工作的,用人单位可行使劳动合同单方解除权。因此,就举证义务而言,用人单位需对劳动者存在不胜任工作的事实承担举证责任,而且还需证明经过培训或调整岗位后仍不胜任工作,即要证明劳动者“二次不胜任”。

在本案中,贸易公司与谢先生之间签署了《军令状》,在该《军令状》中明确

约定，如2020年7月至12月未完成保底业绩值属不胜任工作，这是用人单位与劳动者之间所签署的协议，系双方的真实意思表示，因而，未完成指定业绩属不胜任工作的约定是有效的。但这也只能证明谢先生存在一次不胜任工作的情况，贸易公司直接以不胜任工作为由解除劳动合同的行为违法。

同时，在对劳动者是否胜任工作的判断中，用人单位的考核制度非常重要。考核制度的内容应是客观的、可量化的标准，而非主观臆断的标准，要具有可操作性和公平合理性。用人单位的考核制度应向劳动者进行公示告知，让劳动者充分知晓具体的考核内容、考核指标及考核结果等，考核结果还需要送达给劳动者。如劳动者对不胜任工作的考核结果存有异议的，应及时向用人单位提出异议并固定相关的证据。有些用人单位会在《员工手册》中明确具体的不胜任工作的考核内容，因而，劳动者也需注意用人单位发布的制度性文件。

用人单位的考核制度涉及劳动者的切身利益，应通过民主程序进行制定，这也是在发生劳动争议时劳动者经常提出的抗辩理由之一。如果是用人单位与劳动者之间所签署的一对一的考核协议，只要其内容合法合理，则会直接认定为有效。

在司法实践中，用人单位以不胜任工作为由解除劳动者劳动合同的案件，用人单位败诉的概率比较高，原因在于用人单位不具备完善的考核制度，因此，用人单位以不胜任工作为由解除劳动者劳动合同应谨慎为之。

二、用人单位需对劳动者进行培训或调岗是必备程序

以不胜任工作为由解除劳动合同，劳动者存在初次不胜任工作的情况后，用人单位必须对劳动者进行培训或调岗，这是一个必经的程序，而不能直接解除劳动合同。对于采用培训还是调岗，由用人单位根据其自身经营状况自行决定。如未对劳动者进行培训或调岗直接解除劳动合同，则是违法解除。

对不胜任工作的劳动者进行的培训，并非用人单位日常对劳动者所进行的培训，此处的培训应具备针对性，是为了帮助劳动者提升其工作技能而进行的专项培训。培训可以在岗进行，也可以脱岗进行。通常情况下，用人单位为固定证据，会要求不胜任工作的劳动者在相关培训签到表上进行签名。提醒劳动者注意的是，需关注培训的内容是否与岗位职责相关。

用人单位对不胜任工作的劳动者进行调岗的问题，实践中存有一定的争议。有观点认为，法律、法规虽规定当劳动者存在初次不胜任工作的情形时，用人单位具有法定调岗的权利,但此处的调岗是不能降薪的。实际上,这样的理解是错误的,“薪随岗变”原则在劳动者不胜任工作的情况下进行的调岗也是同样适用的。当然,薪资的调整应把握合理性的原则,不应假借调岗之名,进行恶意降薪。

用人单位依法对劳动者进行调岗的,所调整的工作岗位应与劳动者之前所从事的工作岗位具有关联性,与劳动者的工作技能、专业能力等相匹配。对于用人单位滥用不胜任工作之调岗权,劳动者可及时向用人单位提出异议,要求用人单位纠正并重新合理进行调岗。

劳动者不胜任工作的,用人单位要具有一定的容忍义务,要给予劳动者一定的时间去提高自身的工作技能、改进工作方式等。因此,只有同时满足劳动者不能胜任工作、经过用人单位的培训或调岗、再次不能胜任工作这三个条件,用人单位才能够以不胜任工作为由解除劳动者的劳动合同。

三、用人单位不能仅以“末位淘汰”解除劳动合同

“末位淘汰”并不是一个法律概念,与之对应的是不胜任工作。部分用人单位采取“末位淘汰”制度直接解除处于末位劳动者的劳动合同,这种做法在司法审判实践中会被认定为违法解除,最高人民法院也发布了相关指导性案例进行阐述。处于末位,并不能直接证明劳动者存在不胜任工作的情形。

另外,部分用人单位和劳动者直接约定“劳动者处于末位的,用人单位可直接解除劳动合同”等内容条款,该约定属于免除用人单位法定责任、排除劳动者权利的内容,属于无效约定。

维权提醒

1. 劳动者入职后应仔细查看用人单位的岗位职责、员工手册及考核制度,提前做好准备,熟悉并了解各项制度。

2. 对用人单位给予的不胜任工作的考评结果存有异议的,应及时以书面形式向用人单位提出异议,并注意保留证据。

3. 劳动者存在不胜任工作的情形,用人单位具有依法调岗的权利,但用人单位所调之岗位也应当合理。如用人单位滥用调岗权,将劳动者调至侮辱性或歧视性的工作岗位,劳动者应及时向用人单位提出书面异议,并按时至用人单位处上班。

法条索引

《劳动合同法》

第40条 有下列情形之一的,用人单位提前三十日以书面形式通知劳动者本人或者额外支付劳动者一个月工资后,可以解除劳动合同:

(一)劳动者患病或者非因工负伤,在规定的医疗期满后不能从事原工作,也不能从事由用人单位另行安排的工作的;

(二)劳动者不能胜任工作,经过培训或者调整工作岗位,仍不能胜任工作的;

(三)劳动合同订立时所依据的客观情况发生重大变化,致使劳动合同无法履行,经用人单位与劳动者协商,未能就变更劳动合同内容达成协议的。

《关于〈劳动法〉若干条文的说明》

第26条 有下列情形之一的,用人单位可以解除劳动合同,但是应当提前三十日以书面形式通知劳动者本人:

(一)劳动者患病或者非因工负伤,医疗期满后,不能从事原工作也不能从事由用人单位另行安排的工作的;

(二)劳动者不能胜任工作,经过培训或者调整工作岗位,仍不能胜任工作的;

(三)劳动合同订立时所依据的客观情况发生重大变化,致使原劳动合同无法履行,经当事人协商不能就变更劳动合同达成协议的。

本条第(一)项指劳动者医疗期满后,不能从事原工作的,由原用人单位另行安排适当的工作之后,仍不能从事另行安排的工作的,可以解除劳动合同。

本条第(二)项中的"不能胜任工作",是指不能按要求完成劳动合同中约定的任务或者同工种、同岗位人员的工作量。用人单位不得故意提高定额标准,使劳动者无法完成。

本条中的"客观情况"指:发生不可抗力或出现致使劳动合同全部或部分条款无法履行的其他情况,如企业迁移、被兼并、企业资产转移等,并且排除本法第二十七条所列的客观情况。

第四节　医疗期解除劳动合同

导　读

设定医疗期的目的在于劳动者患病或非因工负伤的情况下其劳动合同受到保护，在此期间劳动者不会被随意解雇。医疗期内劳动合同保护主要包括两方面：一是劳动者在医疗期内用人单位不能以劳动者不能胜任工作、客观情况发生重大变化、裁员等劳动者无过错的理由解除劳动合同；二是劳动者在医疗期内如劳动合同期限届满的，劳动合同应当顺延至医疗期结束。劳动者在医疗期内，虽然受到特殊的劳动法律保护，但并不意味着劳动者可以不遵守用人单位的劳动纪律和规章制度。如果劳动者在医疗期内存在严重违纪情形的，用人单位仍然可以依法解除其劳动合同。

案情简介

2017年2月13日，乔女士进入上海某信息技术有限公司（以下简称信息公司）工作，双方签订了期限为2017年2月13日至2020年2月12日的劳动合同，约定乔女士工作岗位为软件工程师。2020年2月3日，信息公司通过电子邮件向乔女士发送《劳动合同终止通知书》，告知乔女士劳动合同于2020年2月12日期满，不再续签劳动合同。

2020年2月10日至8月7日乔女士请病假。信息公司支付乔女士2020年2月工资6745.52元、2020年3月工资5008.76元、2020年4月工资5239.72元、2020年5月工资5932.62元、2020年6月工资5008.76元、2020年7月工资4777.79元。

2020年8月7日，信息公司作出《劳动合同终止通知书》，载明“您（乔女士）与本公司于2017年2月13日签订的劳动合同，已于2020年2月12日合同期满，公司经研究决定不再与您续签劳动合同。因合同期满时您尚在医疗期，劳动合同结束日期依法顺延至医疗期结束，即您的劳动合同应于2020年7月16日终止……此外，之前因医疗期计算口径不同，公司于2020年7月17日至7月31日向您多发的病假工资，将从您的法定经济补偿金中扣除”。

2020 年 8 月 18 日，上海市劳动能力鉴定中心出具鉴定结论书，鉴定结论为部分丧失劳动能力。

乔女士认为，病假工资计算基数为 7063 元[（基本薪资 6900 元 + 岗位津贴 2950 元 + 工龄工资 240 元）×70%]，终止劳动合同经济补偿金的计算基数为 18,213 元（2019 年度月平均工资）。2020 年 8 月 26 日，乔女士提起劳动仲裁申请，其要求信息公司：(1)支付医疗补助费 109,280 元；(2)支付终止劳动关系经济补偿金 63,747 元；(3)支付 2020 年 2 月 10 日至 8 月 7 日病假工资差额 51,674 元。劳动争议仲裁委员会作出裁决后，双方均不服裁决，起诉至法院。

裁判结果

法院认为，职工疾病或非因工负伤连续休假在 6 个月以内的，企业应按下列标准支付疾病休假工资：连续工龄满 2 年不满 4 年的，按本人工资 70% 计发。假期工资的计算基数为劳动者所在岗位相对应的正常出勤月工资，不包括年终奖、上下班交通补贴、工作餐补贴、住房补贴、中夜班津贴、夏季高温津贴、加班工资等特殊情况下支付的工资。因此，信息公司每月固定发放的基本薪资、岗位津贴、工龄工资均应作为病假工资的计算基数。对乔女士主张其病假工资计算基数为基本薪资、岗位津贴、工龄工资总和的 70% 予以支持。信息公司以劳动关系顺延至医疗期满为由终止与乔女士的劳动关系，同时，乔女士经劳动能力鉴定部门鉴定为部分丧失劳动能力，现乔女士要求信息公司支付医疗补助费符合法律规定。关于医疗补助费和经济补偿金的计算基数，酌情按照乔女士终止劳动合同前 12 个月的月平均工资，经计算，信息公司应支付乔女士医疗补助费 81,964.92 元。

案例精析

本案是一起因为劳动者处于医疗期内劳动合同顺延终止劳动合同而引发的劳动争议案件。

一、劳动者患病或非因工负伤，在劳动合同期满而医疗期未满时，劳动关系应当顺延至医疗期结束时终止

根据《劳动合同法》第 45 条，劳动合同期满，劳动者患病或者非因工负伤，在规定的医疗期内的，劳动合同应当顺延至医疗期满。因此，劳动合同期满，但劳

动者医疗期还没有满时,用人单位不能直接终止劳动合同,而应当将劳动合同期限顺延至医疗期满时终止。

本案中,乔女士与信息公司签订了为期3年的劳动合同,劳动合同2020年2月12日合同期满,信息公司发出了不续签劳动合同通知书,但因为乔女士尚在医疗期内,因此公司并没有直接终止劳动合同,而是依法顺延至医疗期结束,该做法符合劳动法律规定。当医疗期满之后,信息公司可以依法终止双方之间的劳动关系。

二、用人单位以劳动者医疗期满为由解除劳动合同的,需要支付经济补偿金和支付医疗补助金

用人单位以劳动者医疗期满为由解除劳动者劳动合同的,应当依法向劳动者者支付经济补偿金。劳动者在医疗期内领取的病假工资远远低于正常出勤的工资标准,对于经济补偿金的月工资支付标准是按离职前12个月的月平均工资,还是按照病假前12个月的月平均工资来计算,实务中存在一定的争议。在本案中,法院采纳的是按照乔女士离职前12个月的月工资标准作为计算基数的,笔者也倾向于这一观点。

用人单位在劳动合同期内以劳动者医疗期为由解除劳动合同的,用人单位除需要依法支付经济补偿补偿外,还需要支付医疗补助金,这一点实务中不存异议。以上海为例,明确规定用人单位应当给予不低于劳动者本人6个月工资收入的医疗补助费。

对于劳动者医疗期满且劳动合同期满终止劳动合同的,是否需要支付医疗补助金的问题在实践中存有一定的争议。一种观点认为,用人单位在终止劳动合同的时并没有以劳动者患病为由原因而终止劳动合同,而是正常的劳动合同期满终止,不应当苛以用人单位更多的责任,一味加大用人单位的用工成本并不合适。另一种观点则认为,劳动者虽然是劳动合同期满终止的,但是仍处于患病过程中,虽然医疗期和劳动合同的期限均已届满,但是仍需要予以相应的保护,应当区分劳动者患病后是否部分或大部分丧失劳动能力,经劳动能力鉴定委员会鉴定为部分丧失劳动能力(相当于7~10级)或大部分丧失劳动能力(相当于5~6级)的,才能要求用人单位支付医疗补助费。笔者倾向于第二种观点,既有利于保护患病的劳动者合法权益,也对患病是否影响再就业作了区分,更为公平合理。

根据《劳动部关于实行劳动合同制度若干问题的通知》（劳部发〔1996〕354号）第22条，劳动者患病或者非因工负伤，合同期满终止劳动合同的，用人单位应当支付不低于6个月工资的医疗补助费；对患重病或绝症的，还应适当增加医疗补助费。《劳动部办公厅关于对劳部发〔1996〕354号文件有关问题解释的通知》（劳办发〔1997〕18号）第2条规定，《劳动部关于实行劳动合同制度若干问题的通知》第22条"劳动者患病或者非因工负伤，合同期满终止劳动合同的，用人单位应当支付不低于六个月工资的医疗补助费"是指合同期满的劳动者终止劳动合同时，医疗期满或者医疗终结被劳动鉴定委员会鉴定为5～10级的，用人单位应当支付不低于6个月工资的医疗补助费。鉴定为1～4级的，应当办理退休、退职手续，享受退休、退职待遇。

本案中，信息公司以劳动关系顺延至医疗期满为由终止与乔女士的劳动关系，同时，乔女士经劳动能力鉴定部门鉴定为部分丧失劳动能力，现乔女士要求信息公司支付医疗补助费，符合上述规定，法院也予以支持。

维权提醒

1. 劳动者患病或非因工负伤的，需要根据用人单位的规章制度履行相应的请假手续，如果不履行相应的请假手续，经用人单位合理催告后仍未及时履行的，则会被认定为严重违纪，即使处于医疗期内用人单位仍可以依法解除其劳动合同。

2. 劳动者患病或非因工负伤，在医疗期内如不存在违纪行为的，用人单位不得解除或终止劳动者的合同，如被用人单位违法解除或终止劳动合同的，劳动者可以提起劳动仲裁，选择主张恢复劳动关系或主张违法解除劳动合同的赔偿金。建议患病员工选择恢复劳动关系更为有利。

3. 对于医疗期满劳动合同终止的，劳动者主张医疗补助金需要进行劳动能力鉴定，鉴定结论为部分丧失劳动能力或大部分丧失劳动能力才可以享有。

法条索引

《劳动合同法》

第42条 劳动者有下列情形之一的，用人单位不得依照本法第四十条、第四十一条的规定解除劳动合同：

……

（三）患病或者非因工负伤，在规定的医疗期内的；

……

第45条 劳动合同期满，有本法第四十二条规定情形之一的，劳动合同应当续延至相应的情形消失时终止……

《最高人民法院关于审理劳动争议案件适用法律问题的解释（一）》

第35条 劳动者与用人单位就解除或者终止劳动合同办理相关手续、支付工资报酬、加班费、经济补偿或者赔偿金等达成的协议，不违反法律、行政法规的强制性规定，且不存在欺诈、胁迫或者乘人之危情形的，应当认定有效。

前款协议存在重大误解或者显失公平情形，当事人请求撤销的，人民法院应予支持。

《上海市劳动合同条例》

第32条 有下列情形之一的，用人单位可以解除劳动合同，但是应当提前三十日以书面形式通知劳动者本人：

（一）劳动者患病或者非因工负伤，医疗期满后，不能从事原工作也不能从事由用人单位另行安排的工作的；

……

第44条 用人单位根据本条例第三十二条第一款第一项的规定解除劳动合同的，除按规定给予经济补偿外，还应当给予不低于劳动者本人六个月工资收入的医疗补助费。

《劳动部关于实行劳动合同制度若干问题的通知》

第22条 劳动者患病或者非因工负伤，合同期满终止劳动合同的，用人单位应当支付不低于六个月工资的医疗补助费；对患重病或绝症的，还应适当增加医疗补助费。

《劳动部办公厅关于对劳部发〔1996〕354号文件有关问题解释的通知》

第2条 《通知》第22条“劳动者患病或者非因工负伤，合同期满终止劳动合同的，用人单位应当支付不低于六个月工资的医疗补助费”是指合同期满的劳动者终止劳动合同时，医疗期满或者医疗终结被劳动鉴定委员会鉴定为5～10级的，用人单位应当支付不低于六个月工资的医疗补助费。鉴定为1～4级的，应当办理退休、退职手续，享受退休、退职待遇。

第五节　客观情况发生重大变化解除

导　读

客观情况发生重大变化解除是用人单位无过失解除的一种形式。实践中，因为客观情况发生重大变化解除引发争议主要是用人单位对该条规定的理解和适用有偏差，部分争议案件中没有充分保障劳动者协商变更劳动合同内容的权利，而直接作出单方解除行为；还有部分争议案件存在用人单位以客观情况发生重大变化为借口，采取恶意解除劳动者劳动合同的情形。因此，判断是否属于“客观情况发生重大变化”非常关键。

案情简介

陈女士于2001年4月2日进入上海某服饰有限公司工作，双方签订有期限自2013年3月1日起的无固定期限劳动合同，约定陈女士的岗位为会计。2020年8月25日至26日陈女士休假。

2020年8月25日，公司出具解除劳动合同通知书，内载“……由于公司在连续两年的财务审计过程中，发现公司会计账目存在固定资产账目不清等相关财务问题，并且财务部在收到会计师事务所发出的整改意见后，仍未予整改。因此，公司决定，对公司财务部门进行改革，将整个财务部门托管于专业的会计师事务所。鉴于疫情蔓延，整体大环境萧条，公司业务急剧下滑，深受甚大影响，公司采取精减措施，上海生产结束，配套人员也都精减。鉴于此，公司与你多次协商，未果。现公司郑重发函通知你，即日起本司将单方与你解除劳动合同，公司将按照《劳动合同法》的相关规定，给予你相应的经济补偿金……”

陈女士于2020年8月26日收到该解除劳动合同通知书。陈女士解除劳动合同前12个月的月平均工资为税前8500元。2020年9月1日，陈女士向上海市某区劳动人事争议仲裁委员会申请仲裁，而后经历法院一审、二审流程。

裁判结果

法院认为，上海某服饰有限公司表示依据《劳动合同法》第40条第3项解除与劳动者的劳动合同,必须同时满足以下条件:劳动合同订立时所依据的客观情况发生重大变化;原劳动合同无法继续履行;用人单位与劳动者就变更劳动合同内容进行协商未能达成协议。

但本案中,首先,公司解除通知书所述的企业受外部环境影响、业绩下滑等系企业正常经营风险,公司所述停工停产并未提供充分的证据证明,同时,公司解除陈女士时,财务部门以及陈女士原工作内容仍然存在。故公司所述情形并不构成劳动合同订立时所依据的客观情况发生重大变化,导致原劳动合同无法继续履行之情形。其次,公司所述曾与陈女士协商,希望陈女士至该公司外地关联公司工作,陈女士对此予以否认,公司对此也未提供证据予以证明。另外,陈女士至公司关联公司工作,涉及劳动合同主体变更及劳动转移之事宜,公司对此并未给予明确说明。基于此,法院认定公司并未依法履行协商变更劳动合同内容的程序,判决公司支付陈女士违法解除劳动合同赔偿金。

案例精析

本案是一起因劳动关系双方对是否属于客观情况发生重大变化而解除产生争议的案件,最终法院认定该解除系违法解除,并不属于《劳动合同法》第 40 条第 3 项规定的用人单位可以单方解除的情形。

劳动合同法中的"客观情况发生重大变化解除"制度,源自民法中的"情势变更原则",意指当劳动合同成立生效后,因不可归责于劳动关系双方的客观原因,致使劳动合同赖以成立或继续履行的基础丧失,如果双方继续履行劳动合同将导致显失公平,此时法律允许劳动合同主体变更合同内容,变更不成的,用人单位可解除合同。该法律规定旨在有效解决劳动关系双方在用工过程中出现的僵局,但实践中,不少用人单位随意套用该条规定,解除与劳动者之间的劳动合同,导致劳动者权益受到侵害。对于如何才能合法适用客观情况发生重大变化解除的法律规定,需要从以下三个方面进行综合考量和把握。

一、客观情况发生重大变化的认定

根据原劳动部办公厅印发的《关于〈劳动法〉若干条文的说明》第 26 条,"客观情况"指发生不可抗力或出现致使劳动合同全部或部分条款无法履行的其他情况,如企业迁移、被兼并、企业资产转移等客观情况,并且排除了经济性裁员情况。

由于该条规定制定于我国计划经济体制背景下，以国家所有或控制的国有企业作为主要规范对象，时至今日，“客观情况变化”的形式确实发生了很多变化，主要包括企业搬迁、资产转移、企业改制、部门撤并、经营方向或经营战略重大调整等。

但是，司法实践中对是否属于“客观情况发生重大变化”的情形也不应进行随意扩大性解释，而是应从不可抗力或确属企业无法控制或无法改变的外部事实出发，只能扩充至与“企业迁移、被兼并、企业资产转移”情形处于“同一重大”位阶的其他客观情况。防止用人单位以组织架构调整、部门合并分立、股东变化、业绩不佳等为由，随意套用“劳动合同订立时所依据客观情况发生重大变化”的条款，以期达到单方面解除劳动者劳动合同的目的。所以，本案中，用人单位虽主张客观情况发生重大变化，但没有提供证据证明公司存在上述情形，亦无证据证明其财务部门的所有岗位均已被裁撤，公司所述已处于停工停产状态也没有证据证明，故法院无法采信用人单位之主张。

二、劳动合同无法继续履行的认定

即便劳动合同订立时所依据的客观情况已发生重大变化，但是这种重大变化在没有达到导致劳动合同无法继续履行的程度时，用人单位依旧无权单方解除劳动合同。例如，企业虽被并购，劳动合同主体发生变更，但《劳动合同法》明确规定，“用人单位发生合并或者分立等情况，原劳动合同继续有效，劳动合同由承继其权利和义务的用人单位继续履行”，故原劳动合同履行并未受到影响，用人单位亦不能据此解除劳动合同。

再如，用人单位整体搬迁导致劳动者工作地点变更、通勤时间延长，是否属于“劳动合同订立时所依据的客观情况发生重大变化，致使劳动合同无法履行”的情形，也非一概而论。需要考量搬迁距离远近、通勤便利程度，结合用人单位是否提供交通工具、是否调整出勤时间、是否增加交通补贴等因素，综合评判工作地点的变更是否给劳动者的工作和生活带来严重不便，并足以影响劳动合同的履行。如果用人单位已经采取适当措施降低了搬迁对劳动者的不利影响，那么搬迁行为将不会被认定为导致劳动合同无法履行的情形。

三、就变更劳动合同内容进行协商的认定

回到本案中，当法院认定用人单位系违法解除时，还有一个重要的理由，便是用人单位未与劳动者就变更劳动合同内容进行协商，存在程序违法。这是用

人单位适用客观情况发生重大变化解除条款时经常忽视的一点，换言之，很多情况下，劳动者协商变更劳动合同的权利没有得到充分保障。即便客观情况发生重大变化已致原劳动合同无法继续履行，仍可以通过变更劳动合同内容的方式，如工作岗位、工作地点、工作时间等变更，促使劳动合同能够继续履行。只有当劳动关系双方协商变更无法达成一致时，用人单位才能作出单方解除，这也是立法本意对劳动者权益的最大保护。

所以，在司法实践中，裁审部门对用人单位与劳动者协商变更的程序作比较严格的审查，当用人单位无法提供证据证明曾就劳动合同内容变更进行协商时，一般会认定用人单位违法解除。

维权提醒

1. 为避免产生客观情况发生重大变化解除类纠纷，劳动者应当清楚该种情形解除的三个重要前提，即劳动合同订立时所依据的客观情况发生重大变化、原劳动合同无法继续履行且用人单位与劳动者就变更劳动合同内容进行协商未能达成协议。

2. 当单位以客观情况发生重大变化为由解除劳动合同时，劳动者有权要求用人单位说明理由、公布公司作出重大改革调整的方案，如搬迁方案、停工停产方案、部门裁撤方案等。

3. 劳动者有权督促企业履行协商民主程序，针对重大变化事项导致原劳动合同确实无法履行的，通过协商变更合同内容的方式，促进劳动合同协作履行。

4. 用人单位依照客观情况发生重大变化情形而单方解除的，还需提前 30 日以书面形式通知劳动者或额外支付 1 个月工资，同时向劳动者支付解除劳动合同的经济补偿金。

5. 对于患病或者非因工负伤在规定医疗期内的员工，在孕期、产期、哺乳期的女职工，在本单位连续工作满 15 年且距法定退休年龄不足 5 年的员工等特殊群体（详见《劳动合同法》第 42 条规定），用人单位不能依据“客观情况发生重大变化”单方解除劳动合同。

法条索引

《劳动合同法》

第 40 条 有下列情形之一的，用人单位提前三十日以书面形式通知劳动者本人或者额外支付劳动者一个月工资后，可以解除劳动合同：

……

（三）劳动合同订立时所依据的客观情况发生重大变化，致使劳动合同无法履行，经用人单位与劳动者协商，未能就变更劳动合同内容达成协议的。

第42条 劳动者有下列情形之一的，用人单位不得依照本法第四十条、第四十一条的规定解除劳动合同：

（一）从事接触职业病危害作业的劳动者未进行离岗前职业健康检查，或者疑似职业病病人在诊断或者医学观察期间的；

（二）在本单位患职业病或者因工负伤并被确认丧失或者部分丧失劳动能力的；

（三）患病或者非因工负伤，在规定的医疗期内的；

（四）女职工在孕期、产期、哺乳期的；

（五）在本单位连续工作满十五年，且距法定退休年龄不足五年的；

（六）法律、行政法规规定的其他情形。

《关于〈劳动法〉若干条文的说明》

第26条 有下列情形之一的，用人单位可以解除劳动合同，但是应当提前三十日以书面形式通知劳动者本人：

……

（三）劳动合同订立时所依据的客观情况发生重大变化，致使原劳动合同无法履行，经当事人协商不能就变更劳动合同达成协议的。

……

本条中的“客观情况”指：发生不可抗力或出现致使劳动合同全部或部分条款无法履行的其他情况，如企业迁移、被兼并、企业资产转移等，并且排除本法第二十七条所列的客观情况。

第六节　工作违纪解除

导　读

劳动者严重违反用人单位的规章制度,用人单位可以解除劳动合同。规章制度必须是用人单位通过民主程序制定,规定的内容要合理、合法,并向劳动者进行有效公示告知。但规章制度也有其局限性,其不可能包括所有的违纪行为,总会出现疏漏的违纪行为。因此,当用人单位的规章制度没有规定劳动者违纪行为时,并不意味着用人单位就不可以对其进行相应的管理。当劳动者出现严重违反用人单位的劳动纪律、诚实信用或违背公序良俗原则等情形时,用人单位同样可以行使单方解除权。

在实践中,如果用人单位的规章制度中没有明确劳动者的哪些违纪行为属于严重违纪情形,裁审部门会结合劳动者违纪行为的性质、劳动者的主观过错程度、劳动者的工作岗位等综合判断该违纪行为是否达到严重的程度。因单方解除劳动合同是最严厉的措施,因而用人单位作出解除决定时也应慎重。

案情简介

金先生于2017年11月1日入职上海某软件公司(以下简称软件公司),担任软件工程师。软件公司与金先生之间签署过两份劳动合同,最后一份劳动合同期限为2018年11月1日至2021年10月31日。同时,在劳动合同的最后一页载明:"公司颁布的员工手册等,亦构成劳动合同的组成部分。"

2020年3月3日,软件公司向金先生发送电子邮件,载明:"现因您在工作中,对部门布置的重点项目没有认真执行,从而导致部门未能按时交付项目,且在发生问题后并未作出任何改善行为,严重造成公司重点项目无法按期完成,并给其他员工造成很大的工作量。公司对您予以较重违纪行为处理,公司保留予以解雇的权利,并给予3个月考察期,如若再无法按时、按质完成本职工作,将根据公司《员工手册》中有关严重违纪行为处理。"

2020年3月16日,软件公司向全体员工发送对金先生的轻度违纪处理通报的电子邮件,载明:"因金先生在2020年3月4日下午,在没有办理任何请假手续,也未向上级领导进行请示的情况下,擅自离岗,您的行为已违反了公司《员工手册》中的规定,经研究决定给予金先生轻度违纪处理并向部门通报批评。”

2020年3月20日,软件公司又向全体员工发送对金先生的较重违纪处理通报的电子邮件,载明:“在2020年3月16日下午,金先生在没有办理任何请假手续,也未向上级领导请示下,再次擅自离岗,该员工的行为再次违反了公司《员工手册》中的规定,经研究决定给予金先生较重违纪处理并向部门通报批评。请金先生认真学习公司《员工手册》管理制度,如再次违纪,公司会按照《员工手册》严肃处理直至与你解除劳动关系。”

2020年3月26日,软件公司以金先生在职期间存在严重违纪行为为由解除劳动合同。金先生认为,软件公司属违法解除劳动合同,其从未收到软件公司的《员工手册》,且软件公司于2021年3月20日发送的电子邮件中也表明只有再次违纪的,软件公司才可单方解除劳动合同,因而,在未受到再次违纪处分的情况下,软件公司就直接作出单方解除劳动合同行为属违法解除。

庭审中,软件公司则称,根据公司的《员工手册》的规定,在金先生受到两次较重违纪处分后,软件公司可随时解除与金先生的劳动关系,软件公司系出于人性化的考虑,未在第一时间解除与金先生的劳动关系,但不能成为金先生一而再再而三地违反公司制度,从而挑战公司容忍度的理由和借口。

裁判结果

法院认为,在劳动争议纠纷案件中,因用人单位作出开除、除名、辞退、解除劳动合同、减少劳动报酬、计算劳动者工作年限等决定而发生劳动争议的,由用人单位负举证责任。虽然软件公司主张金先生在职期间存在多次违纪情形,但软件公司对前述所称违纪行为均未作出解除劳动关系的处理决定,而是分别给予金先生通报批评并要求其认真学习公司《员工手册》管理制度的处理决定。软件公司在未提供充分证据证明其向金先生出具第3份通报之后金先生仍有再次违纪行为发生的情况下,于2020年3月26日单方解除与金先生的劳动关系,难以认定其解除行为合法。故软件公司应向金先生支付违法解除劳动合同赔偿金。

案例精析

本案主要涉及在劳动者存在多次违纪行为的情况下,最终用人单位以严重违纪为由单方解除劳动合同行为是否合法的问题，另外还涉及解除劳动合同的依据即《员工手册》对劳动者是否具有法律约束力，《员工手册》是否有效送达劳动者，以及其能否作为用人单位解除劳动合同的制度依据等焦点问题。

一、劳动者具有严重违纪行为的事实是用人单位解除劳动合同的前提

《劳动合同法》第 39 条第 2 项规定，劳动者严重违反用人单位规章制度，用人单位可以解除劳动合同。但哪些违纪行为属于“严重违纪行为”？我国相关法律、法规并未对此进行规定，这就有赖于用人单位在《员工手册》等规章制度中对严重违纪行为进行具体规定。

在实践中，用人单位对严重违纪行为进行规定时，往往会将违纪行为分为轻度违纪、较重违纪及严重违纪三种类型。用人单位根据劳动者违纪的程度不同予以相对应的处分。就劳动者而言，如对用人单位作出的处分存有异议，应及时以书面形式向用人单位提出异议；在用人单位作出的处分书上签字时，需要认真仔细阅读。一般情况下，劳动者的签字确认行为代表对存在违纪行为及用人单位作出的处分行为均予以认可，事后再反悔是无效的。

本案中，金先生受到了两次较重违纪处分和一次轻度违纪处分，而根据软件公司《员工手册》的规定，两次较重违纪就属严重违纪，用人单位可立即解除劳动合同。因此，在金先生的行为已构成严重违纪行为的情况下，软件公司本可以立即解除劳动合同。但软件公司在 2021 年 3 月 20 日并未作出严重违纪解除的决定，而是在金先生收到两次较重违纪处分后，给予其通报批评，并明确表示如再次违纪，软件公司将有权解除劳动合同。可见，软件公司作出了相对人性化的处理。但是，在此之后，在金先生并未出现新的违纪行为的情况下，软件公司于 2020 年 3 月 26 日又以金先生在职期间存在严重违纪行为为由解除劳动合同，这种做法明显与通报批评相互矛盾，按照有利于劳动者的原则，应以 2020 年 3 月 20 日发出的通报为准，软件公司单方解除劳动合同行为违法。

二、规章制度是用人单位解除严重违纪劳动者劳动合同的制度依据

一般来讲，用人单位会将劳动规章制度汇编成册，实践中往往统称为《员工手册》。因此，《员工手册》是用人单位以严重违纪为由解除劳动者劳动合同的重要制度依据。

用人单位的《员工手册》需要通过民主程序进行制定，《员工手册》中的内容应合理、合法，如内容违反法律、法规强制性规定或明显不合理，对员工不具有约

束力。同时,用人单位是否将《员工手册》有效送达劳动者是非常关键的,如用人单位没有将《员工手册》送达劳动者,该员工手册对劳动者也不具有法律约束力。

本案中,软件公司与金先生之间所签署的劳动合同中虽载明《员工手册》是劳动合同的组成部分,但软件公司并没有证据证明其已经送达金先生。因而,该份《员工手册》对金先生不具有约束力。

当然,用人单位没有规章制度,也不意味着用人单位就不可以以严重违纪为由解除劳动者的劳动合同。劳动者与用人单位之间建立劳动关系后,劳动者应遵守基本劳动纪律,诚实履行劳动义务,当劳动者出现严重违反用人单位的劳动纪律、诚实信用或违背公序良俗原则等情形,用人单位同样可以行使单方解除权。

三、用人单位单方解除劳动者劳动合同需履行通知工会的法定程序

《劳动合同法》第 43 条规定,用人单位单方解除劳动合同,应当事先将理由通知工会。用人单位违反法律、行政法规规定或者劳动合同约定的,工会有权要求用人单位纠正。用人单位应当研究工会的意见,并将处理结果书面通知工会。可见,用人单位单方解除劳动合同,需要履行事先通知工会的法定义务,应当将解除劳动合同的事实、依据、理由等告知工会,征询工会的意见。企业内部有工会的,通知内部工会;企业内部未建立工会的,可通知上级工会。

根据《最高人民法院关于审理劳动争议案件适用法律问题的解释(一)》第 47 条的规定,用人单位单方解除劳动者劳动合同时没有事先通知工会,可以在法院起诉前补正这一程序瑕疵。只要用人单位在一审起诉前补正履行了通知工会的义务,则会认定用人单位履行了通知工会的程序;相反,如用人单位未履行通知工会的义务,则会被认定为违法解除劳动合同。

实践中,对于未建立工会的用人单位单方解除劳动者劳动合同,是否也需要履行事先通知工会的义务,存在一定的争议。我们认为,履行通知工会义务,主要是工会组织对用人单位的单方解除劳动合同享有监督权,没有建立工会的用人单位,可以通知职工代表征求职工代表意见或通知上级工会来弥补这一程序。从司法判例来看,也能印证这一观点。

四、用人单位需要对单方解除劳动者劳动合同的合法性承担举证责任

用人单位因单方解除劳动者的劳动合同引发争议,需要对解除劳动合同行为的合法性承担举证责任,用人单位需要证明劳动者具有严重违纪的事实、有明确的解除依据、解除的程序合法等。如果不能举证则要承担违法解除劳动合同的法律责任。

就劳动者而言，只要证明用人单位已经作出解除劳动合同的事实即可，如提供《解除劳动合同通知书》、微信记录、邮件等材料中载明的用人单位单方解除的事实。对于用人单位口头作出的解除行为，劳动者应当要求用人单位提供书面的《解除劳动合同通知书》，并尽量通过微信、短信、邮件等与用人单位进行确认，固定好相关证据。劳动者不要轻易以用人单位作出口头解除行为而不继续提供劳动，否则很可能会出现用人单位以劳动者旷工为由解除劳动合同的情况，这样劳动者反而因为无法举证而败诉。

五、用人单位单方解除劳动者的劳动合同的法律责任

如用人单位以严重违纪为由单方解除劳动者的劳动合同，该解除行为被认定为合法的，则用人单位无须向劳动者支付解除劳动合同的经济补偿金或赔偿金；反之，用人单位的解除行为被认定为违法的，则需承担违法解除劳动合同的法律责任。

根据《劳动合同法》第 48 条，用人单位违反《劳动合同法》规定解除或者终止劳动合同，劳动者要求继续履行劳动合同的，用人单位应当继续履行；劳动者不要求继续履行劳动合同或者劳动合同已经不能继续履行的，用人单位应当依照《劳动合同法》第 87 条支付赔偿金。

劳动者选择主张继续履行劳动合同，要求恢复劳动关系的，应尽早提起劳动仲裁，同时应向用人单位一并主张恢复劳动关系期间的工资。有关恢复劳动关系期间的工资应按照解除劳动合同前 12 个月的月平均工资进行计算。如劳动者在用人单位单方解除劳动合同后，未及时提起劳动仲裁，即使最后用人单位被认定系违法解除劳动合同，劳动者主张劳动合同解除后至申请劳动仲裁前这一期间的工资，是不会被支持的。

劳动者选择主张违法解除劳动合同的赔偿金，违法解除劳动合同的赔偿金是经济补偿金的 2 倍，违法解除劳动合同的工作年限自用工之日起计算。

维权提醒

1. 劳动者入职后，如用人单位要求劳动者在《员工手册》的签收页上签名，劳动者应在签字前仔细阅读《员工手册》的内容，了解、知晓并遵守规章制度。

2. 劳动者除了遵守用人单位的《员工手册》等规章制度内容外，在履行劳动合同过程中还要遵守劳动纪律、诚实信用原则，不得违背公序良俗。

3. 用人单位以劳动者违纪为由作出处分决定，劳动者应重点查阅《员工手册》内容，对用人单位作出的处分不服的，应当及时提出书面异议并固定证据。

法条索引

《劳动合同法》

第 39 条 劳动者有下列情形之一的，用人单位可以解除劳动合同：

(一) 在试用期间被证明不符合录用条件的；

(二) 严重违反用人单位的规章制度的；

(三) 严重失职，营私舞弊，给用人单位造成重大损害的；

(四) 劳动者同时与其他用人单位建立劳动关系，对完成本单位的工作任务造成严重影响，或者经用人单位提出，拒不改正的；

(五) 因本法第二十六条第一款第一项规定的情形致使劳动合同无效的；

(六) 被依法追究刑事责任的。

第 43 条 用人单位单方解除劳动合同，应当事先将理由通知工会。用人单位违反法律、行政法规规定或者劳动合同约定的，工会有权要求用人单位纠正。用人单位应当研究工会的意见，并将处理结果书面通知工会。

第 48 条 用人单位违反本法规定解除或者终止劳动合同，劳动者要求继续履行劳动合同的，用人单位应当继续履行；劳动者不要求继续履行劳动合同或者劳动合同已经不能继续履行的，用人单位应当依照本法第八十七条规定支付赔偿金。

《最高人民法院关于审理劳动争议案件适用法律问题的解释(一)》

第 47 条 建立了工会组织的用人单位解除劳动合同符合劳动合同法第三十九条、第四十条规定，但未按照劳动合同法第四十三条规定事先通知工会，劳动者以用人单位违法解除劳动合同为由请求用人单位支付赔偿金的，人民法院应予支持，但起诉前用人单位已经补正有关程序的除外。

第七节　旷工违纪解除

导　读

司法实践中,用人单位以旷工属严重违纪为由解除劳动合同的情形比比皆是。关于"旷工",我国法律法规对此并没有明确的定义,一般理解为劳动者无正当理由未正常出勤或未提供劳动。当旷工天数达到用人单位规定的天数,就属严重违纪行为,用人单位可解除劳动者的劳动合同,无须向劳动者支付解除劳动合同的经济补偿金或赔偿金。

认定劳动者是否存在旷工行为,不能一概而论。要根据劳动者所在工作岗位实行的工时制度、工作性质及岗位职责,并结合劳动者的实际工作情况等进行综合判断。

案情简介

席先生于2017年1月1日进入上海某科技有限公司(以下简称科技公司)工作,担任首席运营官。科技公司与席先生之间签署过3份书面劳动合同,最后一份劳动合同的期限为2020年1月1日至2021年12月31日。

科技公司与席先生之间签署了《关于2019年8月31日前考勤相关事项的约定》《关于2019年9月30日前考勤相关事项的约定》,明确在2019年8月1日至2019年9月30日,席先生无须到公司坐班工作,无须进行考勤打卡,按正常出勤计算。在2019年10月至2020年2月,席先生均未至科技公司上班。

2020年2月27日,科技公司以席先生在2019年10月1日至2020年2月27日未至公司坐班,属旷工之严重违纪行为,单方解除劳动合同。席先生提起劳动仲裁,要求科技公司支付违法解除劳动合同的赔偿金。

席先生表示,科技公司剥夺其劳动条件,具体体现在:2019年8月8日撤销其工位;2019年9月9日将其移除各个工作群;2019年9月19日将其移除钉钉工作群。在双方约定免于考勤之前其是用钉钉打卡考勤,其被移除钉钉工作群,致使无法考勤;2019年10月28日其公司邮箱无法登入;2020年1月4日收到短信通知公积金账户被封存,公积金缴纳至2019年11月30日,社保2020年2月1

日停缴；门禁卡于2019年10月之前被消磁，无法进入办公场所。其不存在旷工行为，科技公司单方解除劳动合同行为违法。庭审中，科技公司对席先生的上述表述予以认可。

公司认为，与席先生之间签署的《关于2019年8月31日前考勤相关事项的约定》《关于2019年9月30日前考勤相关事项的约定》，确实同意席先生在2019年8月1日至9月30日不用到公司坐班工作。但是席先生在2019年10月1日之后也未至公司考勤打卡、坐班工作，公司也打电话催告席先生回来正常上班，但席先生置之不理，根据《奖惩管理制度》的规定，连续旷工6天属严重违纪行为，科技公司于2020年2月27日单方解除劳动合同行为合法。

裁判结果

科技公司主张，依据《关于2019年8月31日前考勤相关事项的约定》《关于2019年9月30日前考勤相关事项的约定》，席先生可以在2019年9月30日之前无须到公司考勤坐班工作，但在约定期满后，席先生仍然未到公司考勤坐班工作。在电话催促无果，科技公司根据席先生的旷工时间，并依据公司奖惩规章制度规定，于2020年2月27日通知解除双方间劳动合同，系合法解除，无须支付赔偿金及相应的工资待遇。

根据审理中查明的事实，法院认为，虽然双方约定可以免除席先生在2019年9月30日之前到公司考勤坐班，按正常出勤计算，但2019年8月8日之后，科技公司相继撤销席先生工位、移除席先生工作群、移除钉钉工作群、删除席先生公司邮箱以及消磁席先生门禁卡等行为，显然造成席先生无法到公司正常考勤上班。同时，科技公司称电话通知席先生到公司考勤上班，无证据予以证明。在席先生丧失便利工作条件的情况下，科技公司于2020年2月27日作出的解除双方劳动合同，显然属于违法解除，应当按照法律规定，支付相应的违法解除劳动合同的赔偿金。

案例精析

这是一起用人单位以劳动者旷工严重违纪为由解除劳动者劳动合同的典型劳动争议案件，焦点在于对是否存在旷工情形的认定。

一、认定劳动者存在旷工违纪行为的主要因素

实践中，认定劳动者是否存在旷工违纪行为，主要从以下几个方面进行综合

判断。

一看劳动者是否按照企业考勤规定正常考勤。对于劳动者是否正常出勤，能否构成旷工的违纪行为，主要看劳动者是否进行考勤。如劳动者未按照规定正常考勤，且在合理时间内也未对未正常考勤作出合理的解释或说明，就极有可能被认定为旷工。本案中的席先生需通过钉钉考勤打卡，但因科技公司导致其无法进行考勤打卡，并非其主观故意不出勤、不打卡。

二看劳动者是否正常出勤。部分劳动者的职务较高，或者工作岗位不固定等，用人单位对此类人员一般情况下没有考勤打卡的强制性要求，或者说规章制度中虽有考勤规定但实际并未严格执行，劳动者未考勤并不代表是旷工。当然，如用人单位有证据证明劳动者一段时间内未至用人单位处上班，经用人单位催告后仍未正常上班，则可被认定为旷工。另外，对销售类等岗位的劳动者向用人单位填写的是至客户处拜访，但经与客户了解情况，劳动者并未至客户处拜访，有可能被认定为旷工或违背诚实信用的违纪行为。

三看劳动者是否有旷工的故意。用人单位在劳动者未正常出勤的情况下，通常会通过电话、微信、短信或书面通知等询问情况，并要求劳动者说明未正常出勤的原因，及时催告劳动者正常出勤。如劳动者经用人单位合理催告后仍拒绝到岗，或拒绝说明理由，或说明的理由明显与事实不符，则可以认定劳动者有旷工的故意。本案中，科技公司所采取的一系列行为，撤销工位、移出工作群、将其从钉钉考勤中删除、取消其门禁、停缴社保及公积金等，导致席先生无法至科技公司正常工作，则难以认定席先生存在旷工的故意。

二、阻却认定劳动者存在旷工违纪行为的主要情形

一般情况下，裁审部门会根据以下情形来判断是否存在阻却认定劳动者存在旷工违纪的行为。

首先，看用人单位发放工资的情况。如用人单位对所称的旷工天数已按照正常出勤工资进行发放，之后又称劳动者存在旷工违纪行为，本身就存在相互矛盾之处，如不能进一步作合理的解释说明，则难以认定劳动者存在旷工违纪的行为。

其次，看劳动者是否存在不出勤的正当理由。比如，劳动者向用人单位请丧假，用人单位不予批准，但劳动者未出勤的，鉴于用人单位不批准丧假违背公序良俗原则，因此即使缺勤也不应认定劳动者存在旷工违纪行为。又如，劳动者请病假，用人单位不批准，劳动者也未至用人单位上班的，只要劳动者病情是真实的，且已经按照用人单位规定履行了请假手续，即使用人单位不批准也同样不应被认定为旷工。需要提醒劳动者注意的是，一定要按照用人单位规定的请假流程提交相关的请假材料，将相关的病假单、病历及发票等材料通过 EMS 的形式邮寄给用人单位，如用人单位要求提交原件的，可将相关材料复印自己留存。

三、劳动者旷工被认定为严重违纪行为的依据

劳动者无正当理由未正常出勤，违反基本的劳动纪律，旷工违纪毋庸置疑。但是，是否构成严重违纪还需要通过用人单位的规则制度予以明确。用人单位通过民主程序制定的《员工手册》，如果规定"一年内连续旷工 3 天或累计旷工 5 天属严重违纪"，这样的规定是有效的。同时，如用人单位的《员工手册》与《劳动合同》或其他制度对具体旷工天数构成严重违纪的规定不一致，应按照"有利于劳动者"的原则进行，按照旷工天数最多的时间来认定旷工属严重违纪，如用人单位直接以旷工的最小天数为由解除劳动合同，则属于违法解除劳动合同。

回到本案，科技公司认为席先生在 2019 年 10 月 1 日直至 2020 年 2 月 27 日足足有近 5 个月的时间属旷工，而其《奖惩管理制度》规定连续旷工 6 日，就属于严重违纪行为，科技公司可单方解除劳动合同，但科技公司并未在第一时间行使单方解除权，而是在 4 个月之后才以旷工为由解除劳动合同，这也不符合常理。

庭审中，席先生也解释其从 2019 年 10 月 1 日开始未至科技公司上班的原因是科技公司取消其门禁、注销其钉钉考勤及撤销其工位，使其无法进行正常工作，该解释具有合理性。

维权提醒

1. 劳动者请病假、年休假等各类假期，应按照用人单位规定的请假流程履行相应的请假手续，并应固定好用人单位已批准休假的相关证据。

2. 对于需要批准才可以休的假期，如用人单位明确告知劳动者不批准，劳动者未至用人单位正常出勤的，除特别情况外，构成旷工违纪行为。

3. 劳动者如对用人单位调岗行为不服的，应及时采用书面形式向用人单位提出异议，并固定好相关证据，通过法律途径维护合法权益。不要采取拒不出勤的方式予以对抗，实践中容易被认定为旷工违纪。

4. 对用人单位取消指纹考勤的记录、移出工作微信群的信息等，劳动者要注意收集、固定和保留相关出勤证据。

5. 勤勉尽责、正常出勤提供劳动是劳动者的基本义务，无正当理由旷工构成严重违纪的，用人单位可以依法解除劳动合同，劳动者不能获得解除劳动合同的经济补偿金或赔偿金。

法条索引

《劳动合同法》

第39条 劳动者有下列情形之一的，用人单位可以解除劳动合同：

（一）在试用期间被证明不符合录用条件的；

（二）严重违反用人单位的规章制度的；

（三）严重失职，营私舞弊，给用人单位造成重大损害的；

（四）劳动者同时与其他用人单位建立劳动关系，对完成本单位的工作任务造成严重影响，或者经用人单位提出，拒不改正的；

（五）因本法第二十六条第一款第一项规定的情形致使劳动合同无效的；

（六）被依法追究刑事责任的。

第八节　工作失职解除

导　读

工作失职解除是指劳动者在工作中严重失职给用人单位造成重大损害的情况下，用人单位可以依法解除与劳动者的劳动合同。实践中，因失职解除所产生的争议主要体现在劳动者认为用人单位违法解除劳动合同，并向用人单位主张违法解除赔偿金。失职解除属于用人单位主动解除与劳动者的劳动合同，因此，用人单位需要对解除的合法性承担举证责任，包括劳动者存在严重失职行为、用人单位存在重大损害以及失职与损害之间存在因果关系，这是失职解除需要同时满足的三个构成要件。

案情简介

朱先生于2004年3月1日进入上海某轮胎有限公司(以下简称轮胎公司)工作,担任区域主管,双方签订的最后一期劳动合同为无固定期限劳动合同。

2018年2月10日,朱先生签收《员工手册》。《员工手册》规定,“员工严重失职、营私舞弊,对公司利益造成重大损害的”,属于公司可以解除和终止员工劳动合同,且不需经济补偿的情形。《员工手册》同时对“严重失职”和“重大损害”进行了明确界定,其中,重大损害“不仅包括直接经济利益损失,亦包括公司商誉受损、潜在或现有客户流失等间接利益损失,包括但不限于……经济损失数额重大,达人民币10,000元及以上;造成人员伤亡或社会危害的”。

2018年2月22日,朱先生作为安全生产责任人,签署了安全生产目标责任书,其中安全生产目标与任务包括“1. 杜绝死亡事故……”

2018年11月8日,轮胎公司某车间发生机械伤害事故,造成1名员工死亡。2018年12月7日,政府生产安全事故调查组出具《事故调查报告》,认定这是一起生产安全责任事故,“事故造成直接经济损失约为165万元”;对于事故责任者,调查报告认定朱先生系责任者之一,认为朱先生“系轮胎公司当班区域主管,其对负责的区域安全管理不力,对伤亡人员执行公司制定的安全管理制度督促不力,对事故发生负有责任……”

2019年1月31日,轮胎公司以朱先生严重失职,给公司造成重大损失为由与朱先生解除了劳动合同。2019年5月27日,朱先生向上海市某区劳动人事争议仲裁委员会申请仲裁,要求轮胎公司支付违法解除劳动合同赔偿金696,000元。之后,因不服仲裁裁决,诉至法院。

裁判结果

法院认为,政府生产安全事故调查组出具的事故调查报告明确载明,朱先生作为当班区域主管,其对负责的区域安全管理不力,对下属员工执行公司制定的安全管理制度监督不力,对事故发生负有责任。该事故调查报告并建议轮胎公司按照公司相关规定,对其进行处理。而轮胎公司《员工手册》规定严重失职、营私舞弊,给用人单位造成重大损害的,公司可以解除和终止员工劳动合同,且不需支付经济补偿,《员工手册》还明确界定了“重大损害”。因此,轮胎公司认定朱先生的行为构成严重失职,给公司造成了重大损害,并以此为由解除与朱先生的劳动合同,并无不当。朱先生主张公司支付其违法解除劳动合同赔偿金的请求,缺乏法律和事实依据,法院不予支持。

案例精析

本案是一起因员工工作失职而被用人单位解除劳动合同并引发的劳动纠纷案件,主要争议焦点在于用人单位解除劳动合同的行为是否符合法律规定。

勤勉尽责并按约定保质保量提供劳动是劳动者的基本义务。根据《劳动合同法》第39条第3项的规定,劳动者严重失职、营私舞弊,给用人单位造成重大损害的,用人单位可以解除劳动合同。实践中,用人单位以劳动者严重失职造成重大损害为由解除与劳动者的劳动合同时,需要同时满足三个构成要件。

一、劳动者存在严重失职的行为

首先,从文义解释的角度,《劳动合同法》第39条第3项规定中包含了两种情况:一是劳动者严重失职,给用人单位造成重大损害;二是劳动者营私舞弊,给用人单位造成重大损害。当出现上述任意一种情况时,用人单位均可解除劳动合同。本案中,朱先生一方认为,需要劳动者同时存在严重失职和营私舞弊的行为,给用人单位造成重大损害的,用人单位才可以解除劳动合同,这样的理解显然不符合立法原意。

其次,对于严重失职,主要是指劳动者没有按照岗位职责履行自己的义务,违反忠于职守、维护用人单位利益的义务,有未尽职责的严重过失行为。是否存在严重失职,则需要根据劳动者的岗位职责、工作内容等,结合个案具体情况进行综合认定,许多用人单位也会在其规章制度中,对劳动者的失职、过失以及监管责任等作出明确规定。实践中,有服务公司员工长时间未跟进工作进度,造成公司因延期取消订房而需支付大量客房高额比例的取消费,而被公司解除劳动合同;有销售公司员工错误地将订单含税价下单成不含税价格,导致公司重大损失,而被公司解除劳动合同;有员工作为公司IT部门负责人因管理不当导致公司因使用盗版软件而需支付高额赔偿,被公司解除劳动合同;有公司仓库保管人员上班睡觉导致公司贵重财物被盗窃,而被公司解除劳动合同;有部门负责人未尽力履行监督下属的职责导致公司重大损失,而被公司解除劳动合同等。

本案中,轮胎公司的《员工手册》对"严重失职"的行为作出了具体的规定,而且与朱先生通过列明岗位职责、签署安全生产目标责任书等方式,对朱先生担任轮胎公司区域主管及安全生产责任人期间的安全生产目标任务予以明确。相关政府部门经调查也认定朱先生对负责的区域安全管理不力,对下属员工执行公司制定的安全管理制度督促不力,对事故发生负有责任,因此,轮胎公司认定朱先生严重失职,确有依据。

二、用人单位存在重大损害

这是适用该条款必不可少的条件之一。对于何为“重大损害”,并没有统一的标准和规定,实践中一般存在两种情况:

一种是用人单位在其规章制度中对“重大损害”作出细化规定,比如,规定给公司造成经济损失5000元,或者给公司造成经济损失10,000元的,属于给公司造成重大损害。如果用人单位的规章制度经过合法、民主程序制定并公示,裁审部门通常情况下会尊重用人单位的经营自主权,在不存在明显不合理的情况下,不会轻易否定用人单位所确定的“重大损害”标准。

另一种是用人单位在其规章制度中并没有对“重大损害”作出细化规定,此时,如果用人单位依据《劳动合同法》第39条第3项解除劳动合同,并与劳动者发生争议的,裁审部门会根据企业的类型、规模,劳动者的岗位、职责以及损害程度、影响后果等情况综合进行认定。

本案中,轮胎公司在其《员工手册》中对“重大损害”作出了界定,明确规定经济损失达人民币10,000元及以上以及造成人员伤亡或社会危害的,属于“重大损害”。根据案件查明的事实,本起事故造成公司直接经济损失约为165万元,而且公司因此事件被行政机关罚款30万元,可以证明在此事件中公司存在重大损害。

三、严重失职与重大损害之间存在直接的因果关系

在因劳动者严重失职而解除劳动合同的案件中,除了存在“严重失职”和“重大损害”这两个条件之外,还应当证明两者之间存在因果关系,即对用人单位造成的重大损害必须是由于劳动者的严重失职行为引起的。

本案中,朱先生作为区域主管,但对负责的区域安全管理不力,对下属员工执行公司制定的安全管理制度督促不力,存在严重失职的行为,而该行为是事故发生的原因之一,该事故又给轮胎公司造成了重大损失。所以,在本案中朱先生的严重失职行为与重大损害后果之间存在因果关系。

据此,轮胎公司依据《劳动合同法》第39条第3项的规定解除与朱先生的劳动合同,符合法律规定。朱先生认为,轮胎公司违法解除劳动合同并主张赔偿金的请求不能得到支持。

维权提醒

1. 劳动者应当全面履行劳动合同,认真做好本职工作,在工作中应当勤勉尽责。

2. 对是否失职应当以一般合乎理性之人所能达到的谨慎程度来判断,严重失职并不是轻微过失,对用人单位以劳动者严重失职而解除劳动合同的,劳动者可以从三个构成要件来分析用人单位的理由是否成立。

法条索引

《劳动合同法》

第39条 劳动者有下列情形之一的,用人单位可以解除劳动合同:

……

(三)严重失职,营私舞弊,给用人单位造成重大损害的;

……

《劳动合同法实施条例》

第19条 有下列情形之一的,依照劳动合同法规定的条件、程序,用人单位可以与劳动者解除固定期限劳动合同、无固定期限劳动合同或者以完成一定工作任务为期限的劳动合同:

……

(四)劳动者严重失职,营私舞弊,给用人单位造成重大损害的;

……

第九节 经济性裁员

导 读

根据《劳动合同法》第41条,当用人单位有以下四种情况之一,一是依照企业破产法规定进行重整的;二是生产经营发生严重困难的;三是企业转产、重大技术革新或者经营方式调整,经变更劳动合同后,仍需裁减人员的;四是其他因劳动合同订立时所依据的客观经济情况发生重大变化，致使劳动合同无法履行的，此时，如需要裁减人员20人以上或者裁减不足20人但占企业职工总数10%以上的，用人单位提前30日向工会或者全体职工说明情况，听取工会或者职工的意见后，裁减人员方案经向劳动行政部门报告，可以裁减人员。这就是通常所讲的经济性裁员，我国《劳动合同法》对用人单位经济性裁员的适用范围、履行程序等有明确的规定，用人单位应当严格按照法定程序执行。

案情简介

郭某2013年10月17日入职上海A医疗器械有限公司（以下简称A公司）从事生产部门操作工工作，双方签有书面劳动合同，最后一次劳动合同期限自2019年10月16日至2022年10月15日。

2021年3月31日，A公司出具《通知》一份："……4月起公司订单严重缺失，造成产能过剩，需要进行一部分人员裁减……具体工作安排由各部门负责人另行通知。4月1日至5日（周二），公司进入下一个周期停产阶段，同时进入人员裁减以及薪资协商工作……"

郭某在被裁减人员名单中，A公司4月1日与其协商赔偿事宜，但未协商一致。2021年4月5日，A公司领导邢某在微信群中通知6日8时在餐厅开会，除裁减人员名单14人外全员到位（公司全体员工共72名）。2021年4月7日，郭某及其他被通知协商裁减人员至A公司处，其间A公司经理孙某称："我不管你合同不合同，反正我现在提前解聘，就是多给你一个月，你明白吗？"之后，A公司未通知郭某上班。郭某认为，A公司系违法解除劳动合同，没有履行经济性裁员的法定程序，要求判令A公司支付违法解除劳动合同赔偿金。

A公司则否认违法解除劳动合同行为，称公司效益不好，与员工协商希望退工一部分人，14个人当中有12个人同意协商解除，A公司支付了经济补偿金，但郭某不同意，之后郭某就一直未来上班，公司4月3日至6日放假，4月7日上班，但郭某没有打招呼就去了乡下，直至4月19日都没有来上班，故A公司认为郭某行为构成旷工，公司解除行为合法，不应当支付赔偿金。

裁判结果

关于2021年3月31日出具的《通告》中的裁员是否属于解除劳动关系，A公司认为双方仅就裁员进行协商，因未协商一致，不属于单方解除。但是法院认为,《通告》上明确载明系裁员,且 A 公司经理孙某的录音也显示 A 公司仅就补偿事宜告知郭某等人,并表示郭某等人不同意签字认可的可以去维权,并未提及郭某等人不同意的情况下可以继续上班,故可以认定是公司单方面解除了双方的劳动关系。而公司解除劳动关系不符合《劳动合同法》规定的可以解除情形,也不符合经济性裁员应履行的程序,故应属违法解除,公司应支付相应赔偿金。法院最终判决 A 公司支付郭某违法解除劳动合同的赔偿金。

案例精析

本案是一起因经济性裁员引发的违法解除纠纷案件,判断企业是否合法裁员,需要分析其是否符合了法律规定的实体条件与程序要求,并且有无对法律规定的特殊群体予以特殊保护。具体而言,应综合考量以下几个方面内容。

一、经济性裁员的实体条件

当判断是否符合经济性裁员法律规定时,首先判断企业是否满足裁员的实体性要求。根据《劳动合同法》第 41 条,企业只有在以下四种情况下才能够实施经济性裁员。

1. 依照《企业破产法》规定进行重整的。破产重整是《企业破产法》的一项制度,是指针对可能或已经具备破产原因但又有维持价值和再生希望的企业,经由各方利害关系人的申请,在法院的主持和利害关系人的参与下,进行业务上的重组和债务调整,恢复营业能力的法律制度。企业重整时根据实际生产经营需要,为了减轻负担,法律准许其裁减冗余人员。可见,破产重整必须有明确的法律依据和法定程序,不得随意进行。

2. 生产经营发生严重困难的。此种情形下,要对企业经营困难的严重程度进行相应判断,是否已经到了必须通过裁减人员来减轻负担的程度。实践中,为防止企业利用该条款恶意裁员,一般要求企业提供专业第三方出具的审计报告等,以证明其已经达到严重亏损,经营严重困难的程度。

3. 企业转产、重大技术革新或者经营方式调整,经变更劳动合同后,仍需裁减人员的。企业转产、重大技术革新或者经营方式调整是企业的经营自主权,但涉及裁员时仍需经过协商变更劳动合同的前置程序,经过协商变更劳动合同后仍需要继续裁员的才可以实施。

4. 其他因劳动合同订立时所依据的客观经济情况发生重大变化,致使劳动合同无法履行的。该情况实际上属于兜底条款，当企业受不可抗力影响或出现致使劳动合同全部或部分条款无法履行的其他情况，如迁移、兼并、企业资产转移等情形时，企业可以实施经济性裁员。

此外，经济性裁员对裁减人数也有明确的规定，即裁减人员 20 人以上或者裁减不足 20 人但占企业职工总数 10% 以上的，需要履行经济性裁员程序，而且这里的裁减必须是一次性裁减。如果人数不足经济性裁员的要求，企业可以依据《劳动合同法》第 40 条第 3 项与劳动者解除劳动合同。

二、经济性裁员的程序要求

因为经济性裁员对企业劳动关系的影响巨大，一些情况下甚至会影响地区社会面的和谐稳定，所以《劳动合同法》第 41 条规定了严苛的裁员程序，企业必须严重按照要求执行，否则将承担违法解除劳动合同的法律后果。

一是需提前 30 日向工会或全体职工说明情况，听取工会或职工的意见。因为是批量裁减人员，涉及职工人数已达 20 人以上或达到企业总人数的 10% 以上，为了避免发生群体性突发事件，引导企业平稳有序地调整劳动关系，法律规定企业在实施经济性裁员前必须先向工会或全体职工说明情况并且听取其意见、建议，充分保障职工的知情权、参与权。需要说明的是，就不同企业而言，这里的"听取工会或职工意见"的具体要求也不尽相同。比如，就民营企业而言，"听取意见"而不需要工会或职工"同意"裁员方案；但就国有企业而言，根据《上海市职工代表大会条例》，裁员方案需要经过职代会的审议通过，方可实施。另外，"提前三十日"是法定要求，不得以额外支付一个月工资予以替代。

二是需将裁员方案向劳动行政部门报告。这里的劳动行政部门一般是指区级人力资源和社会保障局。向劳动行政部门报告，一方面有利于劳动行政部门对企业进行指导，帮助企业规范裁员流程，采取相应措施，防止矛盾升级；另一方面，行政部门对企业裁员的内容和程序的合法性予以监督，对于明显违法的裁员行为及时叫停，依法处理。

三、经济性裁员的特殊保护

《劳动合同法》第 42 条规定了不得适用经济性裁员解除劳动合同的六类特殊人群：从事接触职业病危害作业的劳动者未进行离岗前职业健康检查，或者疑似职业病病人在诊断或者医学观察期间的；在本单位患职业病或者因工负伤并被确认丧失或者部分丧失劳动能力的；患病或者非因工负伤，在规定的医疗期内的；女职工在孕期、产期、哺乳期的；在本单位连续工作满 15 年，且距法定退休年龄不足 5 年的以及法律、行政法规规定的其他情形。

此外，对于以下人员企业在经济性裁员时应当优先留用，具体包括与本单位订立较长期限的固定期限劳动合同的；与本单位订立无固定期限劳动合同的；家庭无其他就业人员，有需要扶养的老人或者未成年人的。

由此可见，企业实施裁员时，应当人性化操作，充分考虑对劳动者切身利益带来的重大影响，最大限度地保障劳动者的合法权益。

维权提醒

1. 当企业实施经济性裁员时，劳动者有权要求企业充分保障其知情权与参与权，对于未履行告知等民主程序的企业，可以向劳动行政主管部门投诉、举报。

2. 劳动者对企业制定的裁员方案提出意见、建议的，企业也应当充分考虑，进一步修改完善裁员方案。

3. 当与用人单位负责人员沟通协商时，要保留相关微信、短信、电话记录、电子邮件等电子证据。

4. 企业违反法定程序实施裁员的，劳动者有权申请劳动仲裁，要求企业支付违法解除赔偿金或恢复劳动关系。

法条索引

《劳动合同法》

第 41 条 有下列情形之一，需要裁减人员二十人以上或者裁减不足二十人但占企业职工总数百分之十以上的，用人单位提前三十日向工会或者全体职工说明情况，听取工会或者职工的意见后，裁减人员方案经向劳动行政部门报告，可以裁减人员：

（一）依照企业破产法规定进行重整的；

（二）生产经营发生严重困难的；

（三）企业转产、重大技术革新或者经营方式调整，经变更劳动合同后，仍需裁减人员的；

（四）其他因劳动合同订立时所依据的客观经济情况发生重大变化，致使劳动合同无法履行的。

裁减人员时，应当优先留用下列人员：

(一)与本单位订立较长期限的固定期限劳动合同的;

(二)与本单位订立无固定期限劳动合同的;

(三)家庭无其他就业人员,有需要扶养的老人或者未成年人的。

用人单位依照本条第一款规定裁减人员,在六个月内重新招用人员的,应当通知被裁减的人员,并在同等条件下优先招用被裁减的人员。

第42条 劳动者有下列情形之一的,用人单位不得依照本法第四十条、第四十一条的规定解除劳动合同:

(一)从事接触职业病危害作业的劳动者未进行离岗前职业健康检查,或者疑似职业病病人在诊断或者医学观察期间的;

(二)在本单位患职业病或者因工负伤并被确认丧失或者部分丧失劳动能力的;

(三)患病或者非因工负伤,在规定的医疗期内的;

(四)女职工在孕期、产期、哺乳期的;

(五)在本单位连续工作满十五年,且距法定退休年龄不足五年的;

(六)法律、行政法规规定的其他情形。

《上海市职工代表大会条例》

第10条 下列事项应当向职工代表大会报告,接受职工代表大会审议,并通过职工代表大会听取职工的意见和建议:

……

(二)企事业单位制订、修改、决定直接涉及职工切身利益的规章制度或者重大事项,以及改革改制中职工分流安置、经济补偿等劳动关系变更的方案;

(三)工会与企业就职工工资调整、经济性裁员、群体性劳动纠纷和生产过程中发现的重大事故隐患或者职业危害等事项进行集体协商的情况;

……

企事业单位决定改制、合并、分立、搬迁、停产、解散、申请破产等重大问题,应当依照法律的规定,通过职工代表大会审议或者其他形式听取职工的意见和建议。

第九章

劳动合同的终止

第一节　劳动合同期满终止

导　读

劳动合同终止遵循的是法定原则,劳动合同终止的情形应依据法律、法规的规定履行,用人单位与劳动者之间约定的终止劳动合同的情形无效。对于劳动合同期满终止的,需看是劳动者还是用人单位导致未续签,判断用人单位是否为维持或提高原劳动合同约定条件与劳动者续订劳动合同是难点所在。如用人单位维持或提高原劳动合同约定条件与劳动者之间进行续订,劳动者不续订的,用人单位无须向劳动者支付终止劳动合同的经济补偿金;反之,用人单位变更或降低原劳动合同约定条件的,即使劳动者拒绝续订,用人单位仍需支付经济补偿金。根据《劳动合同法》第 45 条,出现劳动合同解雇保护的特殊情形的,即使劳动合同期满用人单位也不得立即以期满为由终止劳动合同,而需要将劳动合同续延至法定情形消失时终止。

案情简介

蔡女士于 2014 年 7 月 1 日进入上海某贸易有限公司(以下简称贸易公司)上班,担任供应链部门订单专员。贸易公司与蔡女士之间签署过两次固定期限劳动合同,第二次所签署劳动合同的期限为 2017 年 7 月 1 日至 2020 年 6 月 30 日。蔡女士与贸易公司之间签署过《薪酬确认单》,在该份确认单上明确蔡女士的月工资由基本工资 7400 元、餐费补贴 200 元、交通补贴 200 元及话费补贴 200 元组成。

2020年6月29日,贸易公司通过钉钉软件向蔡女士发出《续签劳动合同征询函》,该份征询函载明:"公司愿意与蔡女士续签劳动合同,现提出续订劳动合同,蔡女士的工作岗位仍为供应链部门订单专员,月基本工资标准为5600元,绩效奖金基数为2400元(具体根据公司绩效考核结果发放)。现征询蔡女士的意见,如无异议请蔡女士于6月30日下午15时前到公司人力资源部续订合同。如逾期未到的,视为蔡女士不同意与公司续订劳动合同。"

蔡女士收到该征询函后立即进行回复:"我同意按照原先劳动合同约定的工资标准进行续签,不同意公司单方面调整工资结构,降低基本工资的金额,新设绩效工资,通过此种方式降低劳动报酬。"2020年6月30日,贸易公司为蔡女士办理了退工手续,终止了双方之间的劳动合同。蔡女士认为是贸易公司降低原劳动合同约定条件与其续订劳动合同,其有权利拒绝续订,贸易公司应向其支付终止劳动合同的经济补偿金。于是,蔡女士提起劳动仲裁主张终止劳动合同的经济补偿金。

庭审中,贸易公司则认为,关于劳动报酬约定实际并未发生实质变化,蔡女士的每月工资仍为8000元,公司是在维持原劳动合同约定的条件下与蔡女士续签劳动合同,是因蔡女士自身原因未续签,因而公司无须支付终止劳动合同的经济补偿金。

裁判结果

法院认为,贸易公司虽称向蔡女士提供的续签劳动合同条件与原合同一致,但依据已查明事实,贸易公司向蔡女士提供的续签劳动合同之劳动报酬条件,系将蔡女士原劳动合同履行过程中以书面《薪酬确认单》形式确认的固定薪资划出30%作为绩效奖金基数,且需要根据绩效考核结果发放,该劳动报酬条件与原劳动合同约定条件相较,显存在区别,蔡女士的工资待遇确存在降低的可能性。因而,贸易公司并未维持或提高劳动合同约定条件与蔡女士进行续签劳动合同,需要向蔡女士支付终止劳动合同经济补偿,于法有据。

案例精析

本案是一起因终止到期劳动合同而引发的劳动争议案件,争议焦点在于判断用人单位是否属于"维持或提高原劳动合同约定的条件"提出续订劳动合同,以及用人单位和劳动者连续签订两次固定期限劳动合同,用人单位能否以劳动合同期满为由终止劳动合同。

一、关于劳动合同期满终止的处理

劳动合同期满是劳动合同终止的一种情形，根据《劳动合同法》第 44 条第 1 项：劳动合同期满的，用人单位可终止劳动合同。同时，根据《劳动合同法》第 46 条第 5 项规定："除用人单位维持或者提高劳动合同约定条件续订劳动合同，劳动者不同意续订的情形外，依照本法第四十四条第一项规定终止固定期限劳动合同的，用人单位应向劳动者支付经济补偿金。"如用人单位在维持或提高劳动合同约定条件下提出续签劳动合同，而劳动者不愿续签的，则用人单位无须向劳动者支付终止劳动合同的经济补偿金；反之，如用人单位变更或降低劳动合同约定条件向劳动者提出续签劳动合同，即使劳动者拒签的，用人单位也应向劳动者支付终止劳动合同的经济补偿金。

本案中，贸易公司将工资结构进行了调整，拆分为固定的基本工资加数额不定的绩效工资。而之前蔡女士的工资组成中并没有绩效工资，绩效工资须根据用人单位的绩效考核制度进行考核，其每月金额并非固定的，通过此种工资结构的调整无疑会降低劳动者每月的工资。因蔡女士不同意按照变更后的月工资结构续签劳动合同，而贸易公司终止劳动合同的，应向蔡女士支付终止劳动合同的经济补偿金。

需要指出的是，如果用人单位和劳动者连续订立了两次固定期限劳动合同，用人单位是否拥有单方面终止劳动合同的权利，在司法实践中有两种完全不同的处理。在北京、浙江、江苏、广东等地区，用人单位和劳动者连续订立了两次固定期限劳动合同，就符合订立无固定期限劳动合同的条件，只要劳动者提出订立无固定期限劳动合同，用人单位必须订立无固定期限劳动合同，而不得以劳动合同期满为由终止劳动合同。

而在上海地区，用人单位和劳动者连续订立了两次固定期限劳动合同，用人单位仍拥有单方面终止劳动合同的权利，无须征得劳动者的同意。用人单位终止劳动合同的，只需要支付劳动者经济补偿金即可。

另外，当计算劳动合同期满终止的经济补偿金时，最早也是自《劳动合同法》施行之日起计算，因为在《劳动合同法》施行前对劳动合同期满终止并无关于支付经济补偿金的规定。

二、关于变更或降低劳动合同约定条件的判断

对于哪些属于原"劳动合同约定条件"，法律、法规并未明确规定，从司法实

践来看,主要是指劳动合同必备条款中的相关内容,如劳动报酬、工作内容、劳动定额、工作岗位、工作地点、劳动保护等。例如,原先工作岗位为人事管理,续订劳动合同中约定工作岗位为法务专员,这两个岗位的工作内容是不一样的,如在续订劳动合同时变更工作岗位,属于变更原劳动合同约定的条件;又如,劳动者的工作地点在上海,但用人单位提出续订合同时,将劳动者的工作地点改为江西,这也属于变更原劳动合同约定的条件;再如,劳动者的劳动报酬为月基本工资 10,000 元,续订劳动合同时用人单位提出将劳动者的月基本工资改为 7000 元,这属于典型的降低劳动合同约定条件。

当然,并非在续订劳动合同过程中,劳动合同的任何条款均不得进行变更或增加。在上海地区,有这样的一个案例,用人单位续签劳动合同时,增加了一个条款,即约定"用人单位根据生产经营的需要,可安排劳动者进行加班"。劳动者对此提出异议,认为这是用人单位降低劳动合同约定条件与其续签劳动合同,其拒绝签署,要求用人单位支付其终止劳动合同的经济补偿金。裁审部门经审理认为,这不属降低劳动合同的约定条件,有关加班和加班工资的争议,劳动者可通过合法途径向用人单位主张,而用人单位并未对原有月工资标准有所调整,此种情形并不属于变更或降低劳动合同约定条件的情形,因而劳动者拒绝续签劳动合同,用人单位无须向其支付终止劳动合同的经济补偿金。因此,判断是否属变更或降低原劳动合同约定条件进行续签的,主要看劳动合同的必备条款的内容是否发生实质变更,以及有无加重劳动者义务等。

三、关于其他可终止劳动合同的情形

劳动合同终止实行的是"法定原则",即所有的终止劳动合同的情形均应直接按照法律、法规的规定执行。根据《劳动合同法》《劳动合同法实施条例》的规定,劳动者开始依法享受基本养老保险待遇或达到法定退休年龄的,或者劳动者死亡,或者被人民法院宣告死亡或者宣告失踪的,或者用人单位被依法宣告破产的,或者用人单位被吊销营业执照、责令关闭、撤销或者用人单位决定提前解散的,或者以完成一定工作任务为期限的劳动合同因任务完成的,劳动合同也可以终止。

四、关于劳动合同期满顺延的情形

劳动合同期满顺延的法律依据是《劳动合同法》第 45 条的规定,如劳动合同期满的,存有《劳动合同法》第 42 条规定的任何一种情形的,应将劳动合同进行

续延，续延到法定情形消失时终止。

《劳动合同法》第42条规定的情形，均属于劳动合同法规定需要进行特殊保护的情形，例如，处于孕期、产期或哺乳期内的女职工，处于医疗期内的员工以及工伤员工等，这些特殊人员的劳动合同期满后，并不能直接终止劳动合同，应当顺延至相应法定情形消失时。

近几年来，新冠肺炎疫情给人们的工作与生活造成了较大的影响。如劳动者是新冠肺炎患者、疑似病人或密切接触者，处在医疗期、医学观察期或隔离期以及因政府实施隔离措施或采取其他紧急措施导致不能提供正常劳动情形的，在此期间劳动合同到期，应分别顺延至职工医疗期期满、医学观察期期满、隔离期期满或者政府采取的紧急措施结束。

五、关于终止劳动合同的法律责任

劳动合同期满终止，用人单位是否需要提前30日书面通知劳动者？各地做法并不完全一致。以北京地区为例，北京地方性法规明确规定，劳动合同期满终止，用人单位须提前30日书面通知劳动者。而在上海地区，劳动合同期满终止，并没有规定用人单位需提前30日书面通知劳动者的义务。尽管上海地区没有提前通知的法定要求，但还是建议用人单位尽量提前通知劳动者，便于劳动者寻找重新就业的机会。

根据《劳动合同法》第46条应支付终止劳动合同经济补偿金的，则依法支付终止劳动合同的经济补偿金。例如，以劳动合同期满为由终止劳动合同、以用人单位解散为由终止劳动合同、以用人单位破产为由终止劳动合同等。但依据《劳动合同法》第46条，如用人单位以劳动者达到法定退休年龄、依法领取养老保险待遇或劳动者死亡为由终止劳动合同，用人单位无须支付终止劳动合同经济补偿金。

如终止劳动合同行为违法，则需承担违法终止劳动合同的赔偿金（经济补偿金的2倍），或恢复劳动关系及支付恢复劳动关系期间的工资。例如，用人单位以公司解散为由终止劳动合同，但用人单位的股东之间并未形成公司解散的决议，且用人单位仍继续经营的，则会被认定属于违法终止劳动合同，应承担违法终止劳动合同的法律责任。

维权提醒

1. 劳动者在与用人单位连续订立两次固定期限劳动合同到期前，如劳动者愿意与用人单位之间续订劳动合同,可通过微信、邮件或通过发送 EMS 等形式向用人单位提出订立无固定期限劳动合同的要求,并固定好相关的证据。

2. 对用人单位提供的续订劳动合同文本中有关劳动合同约定条件存有异议,应及时通过书面形式向用人单位提出异议。

法条索引

《劳动合同法》

第 44 条　有下列情形之一的,劳动合同终止:

(一)劳动合同期满的;

(二)劳动者开始依法享受基本养老保险待遇的;

(三)劳动者死亡,或者被人民法院宣告死亡或者宣告失踪的;

(四)用人单位被依法宣告破产的;

(五)用人单位被吊销营业执照、责令关闭、撤销或者用人单位决定提前解散的;

(六)法律、行政法规规定的其他情形。

第 46 条　有下列情形之一的,用人单位应当向劳动者支付经济补偿:

……

(五)除用人单位维持或者提高劳动合同约定条件续订劳动合同,劳动者不同意续订的情形外,依照本法第四十四条第一项规定终止固定期限劳动合同的;

(六)依照本法第四十四条第四项、第五项规定终止劳动合同的;

(七)法律、行政法规规定的其他情形。

《劳动合同法实施条例》

第 21 条　劳动者达到法定退休年龄的,劳动合同终止。

第 22 条　以完成一定工作任务为期限的劳动合同因任务完成而终止的,用人单位应当依照劳动合同法第四十七条的规定向劳动者支付经济补偿。

第二节　达到法定退休年龄劳动合同终止

导　读

根据《劳动合同法实施条例》第21条,劳动者达到法定退休年龄的,用人单位可终止劳动合同。实践中,对女职工是否达到法定年龄存在较大的争议。女职工的法定退休年龄到底是50周岁还是55周岁?主要的判断依据为女职工所处的岗位是否为管理岗位或专业技术岗位,而有关管理岗位或专业技术岗位的认定,同样存在争议。一般来说,应结合用人单位内部岗位分类管理文件和职工档案等综合认定劳动者的岗位属性。

案情简介

李女士是外地来沪劳动者,其于2005年3月14日入职上海某超市有限公司(以下简称超市),工作岗位为超市操作工。超市与李女士之间签署过多份书面劳动合同,最后一份劳动合同的期限为2011年3月14日至2021年3月13日。

在职期间,超市均依法为李女士缴纳社会保险。2020年12月17日,超市向李女士发送《终止劳动关系通知书》,在该份通知书中载明:"因李女士于2021年1月10日已满50周岁,已达法定退休年龄,故公司决定以李女士达到法定退休年龄为由终止与李女士之间的劳动关系。"

李女士认为自己在上海缴纳社保尚未满15年,不能领取养老保险待遇,且其所在的工作岗位属"管理岗位",其退休年龄应为55周岁,因而,超市在其满50周岁时就终止与其之间的劳动关系系违法终止。李女士申请劳动仲裁,主张从2021年1月11日起与超市之间恢复劳动关系,并要求超市支付恢复劳动关系期间的工资。

庭审中,超市则认为,李女士是操作工,属普通岗位的员工,其并不属于管理人员,其退休年龄为50周岁,且超市从李女士入职开始一直为其缴纳上海市外来人员综合保险,从2011年起为其缴纳社会保险,并非超市导致其缴纳社保未满15年。超市依据法律规定以李女士达到法定退休年龄为由终止劳动合同是合法的,无须承担违法终止劳动合同的法律责任。

裁判结果

法院认为,本案的争议焦点为李女士岗位是否属于管理岗位,是否应于55周岁退休。对于职工退休时的工作岗位属于管理或技术岗位还是操作服务岗位,要结合企业内部岗位分类管理文件和职工档案等综合认定,属于企业的用工自主管理权范畴。

本案中,李女士的工作岗位为超市操作工,并未提供充分证据证明其管理直接下属并实际参与行政事务,故李女士认为其工作岗位属于管理岗位依据并不充分。此外,李女士无法享受养老保险待遇不可归咎于超市,故超市以李女士达到50周岁法定退休年龄为由终止劳动合同关系并无不当。李女士请求恢复与超市之间的劳动关系,并支付恢复劳动关系期间工资的诉讼请求,法院不予支持。

案例精析

本案主要涉及女职工法定退休年龄的界定,以及管理岗位和专业技术岗位的认定和相应举证责任的问题。对符合领取养老保险待遇的劳动者,用人单位终止劳动合同没有任何争议,且根据《最高人民法院关于审理劳动争议案件适用法律问题的解释(一)》第32条,此类人员再入职的,应按照劳务关系进行处理。但就虽达到法定退休年龄但未能领取养老保险待遇的劳动者而言,其情形比较特殊,须根据具体情况进行分析。

一、达到法定退休年龄可终止劳动合同

《劳动合同法》第44条第2项规定:劳动者开始依法享受基本养老保险待遇的,劳动合同终止。同时,根据《劳动合同法实施条例》第21条:"劳动者达到法定退休年龄的,劳动合同终止。"据此,在劳动者依法领取养老保险待遇或达到法定退休年龄的情况下,用人单位均有权终止劳动合同。即便像本案中的李女士尚未满足领取养老保险待遇的条件,当达到法定退休年龄时,用人单位也能够以李女士达到法定退休年龄为由终止劳动合同。同时,用人单位以劳动者达到法定退休年龄为由终止劳动合同,无须向劳动者支付终止劳动合同的经济补偿金,这与用人单位以劳动合同期满为由终止劳动合同所对应的法律责任不一样。

二、管理岗位和专业技术岗位的认定

根据《国务院关于安置老弱病残干部的暂行办法》和《国务院关于工人退休、

退职的暂行办法》(国发〔1978〕104 号)的规定,我国职工现行退休年龄是男性60周岁,女干部55 周岁,女工人50 周岁。对于干部和工人的区分,是基于身份属性而作出的,而随着《劳动法》的实施以及市场经济的迅猛发展,对劳动者的管理也从身份管理逐渐过渡到岗位属性管理。在现有国家法律层面,并没有对女职工的退休年龄进行进一步明确,因此,在对50 周岁还是55 周岁退休的问题上,各省市做法不尽相同。

以上海地区为例,根据《上海市社会保险管理局关于审核本市企业职工办理退休退职手续若干问题的规定》(沪社保业—〔1996〕第 76 号)的规定:“凡男职工年满60 周岁、女职工年满 50 周岁(从事管理和技术岗位工作的年满 55 周岁),并已符合退休(职)条件的,可按有关规定办理退休、退职手续。女职工原从事管理和技术岗位工作,后因合同期满或其他工作需要又改为从事生产服务工作岗位的,经单位出具有关证明后,可按其实际从事的岗位核定退休、退职年龄。”

对于从事管理性和技术性岗位的女职工,其法定退休年龄为55 周岁,这是上海地方性的规定。但是,如何认定管理性和技术性岗位,又成了新的争议问题。劳动者要求确认自己的工作岗位属性是管理性岗位或技术性岗位的,并不属于劳动仲裁或人民法院受理的范围,不予受理。但如女职工提起劳动仲裁,认为用人单位办理退休的手续即劳动合同终止行为违法,要求恢复劳动关系或主张违法终止劳动合同赔偿金的,对于其所在岗位是否属于管理性岗位或技术性岗位就是一个不可回避的事实,需要查明。

由于法律法规没有对相关岗位界定为管理岗位或技术岗位,实践中各用人单位根据所在单位具体工作岗位的性质进行确定和判断。当为女职工办理退休手续时,社保部门主要看职工的人事档案记载内容以及用人单位提交的相关资料。如果人事档案没有记载,一般情形下均以用人单位提交的资料为准。当女职工主张其所在工作岗位为管理岗位或技术岗位时,根据“谁主张,谁举证”的原则,其应承担举证责任证明。如无法证明的,应承担举证不能的法律责任。本案中,李女士虽主张其操作岗的岗位为管理岗位,但并未提供相关的证据证明,因而,法院判决超市无须与李女士恢复劳动关系。

另外,根据上述上海地方性的规定,即便之前女职工有从事过相关的管理性工作或技术性的工作,之后用人单位通过董事会的决议或合理性调岗等方式将女职工调离管理性或技术性的工作岗位,再以女职工达到50 周岁法定退休年龄为由终止劳动合同的，一般也会认定为合法终止劳动合同。有关调离管理性岗位或技术性岗位，这属于用人单位自主用工管理权的体现。当然，如女职工认为用人单位单方调岗行为违法，应及时提起劳动仲裁维护自身合法权益。

维权提醒

1. 女职工如属管理岗位或技术岗位，当用人单位在女职工满50周岁时准备终止劳动合同，应及时、积极与用人单位主动联系，告知其属于管理岗位或技术岗位，尚未达到法定退休年龄，用人单位不能以达到法定退休年龄为由终止劳动合同。

2. 劳动者开始依法享受养老保险或达到法定退休年龄，用人单位终止劳动者劳动合同，劳动者主张终止劳动合同经济补偿金的，不会得到支持。

3. 劳动者虽然达到法定退休年龄但不享受养老保险待遇，用人单位继续使用的，劳动者和用人单位建立的仍然是劳动关系。

法条索引

《劳动合同法》

第44条 有下列情形之一的，劳动合同终止：

(一)劳动合同期满的；

(二)劳动者开始依法享受基本养老保险待遇的；

(三)劳动者死亡，或者被人民法院宣告死亡或者宣告失踪的；

(四)用人单位被依法宣告破产的；

(五)用人单位被吊销营业执照、责令关闭、撤销或者用人单位决定提前解散的；

(六)法律、行政法规规定的其他情形。

《劳动合同法实施条例》

第21条 劳动者达到法定退休年龄的，劳动合同终止。

《最高人民法院关于审理劳动争议案件适用法律问题的解释(一)》

第32条 用人单位与其招用的已经依法享受养老保险待遇或者领取退休金的人员发生用工争议而提起诉讼的，人民法院应当按劳务关系处理。

企业停薪留职人员、未达到法定退休年龄的内退人员、下岗待岗人员以及企业经营性停产放长假人员，因与新的用人单位发生用工争议而提起诉讼的，人民法院应当按劳动关系处理。

第十章

女职工权益保护

第一节 “三期”女职工假期保护

导　读

近年来,我国有关人口的政策进行了相应的调整,根据最新的生育政策,各省市也相应出台了有关生育假、育儿假等鼓励优生优育的政策措施。“三期”(孕期、产期、哺乳期)女职工除享受产假、育儿假外,还有产检假、产前假、哺乳假等。除法律、法规政策另有规定外,“三期”女职工休产前假和哺乳假的,均须向用人单位提出申请,并征得用人单位审批同意。

案情简介

陈女士于2014年2月14日入职上海某投资管理有限公司(以下简称投资公司),担任财务助理的职务。投资公司与陈女士之间签署了多份书面劳动合同,最后一份书面劳动合同的期限为2019年2月14日至2020年2月13日。

2019年5月20日,陈女士生育一婴儿。陈女士在休完产假后,从2019年11月7日起就连续向投资公司递交病假单。2020年5月16日,投资公司通过微信通知陈女士,“您的医疗期已届满,同时,您的哺乳期也将届满,因您与公司之间所签署的劳动合同也已于2020年2月13日期满,公司考虑到您存在法定顺延情形因而将劳动合同进行顺延处理。现公司正式通知您,公司与您之间的劳动合同于2020年5月19日期满终止”。

陈女士认为,其在2019年3月15日向投资公司申请了产前假,同时,在2019年10月22日向投资公司申请了哺乳假。但公司是按照病假工资支付上述两个假期期间的工资，并未按照产前假和哺乳假的工资标准向陈女士发放假期工资。陈女士提起劳动仲裁，主张这两个假期期间的工资差额。

庭审中，陈女士提供了2019年10月22日其与投资公司人事的微信截图，内容显示，陈女士说“马总监叫我今天来办理哺乳假手续”；人事说“你就填那个请假单，写好日期，请假事由写好哺乳假，然后让李总签一下”；陈女士说“他们都不在”；人事说“李总估计吃饭去了吧”；陈女士说“那我找前台写个请假单放你桌子上”。陈女士表示该微信证据可证明其已申请了哺乳假，投资公司也批准其休哺乳假。

投资公司则辩称，公司从未收到陈女士请产前假的申请，2019年3月18日至5月19日，公司是按照陈女士提供的病假单来计算其病假工资的。对于陈女士所提供的微信记录的真实性予以认可，但这只是申请休哺乳假，公司从未批准陈女士休哺乳假，其也不符合应当休哺乳假的情形，且之后陈女士向公司递交的是病假单，因而，公司按照病假工资发放，完全合理、合法。

裁判结果

法院认为，陈女士称其于2019年3月15日向投资公司提交了产前假申请，但未获投资公司认可，陈女士未能就此举证。陈女士提交的2019年10月22日与投资公司人事微信聊天记录中，仅反映陈女士提交哺乳假的申请，但未反映其申请获投资公司同意的事实，且陈女士也未能证明其具备用人单位应当批准哺乳假的情形。

此外，陈女士自2019年11月7日起连续提交病假证明申请病假，也能印证其哺乳假并未得到投资公司同意。鉴于陈女士提供的证据不足以认定其申请产前假、哺乳假得到了投资公司批准的事实，确认陈女士自2019年3月18日至5月19日、2019年10月10日至2020年5月19日均为病假，公司按照病假工资进行发放并无不当，对陈女士主张的产前假、哺乳假的工资差额法院不予支持。

案例精析

本案主要涉及“三期”女职工休产前假及哺乳假的问题。产前假和哺乳假均需劳动者向用人单位提出申请，因而，作为劳动者的女职工如符合休产前假及哺乳假的条件，应积极向用人单位提出申请，并保留好相关的证据。

一、产前假及其待遇

所谓产前假,是指妊娠7个月以上的女职工,上班确有困难且工作许可,经本人提出申请、单位批准后可享有的带薪假期。休产前假是有条件限制的:一是时间要求,应为生产前,妊娠7个月即28周以上;二是“三期”女职工提出申请后,获得用人单位批准。

产前假可分为两种情形:一种是用人单位“可以批准”的情形,此时用人单位可以根据自身经营需要作出是否批准的决定;另一种是用人单位“应当批准”的情形,根据《上海市卫生局关于本市医疗机构依法开具产前假和哺乳假有关疾病证明的通知》(沪卫疾妇〔2010〕107号)第2条的规定,经二级及以上医疗保健机构证明有习惯性流产史、严重的妊娠并发症、妊娠合并症等可能影响正常生育的,本人提出申请,用人单位应当批准。在这种情况下,女职工向用人单位提出申请休产前假,并提供了二级以上医疗保健机构出具的证明材料,用人单位应当予以批准。

产前假的期限为两个半月,按照预产期在产假前休完;产前假期间的工资待遇,按本人工资的80%标准发放;调整工资时,产前假视作正常出勤。本人工资是指按女职工请产前假或请产假前正常出勤月的实得工资(不包括生产性津贴和奖金)。

本案中,陈女士根本没有证据证明其申请的产前假获得了投资公司的批准,或者其存在应当获得批准产前假的情形,因而其不能享受产前假待遇,投资公司按照陈女士所提供的病假单计算病假工资是完全合理、合法的。

二、哺乳假及其待遇

所谓哺乳假是指女职工在产假期满后,上班确有困难且工作许可,经本人提出申请,单位批准后可以享有的假期。

在上海地区,哺乳假与产前假一样可分为两种情形:一种是用人单位“可以批准”的情形,即是否批准用人单位具有自主决定权;另一种是用人单位“应当批准”的情形,即只要符合法定情形,女职工提出申请的,用人单位应当予以批准。

《上海市卫生局关于本市医疗机构依法开具产前假和哺乳假有关疾病证明的通知》第3条规定:“经二级及以上医疗保健机构证明患有以下产后严重影响母婴身体健康疾病的,本人提出申请,用人单位应当批准其哺乳假……”具体包括女职工存在产后抑郁症、全子宫切除术后等,或者婴儿有先天缺陷致喂养困难,双胎及以上,婴儿患有败血症、脑膜炎、肺炎等情形时,用人单位应当予以批准。

在上海地区,哺乳假的期限是6个半月,按照女职工正常出勤工资的80%计算。若女职工仍有困难,继续申请哺乳假,不超过1年的,其工资按本人工资的70%发放(生活确实有困难的,可适当提高,但最高不超过本人工资的80%)。

在本案中,虽然陈女士提供了相关记录,证明其已向投资公司申请休哺乳假,但陈女士并没有提供任何资料证明其存在投资公司应当批准哺乳假的情形或投资公司已批准其休哺乳假。因而,陈女士的情况属投资公司可以批准哺乳假的情形,投资公司根据陈女士提供的病假单,按照病假工资支付并不违法,陈女士要求投资公司按照哺乳假工资标准支付工资差额也未得到法院的支持。

三、哺乳时间与哺乳假的区别

哺乳假是一个持续性的假期,其与哺乳时间完全是两个不同的概念。哺乳时间是指用人单位每天给予1小时授乳时间,每多生育1个婴儿,每天增加1小时授乳时间。

根据《女职工保健工作规定》第12条的规定,在婴儿满1周岁后,经区、县级以上医疗机构确认为体弱儿的,可延长授乳时间,最长不超过6个月。因此,在特殊情况下,婴儿满1周岁后也需要给予授乳时间。

哺乳时间所对应的工资是按照正常出勤工资支付,并不同于哺乳假工资标准。如女职工未占用工作时间哺乳,正常提供劳动的,用人单位也无须每天按照1小时时间向女职工支付加班工资。

四、生育假期(见表10-1)

表10-1　生育假期相关规定

<table>
<tr><td colspan="2">产前检查</td><td>怀孕女职工在劳动时间内进行产前检查,计入工作时间</td></tr>
<tr><td rowspan="3">产假</td><td>顺产</td><td>产假98日,产前可休15日</td></tr>
<tr><td>难产</td><td>增加产假15日;生育多胞胎的,每多生育1个婴儿,产假增加15日</td></tr>
<tr><td>流产</td><td>怀孕未满4个月的,享有15日产假;怀孕满4个月的,享有42日产假</td></tr>
<tr><td colspan="2">哺乳时间</td><td>哺乳期女职工每天享有1小时哺乳时间;生育多胞胎的,每多哺乳1个婴儿每天增加1小时</td></tr>
<tr><td colspan="2">产前假</td><td>妊娠7个月以上,应给予每天工间休息1小时。如工作许可,经本人申请,单位批准,可请产前假2个半月</td></tr>
<tr><td colspan="2">哺乳假</td><td>职工生育后,若有困难且工作许可,由本人提出申请,经单位批准,可请哺乳假6个半月</td></tr>
</table>

续表

生育假	符合法律法规规定生育的夫妻,女方除享有国家规定的产假外,还可以再享受生育假60日
陪产假	符合法律法规规定生育的夫妻,男方享受配偶陪产假10日
育儿假	符合法律、法规规定生育的夫妻,在其子女年满3周岁之前,双方每年可以享受育儿假各5日

维权提醒

1. 无论休产前假还是休哺乳假,“三期”女职工均应通过电子邮件、微信或通过EMS快递的形式向用人单位提出申请,并应将相关的病史资料等一并送达用人单位,注意保留请假的相关证据。

2. “三期”女职工申请产前假或哺乳假后,如用人单位未及时反馈,应主动与用人单位取得联系,询问用人单位是否批准产前假或哺乳假,并注意保留好相关的批准材料。

3. 对于产前假或哺乳假,如用人单位决定不批准,“三期”女职工应及时至用人单位正常出勤,否则就属于旷工的严重违纪行为。

法条索引

《上海市卫生局关于本市医疗机构依法开具产前假和哺乳假有关疾病证明的通知》

第1条 根据《上海市女职工劳动保护办法》(一九九〇年九月二十一日上海市人民政府第36号令发布)及《关于〈上海市女职工劳动保护法〉中有关问题的解释》(沪劳保发〔90〕109号)的规定,女职工妊娠28周以上可以请产前假两个半月,产前假只能按预产期在产假前执行;产假结束后可以请哺乳假六个半月。

第2条 经二级及以上医疗保健机构证明有习惯性流产史和以下严重的妊娠并发症、妊娠合并症等可能影响正常生育的,本人提出申请,用人单位应当批准其产前假。

(一)不良孕产史(自然流产≥3次、围产儿死亡史);

(二)严重的妊娠合并症:

1. 心脏病:心功能≥Ⅱ级,中重度肺动脉高压,右向左分流型先心,严重心律

失常,风湿热活动期等;

2. 肝病:急性病毒性肝炎,慢性病毒性肝炎活动期,肝硬化,ICP 和不明原因的中重度妊娠肝损;

3. 呼吸系统:哮喘频发、肺结核、其他急性呼吸道传染病;

4. 慢性肾脏疾病;

5. 糖尿病伴有各种急慢性并发症;

6. 重度再障病情未缓解;

7. 神经、精神疾病:癫痫、精神分裂症、双相障碍、抑郁症、焦虑症发病期;

8. 妊娠合并恶性肿瘤;

9. 妊娠合并梅毒(三期);

10. 妊娠合并艾滋病,伴有机会性感染或肿瘤;

11. 可能会危害母儿健康的其他系统疾病。

(三)严重的妊娠并发症:

1. 妊娠期高血压疾病;

2. 产科出血;

3. 先兆早产(有早产史、有早产倾向、宫颈动态缩短);

4. 其他并发重要脏器功能损害的妊娠并发症。

第 3 条　经二级及以上医疗保健机构证明患有以下产后严重影响母婴身体健康疾病的,本人提出申请,用人单位应当批准其哺乳假。

1. 产后抑郁症;

2. 全子宫切除术后;

3. 有前述所列的产前严重的妊娠合并症,产后未缓解的;

4. 产时曾经历危重抢救,目前仍存在重要脏器功能损害;

5. 婴儿有先天缺陷致喂养困难:早产儿、唇腭裂、先天性心脏病等;

6. 双胎及以上;

7. 婴儿患有中重度营养不良、贫血、佝偻病;

8. 婴儿曾患有严重感染性疾病:如败血症、脑膜炎、肺炎等;

9. 婴儿患有遗传代谢性疾病。

《女职工劳动保护特别规定》

第 7 条　女职工生育享受 98 天产假,其中产前可以休假 15 天;难产的,增加产假 15 天;生育多胞胎的,每多生育 1 个婴儿,增加产假 15 天。

女职工怀孕未满4个月流产的，享受15天产假；怀孕满4个月流产的，享受42天产假。

《上海市人口与计划生育条例》

第31条 符合法律规定结婚的公民，除享受国家规定的婚假外，增加婚假七天。

符合法律、法规规定生育的夫妻，女方除享受国家规定的产假外，还可以再享受生育假六十天，男方享受配偶陪产假十天。生育假享受产假同等待遇，配偶陪产假期间的工资，按照本人正常出勤应得的工资发给。

符合法律、法规规定生育的夫妻，在其子女年满三周岁之前，双方每年可以享受育儿假各五天。育儿假期间的工资，按照本人正常出勤应得的工资发给。

第二节　“三期”女职工解雇保护

导　读

女职工处在“三期”期间，根据《劳动合同法》第42条，用人单位不得依据《劳动合同法》第40条及第41条的规定解除劳动合同。这是对“三期”女职工的劳动合同解雇保护，通过这种限制性解除的方式，保护女职工的合法权益。但处于“三期”内的女职工，用人单位并非绝对不能解除其劳动合同，如“三期”女职工存在《劳动合同法》第39条规定情形之一，用人单位仍可以依法解除劳动合同。

案情简介

朱女士自2014年7月15日入职上海某公司任设计助理，双方签订一份期限为2014年7月15日至2017年7月14日的劳动合同。2017年4月初，朱女士怀孕，经医院检查有先兆流产、全身过敏等症状，医嘱为休息、定期检查。朱女士于2017年4月18日在公司OA系统上办理了2017年4月7日、10日至14日、17日至21日请假手续，公司未提出异议。5月24日，朱女士将此前医院开具的病假单通过快递的方式递交公司。5月25日，公司收到朱女士的病假单后，不认可朱女士这一期间的病假，并以朱女士旷工属严重违纪为由解除与朱女士的劳动合同。朱女士来到朱雪芹职工法律援助工作室请求法律援助,在律师的指导下提起劳动仲裁,要求与公司恢复自2017年5月25日起的劳动关系、支付加班工资、支付未休年休假工资三项请求事项。本案历时一年多,保胎女职工的合法权益终于得到了维护。

裁判结果

本案经过劳动仲裁、法院一审和二审,认定本案中的朱女士处于面临先兆流产的身体状况,有医院出具的病假证明,不存在主观旷工的故意,即使没有完全依照公司的请假手续办理,公司也应当给予更人性化的关怀,给予其申辩、补正、改正的机会,而不是直接将其劳动合同予以解除。公司解除朱女士劳动合同违法,判决公司应与朱女士自2017年5月25日起恢复劳动关系。在法院二审判决后,工会法援律师帮助朱女士就判决执行进行协商,与公司达成执行和解,公司支付朱女士20万元,劳动关系终止。

案例精析

本案的争议焦点在于处于"三期"女职工的朱女士是否构成旷工,以及用人单位解除朱女士劳动合同是否合法等问题。

一、不得解除"三期"女职工劳动合同的情形

《劳动合同法》第42条规定,对处于孕期、产期和哺乳期内的女职工,用人单位不得依据《劳动合同法》第40条、第41条解除劳动合同。这就是通常所称的"三期"女职工合同解雇保护。《劳动合同法》第40条、第41条规定的情形均属于劳动者无过错情形,因此用人单位不得以上述理由将处于孕期、产期和哺乳期的女职工解雇。

例如,女职工处于"三期"内,即使不能胜任工作,经过培训或调岗后仍不能胜任工作的,用人单位也不得据此解除其劳动合同;"三期"女职工在规定的医疗期满后仍处于"三期"时,用人单位不得以医疗期满为由将"三期"女职工解雇;用人单位实施经济性裁员的,不得裁减"三期"女职工。这些都是对"三期"女职工的倾斜保护。

二、可以解除"三期"女职工劳动合同的情形

"三期"女职工的劳动合同解雇受特殊保护,但并不意味着用人单位在任何

情形下均不得解除劳动合同。如果用人单位有证据证明“三期”女职工具有《劳动合同法》第39条规定的6种情形之一,同样可以依法解除其劳动合同,也就是说,如果“三期”女职工存在严重违反用人单位规章制度的情形,用人单位解除其劳动合同是合法的。

回到本案中,核心是证明朱女士是否严重违反公司规章制度。朱女士是怀孕女职工,遵医嘱需要保胎休息,从主观上讲,朱女士没有旷工的必要。朱女士确实按照单位的规定办理了请假手续,公司对她前两次的请假方式是认可的,没有提出过异议,公司在日常管理中对员工补办请假手续的行为是允许的。朱女士未及时办理病假手续或请假方式上存在一定的瑕疵,这也与公司的日常管理不规范有关,不能全部归责于朱女士一人,这与无故旷工性质完全不一样。

公司对朱女士怀孕的事实是明知的,如果朱女士请病假的方式存在瑕疵或提交病假单有延迟,公司应当向朱女士及时指出,要求其改正或补正。如果经过公司提醒或明示后,朱女士仍拒绝补正或改正的,公司按照违纪处理尚无可厚非。而在本案中,公司此前对朱女士有瑕疵的请假予以认可,后续突然又不认可且直接以旷工为由发出《解除劳动合同通知书》,显然是对怀孕女职工合法权益的侵犯。

《劳动合同法》《妇女权益保障法》《女职工劳动保护特别规定》等法律规范对女职工特别是“三期”女职工的权益进行了特殊保护,本案中的朱女士处于面临先兆流产的身体状况,有医院出具的病假证明,即使没有完全依照公司的请假手续办理,公司也应当给予更人性化的关怀,给她申辩、补正、改正的机会。该公司的考勤管理制度也规定,即使证实员工违纪,如员工及时认错改正,也可以减轻处分。公司直接解除朱女士的劳动合同与自身的管理制度及日常的管理惯例也相互矛盾,解除行为属于违法。

维权提醒

1. 用人单位违法解除与“三期”女职工的劳动合同,女职工申请劳动仲裁时,可以主张恢复劳动关系及恢复劳动关系期间的工资,这对维护自身合法权益更有利。

2. “三期”女职工请病假的,也应按照用人单位有关请病假的流程及手续,办理相关的请假手续。

法条索引

《劳动合同法》

第39条 劳动者有下列情形之一的,用人单位可以解除劳动合同:

(一)在试用期间被证明不符合录用条件的;

(二)严重违反用人单位的规章制度的;

(三)严重失职,营私舞弊,给用人单位造成重大损害的;

(四)劳动者同时与其他用人单位建立劳动关系,对完成本单位的工作任务造成严重影响,或者经用人单位提出,拒不改正的;

(五)因本法第二十六条第一款第一项规定的情形致使劳动合同无效的;

(六)被依法追究刑事责任的。

第40条 有下列情形之一的,用人单位提前三十日以书面形式通知劳动者本人或者额外支付劳动者一个月工资后,可以解除劳动合同:

(一)劳动者患病或者非因工负伤,在规定的医疗期满后不能从事原工作,也不能从事由用人单位另行安排的工作的;

(二)劳动者不能胜任工作,经过培训或者调整工作岗位,仍不能胜任工作的;

(三)劳动合同订立时所依据的客观情况发生重大变化,致使劳动合同无法履行,经用人单位与劳动者协商,未能就变更劳动合同内容达成协议的。

第41条 有下列情形之一,需要裁减人员二十人以上或者裁减不足二十人但占企业职工总数百分之十以上的,用人单位提前三十日向工会或者全体职工说明情况,听取工会或者职工的意见后,裁减人员方案经向劳动行政部门报告,可以裁减人员:

(一)依照企业破产法规定进行重整的;

(二)生产经营发生严重困难的;

(三)企业转产、重大技术革新或者经营方式调整,经变更劳动合同后,仍需裁减人员的;

(四)其他因劳动合同订立时所依据的客观经济情况发生重大变化,致使劳动合同无法履行的。

裁减人员时,应当优先留用下列人员:

(一)与本单位订立较长期限的固定期限劳动合同的;

(二)与本单位订立无固定期限劳动合同的;

(三)家庭无其他就业人员,有需要扶养的老人或者未成年人的。

用人单位依照本条第一款规定裁减人员,在六个月内重新招用人员的,应当通知被裁减的人员,并在同等条件下优先招用被裁减的人员。

第42条 劳动者有下列情形之一的,用人单位不得依照本法第四十条、第四十一条的规定解除劳动合同:

(一)从事接触职业病危害作业的劳动者未进行离岗前职业健康检查,或者疑似职业病病人在诊断或者医学观察期间的;

(二)在本单位患职业病或者因工负伤并被确认丧失或者部分丧失劳动能力的;

(三)患病或者非因工负伤,在规定的医疗期内的;

(四)女职工在孕期、产期、哺乳期的;

(五)在本单位连续工作满十五年,且距法定退休年龄不足五年的;

(六)法律、行政法规规定的其他情形。

第三节 职场性骚扰防范与处置

导 读

职场性骚扰是指在工作场所发生的、一方故意对另一方施加的不受欢迎的带有性本质的行为或暗示。《妇女权益保障法》《女职工劳动保护特别规定》中对企业防治性骚扰的义务也作出了明确规定,《民法典》则重申了企业保护劳动者免受职场性骚扰或当面临职场性骚扰时能够得到妥善、及时处理的应负义务。与其他骚扰纠纷不同的是,职场性骚扰案件往往涉及上下层级关系,面临取证困难等障碍,且许多劳动者遭遇骚扰时出于隐私考虑怠于反映、举报或通过起诉的方式主张损害赔偿,而企业处理劳动者遭遇性骚扰问题时,可能会因恐惧舆论争议、担忧公司名誉受损等,消极履行身为企业的保护义务。对此,无论是直接实施了性骚扰的行为人,还是负有管理、保护义务的责任人故意不履行对受侵害劳动者的保护义务这类不作为行为,在企业中均达到严重违纪的程度,应当予以处理。

案情简介

郑某于2012年7月入职上海某自动化控制公司(以下简称A公司),担任渠道销售经理,该公司建立有工作场所性骚扰防范培训机制,郑某接受过相关培训。A公司《商业行为准则》规定经理和主管“应确保下属能畅所欲言且无须担心遭到报复,所有担忧或问题都能专业并及时地得以解决”,不允许任何报复行为。2017年版《员工手册》规定:对他人实施性骚扰、违反公司《商业行为准则》、在公司内部调查中做虚假陈述的行为均属于导致立即辞退的违纪行为。上述规章制度在实施前经过该公司工会沟通、会议讨论。

郑某的下属女员工任某与郑某的上级邓某(已婚)不睦,2018年8月30日,郑某找到任某谈话想要“疏解”。任某告知郑某,邓某曾向其发送涉及性骚扰的言语,并向郑某出示了聊天记录。但郑某答复“我就是不想掺和这个事”。2018年11月,郑某以“任某不合群”为由向A公司建议与任某解除劳动合同,后公司人事部对此展开调查。任某告知人事部,其被间接上级邓某骚扰,且郑某从中撮合其和邓某,后任某因向郑某反映并拒绝骚扰行为遭到报复。

2019年1月15日,A公司对郑某进行调查,并制作调查笔录。郑某对笔录记载的内容进行诸多修改,并否认“任某曾向其反映曾遭到邓某性骚扰”。2019年1月30日,公司出具《单方解除函》,以郑某未尽经理职责,在下属反映遭受间接性骚扰后未采取措施帮助下属,而是对下属进行打击报复,在内部调查中作出虚假陈述为依据,与郑某解除劳动合同。2019年7月22日,郑某向上海市劳动争议仲裁委员会申请仲裁,要求A公司支付违法解除赔偿金。仲裁裁决不予支持,郑某诉诸法院。

裁判结果

法院认为,首先,证据显示郑某持有异议的A公司2017年版《员工手册》、《商业行为准则》分别于2017年9月、2014年12月经A公司工会沟通、会议讨论,均属于劳动合同的组成部分,郑某已阅读并理解和接受上述制度,因此对郑某具备约束力;其次,A公司《商业行为准则》要求经理、主管等管理人员在下属提出担忧或问题时能够专业并及时帮助解决,不能进行打击报复。A公司2017年版《员工手册》还将违反公司《商业行为准则》的行为列为导致立即辞退的严重违纪行为范围。郑某不仅实施了促成任某与邓某发展不正当关系的种种行为,还对任某的反映和帮助请求不予理睬、打击报复,且在内部调查中实施了虚假陈述。综上,A 公司认为郑某存在严重违纪,据此单方解除劳动合同,并未违法。

案例精析

本案例系最高人民法院 2022 年 7 月公布的指导性案例,该裁判观点指明了司法实务中,对企业中实施职场性骚扰的侵害人与拒不履行企业规章制度载明负有保护义务的经理人员与管理者,企业依据规章制度可以采取的处理办法。本案中,A 公司具备完善合理的规章制度并能够正确贯彻实施,任某面对职场性骚扰时能够有意识地保存聊天记录这两个因素是 A 公司对郑某依法予以单方解雇的重要证据。司法实务中,职场性骚扰往往存在证据收集与固定的难题,劳动者若面临举证不能,会承担败诉风险;用人单位若未做好事前预防工作,例如,规章制度中对防范职场性骚扰的禁止措施不明确、不完备,对实施性骚扰等行为属违纪行为及其后果的规定不清晰,用人单位实行单方解除时则会面临适用困难,有"违法解除"的风险。因此,就企业角度而言,应注意公司内部合规体系,做好事前预防工作,避免性骚扰类事件的发生;若确面临该情况,则及时固定证据、保留记录、在保护职工隐私的基础上妥善处理,切实维护女职工的合法利益。

本案中,郑某系任某的上司,且作为企业管理级别人员之一,对任某反映的受到骚扰行为应当采取合理措施,避免其继续受到侵害,而郑某不仅未采取相应措施,反而在任某与郑某之间"牵线搭桥",使用明显超过正常界限的言语,放任郑某想要与任某超越同事关系的发展期待,且对于任某不予配合的结果实施打击报复,后又在公司调查阶段进行虚假陈述,实际上系多次违背公序良俗原则、违反公司规章制度的行为。公司根据《员工手册》《商业行为准则》的内容,依据《劳动合同法》第 39 条第 2 项,对单方解除与郑某劳动合同的处理,是完全合法的。

维权提醒

1. 女性劳动者遇职场性骚扰情形时应及时向管理者反映,尽可能固定相应证据如聊天记录等,便于后续调查与投诉;接受劳动者投诉的管理者应充分履行自身职责,保护受侵害劳动者的隐私,不可推诿责任,应展开调查与问询,采取合理措施防范职场性骚扰带来的负面影响进一步扩大。

2. 用人单位应完善内部规章制度的内容或将重点内容融入劳动合同，保障规章制度逻辑严密、内容丰富，其中涉及劳动者的保护部分能够贴合与落实劳动法领域法律、法规；当劳动者遇职场性骚扰或其他困难时，可及时向管理者寻求帮助与解决措施，这样规章制度才能够得到正确适用。此外，企业还可通过工会会议、全体会议等各类公开方式完成规章制度的送达，使规章制度的内容对每一位企业内劳动者均产生拘束力。

法条索引

《民法典》

第1010条　违背他人意愿，以言语、文字、图像、肢体行为等方式对他人实施性骚扰的，受害人有权依法请求行为人承担民事责任。

机关、企业、学校等单位应当采取合理的预防、受理投诉、调查处置等措施，防止和制止利用职权、从属关系等实施性骚扰。

《劳动合同法》

第39条　劳动者有下列情形之一的，用人单位可以解除劳动合同：

（一）在试用期间被证明不符合录用条件的；

（二）严重违反用人单位的规章制度的；

（三）严重失职，营私舞弊，给用人单位造成重大损害的；

（四）劳动者同时与其他用人单位建立劳动关系，对完成本单位的工作任务造成严重影响，或者经用人单位提出，拒不改正的；

（五）因本法第二十六条第一款第一项规定的情形致使劳动合同无效的；

（六）被依法追究刑事责任的。

《女职工劳动保护特别规定》

第11条　在劳动场所，用人单位应当预防和制止对女职工的性骚扰。

第十一章

特殊劳动用工

第一节　劳务派遣用工

导　读

劳务派遣制用工是劳动用工的补充形式，适用于临时性、辅助性和替代性的工作岗位。劳务派遣中存在三方主体，即劳务派遣单位、用工单位、被派遣劳动者。劳务派遣单位是被派遣劳动者的用人单位，由其为劳动者办理招退工手续、社保缴纳等；用工单位，是被派遣劳动者提供劳动服务的接受单位；被派遣劳动者，与劳务派遣单位之间建立劳动关系，与用工单位之间形成用工法律关系。

被派遣劳动者除需遵守劳务派遣单位的规章制度外，也需遵守用工单位的规章制度，如被派遣劳动者存在严重违反用工单位规章制度行为，用工单位可将被派遣劳动者退回劳务派遣单位，劳务派遣单位可以解除被派遣劳动者的劳动合同。

案情简介

洪女士于2015年8月1日入职上海某人力资源公司（以下简称人力资源公司），人力资源公司将洪女士派遣到上海某咨询公司（以下简称咨询公司）处工作，担任行政秘书的职务。三方之间签署过多份书面劳务派遣协议，最后一份劳务派遣协议的期限为2019年8月1日至2021年7月31日。在最后一份劳务派遣协议中明确规定，洪女士的月工资为2万元，同时约定除洪女士存在《劳动合同法》第39条规定的情形外，咨询公司不得退回处于“三期”内的女职工。

2019年12月初，洪女士告知咨询公司其意外怀孕的信息。2020年1月9

日,咨询公司以洪女士在2019年存在消极怠工、拒不服从公司工作安排,属严重违纪为由,将其退回人力资源公司,人力资源公司于2020年1月22日也以严重违纪的理由单方解除与洪女士的劳动合同。

洪女士认为,在职期间其不存在消极怠工、不服从工作安排的严重违纪行为,咨询公司从未给予过纪律处分,也从未与其进行过任何的沟通。洪女士认为咨询公司是违法退回,人力资源公司是违法解除劳动合同。洪女士申请劳动仲裁,主张与人力资源公司之间恢复劳动关系,并要求人力资源公司和咨询公司按照每月2万元的标准向其支付2020年1月23日至仲裁生效之日止的工资。

裁判结果

法院认为,法律赋予用人单位单方解除权的同时对用人单位行使即时解除权规定了严格的实体和程序要求,以避免用人单位滥用此项权利而侵犯劳动者的合法权益。故对于劳动合同解除权用人单位必须在查明劳动者违纪事实的基础上谨慎行使之,并对证明违纪事实成立负有完全的举证义务。咨询公司以"消极怠工、拒不服从公司工作安排",将洪女士退回至人力资源公司,人力资源公司亦就同样的理由解除了双方劳动关系,然咨询公司所提供的证据均不能证明洪女士存有上述行为,抑或其行为已严重至需退回的程度,咨询公司所指的消极怠工、敷衍了事均无完整具体的事件可以证明,也未提供完整的邮件往来证明洪女士"不服从"。

《劳动合同法》第42条规定:"劳动者有下列情形之一的,用人单位不得依照本法第四十条、第四十一条的规定解除劳动合同:……(四)女职工在孕期、产期、哺乳期的……"该条款对用人单位解除处于"三期"内女职工的劳动合同作了禁止性规定,从保护"三期"内女职工的立法精神来看,在洪女士已向咨询公司披露其已怀孕的情况下,咨询公司径行退回的行为明显违背了立法保护弱势群体的初衷。同时,劳务派遣协议中约定,除劳动者存在合同14.4.1所约定的情形外,咨询公司不得退回处于"三期"内的女职工,因此咨询公司的退回行为实际构成了违约,其行为确属不当。人力资源公司虽未立即、直接解除双方劳动关系,然其仍于2020年1月22日以"严重违纪、消极怠工、拒不服从公司工作安排"解除了与洪女士的劳动合同,缺乏审慎,法院亦不予认可,咨询公司、人力资源公司应分别按各自与洪女士的约定履行各自的义务。洪女士要求恢复劳动关系,并按原合同约定条件的标准继续履行劳动合同之诉请应予支持。

至于此期间洪女士的工资标准,法院认为,相关劳动合同法为防止劳动者合法权益被侵害,增强劳动力市场的稳定性,特别规定,被派遣劳动者无工作期间,应由劳务派遣单位支付最低工资标准。此处的无工作期间,应理解为因客观情况导致派遣无法完成或劳动者被用工单位合法退回而又不构成解除条件等情形。根据本案现有证据及查明事实可见,咨询公司无故退回处于孕期的洪女士,违反了劳动法,人力资源公司径行解除双方劳动关系亦违反法律规定。如以最低工资为标准偿付洪女士此期间的工资,显然对于弱势地位的劳动者之特殊权益未给予足额的补偿与救济。现洪女士要求人力资源公司按 2 万元支付自 2020 年 1 月 23 日至判决之日止的工资,于法不悖,法院予以准许,但法律、法规并未规定作为用工单位的咨询公司需承担连带责任,因而,对洪女士主张对恢复劳动关系期间的工资承担连带责任的请求不予支持。

案例精析

本案是一起因处于"三期"内的被派遣劳动者被用工单位以严重违纪为由退回劳务派遣单位,劳务派遣单位也以严重违纪为由单方解雇被派遣劳动者的劳动合同纠纷案件。主要涉及用工单位退回被派遣劳动者的行为是否合法;劳务派遣单位以严重违纪为由单方解除劳动合同的行为是否合法;处于"三期"的被派遣劳动者被违法解除的,恢复劳动关系期间的工资标准应按何标准进行计算以及在劳务派遣法律关系中,被派遣劳动者在恢复劳动关系期间的工资,劳务派遣单位和用工单位是否应承担连带责任等一系列焦点问题。

一、用工单位可将被派遣劳动者退回劳务派遣单位的情形

根据《劳动合同法》第 65 条第 2 款,被派遣劳动者有《劳动合同法》第 39 条和第 40 条第 1 项、第 2 项规定情形的,用工单位可以将劳动者退回劳务派遣单位,劳务派遣单位依照《劳动合同法》的有关规定,可以与劳动者解除劳动合同。

同时,根据《劳务派遣暂行规定》第 12 条,用工单位有《劳动合同法》第 40 条第 3 项、第 41 条规定情形的,或者用工单位被依法宣告破产、吊销营业执照、责令关闭、撤销、决定提前解散或者经营期限届满不再继续经营的,或者劳务派遣协议期满终止的,用工单位可以将被派遣劳动者退回劳务派遣单位。

实践中,除法律、法规明确规定禁止退回外,如用工单位和劳务派遣单位经协商一致的情形也可以将被派遣劳动者退回劳务派遣单位。

本案中，咨询公司以洪女士存在严重违纪行为将其退回到人力资源公司，人力资源公司以同样的理由解除与洪女士之间的劳动合同。咨询公司作为实际的用工单位，其掌握劳动者严重违纪的相关证据，实践中，如发生劳动争议，通常会将劳务派遣单位和用工单位作为共同被申请人或共同被告。从证据来看，咨询公司所提供的证据无法证明洪女士存在不服从工作安排、怠工等严重违纪的行为。因而，咨询公司的退回行为是违法的，人力资源公司以严重违纪为由解除劳动合同的依据不足，属违法解除劳动合同。《劳动合同法实施条例》第 32 条规定："劳务派遣单位违法解除或者终止被派遣劳动者的劳动合同的，依照劳动合同法第四十八条的规定执行。"劳务派遣单位需承担违法解除或终止劳动合同的赔偿金，或恢复与被派遣劳动者之间的劳动关系及支付恢复劳动关系期间的工资。

二、用工单位不得将被派遣劳动者退回劳务派遣单位的情形

《劳务派遣暂行规定》第 13 条规定："被派遣劳动者有劳动合同法第四十二条规定情形的，在派遣期限届满前，用工单位不得依据本规定第十二条第一款第一项规定将被派遣劳动者退回劳务派遣单位；派遣期限届满的，应当延续至相应情形消失时方可退回。"

根据《劳动合同法》第 42 条解雇保护的规定，如果被派遣劳动者具有应当受解雇保护情形之一，用工单位不能以客观情况发生重大变化及经济性裁员的理由将被派遣劳动者退回劳务派遣单位；劳务派遣期限届满的，也应当将劳务派遣协议续延至法定情形消失时才能将劳务派遣员工退回劳务派遣单位。

如被派遣的"三期"女职工在用工单位处有《劳动合同法》第 40 条第 1 项或第 2 项情形，用工单位可以将被派遣劳动者退回劳务派遣单位，劳务派遣单位和用工单位之间约定不得退回的除外。

三、被派遣劳动者被违法退回劳务派遣单位期间的工资标准

《劳务派遣暂行规定》第 12 条第 2 款规定："被派遣劳动者退回后在无工作期间，劳务派遣单位应当按照不低于所在地人民政府规定的最低工资标准，向其按月支付报酬。"此条规定，用工单位将劳务派遣劳动者退回劳务派遣单位，没有重新进行派遣而处于无工作的期间，由劳务派遣单位按照当地的最低工资标准支付。

但是，这里的无工作期间，是指因客观情况导致派遣无法完成或者劳动者被

用工单位合法退回而又不构成解除条件等情形，用工单位违法退回或者劳务派遣单位违法解除劳动合同的，不适用该条规定。

更何况，本案中洪女士还是“三期”女职工，《女职工劳动保护特别规定》第5条规定：“用人单位不得因女职工怀孕、生育、哺乳降低其工资、予以辞退、与其解除劳动或者聘用合同。”因此，对于“三期”内的劳务派遣女职工，如用工单位将其违法退回至劳务派遣单位，或劳务派遣单位违法解除劳动关系，而被派遣劳动者要求恢复劳动关系，并支付劳动期间工资的，应按照女职工正常出勤的工资标准而非按照当地的最低工资进行计算。洪女士正常出勤期间的月工资标准为2万元，所以最终法院判决人力资源公司按照2万元/月的工资标准支付洪女士恢复期间的工资。

四、用工单位与劳务派遣单位需承担连带责任的情形

在劳务派遣用工中存在三方主体，发生劳动争议时，并不是所有的法律责任都是由劳务派遣单位和用工单位连带承担的，连带责任的承担要有法律、法规的直接规定。根据《劳动合同法》第92条的规定，用工单位给被派遣劳动者造成损害的，劳务派遣单位与用工单位承担连带赔偿责任。

从上述法条可以看出，用工单位给被派遣劳动者造成损害的，由劳务派遣单位和用工单位承担连带责任；劳务派遣单位对被派遣劳动者造成损害的，法律、法规并未规定由用工单位与劳务派遣单位承担连带责任，而是由劳务派遣单位单独承担相关的法律责任。

本案中，解除劳动合同行为是劳务派遣单位人力资源公司所作出，而非用工单位咨询公司所作出，按照法律、法规的规定，应当是作为用人单位的人力资源公司承担恢复劳动关系及恢复劳动关系期间工资的法律责任，作为实际用工单位的咨询公司无须承担连带责任。

当然，如人力资源公司与咨询公司之间所签署的劳务派遣协议中明确规定，如咨询公司违法退回劳动者，人力资源公司以同样理由作出解除劳动合同的行为被认定为违法的，相关法律责任由咨询公司承担或由咨询公司和人力资源公司共同承担的，对于两家公司之间的责任，则按照双方之间的协议履行，这是平等主体之间的民事合同纠纷，并非劳动争议纠纷。

维权提醒

1. 被派遣劳动者发生劳动争议，如主张拖欠工资、经济补偿金、赔偿金等，应将劳务派遣单位和用工单位列为共同被申请人或共同被告。

2. 劳务派遣期间,如发生拖欠工资或未缴纳社会保险等情况,被派遣劳动者应及时向劳务派遣单位或用工单位提出,并注意保留好相关的证据。

3. 如发生用工单位要将被派遣劳动者退回劳务派遣单位,被派遣劳动者应向用工单位询问相关被退回的理由。如涉嫌违法退回,可与劳务派遣单位及时沟通,劳务派遣单位可以及时介入。

法条索引

《劳动合同法》

第 65 条 被派遣劳动者可以依照本法第三十六条、第三十八条的规定与劳务派遣单位解除劳动合同。

被派遣劳动者有本法第三十九条和第四十条第一项、第二项规定情形的,用工单位可以将劳动者退回劳务派遣单位,劳务派遣单位依照本法有关规定,可以与劳动者解除劳动合同。

第 66 条 劳动合同用工是我国的企业基本用工形式。劳务派遣用工是补充形式,只能在临时性、辅助性或者替代性的工作岗位上实施。

前款规定的临时性工作岗位是指存续时间不超过六个月的岗位;辅助性工作岗位是指为主营业务岗位提供服务的非主营业务岗位;替代性工作岗位是指用工单位的劳动者因脱产学习、休假等原因无法工作的一定期间内,可以由其他劳动者替代工作的岗位。

用工单位应当严格控制劳务派遣用工数量,不得超过其用工总量的一定比例,具体比例由国务院劳动行政部门规定。

第 87 条 用人单位违反本法规定解除或者终止劳动合同的,应当依照本法第四十七条规定的经济补偿标准的二倍向劳动者支付赔偿金。

《劳动合同法实施条例》

第 35 条 用工单位违反劳动合同法和本条例有关劳务派遣规定的,由劳动行政部门和其他有关主管部门责令改正;情节严重的,以每位被派遣劳动者 1000 元以上 5000 元以下的标准处以罚款;给被派遣劳动者造成损害的,劳务派遣单位和用工单位承担连带赔偿责任。

《劳务派遣暂行规定》

第 3 条 用工单位只能在临时性、辅助性或者替代性的工作岗位上使用被派遣劳动者。

前款规定的临时性工作岗位是指存续时间不超过6个月的岗位；辅助性工作岗位是指为主营业务岗位提供服务的非主营业务岗位；替代性工作岗位是指用工单位的劳动者因脱产学习、休假等原因无法工作的一定期间内，可以由其他劳动者替代工作的岗位。

用工单位决定使用被派遣劳动者的辅助性岗位，应当经职工代表大会或者全体职工讨论，提出方案和意见，与工会或者职工代表平等协商确定，并在用工单位内公示。

第12条 有下列情形之一的，用工单位可以将被派遣劳动者退回劳务派遣单位：

（一）用工单位有劳动合同法第四十条第三项、第四十一条规定情形的；

（二）用工单位被依法宣告破产、吊销营业执照、责令关闭、撤销、决定提前解散或者经营期限届满不再继续经营的；

（三）劳务派遣协议期满终止的。

被派遣劳动者退回后在无工作期间，劳务派遣单位应当按照不低于所在地人民政府规定的最低工资标准，向其按月支付报酬。

第13条 被派遣劳动者有劳动合同法第四十二条规定情形的，在派遣期限届满前，用工单位不得依据本规定第十二条第一款第一项规定将被派遣劳动者退回劳务派遣单位；派遣期限届满的，应当延续至相应情形消失时方可退回。

《女职工劳动保护特别规定》

第5条 用人单位不得因女职工怀孕、生育、哺乳降低其工资、予以辞退、与其解除劳动或者聘用合同。

第二节 非全日制用工

导 读

非全日制用工作为一种灵活的用工形式，用人单位与劳动者可以通过口头协议确认双方权利和义务，既能满足用人单位降低用工成本的要求，也能适应劳动者灵活就业的需要。但在实践中，存在用人单位为减少用工成本等因素，采用将全日制用工约定为非全日制用工，假借非全日制用工之名，行全日制用工之实的情况，试图逃避法律责任，免除自身的法定义务，严重侵犯了劳动者权益。如何防止这种侵犯劳动者权益的行为，关键是确定用人单位与劳动者是否存在非全日制用工关系，一般主要通过用工时长、劳动报酬支付周期等方面进行综合判断。

案情简介

2019 年 7 月 24 日，王某进入上海一家制造公司工作，公司通过微信群管理、安排王某的工作，双方签订期限为 2019 年 7 月 24 日至 2022 年 7 月 23 日的《非全日制用工合同书》，约定王某担任操作工，每周工作 5 日，每日工作 4 小时，每小时工资 20 元。实际工作中王某每天工作超过 4 小时。

2019 年 7 月至 2020 年 6 月，公司作为王某工资薪金个税扣缴义务人为其申报纳税，每月收入金额在 5000 元左右。2020 年 4 月 2 日，公司通知王某无须继续上班，解除双方的非全日制用工关系。

2020 年 8 月 20 日，王某向劳动人事争议仲裁委员会申请仲裁，请求确认与公司存在全日制劳动关系，并要求公司支付违法解除劳动合同的赔偿金 10,000 元。

公司认为，2019 年 7 月 24 日，公司与王某建立非全日制用工关系，双方不存在标准劳动合同关系。根据法律规定，非全日制用工关系公司可以随时终止用工，无须支付终止劳动合同的经济补偿金。

王某则认为，双方之间虽然签订的是《非全日制用工合同书》，但实际上存在全日制的劳动关系，并提供了税务申报记录、银行明细、开卡记录、微信聊天记录以及与公司法定代表人朱某的录音光盘及文字整理材料。

裁判结果

法院经过审理认为，首先，王某接受公司的工作管理及安排，公司每月根据王某提供的劳动支付工资，并作为个税扣缴义务人为王某申报个人所得税，双方履行权利及义务的情况符合建立劳动关系的构成要件。

其次，公司提交双方于 2019 年 7 月 24 日签订的《非全日制用工合同书》，虽然其中约定双方建立非全日制用工劳动关系，但双方均确认实际工作中未按照合同约定的每日工作不超过 4 小时履行，根据王某每月工资核算，其每日工作时间也是远超 4 小时,超出非全日制用工关系对工作时间的限制,且公司是按月向王某结算劳动报酬的,表明双方实际履行的劳动权利及义务不符合非全日制用工关系的特征,已符合全日制劳动用工的特征。判断双方建立何种关系,是根据用工的实质而非合同的名称。因此,法院最终认定双方存在劳动关系,判决公司支付王某违法解除劳动合同的赔偿金。

案例精析

本案是一起签订非全日制用工协议后主张确认双方建立全日制用工劳动关系的纠纷案件。判断双方建立的是全日制用工关系还是非全日制用工关系,并不是看双方签订合同或协议的名称,而要看用工的实质。对于非全日制劳动关系的认定,需要考察以下因素:一是用工形式及工作时间;二是工资发放情况。

一、非全日制用工的权利义务约定

根据《劳动合同法》,用人单位应当自用工之日起 1 个月内与劳动者订立书面劳动合同,超过 1 个月不满 1 年未与劳动者订立书面劳动合同的,应当向劳动者每月支付 2 倍的工资。这是关于建立全日制用工关系也即标准劳动关系的要求,而在非全日制用工的形式下,用人单位与劳动者建立劳动关系则并不以书面形式为必要条件。根据《劳动合同法》第 69 条的规定,非全日制用工双方当事人可以订立口头协议。从事非全日制用工的劳动者可以与一个或者一个以上用人单位订立劳动合同;但是,后订立的劳动合同不得影响先订立的劳动合同的履行。这表明在非全日制用工关系中劳动者与企业既可以书面也可以口头形式约定劳动合同,并且可以建立双重或多重的劳动关系。相较于建立全日制用工关系,无论是对用人单位还是劳动者的要求都相对宽松。

二、非全日制用工的工时限制

根据《劳动合同法》第 68 条的规定,非全日制用工,是指以小时计酬为主,劳动者在同一用人单位一般平均每日工作时间不超过 4 小时,每周工作时间累计不超过 24 小时的用工形式。

在判断是否存在非全日制用工关系的问题上,工作时间是一个非常核心的判断因素。非全日制用工是每天不超过 4 小时,而全日制用工实行每天工作不超过 8 小时。非全日制用工对工时的限制很严格,除每日工作时间不得超过 4

小时外,还限制每周工作时间不超过 24 小时。如果工时突破这一规定,则极有可能被认定为全日制用工。

三、非全日制用工的工资支付

用人单位应当按时足额支付非全日制劳动者的工资。根据《劳动合同法》第 72 条第 1 款的规定,非全日制用工小时计酬标准不得低于用人单位所在地人民政府规定的最低小时工资标准。另外,非全日制用工的工资支付可以按小时、日、周为单位结算,但根据《劳动合同法》第 72 条第 2 款的规定,非全日制用工劳动报酬结算支付周期最长不得超过 15 日。

四、非全日制用工的试用期约定限制

根据《劳动合同法》第 70 条的规定,非全日制用工双方当事人不得约定试用期,这是非全日制用工与全日制用工重大区别之一。非全日制用工相较于全日制用工来讲较为灵活,对用人单位的要求也不是特别高,比如,无须订立书面劳动合同,解除或终止用工关系均高度灵活。因此,用人单位也没有必要与非全日制用工劳动者约定试用期。

五、非全日制用工关系的终止

非全日制用工关系中的双方当事人可以随时解除用工关系且用人单位无须向劳动者支付经济补偿金。根据《劳动合同法》第 71 条,非全日制用工双方当事人任何一方都可以随时通知对方终止用工。如终止用工,用人单位不向劳动者支付经济补偿。与此相反,在全日制用工形式下,用人单位提出解除或终止劳动关系,无论从实质事由还是程序上都要符合法律的规定,否则需要承担违法解除或终止劳动关系的法律责任。

回到本案,王某接受公司的管理,其所从事的业务是公司业务的组成部分,公司每月向其支付工资并作为个税扣缴义务人为其申报个人所得税,双方之间的关系符合法律规定的劳动关系构成要件。公司主张双方之间系非全日制用工关系,但实际上王某每日工作时间远超 4 个小时,每月结算报酬,其与公司实际履行的劳动权利及义务不符合法律规定的非全日制用工形式的特征。

判定用工形式并非仅以双方签订的劳动合同的名称确定,而是要审查实际用工中,劳动者提供劳动的时间、工资支付方式及支付周期等内容,不符合法定非全日制用工形式的,仍应认定为全日制用工。本案中,公司与王某虽然签订了非全日制用工协议,但实质上就是一份书面劳动合同。公司没有合法理由单方

面解除劳动合同，因此，法院判决其支付违法解除劳动合同的赔偿金。

维权提醒

1. 用人单位和劳动者订立非全日制用工关系，应当对工作时间、发薪周期严格把控，加强对非全日制用工的考勤管理，例如，上下班实行签到制度，每日最好不超过4小时、每周一定不能超过24小时，并注意工资支付周期不得超过15日。

2. 用人单位为规避责任与劳动者签订非全日制用工协议，而实质是全日制用工，并不能因为签订协议而免除其承担全日制用工项下的用人单位法律责任。

法条索引

《劳动合同法》

第68条 非全日制用工，是指以小时计酬为主，劳动者在同一用人单位一般平均每日工作时间不超过四小时，每周工作时间累计不超过二十四小时的用工形式。

第69条 非全日制用工双方当事人可以订立口头协议。

从事非全日制用工的劳动者可以与一个或者一个以上用人单位订立劳动合同；但是，后订立的劳动合同不得影响先订立的劳动合同的履行。

第70条 非全日制用工双方当事人不得约定试用期。

第71条 非全日制用工双方当事人任何一方都可以随时通知对方终止用工。终止用工，用人单位不向劳动者支付经济补偿。

第72条 非全日制用工小时计酬标准不得低于用人单位所在地人民政府规定的最低小时工资标准。

非全日制用工劳动报酬结算支付周期最长不得超过十五日。

《劳动和社会保障部关于非全日制用工若干问题的意见》

第12条 用人单位应当按照国家有关规定为建立劳动关系的非全日制劳动者缴纳工伤保险费。从事非全日制工作的劳动者发生工伤，依法享受工伤保险待遇；被鉴定为伤残5—10级的，经劳动者与用人单位协商一致，可以一次性结算伤残待遇及有关费用。

第三节 涉外劳动用工

导 读

随着经济全球化的不断发展以及我国人才强国战略的不断加深,外籍人员来中国就业的现象越来越普遍。对于外国人在中国就业,实行的是就业许可制度。现行《外国人在中国就业管理规定》明确规定外国人就业在劳动基准方面适用我国劳动法律规范进行调整;但对于双方劳动合同解除、终止及相关违约责任的承担均未予以规定。基于涉外用工中双方主体地位的相对平等性,上海地区在充分尊重双方意愿的基础上给予了外籍劳动者劳动基准保护。

案情简介

邱某(美国籍)于2017年8月1日与上海某科技公司(以下简称科技公司)签订期限为2017年8月1日至2020年7月31日的劳动合同,该劳动合同约定邱某担任科技公司销售总监,月工资28,000元。

双方签订的劳动合同第8章第29条载明:除本合同另有约定以外,甲乙双方履行、变更、解除、终止和续订劳动合同及其他专项协议,应当依照国家及上海市有关规定进行。第30条载明:乙方或甲方均可提前30日书面通知对方解除劳动关系,中国法律另有规定除外。第9章违约责任第33条载明:除本合同双方另行约定,或适用的法律、法规规定的违约金以外,一方还应就其违反本合同给另一方造成的直接经济损失承担赔偿责任。第10章管辖法律及劳动争议解决第34条载明:本合同应依据中国法律解释并执行。

2018年11月28日,科技公司向邱某发出的《关于终止劳动关系的书面通知》载明:根据双方签订的劳动合同第30条的规定,科技公司现书面通知邱某,双方的劳动关系将于2018年12月31日正式终止,在邱某交接完工作后,科技公司将按法律规定向邱某一次性支付经济补偿金,该经济补偿金为邱某在中国境内所有依法应得利益,将与邱某最后一个月的薪水,于2018年12月31日前一起发放。

后科技公司以邱某系外国人为由拒绝支付其经济补偿。2019年3月21日,邱某向上海市劳动人事争议仲裁委员会申请仲裁,要求裁决科技公司支付违法解除劳动合同赔偿金。经仲裁、一审,均未支持邱某请求。

2019年12月12日,邱某再向上海市劳动人事争议仲裁委员会申请仲裁,要求裁决科技公司支付解除劳动合同经济补偿金。

裁判结果

法院认为,在中国境内就业的外国人要求在最低工资、工作时间、休息休假、劳动安全卫生等方面适用中国劳动标准,可予支持。当事人之间在上述规定之外约定或履行的其他劳动权利和义务,可按当事人之间的书面劳动合同、单项协议或其他协议以及实际履行的内容予以确定。

邱某系外籍人士,持有外国人就业证且在科技公司处工作,双方建立劳动关系。现邱某提出的诉讼请求,应按邱某与科技公司间的书面合同约定和实际履行的内容予以裁量,不适用《劳动法》和《劳动合同法》予以调整。鉴于双方并未对支付违法解除劳动合同赔偿金的相关内容进行约定,故邱某要求支付违法解除劳动合同赔偿金的诉讼请求,缺乏事实和法律依据,法院不予支持。

本案中,科技公司于2018年11月28日向邱某发出的《关于终止劳动关系的书面通知》中明确表示,将按法律规定向邱某一次性支付经济补偿金,上述表示证明科技公司与邱某之间就劳动合同终止时支付经济补偿金存在约定,在此情况下,双方均应按约履行。现科技公司未按约定支付邱某经济补偿金,邱某要求科技公司予以支付,于法不悖,法院予以支持。

案例精析

本案是一起涉外劳动用工纠纷的案件,涉外劳动争议案件一般包括外国人及中国港澳台居民在中国境内依法从事社会劳动过程中产生的纠纷。因《台湾香港澳门居民在内地就业管理规定》正式废止后,港澳台居民持港澳台居民居住证、港澳居民来往内地通行证、台湾居民来往大陆通行证等有效证件,即可在内地正常就业,不再需要办理就业许可手续。且除已在港澳台当地参保、持相关证明文件,可免于参加内地的基本养老、失业保险之外,港澳台居民在内地就业,与内地居民一样,全面适用《劳动法》《劳动合同法》等相关规定。故本篇涉外用工不再单独讨论港澳台居民劳动争议,仅就外国人就业进行简要分析。

一、劳动关系的判断

外国人主张其与境内的实际用工主体存在合法劳动关系，应举证证明同时存在如下要件事实：(1)上述人员与实际用工单位存在劳动关系；(2)上述人员持有职业签证或相应就业证及居留证，且在有效期内；(3)上述人员实际就业的用人单位必须与其就业证所注明的单位一致。

上述人员与用人单位之间是否形成合法劳动关系，除审查是否满足劳动关系的实质构成要件外，还需要特别审查劳动者是否具有合法的就业资格。依据《最高人民法院关于审理劳动争议案件适用法律问题的解释（一）》相关规定，在未取得就业证前，外国劳动者的身份、能力、资格未经劳动行政部门的确认与批准，也就不具有我国劳动法意义上的劳动者资格。因此，如系外国人在我国境内就业，应持有《外国人就业证》、《外国专家证》、《外国人在中华人民共和国从事海上石油作业工作准证》或《临时营业演出许可证》等证件。上述人员提供的就业证件应当在相应的有效期限内，且上述人员实际工作的用人单位必须与其就业证件所注明的用人单位相一致。

另外需要注意的是，上述人员主张的事实虽符合上述要件事实，但存在如下情形之一的，不能认定其与境内企业存在劳动关系：(1)上述人员系境外法人以委派形式到中国境内就业的人员；(2)上述人员系外国企业常驻中国代表机构的首席代表、代表；(3)上述人员系到中国境内投资且不直接参与企业经营管理的投资者。

符合下列条件之一的外国人可免办许可证书，入境后凭职业签证及有关证明直接办理工作许可证：(1)按照我国与外国政府间、国际组织间协议、协定，执行中外合作交流项目受聘来中国工作的外国人；(2)外国企业常驻中国代表机构中的首席代表、代表。此外，持有《外国人永久居留证》的外国人在中国就业，无须办理工作许可证。

二、劳动合同的期限

外国来华人员分为 A、B、C 三类。A 类为外国高端人才，B 类为外国专业人才，C 类为其他外国人员［如从事临时性、短期性（不超过 90 日）工作的外国人员］。A 类工作许可证的期限最长可达 5 年，B 类的一般为 1 年至 2 年，而 C 类的一般不超过 90 日。当办理工作许可证审批时，工作许可证的期限也会受到劳动合同期限的影响，实践中与外籍员工签订的劳动合同期限最长一般不超过

5 年。

三、劳动合同的解除与终止

对于已建立劳动关系的境外就业人员，司法实践中对解除劳动合同的补偿或赔偿问题存在不同操作口径。

以上海为例，根据《上海市高级人民法院关于审理劳动争议案件若干问题的解答》第 2 条、《上海市高级人民法院劳动争议案件审理要件指南(一)》第 11 条可以看出，上海法院认为，根据《外国人在中国就业管理规定》，外国人在最低工资、工作时间、休息休假、劳动安全卫生、社会保险等方面应适用现行劳动法标准，当事人要求适用的，劳动争议处理机构可予支持。而对于前述五项内容之外的劳动权利和义务，应按当事人之间的书面劳动合同、单项协议或其他协议以及实际履行的内容予以确定，如无此类约定，则不予支持。故，一般认为，若双方对于劳动合同解除或者终止的法律后果没有约定，法院很难支持劳动者经济补偿金或者违法解除劳动合同赔偿金。

《劳动合同法实施条例》第 21 条规定，“劳动者达到法定退休年龄的，劳动合同终止”，但该条是否同样适用于外籍员工，司法实践中尚存不同的观点。

外国人在华合法就业的基本前提是持有在华《就业许可证》，而依据《外国人来华工作许可服务指南(暂行)》的规定，将来华工作外国人实行分类管理，对应分为 A、B、C 三类，申请办理就业证的年龄条件也各不相同：(1)外国高端人才(A 类)不受年龄限制；(2)外国专业人才(B 类)不超过 60 周岁，确有需要，适当放宽年龄条件；(3)其他外国人员(C 类)满足国内劳动力市场需求，符合国家政策规定。可见，A 类与 B 类外国人才有可能超过 60 岁后仍然可以持有工作签证。

上海地区的司法实践中，对于外籍员工的管理实际上更尊重企业与员工之间的意思自治。原上海市劳动局发布的《关于贯彻〈外国人在中国就业管理规定〉的若干意见》第 6 条规定：“外国人在本市就业须具备下列条件：……(六)男性一般在十八周岁以上，六十周岁以下；女性一般在十八周岁以上，五十五周岁以下。”在上海地区的司法实践中，外国人入职后达到法定退休年龄，但劳动合同和就业证期限尚未届满，法律并未明文禁止超过中国法定退休年龄的外国人在中国就业，且双方在签订劳动合同及申领就业证时即已预见该外国人将要达到法定退休年龄，但仍签订或申领了超过其法定退休年龄的劳动合同和就业证，就建立劳动关系达成合意的，不存在因达到法定退休年龄而终止劳动合同的情形。

维权提醒

1. 外国人来中国就业应当办理《外国人就业证》等相关行政审批手续，并注意相关证件是否到期。

2. 外国人与中国境内用人单位之间应当通过劳动合同约定有关聘雇期限、岗位、报酬、保险、工作时间、解除聘雇关系条件、违约责任等双方的权利和义务。

法条索引

《关于贯彻〈外国人在中国就业管理规定〉的若干意见》

第2条 外国人在本市就业（包括劳动报酬来源于境外，受派遣在本市工作三个月以上的），应当申请办理《中华人民共和国外国人就业许可证书》（以下简称许可证书）和《外国人就业证》（以下简称就业证）。

第3条 持有《外国专家证》、《外国人在中华人民共和国从事海上石油作业工作证》及《临时营业演出许可证》的外国人可免予办理就业许可证书和就业证。

第6条 外国人在本市就业须具备下列条件：

……

（六）男性一般在十八周岁以上，六十周岁以下；女性一般在十八周岁以上，五十五周岁以下。

第14条 在外国企业或台港澳企业常驻本市代表机构中，任首席代表、代表的外国人，免办许可证书，入境以后由代表机构凭市工商行政管理部门发出的《外国企业常驻中国代表机构工作证》（以下简称工作证）及前条所列的相关文件到市劳动局办理就业证。

《最高人民法院关于审理劳动争议案件适用法律问题的解释（一）》

第33条 外国人、无国籍人未依法取得就业证件即与中华人民共和国境内的用人单位签订劳动合同，当事人请求确认与用人单位存在劳动关系的，人民法院不予支持。

持有《外国专家证》并取得《外国人来华工作许可证》的外国人，与中华人民共和国境内的用人单位建立用工关系的，可以认定为劳动关系。

《上海市高级人民法院关于审理劳动争议案件若干问题的解答》

第2条 在国内就业的外国人适用中国劳动标准的问题

（一）原劳动部、公安部、外交部、原对外贸易经济合作部等四部门颁布的外国人在中国就业管理规定(劳部发〔1996〕29号)第二十二条、第二十三条规定的最低工资、工作时间、休息休假、劳动安全卫生、社会保险等方面的劳动标准,当事人要求适用的,劳动争议处理机构可予支持。

(二)当事人之间在上述规定之外约定或履行的其他劳动权利义务,劳动争议处理机构可按当事人的书面劳动合同、单项协议、其他协议形式以及实际履行的内容予以确定。

(三)当事人在上述(一)、(二)所列的依据之外,提出适用有关劳动标准和劳动待遇要求的,劳动争议处理机构不予支持。

《劳动合同法实施条例》

第21条 劳动者达到法定退休年龄的,劳动合同终止。

第四节 无营业执照劳动用工

导读

无营业执照用工,是指无营业执照或者未经依法登记、备案的单位以及被依法吊销营业执照或者撤销登记、备案的单位招用员工。此类单位因缺少营业执照,并不完全符合《劳动合同法》上的用人单位主体地位,劳动者权益受损时不能完全依据劳动法相关法律、法规维权。为了给予劳动者更多的权利保障,防止相关单位以主体不适格为由逃避承担责任,《劳动合同法》通过制度设计给予了此类情形下劳动者的特殊保护。

案情简介

2013年8月,郑某进入某建筑公司工地工作,该建筑公司尚处于筹建阶段。2014年4月18日下午2时左右,郑某在工地干活时右手被碰伤。后被送至某骨伤医院治疗,至2014年5月1日出院。之后,郑某进行多次门诊治疗,该建筑公司垫付部分医疗费。

事故发生后,郑某休息至2014年7月31日,公司按每月1820元发放给郑某工资。后双方因赔偿数额产生争议,2014年11月12日,郑某申请劳动仲裁,要求建筑公司支付一次性伤残赔偿金、医疗费、住院伙食补助费、护理费等。上海市某区劳动人事争议仲裁委员会认为双方间的争议不属于仲裁受理范围,决定不予受理。

郑某诉至法院,经申请,法院委托某司法鉴定机构进行工伤伤残等级鉴定。经鉴定,郑某右手第四掌骨骨折,构成十级伤残。法院同时查明,该建筑公司于2014年6月16日成立。

裁判结果

法院认为,该建筑公司无营业执照、未经依法登记从事经营活动,郑某在接受被告聘用为其工人,从事生产活动时受到伤害。郑某现要求适用《非法用工单位伤亡人员一次性赔偿办法》进行赔偿,于法有据,应予准许。按照《非法用工单位伤亡人员一次性赔偿办法》第4条,公司对郑某工作中所受损害应承担赔偿责任。对郑某主张的各类损失,法院结合该建筑公司工商登记资料、考勤记录、郑某账户交易明细、录音资料、上海市公安局案件接报回执单、门诊病历、医疗费发票、出院小结、疾病证明书、鉴定意见书、鉴定费发票、当事人的当庭陈述等证据,支持了郑某主张。

案例精析

本案涉及非法用工单位伤亡人员赔偿纠纷。非法用工一般指,无营业执照或者未经依法登记、备案的单位以及被依法吊销营业执照或者撤销登记、备案的单位工作的劳动者与其工作单位之间形成的用工关系。

劳动关系需要同时符合形式要件和实质要件。形式要件即要求用人单位和劳动者符合法律、法规规定的主体资格,根据《劳动合同法》《劳动合同法实施条例》的规定,未取得营业执照或者登记证书的单位、处于筹备期但最终未成立的企业,均不具有用人单位的主体资格,无法与劳动者建立劳动关系。非法用工形式下,除用工单位主体资格不符外,基本具备了构成劳动关系的其他基本要素。如果单纯以主体不符而直接否认适用劳动法律法规,将不利于劳动者的利益保护。

基于以上考虑,《劳动合同法》设立了另类救济方案。《劳动合同法》第93条规定,对不具备合法经营资格的用人单位的违法犯罪行为,依法追究法律责任;劳动者已经付出劳动的,该单位或者其出资人应当依照本法有关规定向劳动者支付劳动报酬、经济补偿、赔偿金;给劳动者造成损害的,应当承担赔偿责任。鉴于此类用工单位不具有独立主体资格，在此类劳动争议中，应当由谁来承担责任？《最高人民法院关于审理劳动争议案件适用法律问题的解释（一）》第29条规定，劳动者与未办理营业执照、营业执照被吊销或者营业期限届满仍继续经营的用人单位发生争议的，应当将用人单位或者其出资人列为当事人。

由于上述用工形式无法形成劳动关系，单位职工受到事故伤害或者患职业病不能当然享受工伤保险待遇。《工伤保险条例》规定由该单位向伤残职工或者死亡职工的近亲属给予一次性赔偿，赔偿标准不得低于本条例规定的工伤保险待遇。具体办法由国务院社会保险行政部门规定。对于具体赔偿标准，人力资源和社会保障部出台《非法用工单位伤亡人员一次性赔偿办法》，对非法用工单位伤亡人员的赔偿项目、计算标准进行了详细规定。

根据《工伤保险条例》第23条，工伤认定是劳动能力鉴定的前提条件。非法用工单位伤亡人员赔偿追索案件中虽然没有涉及工伤认定，却规定伤亡人员的伤残等级鉴定应当由单位所在地设区的市级劳动能力鉴定委员会受理，那么，如何将事故认定与劳动能力鉴定程序衔接？以上海为例，根据上海市高级人民法院发布的《关于通过劳动争议处理途径解决非法用工单位发生事故伤害赔偿纠纷的意见》，人民法院受理上述争议案件后，根据案件实际情况，可委托劳动能力鉴定机构对受伤人员作劳动能力鉴定。委托鉴定的，劳动争议诉讼程序可以中止，鉴定结论作出后恢复处理程序。

在此类案件维权途径的选择上，《工伤保险条例》第66条第2款规定，前款规定的伤残职工或者死亡职工的近亲属就赔偿数额与单位发生争议的，按照处理劳动争议的有关规定处理。实践中，不少劳动者因上述条款混淆了非法用工类案件与一般民事类侵权责任纠纷的界限，对维护自身权益造成不小阻碍。上海高级人民法院特别对此类问题进行了明确，按照《工伤保险条例》第66条处理赔偿纠纷时，对“无营业执照或者未经依法登记、备案的单位”应当界定为可以依法办理营业执照或登记备案而未办理营业执照或登记备案的“单位”。其表现形态为具备依法设立单位的基本的外部和内部特征，如有单位字号、有固定的生产经营或办公场所、有单位内部管理形式等。对不具备上述形态的个人雇佣过程中发生伤害的纠纷，作为一般民事案件处理。

维权提醒

1. 劳动者入职时应当审查单位是否具有用工主体资格，并尽可能留存能够证明单位实际用工的证据。

2. 此类案件作为劳动争议案件处理适用仲裁前置程序，劳动者应注意在1年的仲裁时效内及时维权。

法条索引

《劳动合同法》

第93条 对不具备合法经营资格的用人单位的违法犯罪行为，依法追究法律责任；劳动者已经付出劳动的，该单位或者其出资人应当依照本法有关规定向劳动者支付劳动报酬、经济补偿、赔偿金；给劳动者造成损害的，应当承担赔偿责任。

《工伤保险条例》

第66条 无营业执照或者未经依法登记、备案的单位以及被依法吊销营业执照或者撤销登记、备案的单位的职工受到事故伤害或者患职业病的，由该单位向伤残职工或者死亡职工的近亲属给予一次性赔偿，赔偿标准不得低于本条例规定的工伤保险待遇；用人单位不得使用童工，用人单位使用童工造成童工伤残、死亡的，由该单位向童工或者童工的近亲属给予一次性赔偿，赔偿标准不得低于本条例规定的工伤保险待遇。具体办法由国务院社会保险行政部门规定。

前款规定的伤残职工或者死亡职工的近亲属就赔偿数额与单位发生争议的，以及前款规定的童工或者童工的近亲属就赔偿数额与单位发生争议的，按照处理劳动争议的有关规定处理。

《最高人民法院关于审理劳动争议案件适用法律问题的解释(一)》

第29条 劳动者与未办理营业执照、营业执照被吊销或者营业期限届满仍继续经营的用人单位发生争议的，应当将用人单位或者其出资人列为当事人。

《非法用工单位伤亡人员一次性赔偿办法》

第3条 一次性赔偿包括受到事故伤害或者患职业病的职工或童工在治疗期间的费用和一次性赔偿金。一次性赔偿金数额应当在受到事故伤害或者患职业病的职工或童工死亡或者经劳动能力鉴定后确定。

劳动能力鉴定按照属地原则由单位所在地设区的市级劳动能力鉴定委员会办理。劳动能力鉴定费用由伤亡职工或童工所在单位支付。

第4条 职工或童工受到事故伤害或者患职业病，在劳动能力鉴定之前进行治疗期间的生活费按照统筹地区上年度职工月平均工资标准确定,医疗费、护理费、住院期间的伙食补助费以及所需的交通费等费用按照《工伤保险条例》规定的标准和范围确定,并全部由伤残职工或童工所在单位支付。

第5条 一次性赔偿金按照以下标准支付:

一级伤残的为赔偿基数的16倍,二级伤残的为赔偿基数的14倍,三级伤残的为赔偿基数的12倍,四级伤残的为赔偿基数的10倍,五级伤残的为赔偿基数的8倍,六级伤残的为赔偿基数的6倍,七级伤残的为赔偿基数的4倍,八级伤残的为赔偿基数的3倍,九级伤残的为赔偿基数的2倍,十级伤残的为赔偿基数的1倍。

前款所称赔偿基数,是指单位所在工伤保险统筹地区上年度职工年平均工资。

第6条 受到事故伤害或者患职业病造成死亡的,按照上一年度全国城镇居民人均可支配收入的20倍支付一次性赔偿金,并按照上一年度全国城镇居民人均可支配收入的10倍一次性支付丧葬补助等其他赔偿金。

《关于通过劳动争议处理途径解决非法用工单位发生事故伤害赔偿纠纷的意见》

第2条 按照《条例》第六十三条规定处理赔偿纠纷时,对"无营业执照或者未经依法登记、备案的单位"应当界定为可以依法办理营业执照或登记备案而未办理营业执照或登记备案的"单位"。其表现形态为具备依法设立单位的基本的外部和内部特征,如有单位字号、有固定的生产经营或办公场所、有单位内部管理形式等。对不具备上述形态的个人雇佣过程中发生伤害的纠纷。作为一般民事案件处理。

第五节 个人承包劳动用工

导 读

建筑工程项目中,承包人出于成本考虑,往往将部分工程转包给不具备用工主体资格的组织或者自然人。实际施工人承包工程后,又聘用劳动者负责具体劳作。但由于建设行业本身具有的高危性,工程事故极易发生,一旦劳动者发生人身损害,容易发生建设单位、承包单位及实际施工人相互推诿的情况。此时施工人员与施工单位之间的法律关系认定、损害赔偿责任承担主体的认定成为关键问题。

案情简介

上海某装饰装修公司(以下简称装修公司)主要从事室内装修业务,在与客户签订了装修装饰工程承揽合同后,将其中的油漆项目转包给自然人王某进行实际施工。王某则招用了徐某等3名油漆工在现场施工。

2016年7月18日,徐某在客户家中进行油漆施工过程中,从扶梯上摔落,导致左眼、左上肢、左髋部受伤,经医院诊断为多处骨折。2017年11月7日,工伤认定部门认定徐某的本次事故伤害属于工伤。2018年6月20日,区级劳动能力鉴定机构鉴定徐某的伤情构成因工致残程度7级。2018年9月3日,市级劳动能力鉴定机构作出同样的鉴定结论。

2018年10月24日,徐某向区劳动人事争议仲裁委员会申请劳动仲裁,要求装修公司支付其工伤待遇。2018年12月7日,劳动人事争议仲裁委员会以徐某与装修公司不存在劳动关系,其请求不属于劳动争议受理范围为由,决定撤销该案。徐某不服该决定,遂诉诸法院。法院经审理判决装修公司承担徐某的工伤保险责任,支付徐某停工留薪期工资、一次性伤残补助金、一次性医疗补助金、一次性就业补助金等相关待遇。

裁判结果

法院认为,徐某在工作中发生意外事故,经劳动行政部门审查已认定为工伤。而徐某发生事故系为完成装修公司承接的项目。该公司主张其已将徐某从事的油漆项目分包给第三人王某,故徐某的事故与其无关。然第三人王某并不认可该装修公司主张的分包事实,装修公司亦未提供证据证明其与第三人王某签有分包或转包协议。而其所述即使属实,那么根据最高人民法院相关司法解释规定,用工单位违反法律、法规规定将承包业务转包给不具备用工主体资格的组织或者自然人,该组织或者自然人聘用的职工从事承包业务时因工伤亡,用工单位为承担工伤保险责任的单位。根据《最高人民法院关于审理工伤保险行政案件若干问题的规定》,即使该装修公司确将其承接业务转包给第三人王某,其亦应承担因此产生的工伤保险责任。现装修公司主张该司法解释提及的是违法转包,而并非分包。对此,法院认为,分包亦是转包的一种形式,只要分包人是不具备用工主体资格的组织或者自然人,承包人即应承担相应责任。因此,该装修公司的抗辩理由不成立,装修公司应承担相应工伤保险责任。

案例精析

本案主要涉及建筑工程领域违法分包、转包过程中的劳动关系认定和工伤保险责任主体承担问题。

一、实际施工人招用的劳动者与承包人、分包人或转包人之间不存在劳动关系

用人单位和劳动者建立劳动关系应当遵循自愿原则,若具有用工主体资格的承包人、分包人或转包人与实际施工人招用的人员之间并没有建立劳动关系的意思表示,则承包人、分包人或转包人既不对实际施工人招用的人员进行管理,也不向其支付劳动报酬,对雇用劳动者并承担管理职能的是实际施工人。因此,实际施工人招用的人员与承包人、分包人或转包人之间不存在劳动关系,承包人、分包人或转包人也无须承担劳动关系项下的订立劳动合同、缴纳社会保险等用人单位义务。本案中,雇用徐某的是自然人王某,装修公司和徐某之间不存在劳动关系。

二、不具备用工主体资格的组织或者自然人招用的人员发生伤亡,承包人、分包人或转包人须承担工伤保险责任

尽管承包人、分包人或转包人与实际施工人招用的人员不存在劳动关系,但并不意味着承包人、分包人或转包人无须承担相应的行政责任或民事责任。《最高人民法院关于审理工伤保险行政案件若干问题的规定》第 3 条规定:"社会保险行政部门认定下列单位为承担工伤保险责任单位的,人民法院应予支持……(四)用工单位违反法律、法规规定将承包业务转包给不具备用工主体资格的组织或者自然人,该组织或者自然人聘用的职工从事承包业务时因工伤亡的,用工单位为承担工伤保险责任的单位……"本案中,装修公司将油漆业务转包给不具备用工主体资格的王某,王某招用的徐某在施工过程中发生工伤,尽管装修公司不是用人单位,但仍应当承担工伤保险主体责任。本案中,法院判决装修公司承担徐某的工伤保险责任,支付徐某停工留薪期工资、一次性伤残补助金、一次性医疗补助金、一次性就业补助金等相关待遇,于法有据。

根据《劳动合同法》第94条:“个人承包经营违反本法规定招用劳动者,给劳动者造成损害的,发包的组织与个人承包经营者承担连带赔偿责任。”实践中,由于实际施工人承担民事责任的能力有限,为了保护劳动者的权益,当劳动者遭受损失时,承包人、分包人或转包人需要承担民事上的连带赔偿责任,这是从有利于对劳动者提供周全保护角度考虑的。因此,当实际施工人招用的人员权利受到损害,既可以单独起诉实际施工人,也可以将承包人、分包人或转包人与实际施工人列为共同被告;既可以要求实际施工人承担赔偿责任,也可以要求承包人、分包人或转包人承担赔偿责任,还可以要求承包人、分包人或转包人与实际施工人一起承担连带赔偿责任。

维权提醒

1. 劳动者工作时应当尽量选择有资质的单位,了解清楚发包人及承包人的主体信息。

2. 劳动者应当尽量保留好提供工作的证明,以便在工伤认定及损害主张中履行举证责任。

法条索引

《劳动合同法》

第94条 个人承包经营违反本法规定招用劳动者,给劳动者造成损害的,发包的组织与个人承包经营者承担连带赔偿责任。

《最高人民法院关于审理工伤保险行政案件若干问题的规定》

第3条 社会保险行政部门认定下列单位为承担工伤保险责任单位的,人民法院应予支持:

……

(四)用工单位违反法律、法规规定将承包业务转包给不具备用工主体资格的组织或者自然人,该组织或者自然人聘用的职工从事承包业务时因工伤亡的,用工单位为承担工伤保险责任的单位;

……

第十二章

工伤认定与工伤保险待遇

第一节　工 伤 认 定

导　读

工伤,又称职业伤害、工作伤害,是指劳动者在从事职业活动或者与职业活动有关的活动时所遭受的不良因素的伤害和职业病伤害。工伤认定是劳动行政部门依据法律的授权对职工因事故伤害(或者患职业病)是否属于工伤或者视同工伤给予定性的行政确认行为。

《工伤保险条例》第 14 条列举了属于工伤的七种情形,第 15 条延伸了三种视同工伤的情形,第 16 条排除了三种工伤的情形。司法实践中,工作形态的千变万化导致工作时间、工作岗位、工作原因的认定错综复杂,因此引发的工伤认定争议也屡见不鲜,所以,有必要对工伤认定情形、举证责任如何分配等进行分析。

案情简介

张某于 2015 年 2 月进入上海某餐饮管理有限公司(以下简称餐饮公司),从事切配菜工作,双方未签订书面劳动合同。

2016 年 12 月 18 日下午 13 时许,案外人刘某某在为该饭店厨房灶具的储油罐加注燃料过程中操作不慎引发爆燃,致使张某等 6 人不同程度烧伤。

2017 年 9 月 7 日,公安消防支队对该起火灾出具火灾事故认定书,对起火原因认定如下:起火时间为 2016 年 12 月 18 日 13 时 1 分许,起火部位位于×××路×××号餐饮公司厨房内;起火原因为刘某某在厨房内为灶具的储油罐加注燃料的过程中,因操作不慎导致燃料泄漏,遇火源发生爆燃。

2017 年 11 月 27 日,张某向劳动人事争议仲裁委员会申请仲裁,要求确认 2015 年 2 月至 2016 年 12 月 18 日与餐饮公司存在劳动关系。2018 年 3 月 14 日,劳动仲裁委作出裁决,未支持张某的仲裁请求。张某不服,提起民事诉讼,法院经审理,于 2018 年 10 月 16 日作出民事判决,判决确认张某与餐饮公司于 2015 年 2 月至 2016 年 12 月 18 日存在劳动关系。该民事判决书还在"事实查明"部分载明:"张某原系餐饮公司经营饭店厨房工作人员,双方并未签订劳动合同,其工作地点为上海市×××路×××号。2016 年 12 月 18 日,张某在工作时因案外人操作不当,造成餐饮公司着火致张某被严重烧伤。"

2017 年 12 月 5 日,张某向当地人社局提出工伤认定申请,人社局于 12 月 15 日向其出具《补正材料通知书》,要求张某补充提供与餐饮公司存在劳动关系的证明材料。一审判决后,张某向人社局提交法院的民事判决书,人社局于 2018 年 11 月 30 日受理张某的工伤认定申请。人社局经调查,于 2019 年 1 月 21 日作出《认定工伤决定书》(以下简称被诉认定工伤决定),张某受到的事故伤害,符合《工伤保险条例》第 14 条第 1 项、《上海市工伤保险实施办法》第 14 条第 1 项之规定,属于工伤认定范围,予以认定为工伤。被诉认定工伤决定送达餐饮公司与张某后,餐饮公司不服,诉至法院,请求撤销被诉认定工伤决定。

裁判结果

一审法院认为,根据《工伤保险条例》第 5 条第 2 款的规定,人社局具有作出被诉认定工伤决定的法定职权。人社局收到张某的申请后,经调查核实,于法定期限内作出认定工伤决定书,程序合法。

法院作出的生效民事判决书已确认张某与餐饮公司于 2015 年 2 月至 2016 年 12 月 18 日存在劳动关系,餐饮公司在没有相反证据足以推翻该生效判决的情形下,应当认可该判决文书的效力,即应认可张某与餐饮公司之间存在劳动关系。

根据《工伤保险条例》第 14 条第 1 项的规定,职工若在工作时间和工作场所内因工作原因受到了事故伤害,应认定为工伤。张某从事切配菜工作,餐饮公司并没有规章制度明确规定员工的上下班时间。即便张某在事发时处于工间休息状态,因张某的工间休息是其工作程序所致,也是劳动者的合理需求,亦应属于工作时间。至于如何理解工作原因,工作原因应指与用人单位各项工作事务和职工本职工作所衍生事务相关的原因,对工作原因应作广义理解,不能仅仅局限在与职工本职工作相关的范围内。张某系在厨房内受伤,无论其是在工作过程中还是在工间休息,由于餐饮公司提供的附属设施或设备不完善、存在不安全因素等造成其伤害,都属于因工作原因遭受了事故伤害,应当认定为工伤。此外,虽然餐饮公司否认张某系在工作时间因工作原因受伤的事实,但《工伤保险条例》第 19 条第 2 款规定,职工或者其近亲属认为是工伤,而用人单位不认为是工伤的,由用人单位承担举证责任。餐饮公司作为用人单位,在工伤认定行政程序中并未向人社局提供有效证据,在本案中亦未就张某并非在工作时间因工作原因受到事故伤害主张提供充分有效的证据予以证明,故对餐饮公司的抗辩意见,法院难以采信。

综上,人社局在工伤认定程序中根据生效民事判决书认定的事实,并结合向餐饮公司、张某调查笔录等证据认定餐饮公司与张某存在劳动关系,并作出被诉认定工伤决定,认定事实清楚,适用法律正确。

餐饮公司不服一审判决,上诉到中级人民法院,最终被驳回上诉,维持原判。

案例精析

一、工伤认定的法定情形

工伤认定是工伤职业病争议处理的前提条件,工伤认定的情形分为应当认定工伤情形、视同工伤情形和不认定工伤情形三大类。

(一)应当认定工伤的七种情形

根据《工伤保险条例》第 14 条,职工有下列情形之一的,应当认定为工伤。

1. 在工作时间和工作场所内,因工作原因受到事故伤害

这是工伤最常见的情形,即同时满足工作时间、工作场所、工作原因时,职工所受事故伤害属于工伤。但特别注意的是对“三工”应当作适当扩大解释。

“工作时间”并不仅指法定工作时间,劳动者延长工作时间也包含在内。

“工作场所”也并不局限于劳动者工位,劳动者为满足基本生理需要的活动离开工作岗位,比如,喝水、如厕、就餐等所涉及的场所也属于工作场所的延伸;劳动者来往于多个与其工作职责相关的工作场所之间的合理区域也属于其工作场所。除劳动者履行自身工作职责外,帮助其他部门履行的非本职工作也应纳入与履行工作职责相关加以考量。在此延伸范围内,劳动者参加用人单位组织

或者受用人单位指派参加其他单位组织的活动受到伤害的也属于工伤，比如，参加单位组织的体育比赛、团建活动。

“工作原因”是认定工伤的最核心的要件，是否属于工作原因受到伤害通常存在无法查明等情形，用人单位与劳动者之间往往争议较大。需要注意的是，对该问题，在举证责任的分配上适用举证责任倒置，即在工作场所和工作时间内，用人单位不能证明劳动者的受伤是非工作原因导致的，则应当认定为工作原因导致。

2. 工作时间前后在工作场所内，从事与工作有关的预备性或者收尾性工作受到事故伤害

此条款主要指提前到工作场所进行准备性工作，比如，打扫卫生、准备器材、检查设备运行等；或者下班后从事收尾工作，比如，整理内务、设备归位等情形。工作是一个完整的过程，职工从事预备性或收尾性工作均构成工作过程的一部分。

3. 在工作时间和工作场所内，因履行工作职责受到暴力等意外伤害

此种情形必须同时满足：(1)工作时间和工作场所内；(2)受到意外伤害；(3)因履行工作职责所引发。意外伤害，是指因意外导致身体受到伤害的事件，意外往往指的是外来的、突发的、非本意的、非疾病所致的身体伤害的客观事件。履行工作职责是本条认定为工伤的关键所在，比如，保安出于安全保卫原因阻止外来人员进入办公场所遭到外来人员的暴力伤害，则属于履行工作职责，而保安因为私人恩怨打架斗殴受伤就不能认定为工伤。

4. 患职业病

职业病，是指劳动者在提供劳动过程中，因接触粉尘、放射性物质和其他有毒、有害物质等因素而引起的疾病。根据《职业病防治法》的规定，职业病诊断标准和职业病诊断、鉴定办法由国务院卫生行政部门制定。职业病伤残等级的鉴定办法由国务院劳动保障行政部门会同国务院卫生行政部门制定。职业病诊断，应当综合分析下列因素：(1)病人的职业史；(2)职业病危害接触史和工作场所职业病危害因素情况；(3)临床表现以及辅助检查结果等。没有证据否定职业病危害因素与病人临床表现之间的必然联系的，应当诊断为职业病。

5. 因工外出期间，由于工作原因受到伤害或者发生事故下落不明

以下三种情况通常属于“因工外出期间”：(1)受用人单位指派或者因工作

需要在工作场所以外从事与工作职责有关的活动期间;(2)受用人单位指派外出学习或者开会期间;(3)因工作需要的其他外出活动期间。如果是因办私事外出期间受到伤害或者发生事故下落不明的不能认定为工伤。

6. 在上下班途中,受到非本人主要责任的交通事故或者城市轨道交通、客运轮渡、火车事故伤害

在工伤认定中适用该条的情形比较多,需要特别注意以下几点:

(1)必须发生在“上下班途中”。上下班途中包含了时间和空间的概念,在认定中既要考虑上下班时间的合理性,也要考虑往返工作地和居住地路线的合理性。“在合理时间内往返于工作地与住所地、经常居住地、单位宿舍的合理路线的上下班途中;在合理时间内往返于工作地与配偶、父母、子女居住地的合理路线的上下班途中;从事属于日常工作生活所需要的活动,且在合理时间和合理路线的上下班途中;在合理时间内其他合理路线的上下班途中”等情形,均应认定为“上下班途中”。

(2)非本人主要责任,指在交通事故中不能负主要责任和全部责任。有关责任认定,应当以公安机关出具的责任认定书或人民法院的生效裁决作为依据。

(3)必须是交通事故或者城市轨道交通、客运轮渡、火车事故。其中,交通事故包括机动车事故和非机动车事故。

7. 法律、行政法规规定应当认定为工伤的其他情形

由于工伤情形纷繁复杂,为了避免“遗漏”以及加强对劳动者的工伤权益保护,设定的兜底条款。

(二)视同工伤的三种情形

有三种比较特殊的情形,不包括在以上列举的范围之内,但又确有必要加以工伤保护,所以延伸为“视同工伤”。

1. 在工作时间和工作岗位,突发疾病死亡或者在48小时之内经抢救无效死亡的。适用此情形时必须同时满足:(1)工作时间和工作岗位上;(2)突发疾病死亡或者在48小时之内经过抢救无效死亡的。从医疗机构首次接诊开始计算48小时,如超过48小时,则不再适用。

2. 在抢险救灾等维护国家利益、公共利益活动中受到伤害。注意,因为是维护国家利益和公共利益活动,因此没有工作时间、工作场所、工作原因的限制。有关见义勇为行为能否认定为工伤,国家层面上的法律并没有明确,各省市的实

务操作中并不完全一致。

3. 职工原在军队服役，因战、因公负伤致残，已取得革命伤残军人证，到用人单位后旧伤复发。

（三）排除认定为工伤的三种情形

劳动者有以下三种情形之一的，不能认定为工伤或视同工伤。

1. 故意犯罪。我国《刑法》规定，犯罪分为故意犯罪和过失犯罪两大类。只有故意犯罪才被排除在工伤认定之外。故意犯罪的认定，要以司法机构的生效法律文书或结论性意见为依据。

2. 醉酒或者吸毒。醉酒或者吸毒的认定，要以司法机构的生效法律文书或结论性意见为依据。

3. 自残或者自杀。这种情况属于主观故意行为，与工作没有必然的因果关系，不属于工伤保险保护的范畴。

回到本案中，张某在餐饮公司从事的切配工作，没有具体明确的工作时间，即使工间休息，也属于工作时间的合理延伸；厨房内受伤，无论其是在工作过程中还是在工间休息，由于餐饮公司提供的附属设施或设备不完善、存在不安全因素等造成其伤害，属于因工作原因导致，符合《工伤保险条例》第 14 条第 1 项的情形，应当认定为工伤。虽然餐饮公司对人社局作出的工伤认定不予认可，并提起了行政诉讼，但因无法证明张某所受伤害并非工作原因所致，所以承担举证不能的责任。

二、工伤认定申请的主体

劳动者发生工伤的，有以下三类主体可以提出工伤认定申请。

1. 用人单位

根据《工伤保险条例》第 17 条，用人单位应当自事故伤害发生之日起 30 日内向工伤认定部门提出工伤认定申请。遇有特殊情况，经报工伤认定部门同意，申请时限可以适当延长。劳动者发生工伤，首先就是由用人单位进行工伤认定申请，时限为 30 日。如果用人单位没有在规定的时限内提交工伤认定申请，在此期间发生的符合《工伤保险条例》规定的工伤待遇等有关费用由该用人单位负担。

2. 工伤职工或者其近亲属

用人单位未按规定提出工伤认定申请的，工伤职工或者其近亲属在事故伤害发生之日起1年内,可以提出工伤认定申请。

根据《因工死亡职工供养亲属范围规定》第2条,本规定所称因工死亡职工供养亲属,是指该职工的配偶、子女、父母、祖父母、外祖父母、孙子女、外孙子女、兄弟姐妹。因此,实务中对提出工伤申请中的近亲属范围认定,一般也参照该规定确定。

3. 工会组织

职工发生工伤,用人单位未按规定提出工伤认定申请的,工会组织在事故伤害发生之日起1年内,也可以提出工伤认定申请。注意该工会组织并不限于本用人单位的工会,如用人单位没有建立工会,用人单位所在的上级工会组织也具有提起工伤认定申请的权利。

维权提醒

1. 劳动者发生工伤的,用人单位应当在其受伤之日起30日内向工伤认定部门提交工伤认定申请。用人单位没有在规定时限提交认定申请的,在此期间发生的费用,工伤保险基金不予理赔,全部由用人单位承担。

2. 劳动者发生工伤的,应当第一时间告知用人单位,并保留相关证据。如需要公安机关作出责任认定作为依据,则同时要报警处理。

3. 用人单位拒不提交工伤认定申请的,劳动者或其近亲属自工伤事故发生之日起1年内可以提交工伤认定申请。

法条索引

《工伤保险条例》

第14条 职工有下列情形之一的,应当认定为工伤:

(一)在工作时间和工作场所内,因工作原因受到事故伤害的;

(二)工作时间前后在工作场所内,从事与工作有关的预备性或者收尾性工作受到事故伤害的;

(三)在工作时间和工作场所内,因履行工作职责受到暴力等意外伤害的;

(四)患职业病的;

(五)因工外出期间,由于工作原因受到伤害或者发生事故下落不明的;

(六)在上下班途中,受到非本人主要责任的交通事故或者城市轨道交通、客运轮渡、火车事故伤害的;

（七）法律、行政法规规定应当认定为工伤的其他情形。

第15条　职工有下列情形之一的，视同工伤：

（一）在工作时间和工作岗位，突发疾病死亡或者在48小时之内经抢救无效死亡的；

（二）在抢险救灾等维护国家利益、公共利益活动中受到伤害的；

（三）职工原在军队服役，因战、因公负伤致残，已取得革命伤残军人证，到用人单位后旧伤复发的。

职工有前款第（一）项、第（二）项情形的，按照本条例的有关规定享受工伤保险待遇；职工有前款第（三）项情形的，按照本条例的有关规定享受除一次性伤残补助金以外的工伤保险待遇。

第16条　职工符合本条例第十四条、第十五条的规定，但是有下列情形之一的，不得认定为工伤或者视同工伤：

（一）故意犯罪的；

（二）醉酒或者吸毒的；

（三）自残或者自杀的。

第17条　职工发生事故伤害或者按照职业病防治法规定被诊断、鉴定为职业病，所在单位应当自事故伤害发生之日或者被诊断、鉴定为职业病之日起30日内，向统筹地区社会保险行政部门提出工伤认定申请。遇有特殊情况，经报社会保险行政部门同意，申请时限可以适当延长。

用人单位未按前款规定提出工伤认定申请的，工伤职工或者其近亲属、工会组织在事故伤害发生之日或者被诊断、鉴定为职业病之日起1年内，可以直接向用人单位所在地统筹地区社会保险行政部门提出工伤认定申请。

按照本条第一款规定应当由省级社会保险行政部门进行工伤认定的事项，根据属地原则由用人单位所在地的设区的市级社会保险行政部门办理。

用人单位未在本条第一款规定的时限内提交工伤认定申请，在此期间发生符合本条例规定的工伤待遇等有关费用由该用人单位负担。

《最高人民法院关于审理工伤保险行政案件若干问题的规定》

第4条　社会保险行政部门认定下列情形为工伤的，人民法院应予支持：

（一）职工在工作时间和工作场所内受到伤害，用人单位或者社会保险行政部门没有证据证明是非工作原因导致的；

（二）职工参加用人单位组织或者受用人单位指派参加其他单位组织的活动

受到伤害的；

（三）在工作时间内，职工来往于多个与其工作职责相关的工作场所之间的合理区域因工受到伤害的；

（四）其他与履行工作职责相关，在工作时间及合理区域内受到伤害的。

第5条 社会保险行政部门认定下列情形为“因工外出期间”的，人民法院应予支持：

（一）职工受用人单位指派或者因工作需要在工作场所以外从事与工作职责有关的活动期间；

（二）职工受用人单位指派外出学习或者开会期间；

（三）职工因工作需要的其他外出活动期间。

职工因工外出期间从事与工作或者受用人单位指派外出学习、开会无关的个人活动受到伤害，社会保险行政部门不认定为工伤的，人民法院应予支持。

第6条 对社会保险行政部门认定下列情形为“上下班途中”的，人民法院应予支持：

（一）在合理时间内往返于工作地与住所地、经常居住地、单位宿舍的合理路线的上下班途中；

（二）在合理时间内往返于工作地与配偶、父母、子女居住地的合理路线的上下班途中；

（三）从事属于日常工作生活所需要的活动，且在合理时间和合理路线的上下班途中；

（四）在合理时间内其他合理路线的上下班途中。

第二节 工伤保险待遇

导 读

工伤保险待遇是指工伤职工或工亡职工亲属依法应当享受的赔偿项目和标准。工伤保险待遇纠纷是指工伤当事人之间因工伤保险责任的分担和工伤保险权利和义务的实现所引发的争议。此类案件涉及主体宽泛、规定庞杂，审判实践中标准也不完全一致。

案情简介

梅某系外省市来沪从业人员，于 2015 年 1 月 3 日进入上海某机械公司（以下简称机械公司）从事司机工作，双方签订有期限自 2015 年 1 月 3 日至 2018 年 1 月 3 日的劳动合同。

2015 年 1 月 27 日，梅某签署了一份自愿放弃社保声明书，内容为："乙方（梅某）于 2015 年 1 月 3 日到甲方（机械公司）公司工作，获知甲方将统一为其在上海市社保中心购买社会保险，并按照规定由双方分别缴纳参保费用，乙方应负担的费用由甲方按照规定从其工资中代扣代缴，乙方在充分了解到社保的相关规定，清楚其在社保上的权利、义务以及不购买社保可能存在的法律风险后，仍然自愿放弃公司为其购买社会保险，具体原因为自己个人购买社会保险。鉴于为乙方原因，为明确责任，乙方声明如下：本人自愿放弃甲方为本人购买社会保险（含养老、工伤、医疗、失业、生育等险种），因未购买社会保险而产生的一切不利后果和法律责任由本人自行承担；本人同时保证不在任何时候，以任何理由就未购买社会保险事宜向公司提出任何主张权利……"

2015 年 4 月 8 日，梅某在工作中突发疾病死亡。2015 年 4 月 13 日，机械公司为梅某补办社会保险转入手续，并为其补缴社会保险费。

2015 年 5 月 26 日，机械公司所在的区人力资源和社会保障局作出认定工伤决定书，认定梅某死亡视为工伤。公司告知梅某家属，公司已补缴了社会保险费，可以向工伤保险基金申请工伤理赔。2015 年 8 月 6 日，梅某家属向上海市社会保险事业管理中心申领工伤待遇，该中心出具办理情况回执，告知其一次性工亡补助金及丧葬补助金不符合领取条件。

由于领不到工伤保险待遇，2015 年 10 月 29 日，梅某家属申请仲裁，要求机械公司赔偿一次性工亡补助金 576,880 元、丧葬补助金 32,706 元。

裁判结果

法院审理后认为，依照规定应当参加工伤保险而未参加工伤保险的用人单位职工发生工伤的，由该用人单位按照规定的工伤保险待遇项目和标准支付费用。

本案中，机械公司主张梅某曾以自己个人购买社会保险为由，自愿放弃由机械公司为其缴纳社会保险费，故机械公司未为梅某缴纳包括工伤保险费在内的社会保险费。法院认为，用人单位为劳动者缴纳社会保险费是用人单位的法定义务,故梅某出具的声明书因违反法律规定而无效。现机械公司未依法为梅某缴纳工伤保险费,梅某发生工伤,应当由机械公司按照规定的工伤保险待遇项目和标准承担费用。

机械公司不服一审判决,提起上诉,二审维持原判。

案例精析

劳动者发生工伤后,可以享受的工伤保险待遇具体包含哪些?停工留薪期待遇如何?员工签署放弃社会保险缴纳的声明后发生工伤,用人单位还需要赔偿吗?伤害事故发生后,用人单位如果补缴社保,还能要求工伤理赔吗?下面结合案例就以上问题进行逐一分析。

一、依法为劳动者缴纳社会保险是用人单位的法定义务,劳动者放弃缴纳社会保险的行为违反法律、行政法规强制性规定

《工伤保险条例》第2条第1款规定:"中华人民共和国境内的企业、事业单位、社会团体、民办非企业单位、基金会、律师事务所、会计师事务所等组织和有雇工的个体工商户(以下称用人单位)应当依照本条例规定参加工伤保险,为本单位全部职工或者雇工(以下称职工)缴纳工伤保险费。"因此,用人单位为劳动者缴纳社会保险是法律、行政法规规定的强制性法定义务,劳动者作出放弃缴纳社会保险的声明违反法律、行政法规强制性规定,归于无效。无论是用人单位和劳动者协商一致无须缴纳社会保险,或者是劳动者单方面作出无须缴纳社会保险的意思表示,均不能据此免除用人单位缴纳社会保险的法定义务。

二、用人单位未依法为劳动者缴纳社会保险,劳动者发生工伤的工伤保险待遇由用人单位承担

《工伤保险条例》第62条第2款规定,依照本条例规定应当参加工伤保险而未参加工伤保险的用人单位职工发生工伤的,由该用人单位按照本条例规定的工伤保险待遇项目和标准支付费用。

本案中,虽然梅某出具声明,放弃追究机械公司未缴纳社会保险的责任,但该声明违反了法律、行政法规的强制性规定而无效,因此机械公司仍需承担梅某发生工伤的全部工伤保险待遇。

三、劳动者发生工伤后用人单位补缴工伤保险费的,工伤保险基金仅支付新发生的费用

《工伤保险条例》第62条第3款规定,用人单位参加工伤保险并补缴应当缴纳的工伤保险费、滞纳金后，由工伤保险基金和用人单位依照本条例的规定支付新发生的费用。

如何理解“新发生的费用”？《人力资源和社会保障部关于执行〈工伤保险条例〉若干问题的意见（二）》第3条规定：《工伤保险条例》第62条规定的“新发生的费用”，是指用人单位参加工伤保险前发生工伤的职工，在参加工伤保险后新发生的费用。其中由工伤保险基金支付的费用，按不同情况予以处理：因工受伤的，支付参保后新发生的工伤医疗费、工伤康复费、住院伙食补助费、统筹地区以外就医交通食宿费、辅助器具配置费、生活护理费、一级至四级伤残职工伤残津贴，以及参保后解除劳动合同时的一次性工伤医疗补助金。

本案中，机械公司是在梅某死亡后才补缴的社会保险费，一次性工亡补助金和丧葬补助金均发生于机械公司补缴社会保险之前，因此不能由工伤保险基金理赔。

四、劳动者发生工伤后可以享受的工伤待遇

（一）工伤医疗费

根据《工伤保险条例》第30条，职工因工作遭受事故伤害或者患职业病进行治疗，享受工伤医疗待遇。

用人单位为职工依法缴纳工伤保险的，职工发生工伤所需费用符合工伤保险诊疗项目目录、工伤保险药品目录、工伤保险住院服务标准的，从工伤保险基金支付。工伤员工住院治疗工伤的伙食补助费，以及经医疗机构出具证明，报经办机构同意，工伤职工到统筹地区以外就医所需的交通、食宿费用从工伤保险基金支付。

工伤职工到签订服务协议的医疗机构进行工伤康复的费用，符合规定的，从工伤保险基金支付。工伤职工因日常生活或者就业需要，经劳动能力鉴定委员会确认，可以安装假肢、矫形器、假眼、假牙和配置轮椅等辅助器具，所需费用按照国家规定的标准从工伤保险基金支付。

需要说明的是，工伤职工在治疗非工伤引发的疾病时，不享受工伤医疗待遇，只能通过医疗保险进行处理。

（二）停工留薪期工资

《工伤保险条例》第33条规定，职工因工作遭受事故伤害或者患职业病需要暂停工作接受工伤医疗的，在停工留薪期内，原工资福利待遇不变，由所在单位

按月支付。

停工留薪期一般不超过 12 个月。伤情严重或者情况特殊，经设区的市级劳动能力鉴定委员会确认，可以适当延长，但延长不得超过 12 个月。工伤职工评定伤残等级后，停发原待遇，享受伤残待遇。工伤职工在停工留薪期满后仍需治疗的，继续享受工伤医疗待遇。生活不能自理的工伤职工在停工留薪期需要护理的，由所在单位负责。

（三）工伤致残待遇

1. 由用人单位支付的费用（见表 12－1）

表 12－1　工伤致残由用人单位支付的费用

<table>
<tr><th rowspan="2">伤残等级</th><th colspan="2">停工留薪期内</th><th rowspan="2">伤残津贴</th><th rowspan="2">一次性伤残就业补助金（上海地区）</th></tr>
<tr><th>工资</th><th>护理费</th></tr>
<tr><td>一级</td><td rowspan="10">本人工资福利待遇不变</td><td rowspan="10">生活不能自理，在停工留薪期需要护理的，由用人单位负责</td><td rowspan="4">无须支付</td><td rowspan="4">无须支付</td></tr>
<tr><td>二级</td></tr>
<tr><td>三级</td></tr>
<tr><td>四级</td></tr>
<tr><td>五级</td><td>70%</td><td>18 个月</td></tr>
<tr><td>六级</td><td>60%</td><td>15 个月</td></tr>
<tr><td>七级</td><td rowspan="4">无须支付</td><td>12 个月</td></tr>
<tr><td>八级</td><td>9 个月</td></tr>
<tr><td>九级</td><td>6 个月</td></tr>
<tr><td>十级</td><td>3 个月</td></tr>
<tr><td>备注</td><td colspan="4">1. 一次性伤残就业补助金计算基数为上年度全市职工月平均工资
2. 一次性伤残就业补助金的具体标准由省、自治区、直辖市人民政府规定
3. 上海地区规定，伤残级别为 5～10 级的，经工伤人员本人提出与用人单位解除劳动关系，且解除劳动关系时距法定退休年龄不足 5 年的，不足年限每减少一年，一次性伤残工伤医疗补助金和一次性伤残就业补助金递减 20%。劳动者以《劳动合同法》第 38 条为由解除时，不受此限制</td></tr>
</table>

2. 由工伤保险基金支付的费用(见表 12－2)

表 12－2 工伤致残由工伤保险基金支付的费用

<table>
<tr><th>伤残等级</th><th>外省市就医交通、食宿费</th><th>工伤医疗费</th><th>伤残津贴(按月)</th><th>一次性伤残补助金</th><th>一次性工伤医疗补助金(上海地区)</th></tr>
<tr><td>一级</td><td rowspan="10">经同意工伤人员到外省市就医的,由工伤保险基金按照规定的标准支付食宿费,交通费按照社保经办机构核定的交通工具乘坐费用实报实销</td><td rowspan="10">符合工伤保险诊疗项目目录、工伤保险住院服务的医疗费用,由工伤保险基金承担(有特别规定由医疗保险基金承担的部分除外)</td><td>90%</td><td>27 个月</td><td rowspan="4">无须支付</td></tr>
<tr><td>二级</td><td>85%</td><td>25 个月</td></tr>
<tr><td>三级</td><td>80%</td><td>23 个月</td></tr>
<tr><td>四级</td><td>75%</td><td>21 个月</td></tr>
<tr><td>五级</td><td rowspan="6">无须支付</td><td>18 个月</td><td>18 个月</td></tr>
<tr><td>六级</td><td>16 个月</td><td>15 个月</td></tr>
<tr><td>七级</td><td>13 个月</td><td>12 个月</td></tr>
<tr><td>八级</td><td>11 个月</td><td>9 个月</td></tr>
<tr><td>九级</td><td>9 个月</td><td>6 个月</td></tr>
<tr><td>十级</td><td>7 个月</td><td>3 个月</td></tr>
<tr><td>备注</td><td colspan="5">伤残津贴以及一次性伤残补助金的计算基数为受伤前 12 个月平均月缴费工资。一次性工伤医疗补助金的具体标准由省、自治区、直辖市人民政府规定</td></tr>
</table>

(四)因工死亡待遇

1. 一次性工亡补助金

标准:为从业人员因工死亡时上一年度全国城镇居民人均可支配收入的 20 倍。

2. 丧葬补助金

标准:从业人员因工死亡时 6 个月的上年度全市职工月平均工资。

3. 供养亲属抚恤金

标准:按从业人员本人因工死亡前 12 个月的平均月缴费工资为计发基数,配偶每月 40%,其他亲属每人每月 30%,孤寡老人或者孤儿每人每月在上述标准的基础上增加 10%。核定的各供养亲属的抚恤金之和不应高于因工死亡职工生前的工资。

五、工伤保险待遇与侵权损害赔偿的竞合

因用人单位以外的第三人侵权造成劳动者人身损害,同时又构成工伤,形成

工伤保险赔偿和第三人侵权赔偿的竞合。工伤赔偿请求权基础是劳动者因发生工伤事故获得的一种社会保险利益,工伤保险损害赔偿实行无过错责任原则,有社会保险性质。而第三人侵权损害赔偿请求权基础是劳动者因第三人侵权致害而取得,侵权损害赔偿实行的是民法的填平原则、过错原则和过失相抵原则,侵权损害赔偿的损失包括财产性损失及非财产性损失,其性质属于私法领域的赔偿。两者请求权基础不同,归责原则和权利保护范围也不一样。实践中,劳动者能否同时主张享有工伤保险待遇和侵权损害的赔偿,各省市的司法实践并不统一。

以上海地区为例,考虑到工伤和侵权案件两种不同赔偿制度的特点和功能,对两者赔偿项目进行了相应的区分(见表12-3、表12-4、表12-5)。

1. 重复项目(就高原则)

表12-3 工伤和侵权案件针对重复项目的赔偿区分

工伤	第三人侵权
原工资福利 (停工留薪待遇)	误工费
医疗费	医疗费
护理费(停工留薪期间)生活护理费	护理费
住院伙食补助费	住院伙食补助费
交通费	交通费
外省市就医食宿费	外省市就医住宿、伙食费
康复治疗费	康复费、康复护理费、适当的整容费、后续治疗费
辅助器具费	残疾辅助器具费
供养亲属抚恤金	被扶养人生活费
丧葬补助金	丧葬费

2. 兼得项目(同时获得)

表12-4 工伤和侵权案件针对兼得项目的赔偿区分

工伤	侵权
一次性伤残补助金	残疾赔偿金
一次性工亡补助金	死亡赔偿金

3. 专属项目(分别获得)

表 12－5　工伤和侵权案件针对专属项目的赔偿区分

工伤	侵权
伤残津贴	营养费
一次性工伤医疗补助金和一次性就业补助金	精神抚慰金

维权提醒

1. 用人单位缴纳社会保险是法定义务,劳动者放弃要求用人单位缴纳社会保险的义务,违反法律、行政法规强制性规定而无效。劳动者发生工伤的,用人单位仍应承担工伤保险用工主体责任,劳动者仍可享受工伤保险待遇。

2. 劳动者发生工伤伤情严重或者情况特殊的,如停工留薪期已经届满需要延长期限的,应当向劳动能力鉴定委员会及时提出申请。

3. 用人单位没有为劳动者缴纳社会保险的,当劳动者发生工伤后应当及时补缴,对补缴社会保险后发生的新的费用,由工伤保险基金理赔。

法条索引

《工伤保险条例》

第 2 条　中华人民共和国境内的各类企业、有雇工的个体工商户(以下称用人单位)应当依照本条例规定参加工伤保险,为本单位全部职工或者雇工(以下称职工)缴纳工伤保险费。

中华人民共和国境内的企业、事业单位、社会团体、民办非企业单位、基金会、律师事务所、会计师事务所等组织的职工和个体工商户的雇工,均有依照本条例的规定享受工伤保险待遇的权利。

第 62 条　用人单位依照本条例规定应当参加工伤保险而未参加的,由社会保险行政部门责令限期参加,补缴应当缴纳的工伤保险费,并自欠缴之日起,按日加收万分之五的滞纳金;逾期仍不缴纳的,处欠缴数额 1 倍以上 3 倍以下的罚款。

依照本条例规定应当参加工伤保险而未参加工伤保险的用人单位职工发生工伤的,由该用人单位按照本条例规定的工伤保险待遇项目和标准支付费用。

用人单位参加工伤保险并补缴应当缴纳的工伤保险费、滞纳金后,由工伤保险基金和用人单位依照本条例的规定支付新发生的费用。

《最高人民法院关于审理人身损害赔偿案件适用法律若干问题的解释》

第3条 依法应当参加工伤保险统筹的用人单位的劳动者,因工伤事故遭受人身损害,劳动者或者其近亲属向人民法院起诉请求用人单位承担民事赔偿责任的,告知其按《工伤保险条例》的规定处理。

因用人单位以外的第三人侵权造成劳动者人身损害,赔偿权利人请求第三人承担民事赔偿责任的,人民法院应予支持。

第十三章
集 体 合 同

第一节 集 体 合 同

导 读

《工会法》明确规定，维护职工合法权益、竭诚服务职工群众是工会的基本职责。工会代表和维护职工的合法权益，通过平等协商和集体合同制度等，推动健全劳动关系协调机制，维护职工劳动权益，构建和谐劳动关系。工会组织是劳动关系三方的重要组成部分，代表和维护职工权益，会同劳动行政部门和企业方面代表，建立三方协商机制，共同研究解决劳动关系方面的重大问题。实践中，集体协商作为工会组织协调劳动关系的重要机制，在平衡劳资双方利益诉求、构建和谐劳动关系中发挥了重要作用，而作为协商结果的集体合同，也作为司法裁判中的重要依据，发挥定分止争的积极作用。

案情简介

周某与上海某出租车有限公司于2016年9月1日签订劳动合同，期限至2018年12月25日，从事出租车驾驶员工作。2018年12月12日，周某因突发脑梗死而住院治疗，2018年12月28日出院后便一直处于病假休息中。2019年10月31日，公司为其办理了退工手续，不再缴纳社保也不再支付病假工资。周某认为，公司在其医疗期内拖欠病假工资并违法解除劳动合同，严重侵害自己的权益。故于2020年5月18日申请劳动仲裁，后不服仲裁，诉至法院，要求公司支付2018年12月12日至2019年10月31日的病假工资差额以及违法解除劳动合同的赔偿金。

公司则不同意周某诉请，认为双方签订的劳动关系因劳动合同期满终止，不存在违法解除情况，不应支付赔偿金或经济补偿金，也不存在支付病假工资差额的情形。

双方围绕争议焦点提供了仲裁裁决书、劳动合同、劳动手册及《上海市出租汽车行业承包经营合同》、出院小结、病假单、退工证明、银行流水、领款凭证及电子回执、终止劳动合同通知书、《上海市出租汽车行业企业集体合同》等证据。

裁判结果

法院认为，周某 2018 年 12 月 12 日起因病休假，到 2019 年 10 月 31 日其医疗期已经届满，双方劳动合同因周某医疗期满后不能从事原工作而到期终止，并非公司单方违法解除劳动关系，不符合用人单位支付赔偿金的情形但符合支付经济补偿金的情形。关于病假工资及经济补偿标准，应根据周某所在出租汽车行业集体合同约定，病假工资不低于本市最低工资标准的 80%。劳动合同解除或终止时，经济补偿标准按驾驶员当年社会保险费缴纳基数执行。周某在庭审中变更诉讼请求，改为主张经济补偿金，最终法院判决公司支付周某经济补偿金及病假工资差额。

案例精析

本案是一起劳动合同解除纠纷，但是法院最终认定病假工资以及经济补偿基数的依据并不是用人单位和劳动者订立的劳动合同，而是行业性集体合同。集体合同是由企业、行业、区域工会代表全体职工，与企业、行业或区域企业签订的，其效力及于企业、行业或区域全体职工。《劳动合同法》第五章第一节对集体合同作出了明确规定，《上海市集体合同条例》作为地方性法规，是指导全市企业开展集体协商、签订集体合同的重要依据。

一、集体合同的内容和类型

根据《劳动合同法》第 51 条、第 52 条，企业职工一方与用人单位通过平等协商，可以就劳动报酬、工作时间、休息休假、劳动安全卫生、保险福利等事项订立集体合同。根据协商内容的不同，企业和职工还可以订立劳动安全卫生、女职工权益保护、工资调整机制等专项集体合同。集体合同期限一般为 1 年至 3 年，工资专项集体合同期限一般为 1 年。工资专项集体合同一般包括对工资标准、工资分配形式、工资支付办法,职工年度平均工资水平的调整幅度,奖金、津贴、补贴等分配办法,加班工资以及试用期、病假、事假等期间的工资待遇等事项的约定。

除了单一企业与职工方订立的集体合同外,集体合同类型还包括行业性集体合同、区域性集体合同。《劳动合同法》第53条规定,在县级以下区域内,建筑业、采矿业、餐饮服务业等行业可以由工会与企业方面代表订立行业性集体合同,或者订立区域性集体合同。《上海市集体合同条例》第26条对此又进行了细化:区、县区域内的建筑、餐饮服务等行业,以及其他有条件开展集体协商的行业的工会,可以选派代表与行业协会或者企业推选的代表进行集体协商,签订行业性集体合同。小微企业较为集中的街道(乡镇)、经济开发区、工业(科技)园区、商业区、商务楼宇等区域内的工会,可以选派代表与区域内不具备独立开展集体协商条件的企业推选的代表进行集体协商,签订区域性集体合同。

本案中,作为公司支付周某经济补偿金的裁判依据便是行业性集体合同,即《上海市出租汽车行业企业集体合同》。该集体合同中对出租车司机的病假工资发放及解除劳动合同的经济补偿金计算标准有明确约定,法院按照该集体合同作出相应判决内容。

二、集体合同的订立流程与规范

签订集体合同要遵守规范的法定流程,包括产生协商代表、确定协商议题、听取各有关方面意见和建议、草拟议题解决方案、召开协商会议、形成集体合同草案、提交职工代表大会或者全体职工讨论、经职代会审议通过或全体职工半数以上同意通过、报送市或者区级人力资源社会保障部门备案、向全体职工公示。

就未建立工会的企业而言,也可以开展集体协商、签订集体合同,可由上级工会指导职工推举的代表向企业一方提出集体协商;企业一方建议开展集体协商的,可以向本企业职工直接提出,也可以向上级工会提出。

需要特别注意的是,集体协商的任何一方因以下三种情形向对方提出集体协商建议的,另一方不得拒绝或者拖延:一是需要裁减人员20人以上或者裁减不足20人但占企业职工总数10%以上的;二是劳动纠纷导致群体性停工、上访的;三是生产过程中发现存在重大事故隐患或者职业危害的。这从根本上保障了企业和劳动者双方的协商权利,当发生影响劳动合同履行的重大情形时,应先通过集体协商预防和化解劳动争议,真正发挥集体协商机制在协调劳动关系中的重要作用。

三、集体合同的效力与实践

集体合同依法签订后,对企业和全体职工均发生效力。故当双方发生劳动争议时,裁审部门对劳动合同中没有明确约定的内容,如果在集体合同中有约定的,可以作为裁审部门的审理依据。

行业性集体合同协商的内容一般包括对行业的最低工资标准、行业工资调整的最低幅度、同类工种的定额标准、行业各工种、岗位的劳动安全和卫生标准以及各工种、岗位的职工培训制度等内容。行业性集体合同草案应当取得本行业企业法定代表人的认可。行业性集体合同草案应当经认可该草案的企业全体职工代表半数以上或者全体职工半数以上同意,方获通过。

区域性集体合同协商的内容一般包括本区域的最低工资标准、本区域工资调整的最低幅度等内容。区域性集体合同草案应当取得本区域企业法定代表人的认可。区域性集体合同草案应当经本区域职工代表大会,或者认可该草案的企业全体职工代表半数以上或者全体职工半数以上同意,方获通过。

依法订立的行业性、区域性集体合同对认可该集体合同的企业及其职工具有约束力,企业与其职工签订的集体合同及劳动合同中约定的劳动条件、劳动报酬等标准不得低于行业性、区域性集体合同约定的标准。

本案中,当确定员工加班工资和假期工资的计算基数时,《上海市企业工资支付办法》中明确规定,"当劳动合同对劳动者月工资未明确约定,集体合同(工资专项集体合同)对岗位相对应的月工资有约定的,按集体合同(工资专项集体合同)约定的与劳动者岗位相对应的月工资确定"。周某所在企业是出租车公司,该公司也认可和尊重行业性集体合同的规定,因此本案按照行业性集体合同作出裁判于法有据。

维权提醒

1. 劳动者一定要关注工会与企业签订的集体合同内容,在协商过程中充分表达或通过职工代表、协商代表发表意见、建议。

2. 劳动者有权督促企业严格依照法定程序与工会开展协商,尤其是履行职工代表大会审议通过及向劳动行政部门报备的要求,做到公开、公示。

3. 用人单位和劳动者一方在协商过程要注意证据保存,例如,协商会议记录、职工代表大会决议等,注意保管集体合同正式文本。

4. 对于用人单位违反集体合同,侵犯职工劳动权益的,工会可以依法要求用人单位承担责任;因履行集体合同发生争议,经协商解决不成的,工会可以依法申请仲裁、提起诉讼。

法条索引

《劳动合同法》

第 51 条 企业职工一方与用人单位通过平等协商,可以就劳动报酬、工作时间、休息休假、劳动安全卫生、保险福利等事项订立集体合同。集体合同草案应当提交职工代表大会或者全体职工讨论通过。

集体合同由工会代表企业职工一方与用人单位订立;尚未建立工会的用人单位,由上级工会指导劳动者推举的代表与用人单位订立。

第 52 条 企业职工一方与用人单位可以订立劳动安全卫生、女职工权益保护、工资调整机制等专项集体合同。

第 53 条 在县级以下区域内,建筑业、采矿业、餐饮服务业等行业可以由工会与企业方面代表订立行业性集体合同,或者订立区域性集体合同。

第 54 条 集体合同订立后,应当报送劳动行政部门;劳动行政部门自收到集体合同文本之日起十五日内未提出异议的,集体合同即行生效。

依法订立的集体合同对用人单位和劳动者具有约束力。行业性、区域性集体合同对当地本行业、本区域的用人单位和劳动者具有约束力。

第 55 条 集体合同中劳动报酬和劳动条件等标准不得低于当地人民政府规定的最低标准;用人单位与劳动者订立的劳动合同中劳动报酬和劳动条件等标准不得低于集体合同规定的标准。

第 56 条 用人单位违反集体合同,侵犯职工劳动权益的,工会可以依法要求用人单位承担责任;因履行集体合同发生争议,经协商解决不成的,工会可以依法申请仲裁、提起诉讼。

《上海市集体合同条例》

第 22 条 以签订集体合同为目的的集体协商,协商一致的,应当形成集体合同草案,经协商双方首席代表签字后,作为草案的正式文本提交职工代表大会或者全体职工讨论。职工一方的协商代表就集体协商的情况和集体合同草案的内容应当向职工代表大会或者全体职工作出说明。

集体合同草案经全体职工代表半数以上或者全体职工半数以上同意,方获通过。

第28条 行业性集体合同草案应当取得本行业企业法定代表人的认可。行业性集体合同草案应当经认可该草案的企业全体职工代表半数以上或者全体职工半数以上同意,方获通过。

第32条 依法订立的行业性、区域性集体合同对认可该集体合同的企业及其职工具有约束力,企业与其职工签订的集体合同及劳动合同中约定的劳动条件、劳动报酬等标准不得低于行业性、区域性集体合同约定的标准。

《上海市企业工资支付办法》

第9条 ……

加班工资和假期工资的计算基数按以下原则确定:

(一)劳动合同对劳动者月工资有明确约定的,按劳动合同约定的劳动者所在岗位相对应的月工资确定;实际履行与劳动合同约定不一致的,按实际履行的劳动者所在岗位相对应的月工资确定。

(二)劳动合同对劳动者月工资未明确约定,集体合同(工资专项集体合同)对岗位相对应的月工资有约定的,按集体合同(工资专项集体合同)约定的与劳动者岗位相对应的月工资确定。

(三)劳动合同、集体合同(工资专项集体合同)对劳动者月工资均无约定的,按劳动者正常出勤月依照本办法第二条规定的工资(不包括加班工资)的70%确定。

加班工资和假期工资的计算基数不得低于本市规定的最低工资标准。法律、法规另有规定的,从其规定。

第二节 集体劳动争议

导 读

集体劳动争议往往由于企业欠薪、改制、企业关停并转迁、经济性裁员、报酬福利调整、工时制度变化、管理者或管理方式变更等而引发,当用人单位未能及时响应或满足劳动者的利益诉求时,劳动者往往采用停工、怠工、封堵厂门、围攻管理者、妨碍交通秩序等非理性过激行为进行诉求表达,劳动者不但不能很好地维护自身合法权益,反而由于非理性过激行为导致被认定为违纪违法甚至犯罪,得不偿失。集体性劳动争议完全可以通过集体协商的方式处理,在合法、公正、平等、相互尊重、诚实守信、兼顾双方合法利益的基础上解决矛盾、化解冲突、达成共识。同时,在进行集体协商期间,企业及其职工应当维护本企业正常的生产、工作秩序,不得采取任何影响生产、工作秩序或者社会稳定的行为。

案情简介

苏某自2006年7月25日进入上海某包装制品有限公司(以下简称包装制品公司)工作,最后一份劳动合同期限为无固定期限劳动合同。2018年4月,包装制品公司发生股权变更、企业类型变更等重大变化,承诺员工工资待遇将保持不变。但是几个月以后,公司单方改变工资核算方式,也加大工作强度,经常要求员工加班等,员工普遍对此感到不满。2018年12月13日起,包装制品公司发生29名员工集体停工维权事件,苏某也参与其中。

12月13日、14日及17日,包装制品公司分别张贴公告,主要内容是希望员工理性维权,尽快返回工作岗位,否则公司将根据《员工手册》《员工奖惩管理办法》的规定给予解除劳动合同的处罚。12月20日,包装制品公司发出公告,主要内容是安排29名参与停工的员工12月21日上午到公司二楼会议室面谈,并公布了处理本次事件的手机号码用于短信收发和消息通知。12月21日,29名员工推荐了6名员工作为协商代表与公司进行沟通协商,但沟通未果。

2018年12月26日上午、下午和28日上午,包装制品公司分别贴出《关于十名员工最后复工指令的公告》,要求苏某在内的10名员工在规定期间内到本职岗位复工,若不复工,则构成严重违纪。在贴出前述公告的同时,公司以短信方式告知相关内容。苏某仍未复工。

2018年12月28日,包装制品公司向苏某发出《劳动合同解除通知书》,以苏某在职期间存在严重违纪行为,构成严重违反公司规章制度并同时严重违反劳动者的劳动纪律为由,公司决定与其解除劳动合同。苏某随后提起劳动仲裁,要求包装制品公司支付违法解除劳动合同的赔偿金141,882元。

裁判结果

本案经过劳动仲裁和法院审理,认为公司解除苏某劳动合同合法,无须支付解除劳动合同的赔偿金。法院认为,企业职工一方与企业就劳动关系有关事项进行集体协商和签订、履行集体合同应当遵循合法、公正、平等、相互尊重、诚实守信、兼顾双方合法利益的原则。在进行集体协商期间,企业及其职工应当维护本企业正常的生产、工作秩序,不得采取任何影响生产、工作秩序或者社会稳定的行为。本案中,苏某于12月13日开始主张权利时存在未正常提供劳动的情形,持续时间也较长,违反了其作为劳动者的基本义务,也影响了用人单位的正常经营管理。在包装制品公司发出公告要求其复工并明确不复工的处理方式后,苏某仍未恢复正常工作长达数十天,其行为明显违反了劳动者的基本劳动纪律。据此,包装制品公司以严重违反劳动纪律为由与原告解除劳动合同并无不当。

案例精析

这是一起由于用人单位发生股权变更,在履行劳动合同过程中改变原有条件引发劳动者集体不满而进行不当维权所引发的劳动争议案。

一、集体性劳动纠纷的预防

集体性劳动争议的发生,诉求多元、原因各异。有的是因为劳动关系中利益分配不均衡所致;有的是劳动者的待遇与报酬过低,工作环境、工作压力大、工作时间长等问题较为集中,导致了劳动者的普遍不满而引发;有的是因为企业关停并转迁行为而引发;也有企业内部违法违规、管理严苛、忽视职工民主权利所致等。本案就是典型的企业股权变更后,员工普遍对工作环境、工作强度、报酬待遇不满而引发的集体争议。

用人单位要预防集体性劳动争议,应从以下方面着手:首先,应依法组建工会,依法成立工会的用人单位发生集体性劳动争议的情形明显少于没有组建工会的用人单位。其次,应当搭建集体协商的平台、形成集体协商机制,通过集体协商促进劳动关系双方的沟通和交流,将劳动争议化解在萌芽状态,将利益争议从无序的群体行为引向有序的集体协商当中。最后,成立企业内部劳动争议调解机构,调解是预防群体性劳动争议的有效方式,通过劳动争议调解机构的调解,可以促使劳动争议双方互谅互让,化解矛盾。

二、集体性劳动争议的处置

用人单位发生集体性劳动争议,如果出现停工、怠工或其他过激行为,应当向所在地的劳动行政部门、上级工会报告,必要时还应向公安部门报备。同时,把所涉劳动者的基本用工情况材料准备好,便于第一时间进行分析和了解。劳动行政部门、上级工会等部门接到用人单位的报告后,启动多部门应急联动机制,及时安排人员到现场参与处置,密切关注事态发展和走向,及时应对和处置群体性事件。

用人单位应该立即组建协商谈判与处置团队,必要时可聘请专业律师参与处理。现场处置过程中要以人为本,对劳动者以疏导教育、耐心劝离为主,尽量不要采取威胁、开除组织者等激化矛盾的措施,把矛盾、冲突尽可能控制在厂区内,以免劳动纠纷事件转化为群体性事件,进而影响社会和谐稳定。用人单位同时要及时发布信息,关注舆情,表明积极解决问题的态度,以免信息不对称进一步加深和激化矛盾。

三、集体协商谈判遵循的准则

用人单位和职工一方就劳动关系有关事项进行协商过程中,为维护协商秩序、保障协商顺利进行而必须遵循以下基本准则。

一是合法原则。用人单位和职工一方在进行集体协商过程中,形式和内容都必须合法,如协商代表的产生、协商的程序要符合法律规定,集体协商约定的工作时间、劳动保护、劳动报酬、劳动条件、社会保险、加班工资计算基数等内容不能违反法律、行政法规的强制性规定。

二是平等原则。用人单位和职工一方在集体协商全过程具有平等的法律地位,任何一方都不能把己方的意见强加给对方,不能强迫对方接受己方的要求或条件,更不能采取威逼利诱或过激行为等不正当手段胁迫对方。尽管协商是基于劳动关系而建立,但在协商过程中双方并不存在管理与被管理、领导与被领导之分,双方代表均以平等身份进行商谈。

三是诚信原则。在集体协商时应当讲诚信,不得有欺诈行为,正当行使权利和履行义务。协商代表在集体协商过程中知悉用人单位商业秘密的,应当遵守保密约定;按照约定的协商规则、程序进行磋商。

四是利益兼顾原则。在集体协商中求大同、存小异,在保护劳动者合法权益和维护用人单位生存发展之间找到最佳平衡点和结合点。

四、集体协商的争议处理

集体协商双方在集体协商过程中产生的争议,主要有以下三种情形:无正当理由拒绝集体协商或拖延集体协商;集体协商程序安排不能达成一致;集体协商内容不能达成一致。针对集体协商争议,可以进行如下处理。

一是提请上级工会、企业方面代表进行指导,职工一方可以提请上级工会指导,企业一方则可以请企业联合会、工商业联合会、行业协会等组织指导。

二是申请劳动行政部门进行协调处理,集体协商双方出现争议,经上级工会或企业方面代表指导仍未能达成一致的,可以申请劳动行政部门进行协调处理。涉及经济性裁员、群体性劳动纠纷等重大集体协商事项时,劳动行政部门认为有必要的也可以依职权提前介入进行协调处理。

三是协调劳动关系三方机制介入,协调劳动关系三方机制由劳动行政部门、工会、企业方面代表构成,所持的立场公正、公平,劳动者更加信赖。用人单位如有民主程序不合规、用工不规范甚至违法之处,劳动行政部门可以及时处置,责令改正。上级工会除了指导劳动者一方协商谈判外,还可以为劳动者提供法律咨询、法律援助等帮助,同时告知非理性维权的法律后果,引导双方回到集体协商谈判轨道上来。

四是通过仲裁诉讼解决,对属于劳动争议受案范围的权利争议,用人单位和劳动者无法通过集体协商方式达成一致的诉求,可以通过仲裁诉讼方式解决。

本案中,苏某在主张权利过程中采取不正常提供劳动的方式,持续时间也较长,影响了公司的正常经营管理。在公司与协商代表协商未果的情况下,并没有申请上级工会指导或申请劳动行政部门进行协调,也未依法提起劳动仲裁,而是直接采取不提供劳动的方式,明显违反了劳动纪律,既不理性也不合法。最后,公司以严重违纪将其解雇被认定为合法解除。

维权提醒

1. 劳动者因企业欠薪、改制、关停并转迁、经济性裁员、报酬福利调整、工时制度变化、管理者或管理方式变更等,与企业发生集体性争议时,要理性维权,尽量通过集体协商的方式化解矛盾、互谅互让。可以通过企业工会和企业行政进行集体协商处理,企业没有组建工会的可以提请上级工会指导。

2. 企业在制定、修改、决定直接涉及职工切身利益的规章制度或者重大事项,工会与企业就职工工资调整、经济性裁员、群体性劳动纠纷和生产过程中发现的重大事故隐患或者职业危害等事项进行集体协商的情况,国有、集体及其控股企业财务预决算,重组改制方案和重大改革措施,申请破产或者解散等重要事项等,劳动者享有知情权、参与权、表达权、监督权。

3. 企业在和劳动者一方进行集体协商过程中，劳动者不得采取任何影响生产、工作秩序或者社会稳定的行为，不得限制企业一方的人身自由，或者对其进行侮辱、威胁、恐吓、暴力伤害，不得不正常提供劳动或者以各种方式迫使其他员工离开工作岗位，更不得有破坏企业设备、工具等扰乱企业正常生产、工作秩序和社会公共秩序的行为，一定要理性维权。

4. 10 人以上有共同请求的集体性劳动争议，劳动者之间可以推举有一定法律知识、认真负责的代表参加调解或提起仲裁，也可以到法律援助机构申请法律援助，或委托专业律师代理依法维权。

法条索引

《上海市职工代表大会条例》

第 10 条 下列事项应当向职工代表大会报告，接受职工代表大会审议，听取职工代表大会代表的建议：

……

（二）企事业单位制订、修改、决定直接涉及职工切身利益的规章制度或者重大事项；

（三）工会与企业就职工工资调整、经济性裁员、群体性劳动纠纷和生产过程中发现的重大事故隐患或者职业危害等事项进行集体协商的情况；

……

（五）国有、集体及其控股企业财务预决算，重组改制方案和重大改革措施，申请破产或者解散等重要事项；

……

《劳动合同法》

第 5 条 县级以上人民政府劳动行政部门会同工会和企业方面代表，建立健全协调劳动关系三方机制，共同研究解决有关劳动关系的重大问题。

第 6 条 工会应当帮助、指导劳动者与用人单位依法订立和履行劳动合同，并与用人单位建立集体协商机制，维护劳动者的合法权益。

《上海市集体合同条例》

第 21 条 在进行集体协商期间，企业及其职工应当维护本企业正常的生产、工作秩序，不得采取任何影响生产、工作秩序或者社会稳定的行为。

企业不得采取下列行为：

(一)限制职工一方协商代表的人身自由,或者对其进行侮辱、威胁、恐吓、暴力伤害;

(二)拒绝或者阻碍职工进入劳动场所、拒绝提供生产工具或者其他劳动条件;

(三)拒绝提供与集体协商议题相关的资料或者提供虚假资料;

(四)其他干扰、阻碍集体协商的行为。

职工不得采取下列行为:

(一)限制企业一方人员的人身自由,或者对其进行侮辱、威胁、恐吓、暴力伤害;

(二)违反劳动合同约定,不完成劳动任务,或者以各种方式迫使企业其他员工离开工作岗位;

(三)破坏企业设备、工具等扰乱企业正常生产、工作秩序和社会公共秩序的行为;

(四)其他干扰、阻碍集体协商的行为。

第34条 职工一方或者企业一方无正当理由拒绝或者拖延另一方的集体协商要求,或者双方在集体协商过程中不能达成一致或者签订集体合同的,职工一方可以提请上级工会、企业一方可以提请企业方面代表进行指导。经指导仍未能达成一致的,集体协商的任何一方可以提请人力资源社会保障部门协调处理。集体协商双方未提请协调处理的,人力资源社会保障部门认为必要时,也可以进行协调处理。

职工一方提请指导、协调处理,已建立工会的,由工会提出;尚未建立工会的,由职工一方协商代表提出。

人力资源社会保障部门协调处理集体协商争议时,可以会同同级工会或者企业方面代表共同处理。

《工会法》

第6条第2款 工会通过平等协商和集体合同制度等,推动健全劳动关系协调机制,维护职工劳动利益,构建和谐劳动关系。

《劳动争议调解仲裁法》

第7条 发生劳动争议的劳动者一方在十人以上,并有共同请求的,可以推举代表参加调解、仲裁或者诉讼活动。

第十四章

规章制度

第一节　规章制度的程序合规性

导　读

合法有效的规章制度，除了内容合法之外，还应当符合程序合规的要求。根据《劳动合同法》第4条，程序合规主要包括两方面，即用人单位在制定、修改或者决定直接涉及劳动者切身利益的规章制度或者重大事项时，应当经过民主协商程序和公示程序。

案情简介

孟先生于2016年6月18日进入上海某生物科技有限公司（以下简称科技公司）工作，双方签订的劳动合同期限从2016年6月18日起至2017年6月17日止。

2017年3月16日，科技公司以孟先生经常迟到为由，根据公司规章制度与孟先生解除了劳动合同。

孟先生认为，其早上迟到6分钟就被辞退，感觉不公平，公司也没有规定一个月迟到一两次就要被开除。于是，孟先生向上海市某区劳动人事争议仲裁委员会提起仲裁申请，要求科技公司支付违法解除劳动关系的赔偿金。后孟先生不服仲裁，又向法院提起诉讼。

庭审过程中，科技公司主张其依据《关于员工"未打卡"&"迟到"考勤规定》（以下简称《考勤规定》）与孟先生解除劳动合同，《考勤规定》明确员工迟到超过5次、旷工3次，公司可以辞退员工，而孟先生经常迟到；科技公司还主张，双方签订的《劳动合同》中明确约定"甲方颁发的规章制度作为合同的附件,乙方承诺经阅读并理解上述附件的内容,并愿意按其执行、受其制约",表明孟先生知晓《考勤规定》,科技公司已履行告知程序。

孟先生则主张其没有看到过《考勤规定》,也不知晓该规定的内容。

裁判结果

法院认为,虽然双方签订的《劳动合同》对公司规章制度作为合同附件作出了约定,但科技公司未提供任何证据证明作为合同附件的规章制度中包含《考勤规定》以及其规章制度确已作为合同附件于签订《劳动合同》时一并向孟先生出示等事实,亦未能提供证据证明《考勤规定》已予以公示。因此,科技公司解除孟先生劳动合同的行为属违法解除,应当支付违法解除劳动合同赔偿金。

案例精析

本案是一起因员工违纪而引发的劳动纠纷案件,主要争议焦点在于公司制定的规章制度是否可以作为解除劳动合同的依据。

根据《最高人民法院关于审理劳动争议案件适用法律问题的解释(一)》第50条的规定,"用人单位根据劳动合同法第四条规定,通过民主程序制定的规章制度,不违反国家法律、行政法规及政策规定,并已向劳动者公示的,可以作为确定双方权利义务的依据",也就是说,合法有效的规章制度,除了内容合法之外,还必须具备程序合规的条件。这里的程序合规,主要包括两个方面的内容。

一、履行民主协商程序

企业规章制度必须按照法律规定的程序来制定。根据法律规定,用人单位在制定、修改或者决定劳动报酬、工作时间、休息休假、劳动安全卫生、保险福利、职工培训、劳动纪律以及劳动定额管理等直接涉及劳动者切身利益的规章制度或者重大事项时,"应当经职工代表大会或者全体职工讨论,提出方案和意见,与工会或者职工代表平等协商确定"。

法律规定的本意是让在劳动关系中处于弱势地位的劳动者更多参与规章制度的制定和协商过程中,从而建立一个劳资双方都能真正认可的制度体系。具体而言,该规定包含以下内容:

其一,从范围来看,劳动报酬、工作时间等八个方面的内容,属于直接涉及劳动者切身利益的重要内容,因此在制定有关制度时应当征求劳动者意见,增强决策的准确性和透明度。而对于不直接涉及劳动者切身利益的规章制度,比如,印章管理制度、档案管理制度等,其制定与修改无须履行民主程序。

其二,从时间来看,对上述制度,不仅制定时需要听取劳动者意见,修改时也要听取劳动者意见。

其三,从流程来看,分为两步,第一步是"职工代表大会或全体职工讨论方案、提出意见",需要注意的是,对规章制度草案,进行讨论的主体是职工代表大会或者全体职工,而不能是工会委员会或者其他主体。至于讨论的方式,最普遍的是通过召开职工代表大会或者职工大会,当然,实践中,用人单位以召开视频会议的方式,或者通过电子邮件邀请全体员工讨论的方式也能得到裁审部门的认可。第二步是"就方案与工会或者职工代表平等协商",在职工代表大会或者全体职工提出方案和意见后,需要与工会或者职工代表平等协商以确定最终文本。这里的"平等协商",主要是指程序性的要求,即用人单位在制定或修改规章制度时需要完成与员工一方的协商程序,但职工的协商不影响用人单位对规章制度内容有最终决定权。

二、履行公示告知程序

规章制度公示告知,既是保证劳动者享有知情权的前提,也是保障该规章制度有效落实、实施的必要条件。根据法律规定,用人单位应当将直接涉及劳动者切身利益的规章制度和重大事项决定公示或者告知劳动者。

关于公示或者告知的方式,法律并无明确规定。鉴于在发生争议时,用人单位需要对规章制度已经公示或者告知承担举证责任。实践中,用人单位一般采用发放规章制度并要求劳动者签收、规章制度传阅签字、组织统一学习培训、开展考试测试、在公司办公网络公示、电子邮件通知、在办公场所张贴等多种形式进行公示或者告知。

公示程序是规章制度程序合规的重要内容,公司的规章制度未能向劳动者进行公示或者告知的,无论其内容如何合法,也会直接导致规章制度对该劳动者不生效的法律后果,规章制度对该劳动者没有约束力。本案中,科技公司未能证明其已将《考勤规定》公示或者向孟先生告知,导致《考勤规定》对孟先生不生效,因此科技公司依据《考勤规定》与孟先生解除劳动合同没有法律依据。

需要说明的是,与未经过公示程序的后果不同,对于未经过民主程序的规章制度,其效力问题在实践中存在不同的观点。一种观点认为,未经民主程序制定或修改的规章制度无效,不能作为裁判依据;另一种观点认为,未经过民主程序的规章制度,原则上并不必然无效,如规章制度内容不违反法律规定、不存在明显不合理的情形,且已向劳动者公示或者告知的,可以作为用人单位用工管理的依据以及裁审部门处理劳动争议的依据。

目前,上海司法实践中基本采用第二种观点,体现了兼顾实体与程序的倾向。当然,实践中的做法绝不意味着企业在制定或修改规章制度时可以忽视民主程序,毕竟未经过民主程序的规章制度,只是“可以”作为处理劳动争议的依据,裁审部门对此有较大的自由裁量权。特别是随着国家法治进程的不断推进,对规章制度民主程序的审查存在从严趋势,用人单位应当严格依照法律规定,防止因不履行民主程序而导致规章制度对劳动者不具有约束力的风险。

维权提醒

1. 劳动者对用人单位的规章制度应当充分重视,在用人单位征求意见时对其中不合理内容应当充分发表意见,积极行使权利。不要在双方发生争议后,才以规章制度的制定没有征求其意见或其不知晓规章制度的内容为由进行抗辩,这样的抗辩一般不会得到裁审部门的支持。

2. 认真遵守用人单位依法制定的规章制度,即便规章制度未严格经过民主程序制定,但其内容合法、合理,劳动者也不能当然认为其不具有效力而不予遵守。

法条索引

《劳动合同法》

第4条第2款至第4款 用人单位在制定、修改或者决定有关劳动报酬、工作时间、休息休假、劳动安全卫生、保险福利、职工培训、劳动纪律以及劳动定额管理等直接涉及劳动者切身利益的规章制度或者重大事项时,应当经职工代表大会或者全体职工讨论,提出方案和意见,与工会或者职工代表平等协商确定。

在规章制度和重大事项决定实施过程中,工会或者职工认为不适当的,有权向用人单位提出,通过协商予以修改完善。

用人单位应当将直接涉及劳动者切身利益的规章制度和重大事项决定公示,或者告知劳动者。

《最高人民法院关于审理劳动争议案件适用法律问题的解释(一)》

第50条第1款　用人单位根据劳动合同法第四条规定,通过民主程序制定的规章制度,不违反国家法律、行政法规及政策规定,并已向劳动者公示的,可以作为确定双方权利义务的依据。

第二节　规章制度的内容合法性

导　读

规章制度是指用人单位为加强劳动管理,在本单位实施的保障劳动者依法享有劳动权利和履行劳动义务的行为准则。规章制度在用人单位劳动管理中具有重要作用,用人单位通过民主程序制定的规章制度,不违反国家法律、行政法规及政策规定,并已向劳动者公示,可以作为确定双方权利和义务的依据。根据法律规定,劳动者严重违反用人单位规章制度的,用人单位可以解除劳动合同,规章制度的地位可见一斑。也正因为规章制度直接涉及劳动者切身利益,因此内容合法是规章制度有效的必然要求,只有内容合法的规章制度才能作为处理劳动争议的依据。

案情简介

陈先生于2014年9月15日入职上海某速运公司(以下简称速运公司),担任快递专职司机工作,双方签订有劳动合同。

速运公司制定的《奖励与处罚管理规定》V4.0第5条规定:"员工有下列情形之一者为五类责任,扣20分,公司将予以解除劳动合同,永不录用,如构成犯罪的则移交司法机关处理:……(二)……(17)向同事(全网范围内员工)借钱的(不含临时紧急的垫钱行为);管理者与下属发生任何形式的物质买卖关系的;注:垫钱指个人因急用且当时无法支付需要同事临时垫付,并在三天内归还的。"陈先生于2018年8月6日签收该管理规定。

2018年8月至9月,陈先生向同事富某个人借款5000元。后该情况被速运公司知悉,速运公司于2019年3月6日向陈先生邮寄送达解除双方劳动关系通知书,以上述管理规定中的条款与陈先生解除劳动合同。

2019年3月14日,陈先生向上海市某区劳动人事争议仲裁委员会申请仲裁,要求速运公司支付其违法解除劳动合同赔偿金54,000元。之后,速运公司不服仲裁裁决,向法院提起诉讼。

庭审过程中,速运公司认为陈先生行为严重违反了公司《奖励与处罚管理规定》,公司据此解除劳动合同,属于合法解除,故不应支付违法解除劳动合同赔偿金。对公司作出该规定的原因,速运公司认为,员工之间因借贷关系易出现拉帮结派现象,加之人员流动等因素导致一些人欠债不还,员工要求企业协助处理,此类情况不利于企业管理。而陈先生则认为,其与出借人富某系从小一起长大的朋友,借钱是私人行为,公司无权干涉。

裁判结果

法院认为,合法的民间借贷受法律保护,速运公司系快递运输企业,员工之间是否存在借贷关系与其工作职能、企业监督管理之间无必然联系,限制员工间借贷不具有用工管理上的必要性。员工之间的借贷可能给速运公司的用工管理带来一些不便,但该种不便可以通过宣传教育、提醒提示等方式加以疏导,而不宜采用限制权利,甚至是直接影响劳动用工的方式处理。因此,速运公司解除劳动关系的依据不足,应当支付解除劳动合同的赔偿金。

案例精析

本案是一起用人单位依据公司规章制度与员工解除劳动合同而引发的劳动纠纷案件,该员工的行为是公司规章制度明确规定禁止实施的行为,虽然公司的处理决定也符合规章制度的规定,但最终该处理决定被法院认定为违法,关键在于公司规章制度本身是否具有合法性。

规章制度作为企业内部管理规则,既是企业规范管理及经营自主的需要,也是保障员工享有劳动权利和履行劳动义务的需要;既是用人管理的重要依据,也是争端解决的重要依据。根据法律规定,用人单位应当依法建立和完善劳动规章制度,对规章制度中涉及劳动者切身利益的重大事项,应当经民主程序制定,且内容必须合法。

而且,从实践中裁审部门对规章制度的审查来看,其内容除了应当合法之外,还需要公平、合理,要避免不合情理或者显失公平。

总体而言,用人单位规章制度的内容合法性,应当包括以下三个方面。

一、规章制度不得违反国家法律、行政法规及政策规定

根据《最高人民法院关于审理劳动争议案件适用法律问题的解释(一)》第50条第1款的规定,“用人单位根据劳动合同法第四条规定,通过民主程序制定的规章制度,不违反国家法律、行政法规及政策规定,并已向劳动者公示的,可以作为确定双方权利义务的依据”,换言之,如果规章制度违反了国家法律、行政法规及政策规定,则不能作为确定双方权利和义务的依据。

因此,企业制定规章制度必须在法律规定的框架内进行,条款内容不得与法律规定相抵触和违背,否则该条款应当认定不具有效力。实践中,内容不合法通常表现为两种情况:一种是直接与我国劳动法律有关规定相违背,比如,在规章制度中,有关试用期、最低工资标准、休息休假、劳动安全保护等内容与法律规定不一致。另一种是随意限制或剥夺劳动者的合法权利。比如,在规章制度中对员工设定罚款处罚权,依照《立法法》和《行政处罚法》的规定,对财产的处罚只能由法律、法规和规章设定,且应严格依照法律所规定的程序执行。普遍观点认为,现行劳动法相关法律、法规中并未赋予用人单位罚款的权力,所以,规章制度中规定对劳动者实施罚款,侵犯了劳动者的合法财产权及依法取得劳动报酬的权利。但在司法实践中,如用人单位未非以罚款为目的扣减工资,金额较小的,也有被裁审部门支持的判例。比如,在规章制度中规定员工在职期间不准谈恋爱结婚、入职3年内不得怀孕等事项,由于婚恋自由是我国公民的基本权利之一,任何组织或个人均无权干涉,用人单位不得通过制定规章制度来限制员工的婚恋自由,所以该规定也不合法。

二、规章制度不得显失公平或者不合情理

这是公平原则在规章制度中的体现,虽然原则上裁审部门均不应干预企业内部的生产经营管理,但是规章制度明显不合情理或者显失公平的内容也不为法律所承认。

一方面,规章制度的内容不能无限放大,不能超越劳动过程和劳动管理的范畴,以免过度扩张用工自主权。用人单位对劳动者行为的规范原则上应当限定为与工作相关,对于劳动者在工余时间的行为,或者对劳动者与劳动用工并无直接关联的行为等,不能随意加以约束和限制。实践中,曾有用人单位以劳动者在休息日“打黑车”的行为违反公司规章制度为由,解除与劳动者的劳动合同,该解除行为最终被法院认定为违法解除。

另一方面,规章制度的责任设定不能过于严苛,应当符合比例原则。特别是当设定可导致解除劳动合同等严重后果的行为时,需要考量规章制度对劳动者违纪行为的处罚是否合情合理、是否明显失当,需要考量劳动者是否存在"故意"犯错的意图,需要考量劳动者行为是否对用人单位利益、劳动组织管理产生重大影响或造成严重后果等。只有在劳动者行为对用人单位造成严重影响,其他手段已经不足以对其进行惩戒,劳动合同已经无法继续履行的情况下,用人单位才可以行使解雇权。比如,在规章制度中规定劳动者旷工一天即可解除劳动合同、旷工 1 天扣 3 天工资;又如,在规章制度中规定劳动者病假必须由三级甲等医院出具相关证明,否则视为旷工;再如,同一行为在不同行业其后果影响可能完全不同,就员工吸烟的行为,在一般企业规章制度中规定属严重违纪行为,可直接解除劳动合同,此种规定可能会被认定为不合理,但在化工企业规章制度中规定属严重违纪行为可直接解除劳动合同则没有任何争议。

三、规章制度不得违背公序良俗

我国《民法典》第 8 条明确规定,民事主体从事民事活动,不得违反法律,不得违背公序良俗。公序良俗原则在劳动法中同样适用,《最高人民法院关于审理劳动争议案件适用法律问题的解释(一)》第 43 条明确将公序良俗原则作为劳动合同履行中实质变更的效力判断依据。就用人单位制定的规章制度而言,也不得违背公序良俗原则。

具体来说,规章制度的内容应当符合社会的普遍认知,符合社会主义核心价值观。比如,用人单位在规章制度中对有关员工事假奔丧、有关婚假旅行等作出不合理的限制条件;又如在规章制度中作出"职工每天上厕所不得超过 4 次,每次不得超过 5 分钟"等违背生理需求的苛刻规定等。上述规定违背公序良俗,会导致该规定无效。

本案中,速运公司在其《奖励与处罚管理规定》中将向同事借钱的行为规定为公司可解除劳动合同的违规行为是不合法的。一方面,合法的民间借贷受法律保护,该制度违反了法律规定;另一方面,公司将向同事借钱的行为作为重大违规行为,超出了劳动管理的需要,该行为与劳动用工并无必然联系,特别是速运公司将该行为作为公司可以解除劳动合同的事项,其性质、后果与处罚措施之间缺乏相当性。因此,速运公司据此解除劳动合同属于违法解除。

维权提醒

1. 劳动者应当认真履行劳动合同义务，遵守诚实信用原则和公序良俗原则，认真遵守用人单位依法制定的规章制度。

2. 劳动者对用人单位的处理决定不服时，应当尽可能通过规章制度规定的程序或者其他合法途径反映问题、提出意见，不要意气用事做出更为严重的违反规章制度的行为或者随意在相关处分单上签名确认。

3. 在用人单位的规章制度内容不合法，损害劳动者合法权益的情况下，劳动者可以通过向劳动行政部门反映或者申请劳动仲裁等方式维护自身权利。

法条索引

《劳动合同法》

第4条第1款 用人单位应当依法建立和完善劳动规章制度，保障劳动者享有劳动权利、履行劳动义务。

第80条 用人单位直接涉及劳动者切身利益的规章制度违反法律、法规规定的，由劳动行政部门责令改正，给予警告；给劳动者造成损害的，应当承担赔偿责任。

《最高人民法院关于审理劳动争议案件适用法律问题的解释(一)》

第50条第1款 用人单位根据劳动合同法第四条规定，通过民主程序制定的规章制度，不违反国家法律、行政法规及政策规定，并已向劳动者公示的，可以作为确定双方权利义务的依据。

第三节 规章制度的运用

导 读

用人单位应当依法建立和完善劳动规章制度，保障劳动者享有劳动权利、履行劳动义务。用人单位依法制定的规章制度并公示或告知劳动者，对劳动者具有约束力，劳动者应当遵守。用人单位以严重违反规章制度为由解除劳动者劳动合同的，应当综合考量劳动者实施违纪行为的主观过错、违纪事实的程度、造成用人单位损失大小等因素,不能简单机械地理解。当运用规章制度对劳动者进行管理时要合法性与合理性兼具,在诉讼过程中基于相同请求权基础而变更请求并不违反劳动争议仲裁前置的程序性要求。

案情简介

2005 年 4 月 11 日,张某进入上海某保安服务有限公司(以下简称保安公司)从事技防工作。2012 年 3 月 31 日,双方订立了一份无固定期限劳动合同。2016 年 7 月 17 日,张某因左膝关节十字韧带损伤无法正常行走,到其所租房屋附近的医院就诊,并向保安公司履行了相应请病假手续。

2016 年 8 月 8 日,保安公司向张某发出《通知》,明确要求其自 8 月 14 日起,必须前往公司指定的医院接受治疗,否则将按旷工处理。张某收到通知后,按照保安公司的要求改由前往指定医院就诊,并采取保守方式治疗。因保守治疗几个月病情未见好转,根据门诊医生建议,张某预约专家就诊。

2017 年 1 月 5 日,指定医院专家蔡医生对张某的病情进行诊治后,建议张某休一个月和进行手术治疗,同时告知其如不能接受手术治疗,医院将不再为其开具病假单。最后一份病假证明时间至 2017 年 2 月 3 日。

2017 年 2 月 3 日至 12 日,蔡医生因出国旅游而停诊。2017 年 2 月 13 日,蔡医生在诊疗过程中建议张某手术,所需费用大约 6 万元。张某当天就至保安公司告知相关情况,由于张某经济困难,向保安公司申请借款被拒,只能选择继续保守治疗。

2 月 21 日,保安公司向张某发出《办理请假手续通知书》,要求其及时补交 2017 年 2 月 4 日以后的病假单,并办理好请假手续,否则将对其 2017 年 2 月 4 日至 21 日的缺勤作旷工处理。2 月 24 日,张某收到《办理请假手续通知书》后再次前往指定医院就诊并申请补开病假单,但未能得到医院的许可。当日,张某便及时将医院的拒绝开具病假单的情况告知保安公司,并提出了返回工作岗位的请求,但遭到了保安公司的拒绝。

2017 年 3 月 1 日,保安公司以张某违反规章制度,存在旷工长达 20 多天的严重违纪行为由,解除了双方的劳动关系。

保安公司《就业规章制度》规定:"员工未办理请假手续的,未依公司规定及时办理补假手续或者补假未被批准的,均视为旷工;员工连续旷工 3 天以上(包括 3 天)或者 1 年(年历)内累计旷工 5 天以上(包括 5 天)的属于严重违纪行为;

严重违纪行为的给予辞退处分。”2013年10月16日,张某签收保安公司《就业规章制度》。

张某认为,保安公司系违法解除劳动合同,于是提起劳动仲裁申请,请求裁决自2017年3月1日起恢复双方的劳动关系,按照每月5448元标准支付其2017年3月1日起至仲裁裁决之日止的工资。

裁判结果

劳动人事争议仲裁委员作出裁决,对张某的请求未予支持。张某不服裁决,向一审法院提起诉讼,并将诉讼请求变更为主张支付违法解除劳动合同的赔偿金130,752元。一审、二审法院均认定保安公司解除劳动合同违法,判决保安公司支付张某违法解除劳动合同的赔偿金。

法院认为,张某虽然未能按照保安公司规章制度的要求向保安公司就其申请的病假提供2017年2月3日之后的医院病假证明,然根据查明的事实,系保安公司指定就诊医院,且张某未能提供相关期间的医院病假证明由多种因素造成,而张某亦于2017年2月13日及24日与保安公司就相关事宜进行沟通,保安公司对张某患病之事实是清楚的,且结合张某被建议手术治疗的病症情况等因素综合考量,难以认定张某存在拒不按照保安公司规章制度申请病假的主观恶意。在此情况下,保安公司以旷工为由,解除与张某之间劳动合同,过于严苛,应认定为违法解除劳动合同。

案例精析

本案的争议焦点为保安公司的规章制度对张某是否有约束力,张某是否存在严重违反规章制度的情形,张某在法院一审期间变更诉讼请求是否违反仲裁前置程序要求等几个方面。

一、用人单位依法制定的规章制度,对全体劳动者具有约束力,劳动者应当严格遵守

《劳动合同法》第4条规定,用人单位应当依法建立和完善劳动规章制度,保障劳动者享有劳动权利、履行劳动义务。用人单位在制定、修改或者决定有关劳动报酬、工作时间、休息休假、劳动安全卫生、保险福利、职工培训、劳动纪律以及劳动定额管理等直接涉及劳动者切身利益的规章制度或者重大事项时,应当经

职工代表大会或者全体职工讨论，提出方案和意见，与工会或者职工代表平等协商确定。在规章制度和重大事项决定实施过程中，工会或者职工认为不适当的，有权向用人单位提出，通过协商予以修改完善。用人单位应当将直接涉及劳动者切身利益的规章制度和重大事项决定公示，或者告知劳动者。

二、经过民主程序制定的规章制度，可以作为确定用人单位和劳动者权利义务的依据

《最高人民法院关于审理劳动争议案件适用法律问题的解释（一）》第50条规定，用人单位根据《劳动合同法》第4条，通过民主程序制定的规章制度，不违反国家法律、行政法规及政策规定，并已向劳动者公示的，可以作为确定双方权利义务的依据。

制定规章制度既是用人单位的权利又是用人单位的义务，用人单位为维护正常的生产秩序和工作秩序，建立和完善规章制度非常必要。就劳动者而言，遵守劳动纪律是劳动者应有之义，是应尽义务，规章制度既促进劳动者履行义务，更有利于保障劳动者的相关权利。

本案中，保安公司制定了《就业规章制度》，其中有关奖惩管理中规定“员工未办理请假手续的，未依公司规定及时办理补假手续或者补假未被批准的，均视为旷工；员工连续旷工3天以上或者1年内累计旷工5天以上的属于严重违纪行为；严重违纪行为的给予辞退处分”。该规定要求劳动者应当勤勉尽责提供劳动，如未办理请假手续而缺勤则按旷工处理，以及连续或累计旷工达一定天数予以辞退，就规章制度内容本身而言，并不违反国家法律、行政法规及政策规定。张某作为劳动者也有签收记录，证明保安公司履行了告知义务。因此，《就业规章制度》可以作为保安公司和张某确定权利和义务的依据，对张某具有约束力，张某应当严格遵守。

三、用人单位依据规章制度对劳动者违纪行为进行惩戒管理时，要兼具合法性与合理性，且不得违背公序良俗

本案中，张某自生病之日起即按照保安公司的请病假流程，递交相关的病假单及病史资料，表明张某患病是事实，且在履行请假手续的流程上亦无对抗公司规章制度管理的主观故意。

一般地，用人单位要求劳动者至指定医院就诊往往发生在对劳动者的病情具有合理性怀疑的情形中。保安公司在张某请病假两周后，即要求张某至指定医院就医,称如有违反则按照旷工处理,这不完全合理。但张某接到书面通知后,也未对保安公司的要求提出过疑问,后续就诊也一直在指定医院就医,同样表明即使是对保安公司不太合理的管理性要求,张某仍遵照执行。

尽管张某的病假单到期后没有提供后续的病假单,但对于其为何没能提供病假单的原因保安公司是完全知晓的,张某既不存在"泡病假"的问题,也不存在故意不遵守规章制度的情形。本案中有个非常重要的事实,即张某家境困难,难以支付手术治疗费用。张某同时告知保安公司指定医院的医生称不手术治疗就不开具病假单,但其无力支付手术费用只能选择保守治疗。而保安公司发出《办理请假手续通知书》,要求其补缴 2 月 4 日起的病假单,否则按旷工处理。这就形成了一个悖论,保安公司要求张某到指定医院治疗,指定医院医生称不手术治疗就不再开病假单,张某经济困难无法手术治疗,无法开具病假单,保安公司则以旷工来处理,而张某一直处于生病之中又是客观事实。

此种情形,就患病尚处于医疗期内的劳动者而言,除非劳动者有违反《劳动合同法》第 39 条规定之情形,用人单位是不能解除其劳动合同的。保安公司选择的依据规章制度中的旷工违纪进行处理,而张某根本不存在无故旷工的情形,保安公司简单机械地认为张某未办理请假手续或未及时办理补假手续,以严重违纪为由解除劳动合同,既不符合法律,也不合乎情理。

另外,保安公司还存在违背公序良俗的问题。《民法典》第 10 条规定,处理民事纠纷,应当依照法律;法律没有规定的,可以适用习惯,但不得违背公序良俗。本案中,张某生病长达数月,因经济困难无力支付手术费用,作为用人单位来讲应当尽最大程度的人文关怀,帮助劳动者渡过难关。保安公司不但不予经济上帮助,而且明知其身体状况存在无法正常出勤的情况,却以旷工为由解除张某的劳动合同,违背公序良俗,意图逃避作为用人单位履行保障患病劳动者合法权利的义务。

四、用人单位违法解除劳动合同,劳动者主张恢复劳动关系后在诉讼中变更主张赔偿金的请求权基础不变,并未违反劳动争议仲裁前置程序要求

《劳动合同法》第 48 条规定,用人单位违反本法规定解除或者终止劳动合同,劳动者要求继续履行劳动合同的,用人单位应当继续履行;劳动者不要求继续履行劳动合同或者劳动合同已经不能继续履行的,用人单位应当依照《劳动合同法》第 87 条的规定支付赔偿金。

本案中,保安公司以严重违纪为由解除劳动合同,张某认为其解除劳动合同行为违法,先是主张恢复劳动关系,后在诉讼过程中变更为主张赔偿金,其诉讼请求的来源及依据并没有发生变化,支持张某恢复劳动关系或赔偿金的诉讼请求均是建立在认定解除劳动合同是违法解除的基础上。张某将要求继续履行劳动合同转为要求赔偿金,请求权基础没有发生变化,不违反劳动争议仲裁前置程序要求。另外,即使劳动者要求恢复劳动关系,经人民法院在审理中认定劳动合同已经不能继续履行的,也可以直接判决用人单位支付违法解除劳动合同的赔偿金,而无须要求劳动者重新提起劳动仲裁申请。

维权提醒

1. 用人单位制定对劳动者进行管理过程中所依据的规章制度,其内容不仅要合法,而且要合理,二者应兼具。实务当中对规章制度的合理性判断,一般会参考以下因素:一是规章制度的内容仅限于对履行劳动合同内容的规范,主要是对其用工行为的管理,一般不涉及员工“8 小时”之外;二是规章制度规定的内容与劳动者所处的行业特点、工作岗位、工作职责密切相关,相同的违纪行为在不同的岗位所认定的严重程度并不一致。

2. 规章制度内容除了不能违反法律规定外,还需遵守不得违背公序良俗的原则,要符合社会主义核心价值观。

3. 勤勉尽责、诚实信用履行劳动合同义务是劳动者的基本义务,应当贯穿于劳动合同的履行、变更、解除与终止的始终,无论用人单位的规章制度是否有明确的规定,都应遵守。

4. 如果劳动者具有严重违反职业操守或劳动纪律行为,即使用人单位没有相应的规章制度,也存在被认定为解除劳动合同合法的可能。

5. 用人单位规章制度规定的内容和劳动合同约定的内容不一致的,劳动者主张应当优先适用劳动合同内容的,则应按照劳动合同约定的内容执行。

法条索引

《劳动合同法》

第 4 条 用人单位应当依法建立和完善劳动规章制度,保障劳动者享有劳动权利、履行劳动义务。

用人单位在制定、修改或者决定有关劳动报酬、工作时间、休息休假、劳动安全卫生、保险福利、职工培训、劳动纪律以及劳动定额管理等直接涉及劳动者切身利益的规章制度或者重大事项时,应当经职工代表大会或者全体职工讨论,提出方案和意见,与工会或者职工代表平等协商确定。

在规章制度和重大事项决定实施过程中,工会或者职工认为不适当的,有权向用人单位提出,通过协商予以修改完善。

用人单位应当将直接涉及劳动者切身利益的规章制度和重大事项决定公示,或者告知劳动者。

《最高人民法院关于审理劳动争议案件适用法律问题的解释(一)》

第50条第1款 用人单位根据劳动合同法第四条规定,通过民主程序制定的规章制度,不违反国家法律、行政法规及政策规定,并已向劳动者公示的,可以作为确定双方权利义务的依据。

第十五章

劳动争议处理

第一节　劳动争议调解

导　读

解决劳动争议，应当根据事实，遵循合法、公正、及时、着重调解的原则，依法保护当事人的合法权益。劳动者与用人单位发生劳动争议，双方可以进行协商，达成和解协议。双方不愿意协商，或者协商不成，或者达成和解协议不履行的，可以向调解组织申请调解，达成的调解协议可以共同申请司法确认；不愿意调解，或调解不成或不愿意履行调解协议的，可以向劳动争议仲裁委员会申请仲裁；对仲裁裁决不服的，可以向人民法院提起诉讼（用人单位不服一裁终局裁决的，可以向中级人民法院提起撤销裁决申请）。

案情简介

汪某（新加坡国籍）于2014年2月1日入职上海某塑料制品有限公司（以下简称塑料制品公司）工作，担任总经理。2016年12月1日双方签订的最后一份劳动合同期限至2018年11月30日止，劳动合同约定汪某月工资为9000元。2014年2月25日塑料制品公司为汪某办理了外国人就业证，有效期延至2018年9月18日。塑料制品公司发放汪某工资至2017年5月31日。

2017年11月17日，经过上海市三方劳动人事争议联合调解中心调解，针对双方劳动争议，达成协议如下：(1)甲（塑料制品有限公司）、乙（汪某）双方劳动关系于2017年9月18日结束；(2)甲方向乙方一次性支付2017年6月至9月工资人民币36,000元、经济补偿金人民币84,000元，共计人民币120,000元；

(3)乙方放弃2017年10月、11月工资请求;(4)乙方于2017年11月25日前向甲方提交就业证等注销就业证材料,配合甲方办理离职手续,甲方向乙方出具离职证明;(5)双方就本案再无其他争议,包括工资、经济补偿金、赔偿金等所有争议。特别约定:以上款项甲方于2017年11月30日前一次性打入乙方个人账户……本协议书一式4份,甲、乙各1份,本中心2份。该协议书甲方一栏有塑料制品公司法定代表人余某及员工罗某的签名,乙方一栏则有汪某委托诉讼代理人傅某的签名,并加盖有上海市三方劳动人事争议联合调解中心印章。汪某还于2017年12月11日在保留于上海市三方劳动人事争议联合调解中心处的一份协议书上签名,并手写以下文字内容:"以上内容均已仔细阅读,本人已确认其效力。"

2017年12月25日,汪某向上海市劳动人事争议仲裁委员会提出仲裁申请,要求塑料制品公司按照协议支付工资和经济补偿金。仲裁委员会裁决后,塑料制品公司起诉至法院。

裁判结果

法院认为,劳动者与用人单位就解除或终止劳动合同、支付工资报酬及经济补偿等达成的协议,不违反法律、行政法规的强制性规定,且不存在欺诈、胁迫或者乘人之危、重大误解或者显失公平情形,应当认定有效。塑料制品公司、汪某于2017年11月17日就结束双方劳动关系所签订的协议书能反映双方的真实意思表示,内容并不违反法律、行政法规强制性规定,且不存在法定的无效或可撤销事由,属合法、有效,应对双方发生法律效力。因此,法院判决塑料制品公司应当按照协议内容履行。

案例精析

本案是一起用人单位和劳动者发生劳动争议后,经第三方调解达成调解协议,后用人单位又不履行调解内容所引发的争议。该案涉及劳动争议处理方式,以及调解协议的效力等问题。

劳动者和用人单位发生劳动争议,可以采取双方自行协商和解、通过调解组织调解,或通过劳动仲裁、诉讼等方式进行。

一、劳动争议调解组织

发生劳动争议,劳动者首先应当和用人单位进行协商解决,协商一致的达成和解协议;协商不成的可以申请调解组织进行调解。根据《劳动争议调解仲裁法》第 10 条的规定:"当事人可以到下列调解组织申请调解:(一)企业劳动争议调解委员会;(二)依法设立的基层人民调解组织;(三)在乡镇、街道设立的具有劳动争议调解职能的组织……"其中,企业劳动争议调解委员会由职工代表和企业代表组成。职工代表由工会成员担任或者由全体职工推举产生,企业代表由企业负责人指定。企业劳动争议调解委员会主任由工会成员或者双方推举的人员担任。

劳动争议调解组织的调解员应当由公道正派、联系群众、热心调解工作,并具有一定法律知识、政策水平和文化水平的成年公民担任。在调解过程中应当充分听取双方当事人对事实和理由的陈述,耐心疏导,帮助其达成调解协议。

二、劳动争议调解协议

根据《劳动争议调解仲裁法》第 14 条,经调解达成协议的,应当制作调解协议书。调解协议书由双方当事人签名或者盖章,经调解员签名并加盖调解组织印章后生效,对双方当事人具有约束力,当事人应当履行。

劳动者和用人单位经过调解组织达成的调解协议,并不直接具有可执行的约束力,仅是形成一份合同。如果劳动者和用人单位达成了调解协议后,其中一方不按照调解协议内容履行,不能直接向人民法院申请强制执行,而是向劳动人事争议仲裁委员会申请仲裁。案例中的塑料制品公司和汪某在上海市三方劳动人事争议联合调解中心的调解下达成调解协议,后又不按协议内容履行,汪某只能通过申请劳动仲裁解决,此前达成的调解协议则成为很重要的证据。本案中,无论是仲裁委员会还是法院最后的裁决内容,都与此前达成的调解协议内容一致。

需要注意的是,用人单位和劳动者者经过调解组织调解达成的调解协议,与在劳动人事争议仲裁委员会仲裁过程中形成的调解协议性质是完全不一样的。如果在劳动人事争议仲裁委员会仲裁过程中,劳动者和用人单位达成调解协议,则由劳动人事争议仲裁委员会制作调解协议书,调解书经双方当事人签收后,发生法律效力。一方拒不履行,另一方可以持调解协议书直接向人民法院申请强制执行。

为了避免劳动者和用人单位通过第三方调解组织达成的调解协议无法执行的情况发生,双方在达成调解协议后,可以共同向人民法院提起司法确认申请,确认调解协议的效力。经过人民法院司法确认的调解协议,则具有强制执行的效力。一方不履行司法确认的调解协议内容,另一方可以持司法确认书向人民法院申请强制执行。

三、申请支付令

《劳动合同法》第 30 条第 2 款规定,用人单位拖欠或者未足额支付劳动报酬的,劳动者可以依法向当地人民法院申请支付令,人民法院应当依法发出支付令。《劳动争议调解仲裁法》第 16 条规定,因支付拖欠劳动报酬、工伤医疗费、经济补偿或者赔偿金事项达成调解协议,用人单位在协议约定期限内不履行的,劳动者可以持调解协议书依法向人民法院申请支付令。人民法院在收到劳动者提出的支付令申请后,经审查劳动者提供的事实、证据,对债权债务关系明确、合法的,应当在受理之日起 15 日内向用人单位发出支付令;申请不成立的,裁定予以驳回。用人单位应当自收到支付令之日起 15 日内清偿债务,或者向人民法院提出书面异议。用人单位在规定的时间内不提出异议又不履行支付令的,劳动者可以向人民法院申请执行。

人民法院收到用人单位提出的书面异议后,经审查,异议成立,应当裁定终结督促程序,支付令自行失效。此时,劳动者只能通过提起劳动争议仲裁进行解决。实务中,劳动者和用人单位就劳动报酬发生争议,劳动者持欠条、协议书等能够证明用人单位拖欠劳动报酬的证据,向人民法院申请支付令的情况并不多。因为一旦用人单位提出异议后,会进入较为冗长的诉讼期间,人民法院同样需要时间来审理用人单位提出的异议是否成立。因此,实践中劳动者直接通过申请支付令维权成功的并不多。

本案中,汪某虽然是外国籍,但是塑料制品公司为其依法办理了《外国人就业证》,汪某具有劳动法意义上的劳动者主体资格,汪某和塑料制品公司通过第三方调解组织进行调解,调解达成的内容不违反法律、行政法规的强制性规定且具有可执行性,塑料制品公司法定代表人余某在调解协议上签字即可代表用人单位的真实意思。本案中,劳动者的委托代理人傅某的代理行为得到汪某的确认,且汪某本人亦表示确认调解的效力,属于有效的调解协议。

维权提醒

1. 劳动者和用人单位发生劳动争议,可以与用人单位自行达成和解协议,应当注意和解协议的内容不能违反法律、行政法规的强制性规定，同时和解协议中应盖有用人单位的公章或者法定代表人的签字。

2. 劳动者和用人单位共同接受调解组织调解时，劳动者应当就达成的调解内容进行仔细阅读，尤其是有关放弃的权利内容，一旦双方达成调解协议，后续反悔一般不会支持，该调解协议内容也会成为仲裁诉讼过程中很重要的证据。

3. 发生劳动争议，通过调解方式解决纠纷是较好的处理方式，因此，在调解过程中双方都应当遵循互谅互让、公平合理的原则。如果通过仲裁诉讼需要经历较长的时间，劳动者可能会增加相应的诉讼成本和诉讼风险，效果未必更佳。

法条索引

《最高人民法院关于审理劳动争议案件适用法律问题的解释(一)》

第35条 劳动者与用人单位就解除或者终止劳动合同办理相关手续、支付工资报酬、加班费、经济补偿或者赔偿金等达成的协议，不违反法律、行政法规的强制性规定，且不存在欺诈、胁迫或者乘人之危情形的，应当认定有效。

前款协议存在重大误解或者显失公平情形，当事人请求撤销的，人民法院应予支持。

《劳动争议调解仲裁法》

第4条 发生劳动争议，劳动者可以与用人单位协商，也可以请工会或者第三方共同与用人单位协商，达成和解协议。

第5条 发生劳动争议，当事人不愿协商、协商不成或者达成和解协议后不履行的，可以向调解组织申请调解；不愿调解、调解不成或者达成调解协议后不履行的，可以向劳动争议仲裁委员会申请仲裁；对仲裁裁决不服的，除本法另有规定的外，可以向人民法院提起诉讼。

第7条 发生劳动争议的劳动者一方在十人以上，并有共同请求的，可以推举代表参加调解、仲裁或者诉讼活动。

第14条 经调解达成协议的，应当制作调解协议书。

调解协议书由双方当事人签名或者盖章，经调解员签名并加盖调解组织印章后生效，对双方当事人具有约束力，当事人应当履行。

自劳动争议调解组织收到调解申请之日起十五日内未达成调解协议的，当事人可以依法申请仲裁。

第15条 达成调解协议后，一方当事人在协议约定期限内不履行调解协议的，另一方当事人可以依法申请仲裁。

第16条 因支付拖欠劳动报酬、工伤医疗费、经济补偿或者赔偿金事项达成调解协议，用人单位在协议约定期限内不履行的，劳动者可以持调解协议书依法向人民法院申请支付令。人民法院应当依法发出支付令。

第二节 劳动监察

导 读

劳动监察由劳动行政部门实施，属于行政行为，是指劳动行政部门依法对用人单位贯彻执行劳动法律、法规或规章情况进行监督检查，受理对违反劳动法律、法规或规章的行为的举报、投诉，纠正和查处违反劳动法律、法规或规章的行为。与劳动仲裁不一样，劳动监察并非依申请进行，而是依照法定职权进行。在劳动监察过程中，劳动行政部门一经作出处理决定，立即发生法律效力，用人单位应立即执行。用人单位不服处理决定的，可以提起行政复议或行政诉讼，申请复议或行政诉讼期间不影响决定的执行。劳动者认为用人单位存在未依法订立书面劳动合同、未及时足额支付劳动报酬等情形，既可以选择通过申请劳动仲裁的方式寻求救济，也可以通过投诉的方式，由劳动行政部门通过劳动监察纠正和查处用人单位的违法行为来维护自身合法权益。

案情简介

2010年5月5日，刘某与上海某百货公司（以下简称百货公司）订立劳动合同，担任预算员。2014年10月1日，刘某工资调整为每月人民币17,940元。刘某在怀孕期间被百货公司解除劳动合同，法院于2017年9月8日判决百货公司与刘某恢复劳动关系。百货公司在刘某产假结束后通知其至安保部门上班。12月27日，刘某至百货公司安保部门上班。2018年2月8日，刘某收到百货公司按照每月工资2300元的标准发放2017年12月27日至2018年1月31日的工资2761.3元，随即以电子邮件的方式向百货公司提出异议。

2018年3月8日，刘某向上海某区人社局劳动监察大队投诉，要求百货公司按照合同约定补发少发的工资。次日，上海某区人社局予以受理立案。4月17

日，区人社局发出《行政处理事先告知书》，告知百货公司：其无故克扣刘某2017年12月至2018年3月的工资35,913.1元，违反了《劳动法》第50条之规定，依据《劳动法》第91条第1项之规定，拟责令限期补发刘某工资35,913.1元。2018年5月23日，区人社局作出《行政处理决定》，认定事实及适用法律与事先告知内容一致，决定：百货公司应当在收到本行政处理决定书之日起3日内补发刘某工资35,913.1元。拒不履行本行政处理决定，依据《劳动保障监察条例》第30条第1款第3项之规定，处2000元以上20,000元以下罚款。百货公司不服处理决定，起诉至法院。

百货公司认为，刘某的劳动岗位已经发生变更，其并未拖欠、克扣刘某的工资，双方之间的争议不属于区人社局的受理范围。即便刘某对工作岗位及工资标准有异议，也属于劳动争议。因此，该劳动争议不属于劳动监察的范围。区人社局则认为，劳动者有权选择通过劳动监察投诉或者劳动争议处理或者诉讼程序维护自身合法权益。刘某的投诉事项属于劳动保障监察的范围，行政处理决定认定事实清楚，证据确凿，适用法律正确，程序合法。

裁判结果

法院认为，《劳动合同法》第74条第5项规定："县级以上地方人民政府劳动行政部门依法对下列实施劳动合同制度的情况进行监督检查：……（五）用人单位支付劳动合同约定的劳动报酬和执行最低工资标准的情况……"《劳动保障监察条例》第9条第2款规定，劳动者认为用人单位侵犯其劳动保障合法权益的，有权向劳动保障行政部门投诉。该条例第11条第4项、第6项规定："劳动保障行政部门对下列事项实施劳动保障监察：……（四）用人单位遵守女职工和未成年工特殊劳动保护规定的情况……（六）用人单位支付劳动者工资和执行最低工资标准的情况……"因此，对于既可以通过劳动保障监察，又可以申请劳动争议处理程序解决的事项，劳动者有权选择救济途径。刘某投诉内容涉及用人单位支付劳动报酬的情况，依法属于区人社局劳动保障监察职责范围。区人社局依据劳动合同、工资发放明细，以及生效民事判决等证据认定百货公司违反女职工劳动特殊保护规定，存在克扣工资报酬的违法行为并计算应当补发的工资金额，所作行政处理决定事实认定清楚，证据确凿。百货公司将哺乳期内的刘某从预算员调整至安保的工作岗位，该两种完全不同工作岗位的工资待遇相差明显，百货公司的行为损害了刘某的合法权益，违反了女职工劳动特殊保护规定，区人社局符合执法程序的相关规定,驳回百货公司的诉讼请求。

案例精析

本案是一起用人单位对劳动行政部门作出的劳动监察具体行政行为不服而提起的行政诉讼案件,涉及的核心焦点问题在于劳动行政部门是否有权对用人单位未及时足额支付劳动者劳动报酬进行处理,即对行政行为的合法性认定。同时,用人单位提起诉讼的理由还涉及劳动者寻求法律救济的途径选择问题。

一、劳动行政部门可以对用人单位的劳动用工违法行为进行劳动监察

劳动监察是劳动行政部门依据《劳动法》《劳动保障监察条例》等相关法律法规,对劳动保障违法侵权行为进行监督、检查和依法处理的行政执法行为。劳动者认为用人单位侵犯其劳动保障合法权益,有权向劳动行政部门投诉,由劳动行政部门对用人单位的劳动用工行为进行劳动监察。

根据《劳动保障监察条例》,劳动行政部门对用人单位有关规章制度制定、劳动合同订立、劳动报酬、工时休假和社会保险等内容进行监察,对用人单位违反劳动法律、法规和政策的行为进行查处,具有行政执法权,根据不同的违法行为可以分别作出责令改正、罚款等行为。

本案中,百货公司违法解除处于"三期"内的刘某劳动合同,被判决恢复劳动关系后,百货公司应当安排刘某在原岗位工作,且不得降低其工资性收入。但百货公司单方面变更其工作岗位,并大幅度调整其工资标准,存在明显的侵害刘某合法劳动权益的行为。刘某向劳动监察大队进行投诉后,劳动监察大队对用人单位发放劳动者工资情况有权予以调查,经查实后作出责令百货公司改正的行政行为。对于劳动监察大队作出的行政行为,百货公司不服的,百货公司可以提起行政复议或行政诉讼,但不影响对行政行为的执行。百货公司拒不执行劳动监察大队的行政行为,劳动监察大队对其予以处罚于法有据。

二、劳动监察和劳动仲裁是两种不同的救济形式,劳动者可以自主选择向劳动行政部门投诉或申请劳动仲裁

向劳动监察进行投诉和提起劳动仲裁申请,是劳动者认为用人单位侵犯其劳动权益采取的两种完全不同的救济方式。劳动监察和劳动仲裁之间的主要区别表现为:(1)主体及性质不同。劳动监察的执法主体是劳动行政部门,劳动监察行为是一种行政执法,依法对用人单位遵守劳动法律、法规和规章的情况进行

监督检查,对违法行为予以矫正和处罚;劳动争议仲裁的主体是劳动人事争议仲裁委员会,根据劳动者或用人单位的仲裁申请,对双方发生的劳动争议进行带有司法性质的居中裁判。(2)程序不同。劳动监察由劳动行政部门依照法定职权主动进行,或根据投诉、举报进行;而劳动争议仲裁机构则根据劳动争议当事人提出的仲裁申请,是被动的介入。(3)法律后果不同。在劳动监察中,劳动行政部门一经作出处理决定,立即发生法律效力,有关单位即应执行。若当事人不服处理决定的,可以依法申请行政复议或提起行政诉讼,被申请人或被告是劳动行政部门,在申请复议或行政诉讼期间,不影响决定的执行;而劳动争议仲裁委员会作出的裁决,除法律有特别规定外,并不立即发生法律效力,而是处于效力待定状态。当事人对劳动争议仲裁机构的裁决不服,可以在法定期限内向人民法院提起诉讼,只有法定期限届满,当事人不起诉的,裁决书才发生法律效力。若当事人向法院提起诉讼,也不是以仲裁机构为被告提起行政诉讼,而是以劳动争议的另一方为被告提起普通的民事诉讼,原告和被告仍是劳动争议的另一方当事人。

由于劳动监察的监察事项与劳动仲裁的受案范围不完全一样,对既属于劳动监察事项又属于劳动仲裁受案范围情形的,劳动者可以选择向劳动行政部门投诉,或提起劳动仲裁申请,选择权在劳动者自身。本案中,百货公司违法解除刘某劳动合同时,刘某选择提起劳动仲裁,要求恢复劳动关系;对百货公司恢复劳动关系后变更工作未足额支付劳动报酬的行为,刘某选择向劳动行政部门投诉,这是完全符合法律规定的,百货公司的抗辩理由不成立。

需要指出的是,对用人单位侵害劳动者合法劳动权益的违法行为,劳动者不能同时向劳动行政部门投诉和提起劳动仲裁申请,只能二选一。如果劳动者已经按照劳动争议处理程序申请调解、仲裁或诉讼,则劳动行政部门不再予以处理。如果劳动者虽申请劳动仲裁,但请求事项不属于劳动仲裁受案范围的,则由劳动监察进行处理。同样地,如果劳动者向劳动行政部门投诉,而投诉的事项不属于监察范围,只能通过劳动仲裁解决,劳动行政部门应当告知劳动者通过劳动仲裁程序进行处理。

维权提醒

1. 对于既可以通过劳动保障监察,又可以申请劳动争议处理程序解决的事项,劳动者有权选择救济途径。

2. 劳动争议案件需要经过“一裁二审”程序，审理时限较长，如果属于劳动监察范围的事项，建议劳动者通过向劳动行政部门投诉，劳动行政部门作出的劳动监察执法行为，立即发生法律效力。用人单位对执法行为不服的，在提起行政复议或行政诉讼过程中，不影响行政执法决定的执行。

法条索引

《劳动保障监察条例》

第9条　任何组织或者个人对违反劳动保障法律、法规或者规章的行为，有权向劳动保障行政部门举报。

劳动者认为用人单位侵犯其劳动保障合法权益的，有权向劳动保障行政部门投诉。

……

第11条　劳动保障行政部门对下列事项实施劳动保障监察：

（一）用人单位制定内部劳动保障规章制度的情况；

（二）用人单位与劳动者订立劳动合同的情况；

（三）用人单位遵守禁止使用童工规定的情况；

（四）用人单位遵守女职工和未成年工特殊劳动保护规定的情况；

（五）用人单位遵守工作时间和休息休假规定的情况；

（六）用人单位支付劳动者工资和执行最低工资标准的情况；

（七）用人单位参加各项社会保险和缴纳社会保险费的情况；

（八）职业介绍机构、职业技能培训机构和职业技能考核鉴定机构遵守国家有关职业介绍、职业技能培训和职业技能考核鉴定的规定的情况；

（九）法律、法规规定的其他劳动保障监察事项。

第30条　有下列行为之一的，由劳动保障行政部门责令改正；对有第（一）项、第（二）项或者第（三）项规定的行为的，处2000元以上2万元以下的罚款：

（一）无理抗拒、阻挠劳动保障行政部门依照本条例的规定实施劳动保障监察的；

（二）不按照劳动保障行政部门的要求报送书面材料，隐瞒事实真相，出具伪证或者隐匿、毁灭证据的；

（三）经劳动保障行政部门责令改正拒不改正，或者拒不履行劳动保障行政部门的行政处理决定的；

（四）打击报复举报人、投诉人的。

违反前款规定，构成违反治安管理行为的，由公安机关依法给予治安管理处罚；构成犯罪的，依法追究刑事责任。

《人力资源和社会保障部关于实施〈劳动保障监察条例〉若干规定》

第15条 有下列情形之一的投诉，劳动保障行政部门应当告知投诉人依照劳动争议处理或者诉讼程序办理：

（一）应当通过劳动争议处理程序解决的；

（二）已经按照劳动争议处理程序申请调解、仲裁的；

（三）已经提起劳动争议诉讼的。

第三节 仲裁受理范围

导 读

劳动者与用人单位在劳动合同订立、履行、变更、解除过程中发生纠纷向劳动人事争议仲裁委员会申请仲裁的，劳动人事争议仲裁委员会在收到仲裁申请之日起5日内对是否符合受理条件进行审核。审核不符合受理条件的则书面通知申请人不予受理，并说明理由。对劳动人事争议仲裁委员会作出的不予受理决定或者逾期未作出决定的，申请人可以就该劳动争议事项向人民法院提起诉讼。

案情简介

李某自2018年3月18日进行上海某饮食店（以下简称饮食店）工作，在工作期间饮食店未为其缴纳社会保险。2020年4月4日，双方协商解除劳动关系。李某失业后，在申请失业保险金过程中被告知由于单位没有为其缴纳社保故不符合领取条件。2020年4月13日，李某向劳动人事争议仲裁委员会申请仲裁，要求饮食店：（1）补缴2018年3月18日至2020年4月4日的社会保险；（2）支付2018年3月18日至2020年4月4日因未缴社保导致无法领取失业保险待遇15,360元。劳动争议仲裁委员会以李某的请求事项不属于仲裁受理范围为由，作出不予受理通知书，决定不予受理。李某不服仲裁委员会作出的不予受理决定,向法院提起诉讼,法院经审理驳回起诉。

裁判结果

法院认为,劳动者以用人单位未为其办理社会保险手续,且社会保险经办机构不能补办导致其无法享受社会保险待遇为由,要求用人单位赔偿损失而发生争议的,人民法院应予受理。对于社保纠纷,法院受理案件的范围仅限于因用人单位没有为劳动者办理社会保险手续,且社会保险经办机构不能补办导致劳动者不能享受社会保险待遇,要求用人单位赔偿损失发生的纠纷。而因用人单位欠缴、拒缴或因缴费年限、缴费基数等发生的争议,系征收与缴纳之间的纠纷,属于行政管理的范围,应由社保管理部门解决和处理,不属于法院受理范围。因此依法驳回李某的起诉。

案例精析

这是一起有关劳动争议仲裁受案范围的典型案件。并非劳动者和用人单位发生的纠纷,都属于劳动争议仲裁受案范围,对于劳动人事争议仲裁委员会裁定不予受理的案件,有可能属于人民法院的劳动争议受案范围。劳动人事争议仲裁委员会和人民法院有关劳动争议的案件,受案范围也不完全一致。

一、劳动争议的受案范围

根据《劳动争议调解仲裁法》第 2 条:"中华人民共和国境内的用人单位与劳动者发生的下列劳动争议,适用本法:(一)因确认劳动关系发生的争议;(二)因订立、履行、变更、解除和终止劳动合同发生的争议;(三)因除名、辞退和辞职、离职发生的争议;(四)因工作时间、休息休假、社会保险、福利、培训以及劳动保护发生的争议;(五)因劳动报酬、工伤医疗费、经济补偿或者赔偿金等发生的争议;(六)法律、法规规定的其他劳动争议。"

《最高人民法院关于审理劳动争议案件适用法律问题的解释(一)》第 1 条规定:"劳动者与用人单位之间发生的下列纠纷,属于劳动争议,当事人不服劳动争议仲裁机构作出的裁决,依法提起诉讼的,人民法院应予受理:(一)劳动者与用人单位在履行劳动合同过程中发生的纠纷;(二)劳动者与用人单位之间没有订立书面劳动合同,但已形成劳动关系后发生的纠纷;(三)劳动者与用人单位因劳动关系是否已经解除或者终止,以及应否支付解除或者终止劳动关系经济补偿金发生的纠纷;(四)劳动者与用人单位解除或者终止劳动关系后,请求用人单位返还其收取的劳动合同定金、保证金、抵押金、抵押物发生的纠纷,或者办理劳动者的人事档案、社会保险关系等移转手续发生的纠纷;(五)劳动者以用人单位未为其办理社会保险手续,且社会保险经办机构不能补办导致其无法享受社会保险待遇为由,要求用人单位赔偿损失发生的纠纷;(六)劳动者退休后,与尚未参加社会保险统筹的原用人单位因追索养老金、医疗费、工伤保险待遇和其他社会保险待遇而发生的纠纷;(七)劳动者因为工伤、职业病,请求用人单位依法给予工伤保险待遇发生的纠纷;(八)劳动者依据劳动合同法第八十五条规定,要求用人单位支付加付赔偿金发生的纠纷;(九)因企业自主进行改制发生的纠纷。"

本案中,李某向劳动人事争议仲裁委员会提起仲裁申请,要求饮食店补缴社会保险的请求并不属于劳动争议的受案范围。有关社会保险缴纳问题,李某可以通过向社保征缴部门或劳动监察部门投诉,由社保征缴部门或劳动监察部门责令饮食店予以补缴。

同样,劳动者请求社会保险经办机构发放社会保险金的纠纷也不属于劳动争议受案范围。人民法院仅对劳动者以用人单位未为其办理社会保险手续,且社会保险经办机构不能补办导致其无法享受社会保险待遇为由,要求用人单位赔偿损失发生的纠纷纳入其受案范围。

二、对劳动仲裁不予受理的处理

如前所述,劳动争议仲裁阶段与法院阶段在对劳动争议受案范围标准上不完全一致,当事人向劳动人事争议仲裁委员会提起仲裁,劳动人事争议仲裁委员以当事人申请仲裁的事项不属于劳动争议为由,作出不予受理的书面裁决、决定或者通知,当事人不服该裁决、决定或者通知内容的,可以在规定时间内向人民法院提起诉讼。人民法院在收到当事人提起的起诉后,应当分不同情况予以处理:属于劳动争议案件的,应当受理;虽不属于劳动争议案件,但属于人民法院主管的其他案件,也应当依法受理。

维权提醒

1. 劳动者与用人单位发生纠纷,先了解是否属于劳动争议受案范围,如不属于劳动争议仲裁委员会受理的纠纷,可以通过其他行政救济手段进行。例如,因用人单位未依法为劳动者缴纳社会保险或住房公积金发生争议的,不属于劳动争议受案范围。劳动者可以向社保中心、公积金管理中心或劳动监察部门进行投诉,通过行政救济手段维权。

2. 劳动者提起劳动仲裁申请,劳动人事争议仲裁委员会裁定不属于受案范围而不予受理的,建议劳动者可以提起诉讼,人民法院受理劳动争议的范围更广,即使不是劳动争议案件,属于其他民事案件,人民法院一样会审理。

法条索引

《劳动争议调解仲裁法》

第2条 中华人民共和国境内的用人单位与劳动者发生的下列劳动争议,适用本法:

(一)因确认劳动关系发生的争议;

(二)因订立、履行、变更、解除和终止劳动合同发生的争议;

(三)因除名、辞退和辞职、离职发生的争议;

(四)因工作时间、休息休假、社会保险、福利、培训以及劳动保护发生的争议;

(五)因劳动报酬、工伤医疗费、经济补偿或者赔偿金等发生的争议;

(六)法律、法规规定的其他劳动争议。

《最高人民法院关于审理劳动争议案件适用法律问题的解释(一)》

第1条 劳动者与用人单位之间发生的下列纠纷,属于劳动争议,当事人不服劳动争议仲裁机构作出的裁决,依法提起诉讼的,人民法院应予受理:

(一)劳动者与用人单位在履行劳动合同过程中发生的纠纷;

(二)劳动者与用人单位之间没有订立书面劳动合同,但已形成劳动关系后发生的纠纷;

(三)劳动者与用人单位因劳动关系是否已经解除或者终止,以及应否支付解除或者终止劳动关系经济补偿金发生的纠纷;

(四)劳动者与用人单位解除或者终止劳动关系后,请求用人单位返还其收取的劳动合同定金、保证金、抵押金、抵押物发生的纠纷,或者办理劳动者的人事档案、社会保险关系等移转手续发生的纠纷;

(五)劳动者以用人单位未为其办理社会保险手续,且社会保险经办机构不能补办导致其无法享受社会保险待遇为由,要求用人单位赔偿损失发生的纠纷;

(六)劳动者退休后,与尚未参加社会保险统筹的原用人单位因追索养老金、医疗费、工伤保险待遇和其他社会保险待遇而发生的纠纷；

（七）劳动者因为工伤、职业病，请求用人单位依法给予工伤保险待遇发生的纠纷；

（八）劳动者依据劳动合同法第八十五条规定，要求用人单位支付加付赔偿金发生的纠纷；

（九）因企业自主进行改制发生的纠纷。

第2条 下列纠纷不属于劳动争议：

（一）劳动者请求社会保险经办机构发放社会保险金的纠纷；

（二）劳动者与用人单位因住房制度改革产生的公有住房转让纠纷；

（三）劳动者对劳动能力鉴定委员会的伤残等级鉴定结论或者对职业病诊断鉴定委员会的职业病诊断鉴定结论的异议纠纷；

（四）家庭或者个人与家政服务人员之间的纠纷；

（五）个体工匠与帮工、学徒之间的纠纷；

（六）农村承包经营户与受雇人之间的纠纷。

第6条 劳动争议仲裁机构以当事人申请仲裁的事项不属于劳动争议为由，作出不予受理的书面裁决、决定或者通知，当事人不服依法提起诉讼的，人民法院应当分别情况予以处理：

（一）属于劳动争议案件的，应当受理；

（二）虽不属于劳动争议案件，但属于人民法院主管的其他案件，应当依法受理。

第四节　仲裁管辖机构

导　读

劳动者与用人单位发生劳动争议，劳动仲裁是必经的前置程序，只有经过仲裁前置程序后才可以进入诉讼程序。在劳动仲裁阶段，劳动合同履行地或者用人单位所在地的劳动争议仲裁委员会是管辖机构。如果双方当事人分别向劳动合同履行地和用人单位所在地的劳动争议仲裁委员会申请仲裁，劳动合同履行地劳动争议仲裁委员会具有优先管辖权。不服仲裁裁决内容起诉至人民法院的,则由用人单位所在地或者劳动合同履行地的基层人民法院管辖,此时劳动合同履行地法院丧失了优先管辖权,由先受理的人民法院管辖。

案情简介

哈某与上海某人才服务公司(以下简称人才服务公司)签订多份劳动合同,最后一份劳动合同期限至2014年1月31日。《劳动合同》约定:人才服务公司聘请哈某并将其派遣至某外资公司上海分公司处工作,合同的签订地和履行地均为上海,双方履行合同中发生的争议协商不成可以通过劳动仲裁处理,对仲裁裁决不服的向上海市黄浦区人民法院起诉等。某外资公司上海分公司安排哈某至湖南省长沙市国美电器、通程电器等卖场从事促销员工作。

2013年12月16日,外资公司上海分公司向人才服务公司发送《退回派遣员工通知书》,称哈某自2013年12月2日起无正当理由旷工累计已达3天,故解除与哈某的派遣用工关系并将其退回人才服务公司。2013年12月16日,人才服务公司向哈某邮寄《解除劳动合同通知书》,并通知其双方的劳动合同自2013年12月16日解除。

哈某收到解除劳动合同通知后,向湖南省劳动人事争议仲裁委员会提起劳动仲裁,主张解除劳动合同赔偿金36,102元。2014年10月8日,湖南省劳动人事争议仲裁委员会裁决人才服务公司支付哈某解除劳动合同经济补偿18,051元,外资公司上海分公司负连带责任。

当事人均不服仲裁裁决内容,哈某于2014年10月13日向湖南省长沙市雨花区人民法院提起诉讼,人才服务公司于2014年10月14日向上海市黄浦区人民法院提起诉讼。哈某在答辩期内提起管辖异议,要求该劳动纠纷案件应由先立案受理的雨花区人民法院管辖。人才服务公司和某外资公司上海分公司则认为,《劳动合同》中约定了管辖在企业所在地黄浦区人民法院审理,应按照约定管辖优先处理。

裁判结果

法院认为,劳动争议案件由用人单位所在地或者劳动合同履行地的基层人民法院管辖。本案中,用人单位所在地为上海市黄浦区,劳动者实际合同履行地为湖南省长沙市雨花区。上海市黄浦区人民法院和湖南省长沙市雨花区人民法院对本案均有管辖权。该劳动纠纷已经湖南省劳动争议仲裁机构作出仲裁,且劳动者早于用人单位提起诉讼,并已被湖南省长沙市雨花区人民法院立案受理,劳动者实际合同履行地在长沙,本案在长沙审理对劳动者来说更为经济便利,也便于查明案件事实。综合上述因素,本案由湖南省长沙市雨花区人民法院审理更为合适,故裁定管辖异议成立。

案例精析

本案涉及劳动者与用人单位发生劳动争议,确定管辖机构的焦点问题。实践中,由于劳动法律地区差异性等因素,往往在管辖机构的选择上成为劳动者和用人单位互相争夺的关键点。

一、劳动争议仲裁阶段的管辖

根据《劳动争议调解仲裁法》第21条,劳动争议仲裁委员会负责管辖本区域内发生的劳动争议。劳动争议由劳动合同履行地或者用人单位所在地的劳动争议仲裁委员会管辖。双方当事人分别向劳动合同履行地和用人单位所在地的劳动争议仲裁委员会申请仲裁的,由劳动合同履行地的劳动争议仲裁委员会管辖。可见,劳动仲裁主要实行的是地域管辖,以劳动合同履行地为优先的管辖原则。本案中,用人单位所在地是上海市黄浦区,劳动合同履行地是湖南省长沙市,所以劳动者选择在劳动合同履行地提起仲裁申请,完全符合仲裁管辖要求。

需要注意的是,劳动争议双方当事人分别向劳动合同履行地和用人单位所在地的劳动争议仲裁委员会申请仲裁的,这种情形必须由劳动合同履行地进行管辖。劳动合同履行地管辖也便于查明实际用工的相关事实。

在处理劳动争议案件过程中,考虑到案件难易程度、影响大小等特殊情况,除了地域管辖外,还有级别管辖。以上海为例,对于以下三类情形,直接由上海市劳动争议仲裁委员会管辖:(1)注册资金1000万美元以上(或者相当于1000万美元以上)的本市外商独资企业和劳动者发生的劳动争议案件;(2)本市企业与其取得合法就业资格的外籍人员、中国港澳台人员和定居国外人员发生的劳动争议案件;(3)有重大影响的劳动争议案件。其中,浦东新区劳动争议仲裁委员会同时负责管辖本行政区域内第(1)类的劳动争议案件。

针对特定人员还可以实行指定管辖。以上海为例,涉及飞行员劳动争议的案件,指定由长宁区劳动争议仲裁委员会审理。

二、劳动争议诉讼阶段的管辖

根据《劳动争议调解仲裁法》规定,除一裁终局案件外,劳动者和用人单位对仲裁裁决不服的,可以自收到仲裁裁决书之日起 15 日内向人民法院提起诉讼。在诉讼阶段,用人单位所在地和劳动合同履行地的基层人民法院都有管辖权。在双方都有管辖权的情形下,根据《最高人民法院关于审理劳动争议案件适用法律问题的解释(一)》第 4 条,双方当事人就同一仲裁裁决分别向有管辖权的人民法院起诉的,后受理的人民法院应当将案件移送给先受理的人民法院。本案中,长沙市雨花区人民法院和上海市黄浦区人民法院分别作为劳动合同履行地和用人单位所在地的法院,均对案件具有管辖权。哈某于 2014 年 10 月 13 日向湖南省长沙市雨花区人民法院提起诉讼,比人才服务公司早一天,因此,人才服务公司起诉的案件应当移送到长沙市雨花区人民法院进行管辖。

三、关于劳动争议约定管辖的效力

一般民事案件中,允许当事人双方就争议解决约定具有管辖权的仲裁机构或法院,有约定的从约定。但是,在劳动争议中,对是否可以约定仲裁管辖或法院管辖问题,存在一定的争议,主流观点都认为该约定无效,劳动争议应当适用法定管辖。首先,在劳动仲裁阶段,明确当出现管辖冲突时,劳动合同履行地优先于用人单位所在地,并不能通过约定管辖来排除法定的优先管辖权。其次,在诉讼阶段,明确当出现管辖冲突时,按照人民法院受理劳动争议案件的时间先后来确定管辖,由先受理的法院进行管辖,同样不能通过约定管辖来处理。通常来讲,在约定管辖方面,提供格式合同的往往都是用人单位,用人单位几乎都是约定注册所在地的仲裁委员会或人民法院来管辖,而实际上劳动者与用人单位发生争议,往往劳动合同履行地对劳动者就近维权更有利,也更便于查明事实,因此,司法实践中一般认定为约定管辖无效也更公平。

维权提醒

1. 在劳动争议处理过程中,适用地方性劳动法规、规章及政策较为常见,因此,涉及劳动合同履行地和用人单位注册所在地不一致时,劳动者在提起劳动仲裁申请之前需要权衡选择管辖机构,这个在跨区域劳动争议处理过程中更为明显。

2. 如果劳动者和用人单位都提出了仲裁或诉讼,一定要在规定的答辩期内提出管辖异议,请注意在劳动仲裁阶段和法院阶段的答辩期是不一样的。

法条索引

《劳动争议调解仲裁法》

第21条 劳动争议仲裁委员会负责管辖本区域内发生的劳动争议。

劳动争议由劳动合同履行地或者用人单位所在地的劳动争议仲裁委员会管辖。双方当事人分别向劳动合同履行地和用人单位所在地的劳动争议仲裁委员会申请仲裁的,由劳动合同履行地的劳动争议仲裁委员会管辖。

《最高人民法院关于审理劳动争议案件适用法律问题的解释(一)》

第3条 劳动争议案件由用人单位所在地或者劳动合同履行地的基层人民法院管辖。

劳动合同履行地不明确的,由用人单位所在地的基层人民法院管辖;

法律另有规定的,依照其规定。

第4条 劳动者与用人单位均不服劳动争议仲裁机构的同一裁决,向同一人民法院起诉的,人民法院应当并案审理,双方当事人互为原告和被告,对双方的诉讼请求,人民法院应当一并作出裁决。在诉讼过程中,一方当事人撤诉的,人民法院应当根据另一方当事人的诉讼请求继续审理。双方当事人就同一仲裁裁决分别向有管辖权的人民法院起诉的,后受理的人民法院应当将案件移送给先受理的人民法院。

第5条 劳动争议仲裁机构以无管辖权为由对劳动争议案件不予受理,当事人提起诉讼的,人民法院按照以下情形分别处理:

(一)经审查认为该劳动争议仲裁机构对案件确无管辖权的,应当告知当事人向有管辖权的劳动争议仲裁机构申请仲裁;

(二)经审查认为该劳动争议仲裁机构有管辖权的,应当告知当事人申请仲裁,并将审查意见书面通知该劳动争议仲裁机构;劳动争议仲裁机构仍不受理,当事人就该劳动争议事项提起诉讼的,人民法院应予受理。

第五节 仲裁申请时效

导 读

时效是指权利人不行使权利的事实状态持续经过法定期间,其权利即发生效力减损的制度。劳动仲裁时效是针对劳动争议而规定的权利人请求劳动仲裁机构保护其权利的法定期间的制度。劳动者和用人单位发生劳动争议,必须适用《劳动争议调解仲裁法》中劳动仲裁时效的规定。仲裁时效分为普通仲裁时效和特别仲裁时效。作为权利行使尤其是救济权行使期间的一种,时效既与当事人的实体权利密切相关,又与当事人通过相应的程序救济其权益密不可分。权利人因怠于在法定期间内行使权利,超过仲裁时效则权利人的实体权利自动丧失。

案情简介

吴某于2018年10月18日进入上海某技术服务有限公司(以下简称技术服务公司)工作,双方签订期限自2018年10月18日起至2021年10月17日止的劳动合同,劳动合同约定吴某的职位为人力资源经理。2019年4月9日,双方之间的劳动合同解除。

2020年8月6日,吴某向劳动人事争议仲裁委员会申请仲裁,要求技术服务公司支付:(1)违法解除劳动合同的赔偿金60,000元;(2)2019年1月1日至4月9日未休年休假工资45,000元;(3)2018年10月18日至2019年4月9日加班工资200万元。

技术服务公司在仲裁庭审中称,吴某的仲裁请求申请均已经超过1年的时效;2019年1月1日至4月9日吴某的法定年休假经折算后只有1天,已经休完;公司福利年休假离职作废不予补偿,吴某主张未休年休假工资没有法律依据;公司实行加班审批制度,吴某并无任何加班及审批的证据,吴某所在的岗位实行不定时工时制,其主张加班费并无依据。2020年11月22日,劳动人事争议仲裁委员会作出裁决,对吴某的请求事项不予支持。吴某不服该裁决,诉至法院。

裁判结果

法院认为,根据法律规定,劳动争议申请仲裁的时效期间为 1 年。仲裁时效期间从当事人知道或者应当知道其权利被侵害之日起计算。因当事人一方向对方当事人主张权利,或者向有关部门请求权利救济,或者对方当事人同意履行义务而中断。从中断时起,仲裁时效期间重新计算。因不可抗力或者有其他正当理由,当事人不能在 1 年的仲裁时效期间申请仲裁的,仲裁时效中止。从中止时效的原因消除之日起,仲裁时效期间继续计算。吴某与技术服务公司之间的劳动合同于 2019 年 4 月 9 日解除,吴某于 2020 年 8 月 6 日申请仲裁,已超过仲裁时效,且吴某亦未举证证明仲裁时效存在中止、中断的情形,故对吴某的诉请,因其怠于在法定期间内行使权利,法院驳回其起诉。

案例精析

本案是一起有关劳动仲裁时效的劳动争议案件。劳动争议案件都需要经过劳动仲裁前置程序,因此,在时效上必须符合《劳动争议调解仲裁法》的规定。

一、劳动争议仲裁时效

《劳动争议调解仲裁法》第 27 条规定:“劳动争议申请仲裁的时效期间为一年。仲裁时效期间从当事人知道或者应当知道其权利被侵害之日起计算……劳动关系存续期间因拖欠劳动报酬发生争议的,劳动者申请仲裁不受本条第一款规定的仲裁时效期间的限制;但是,劳动关系终止的,应当自劳动关系终止之日起一年内提出。”

从该法条规定可以看出,劳动仲裁的时效分为普通仲裁时效和特别仲裁时效。普通时效的期间为 1 年,从当事人知道或者应当知道其权利被侵害之日起计算。而对于劳动关系存续期间因拖欠劳动报酬发生争议的,则适用特别仲裁时效,不受 1 年时效期间的限制;劳动关系终止的,应当自劳动关系终止之日起 1 年内提出。获取劳动报酬权是劳动权益中最基本、最重要的权益,考虑劳动者在劳动关系存续期间的弱势地位,法律对拖欠劳动报酬争议设置了特别仲裁时效,对有效保护劳动者权益具有重要意义。因此,假如劳动者要向用人单位主张加班工资、提成奖金等劳动报酬,在劳动关系存续期间提起仲裁,就不受 1 年的限制。

二、仲裁时效的中断、中止

根据《劳动争议调解仲裁法》第 27 条,因当事人一方向对方当事人主张权利,或者向有关部门请求权利救济,或者对方当事人同意履行义务而中断。从中断时起,仲裁时效期间重新计算。

可见,出现仲裁时效中断的情形有三种:一是向对方当事人主张权利;二是向有关部门请求权利救济,在劳动争议案件中"有关部门"主要是指劳动争议调解组织、劳动监察部门、政府主管部门等部门;三是对方当事人同意履行义务。特别需要注意的是,这些仲裁时效中断情形的举证义务都在申请人,并且一定要在规定的仲裁时效内出现这些情形才能导致时效中断而重新计算。

根据《劳动争议调解仲裁法》第 27 条,因不可抗力或者有其他正当理由,当事人不能在规定的仲裁时效期间申请仲裁的,仲裁时效中止。从中止时效的原因消除之日起,仲裁时效期间继续计算。

可见,出现仲裁时效中止的情形有两种:一种是不可抗力。不可抗力是指不能预见、不能避免并不能克服的客观情况。不可抗力的主要表现形式是自然灾害和意外事件,如火山爆发、地震、海啸、洪灾、疫情、战争或武装冲突等。不可抗力是免责事由。另一种是其他正当理由。其他正当理由需要劳动仲裁机构根据实际情况进行裁量和综合考虑,法律上并没有具体明确的规定。注意,中止情形同样必须在规定的仲裁时效内出现才可以。

三、超过仲裁时效的法律后果

仲裁时效的设定就是要求权利人能够在规定的法定期间内及时行使权利,如果怠于在法定期间内行使权利,超过仲裁时效则权利人的实体权利自动丧失。换言之,如果劳动者与用人单位发生劳动争议后,劳动者在离职 1 年后才提出劳动仲裁申请,如果没有仲裁时效中断或中止的情形,则劳动者的仲裁请求因超过时效而不能得到支持。本案中,吴某 2019 年 4 月 9 日与技术服务公司解除劳动关系,2020 年 8 月 6 日才提起仲裁申请,又无证据证明 1 年内具有时效中断或中止情形,显然就超过 1 年的仲裁时效,因此,其仲裁请求不能得到支持,实体权利因为时效超过而丧失。

需要注意的是,一方当事人提出仲裁请求申请,劳动争议仲裁委员会不会主动审理其是否超过申请仲裁时效,因此,对方当事人一定要在仲裁阶段对其超过申请仲裁时效进行抗辩。如果对方当事人没有对时效进行抗辩,劳动争议仲裁委员会作出了实体的裁决后，对方当事人在法院阶段再以超过仲裁时效期间为由进行抗辩的，法院不支持该抗辩理由。

假如在劳动仲裁阶段一方当事人提出了超过时效抗辩理由，经劳动争议仲裁委员会作出不予受理的决定后，另一方当事人向法院提起诉讼的，法院仍会对当事人的仲裁申请是否超过法定时效期间进行审查，此时对方当事人仍然可主张当事人的仲裁申请超过法定时效期间。

此外，超过劳动仲裁申请时效，并不意味着双方基于劳动关系的权利和义务已经消失。假如劳动者向用人单位主张劳动报酬，尽管超过了仲裁时效，但是用人单位认可并向劳动者支付了劳动报酬，则劳动者可以获得该劳动报酬。后续用人单位反悔的，称劳动者主张劳动报酬时超过时效应当返还其支付的劳动报酬，用人单位的请求是不会得到支持的。

维权提醒

1. 劳动者和用人单位发生劳动争议，应当在规定的时间内及时向对方主张权利或向劳动仲裁委员会申请仲裁，除追索劳动报酬适用特别时效外，其他情形一律适用1年的普通时效。超过时效再主张，则难以得到支持。

2. 劳动者如果在仲裁时效内向用人单位主张过权利，一定要保留相关证据，这样才能产生时效中断的法律效果。

3. 劳动争议仲裁委员会和人民法院在审理仲裁时效中断或中止的情形上，存在一定的差异性。实践中，劳动争议仲裁委员考虑的因素较为单一，而人民法院会结合综合因素进行考虑。

4. 劳动者在主张用人单位没有订立书面劳动合同须支付双倍工资差额以及主张应休未休年休假工资的，不适用特殊仲裁时效。

法条索引

《劳动争议调解仲裁法》

第27条 劳动争议申请仲裁的时效期间为一年。仲裁时效期间从当事人知道或者应当知道其权利被侵害之日起计算。

前款规定的仲裁时效，因当事人一方向对方当事人主张权利，或者向有关部门请求权利救济，或者对方当事人同意履行义务而中断。从中断时起，仲裁时效期间重新计算。

因不可抗力或者有其他正当理由，当事人不能在本条第一款规定的仲裁时效期间申请仲裁的，仲裁时效中止。从中止时效的原因消除之日起，仲裁时效期间继续计算。

劳动关系存续期间因拖欠劳动报酬发生争议的，劳动者申请仲裁不受本条第一款规定的仲裁时效期间的限制；但是，劳动关系终止的，应当自劳动关系终止之日起一年内提出。

第六节　“一裁终局”

导　读

我国劳动争议实行“一裁二审”制，该制度存在审理周期长的问题，为了快速解决部分争议标的较小以及涉及劳动基准的相关问题，创设“一裁终局”制度。对于劳动争议仲裁委员会裁决的“一裁终局”案件，劳动者不服裁决内容的，可以向人民法院提起诉讼；用人单位对仲裁裁决不服的，符合可以申请撤销裁决情形的，可以向劳动争议仲裁委员会所在地的中级人民法院申请撤销，而不能直接向人民法院提起诉讼。

案情简介

2020 年 1 月 5 日，张某入职上海某科技有限公司（以下简称科技公司）工作，约定劳动合同期限 3 年，其中试用期 6 个月，每月工资 34,000 元，试用期工资按 80% 计算。2020 年 5 月 25 日，科技公司以张某入职后没有业绩为由口头将张某辞退。6 月 2 日，张某向劳动人事争议仲裁委员会提起仲裁，向科技公司主张：(1)违法解除劳动合同的赔偿金 34,000 元；(2)2020 年 5 月工资 27,200 元。劳动人事争议仲裁委员会经审理于 2020 年 7 月 27 日作出裁决：(1)裁决科技公司支付张某违法解除劳动合同赔偿金 27,200 元；(2)裁决科技公司支付张某 2020 年 5 月 1 日至 5 月 25 日工资 20,009 元；(3)本裁决为一裁终局，自作出之日起发生法律效力。

科技公司收到仲裁裁决后，于 2020 年 8 月 21 日向企业所在地中级人民法院提出撤销裁决申请。科技公司认为，张某入职公司后工作无业绩，在公司与其沟通后,系张某主动辞职而结束劳动关系,仲裁裁决认定事实存在错误;张某仲裁时仲裁请求为61,200元,超过了上海市月最低工资标准12个月的金额,本案不应适用一裁终局,仲裁裁决适用法律、法规错误,故请求中级人民法院撤销该仲裁裁决。张某不同意科技公司的撤裁理由,请求驳回申请。

裁判结果

法院认为,申请撤销仲裁裁决的案件应围绕《劳动争议调解仲裁法》第49条规定的撤销仲裁裁决的情形进行审查。本案中,科技公司主张双方劳动关系因张某主动辞职而结束,仲裁裁决认定事实存在错误。科技公司的上述理由均涉及事实认定,但并不符合《劳动争议调解仲裁法》第49条规定的撤销仲裁裁决的法定情形;仲裁裁决涉及劳动报酬及赔偿,每项确定的数额均不超过上海市最低工资标准12个月的金额,故仲裁委将本案裁决确定为终局裁决,并无不当。科技公司的该申请理由亦不能成立,裁定驳回科技公司的申请,本裁定为终审裁定。

案例精析

本案是关于用人单位对劳动人事争议仲裁委员会"一裁终局"案件不服向中级人民法院申请撤销裁决的劳动争议纠纷案。

一、"一裁终局"适用范围

《劳动争议调解仲裁法》第47条规定:"下列劳动争议,除本法另有规定的外,仲裁裁决为终局裁决,裁决书自作出之日起发生法律效力:(一)追索劳动报酬、工伤医疗费、经济补偿或者赔偿金,不超过当地月最低工资标准十二个月金额的争议;(二)因执行国家的劳动标准在工作时间、休息休假、社会保险等方面发生的争议。"

具体而言,仲裁裁决涉及下列事项,对单项裁决金额不超过当地月最低工资标准12个月金额,劳动人事争议仲裁委员会应当适用"一裁终局":(1)劳动者在法定标准工作时间内提供正常劳动的工资;(2)停工留薪期工资或者病假工资;(3)用人单位未提前通知劳动者解除劳动合同的一个月工资;(4)工伤医疗费;(5)竞业限制的经济补偿;(6)解除或者终止劳动合同的经济补偿;(7)未订立书面劳动合同的双倍工资差额;(8)违法约定试用期的赔偿金;(9)违法解除或者终止劳动合同的赔偿金;(10)其他劳动报酬、经济补偿或者赔偿金。

需要指出的是,"不超过当地月最低工资标准十二个月的金额",不是指提起仲裁申请的请求金额,而是指劳动人事争议仲裁委员会裁决的内容;同时,该金额也不是各项请求裁决的金额的累计,而是指单项的仲裁裁决金额不超过当地月最低工资标准 12 个月。本案中,劳动人事争议仲裁委员会裁决科技公司支付张某违法解除劳动合同赔偿金 27,200 元和工资 20,009 元,尽管累计总额超过了上海市职工月最低工资 12 个月的标准,但是单项诉求裁决金额并没有超过标准,因此,仍适用"一裁终局"。

二、"一裁终局"的效力

《劳动争议调解仲裁法》第 48 条规定,"劳动者对本法第四十七条规定的仲裁裁决不服的,可以自收到仲裁裁决书之日起十五日内向人民法院提起诉讼"。可见,"一裁终局"案件对劳动者而言是不受影响的,劳动者不服"一裁终局",可以向劳动合同履行地或用人单位所在地的基层人民法院提起诉讼。

"一裁终局"案件对用人单位来说是实实在在的终局,不服"一裁终局"案件并不能向人民法院提起诉讼。只有当用人单位有证据证明"一裁终局"案件出现法律规定情形时才能向劳动争议仲裁委员会所在地的中级人民法院申请撤销裁决。《劳动争议调解仲裁法》第 49 条第 1 款规定,"用人单位有证据证明本法第四十七条规定的仲裁裁决有下列情形之一,可以自收到仲裁裁决书之日起三十日内向劳动争议仲裁委员会所在地的中级人民法院申请撤销裁决:(一)适用法律、法规确有错误的;(二)劳动争议仲裁委员会无管辖权的;(三)违反法定程序的;(四)裁决所根据的证据是伪造的;(五)对方当事人隐瞒了足以影响公正裁决的证据的;(六)仲裁员在仲裁该案时有索贿受贿、徇私舞弊、枉法裁决行为的"。

可见,用人单位能够对"一裁终局"案件申请撤销的情形主要是法律适用以及程序性和证据采信等相关问题,并不涉及事实认定。本案中,科技公司主张双方劳动关系系因张某主动辞职而结束,认为仲裁裁决认定事实存在错误,属于事实认定内容,并不符合《劳动争议调解仲裁法》规定的可以撤销仲裁裁决的法定情形。

假如用人单位申请撤销"一裁终局"案件,该案件被中级人民法院裁定撤销,可以自收到裁定书之日起 15 日内就该劳动争议事项向基层人民法院提起诉讼。

三、不服“一裁终局”案件的处理

对于劳动人事争议仲裁委员会作出的一裁终局案件裁决,劳动者依法向基层人民法院提起诉讼,用人单位依法向劳动人事争议仲裁委员会所在地的中级人民法院申请撤销仲裁裁决的,中级人民法院不予受理;已经受理的,会裁定驳回申请。

劳动人事争议仲裁委员会作出的同一仲裁裁决同时包含终局裁决事项和非终局裁决事项,应当按照非终局裁决处理。劳动者和用人单位不服该仲裁裁决,均可向有管辖权的人民法院提起诉讼。

劳动者不服“一裁终局”裁决向基层人民法院提起诉讼,中级人民法院对用人单位撤销终局裁决的申请不予受理或者裁定驳回申请,用人单位主张终局裁决存在《劳动争议调解仲裁法》第 49 条第 1 款规定情形的,基层人民法院应当一并审理。

劳动人事争议仲裁委员会作出“一裁终局”裁决后,该裁决作出之日起发生法律效力。劳动者向基层人民法院申请执行,而用人单位向劳动人事争议仲裁委员会所在地的中级人民法院申请撤销的,基层人民法院应当裁定中止执行。如中级人民法院裁定驳回用人单位的撤销申请或用人单位自行撤回撤销申请,基层人民法院应恢复执行程序。如中级人民法院裁定撤销“一裁终局”裁决,则基层人民法院裁定终结执行。

维权提醒

1. “一裁终局”案件虽然劳动者的起诉权不受影响,但劳动者不服裁决内容起诉后,用人单位对一审法院的判决不服同样拥有上诉权。此种情形,就失去了“一裁终局”案件能够快速审结的优势,冗长的诉讼程序对劳动者的维权不利。

2. 实践中,中级人民法院裁定撤销劳动人事争议仲裁委员会的“一裁终局”案件并不多,如果劳动者不起诉,即使用人单位启动撤销“一裁终局”裁决申请,大多裁定驳回申请,这样劳动者同样能够快速进入执行程序。

法条索引

《劳动争议调解仲裁法》

第 47 条 下列劳动争议,除本法另有规定的外,仲裁裁决为终局裁决,裁决书自作出之日起发生法律效力：

（一）追索劳动报酬、工伤医疗费、经济补偿或者赔偿金，不超过当地月最低工资标准十二个月金额的争议；

（二）因执行国家的劳动标准在工作时间、休息休假、社会保险等方面发生的争议。

第48条　劳动者对本法第四十七条规定的仲裁裁决不服的，可以自收到仲裁裁决书之日起十五日内向人民法院提起诉讼。

第49条　用人单位有证据证明本法第四十七条规定的仲裁裁决有下列情形之一，可以自收到仲裁裁决书之日起三十日内向劳动争议仲裁委员会所在地的中级人民法院申请撤销裁决：

（一）适用法律、法规确有错误的；

（二）劳动争议仲裁委员会无管辖权的；

（三）违反法定程序的；

（四）裁决所根据的证据是伪造的；

（五）对方当事人隐瞒了足以影响公正裁决的证据的；

（六）仲裁员在仲裁该案时有索贿受贿、徇私舞弊、枉法裁决行为的。

人民法院经组成合议庭审查核实裁决有前款规定情形之一的，应当裁定撤销。

仲裁裁决被人民法院裁定撤销的，当事人可以自收到裁定书之日起十五日内就该劳动争议事项向人民法院提起诉讼。

《最高人民法院关于审理劳动争议案件适用法律问题的解释（一）》

第19条　仲裁裁决书未载明该裁决为终局裁决或者非终局裁决，劳动者依据调解仲裁法第四十七条第一项规定，追索劳动报酬、工伤医疗费、经济补偿或者赔偿金，如果仲裁裁决涉及数项，每项确定的数额均不超过当地月最低工资标准十二个月金额的，应当按照终局裁决处理。

第21条　劳动者依据调解仲裁法第四十八条规定向基层人民法院提起诉讼，用人单位依据调解仲裁法第四十九条规定向劳动争议仲裁机构所在地的中级人民法院申请撤销仲裁裁决的，中级人民法院应当不予受理；已经受理的，应当裁定驳回申请。

被人民法院驳回起诉或者劳动者撤诉的，用人单位可以自收到裁定书之日起三十日内，向劳动争议仲裁机构所在地的中级人民法院申请撤销仲裁裁决。

附　　录

中华人民共和国劳动法

（1994年7月5日第八届全国人民代表大会常务委员会第八次会议通过　根据2009年8月27日第十一届全国人民代表大会常务委员会第十次会议《关于修改部分法律的决定》第一次修正　根据2018年12月29日第十三届全国人民代表大会常务委员会第七次会议《关于修改〈中华人民共和国劳动法〉等七部法律的决定》第二次修正）

第一章　总　　则

第一条　为了保护劳动者的合法权益，调整劳动关系，建立和维护适应社会主义市场经济的劳动制度，促进经济发展和社会进步，根据宪法，制定本法。

第二条　在中华人民共和国境内的企业、个体经济组织（以下统称用人单位）和与之形成劳动关系的劳动者，适用本法。

国家机关、事业组织、社会团体和与之建立劳动合同关系的劳动者，依照本法执行。

第三条　劳动者享有平等就业和选择职业的权利、取得劳动报酬的权利、休息休假的权利、获得劳动安全卫生保护的权利、接受职业技能培训的权利、享受社会保险和福利的权利、提请劳动争议处理的权利以及法律规定的其他劳动权利。

劳动者应当完成劳动任务，提高职业技能，执行劳动安全卫生规程，遵守劳动纪律和职业道德。

第四条　用人单位应当依法建立和完善规章制度，保障劳动者享有劳动权利和履行劳动义务。

第五条　国家采取各种措施，促进劳动就业，发展职业教育，制定劳动标准，调节社会收入，完善社会保险，协调劳动关系，逐步提高劳动者的生活水平。

第六条　国家提倡劳动者参加社会义务劳动，开展劳动竞赛和合理化建议活动，鼓励和保护劳动者进行科学研究、技术革新和发明创造，表彰和奖励劳动模范和先进工作者。

第七条　劳动者有权依法参加和组织工会。

工会代表和维护劳动者的合法权益，依法独立自主地开展活动。

第八条　劳动者依照法律规定，通过职工大会、职工代表大会或者其他形式，参与民主管理或者就保护劳动者合法权益与用人单位进行平等协商。

第九条　国务院劳动行政部门主管全国劳动工作。

县级以上地方人民政府劳动行政部门主管本行政区域内的劳动工作。

第二章　促进就业

第十条　国家通过促进经济和社会发展，创造就业条件，扩大就业机会。

国家鼓励企业、事业组织、社会团体在法律、行政法规规定的范围内兴办产业或者拓展经营，增加就业。

国家支持劳动者自愿组织起来就业和从事个体经营实现就业。

第十一条　地方各级人民政府应当采取措施，发展多种类型的职业介绍机构，提供就业服务。

第十二条　劳动者就业，不因民族、种族、性别、宗教信仰不同而受歧视。

第十三条　妇女享有与男子平等的就业权利。在录用职工时，除国家规定的不适合妇女的工种或者岗位外，不得以性别为由拒绝录用妇女或者提高对妇女的录用标准。

第十四条　残疾人、少数民族人员、退出现役的军人的就业，法律、法规有特别规定的，从其规定。

第十五条　禁止用人单位招用未满十六周岁的未成年人。

文艺、体育和特种工艺单位招用未满十六周岁的未成年人，必须遵守国家有关规定，并保障其接受义务教育的权利。

第三章　劳动合同和集体合同

第十六条　劳动合同是劳动者与用人单位确立劳动关系、明确双方权利和义务的协议。

建立劳动关系应当订立劳动合同。

第十七条 订立和变更劳动合同,应当遵循平等自愿、协商一致的原则,不得违反法律、行政法规的规定。

劳动合同依法订立即具有法律约束力,当事人必须履行劳动合同规定的义务。

第十八条 下列劳动合同无效:

(一)违反法律、行政法规的劳动合同;

(二)采取欺诈、威胁等手段订立的劳动合同。

无效的劳动合同,从订立的时候起,就没有法律约束力。确认劳动合同部分无效的,如果不影响其余部分的效力,其余部分仍然有效。

劳动合同的无效,由劳动争议仲裁委员会或者人民法院确认。

第十九条 劳动合同应当以书面形式订立,并具备以下条款:

(一)劳动合同期限;

(二)工作内容;

(三)劳动保护和劳动条件;

(四)劳动报酬;

(五)劳动纪律;

(六)劳动合同终止的条件;

(七)违反劳动合同的责任。

劳动合同除前款规定的必备条款外,当事人可以协商约定其他内容。

第二十条 劳动合同的期限分为有固定期限、无固定期限和以完成一定的工作为期限。

劳动者在同一用人单位连续工作满十年以上,当事人双方同意续延劳动合同的,如果劳动者提出订立无固定期限的劳动合同,应当订立无固定期限的劳动合同。

第二十一条 劳动合同可以约定试用期。试用期最长不得超过六个月。

第二十二条 劳动合同当事人可以在劳动合同中约定保守用人单位商业秘密的有关事项。

第二十三条 劳动合同期满或者当事人约定的劳动合同终止条件出现,劳动合同即行终止。

第二十四条　经劳动合同当事人协商一致,劳动合同可以解除。

第二十五条　劳动者有下列情形之一的,用人单位可以解除劳动合同:

(一)在试用期间被证明不符合录用条件的;

(二)严重违反劳动纪律或者用人单位规章制度的;

(三)严重失职,营私舞弊,对用人单位利益造成重大损害的;

(四)被依法追究刑事责任的。

第二十六条　有下列情形之一的,用人单位可以解除劳动合同,但是应当提前三十日以书面形式通知劳动者本人:

(一)劳动者患病或者非因工负伤,医疗期满后,不能从事原工作也不能从事由用人单位另行安排的工作的;

(二)劳动者不能胜任工作,经过培训或者调整工作岗位,仍不能胜任工作的;

(三)劳动合同订立时所依据的客观情况发生重大变化,致使原劳动合同无法履行,经当事人协商不能就变更劳动合同达成协议的。

第二十七条　用人单位濒临破产进行法定整顿期间或者生产经营状况发生严重困难,确需裁减人员的,应当提前三十日向工会或者全体职工说明情况,听取工会或者职工的意见,经向劳动行政部门报告后,可以裁减人员。

用人单位依据本条规定裁减人员,在六个月内录用人员的,应当优先录用被裁减的人员。

第二十八条　用人单位依据本法第二十四条、第二十六条、第二十七条的规定解除劳动合同的,应当依照国家有关规定给予经济补偿。

第二十九条　劳动者有下列情形之一的,用人单位不得依据本法第二十六条、第二十七条的规定解除劳动合同:

(一)患职业病或者因工负伤并被确认丧失或者部分丧失劳动能力的;

(二)患病或者负伤,在规定的医疗期内的;

(三)女职工在孕期、产期、哺乳期内的;

(四)法律、行政法规规定的其他情形。

第三十条　用人单位解除劳动合同,工会认为不适当的,有权提出意见。如果用人单位违反法律、法规或者劳动合同,工会有权要求重新处理;劳动者申请仲裁或者提起诉讼的,工会应当依法给予支持和帮助。

第三十一条　劳动者解除劳动合同,应当提前三十日以书面形式通知用人单位。

第三十二条 有下列情形之一的,劳动者可以随时通知用人单位解除劳动合同:

(一)在试用期内的;

(二)用人单位以暴力、威胁或者非法限制人身自由的手段强迫劳动的;

(三)用人单位未按照劳动合同约定支付劳动报酬或者提供劳动条件的。

第三十三条 企业职工一方与企业可以就劳动报酬、工作时间、休息休假、劳动安全卫生、保险福利等事项,签订集体合同。集体合同草案应当提交职工代表大会或者全体职工讨论通过。

集体合同由工会代表职工与企业签订;没有建立工会的企业,由职工推举的代表与企业签订。

第三十四条 集体合同签订后应当报送劳动行政部门;劳动行政部门自收到集体合同文本之日起十五日内未提出异议的,集体合同即行生效。

第三十五条 依法签订的集体合同对企业和企业全体职工具有约束力。职工个人与企业订立的劳动合同中劳动条件和劳动报酬等标准不得低于集体合同的规定。

第四章 工作时间和休息休假

第三十六条 国家实行劳动者每日工作时间不超过八小时、平均每周工作时间不超过四十四小时的工时制度。

第三十七条 对实行计件工作的劳动者,用人单位应当根据本法第三十六条规定的工时制度合理确定其劳动定额和计件报酬标准。

第三十八条 用人单位应当保证劳动者每周至少休息一日。

第三十九条 企业因生产特点不能实行本法第三十六条、第三十八条规定的,经劳动行政部门批准,可以实行其他工作和休息办法。

第四十条 用人单位在下列节日期间应当依法安排劳动者休假:

(一)元旦;

(二)春节;

(三)国际劳动节;

(四)国庆节;

(五)法律、法规规定的其他休假节日。

第四十一条　用人单位由于生产经营需要,经与工会和劳动者协商后可以延长工作时间,一般每日不得超过一小时;因特殊原因需要延长工作时间的,在保障劳动者身体健康的条件下延长工作时间每日不得超过三小时,但是每月不得超过三十六小时。

第四十二条　有下列情形之一的,延长工作时间不受本法第四十一条规定的限制:

(一)发生自然灾害、事故或者因其他原因,威胁劳动者生命健康和财产安全,需要紧急处理的;

(二)生产设备、交通运输线路、公共设施发生故障,影响生产和公众利益,必须及时抢修的;

(三)法律、行政法规规定的其他情形。

第四十三条　用人单位不得违反本法规定延长劳动者的工作时间。

第四十四条　有下列情形之一的,用人单位应当按照下列标准支付高于劳动者正常工作时间工资的工资报酬:

(一)安排劳动者延长工作时间的,支付不低于工资的百分之一百五十的工资报酬;

(二)休息日安排劳动者工作又不能安排补休的,支付不低于工资的百分之二百的工资报酬;

(三)法定休假日安排劳动者工作的,支付不低于工资的百分之三百的工资报酬。

第四十五条　国家实行带薪年休假制度。

劳动者连续工作一年以上的,享受带薪年休假。具体办法由国务院规定。

第五章　工　　资

第四十六条　工资分配应当遵循按劳分配原则,实行同工同酬。

工资水平在经济发展的基础上逐步提高。国家对工资总量实行宏观调控。

第四十七条　用人单位根据本单位的生产经营特点和经济效益,依法自主确定本单位的工资分配方式和工资水平。

第四十八条　国家实行最低工资保障制度。最低工资的具体标准由省、自治区、直辖市人民政府规定,报国务院备案。

用人单位支付劳动者的工资不得低于当地最低工资标准。

第四十九条 确定和调整最低工资标准应当综合参考下列因素：

（一）劳动者本人及平均赡养人口的最低生活费用；

（二）社会平均工资水平；

（三）劳动生产率；

（四）就业状况；

（五）地区之间经济发展水平的差异。

第五十条 工资应当以货币形式按月支付给劳动者本人。不得克扣或者无故拖欠劳动者的工资。

第五十一条 劳动者在法定休假日和婚丧假期间以及依法参加社会活动期间，用人单位应当依法支付工资。

第六章 劳动安全卫生

第五十二条 用人单位必须建立、健全劳动安全卫生制度，严格执行国家劳动安全卫生规程和标准，对劳动者进行劳动安全卫生教育，防止劳动过程中的事故，减少职业危害。

第五十三条 劳动安全卫生设施必须符合国家规定的标准。

新建、改建、扩建工程的劳动安全卫生设施必须与主体工程同时设计、同时施工、同时投入生产和使用。

第五十四条 用人单位必须为劳动者提供符合国家规定的劳动安全卫生条件和必要的劳动防护用品，对从事有职业危害作业的劳动者应当定期进行健康检查。

第五十五条 从事特种作业的劳动者必须经过专门培训并取得特种作业资格。

第五十六条 劳动者在劳动过程中必须严格遵守安全操作规程。

劳动者对用人单位管理人员违章指挥、强令冒险作业，有权拒绝执行；对危害生命安全和身体健康的行为，有权提出批评、检举和控告。

第五十七条 国家建立伤亡事故和职业病统计报告和处理制度。县级以上各级人民政府劳动行政部门、有关部门和用人单位应当依法对劳动者在劳动过程中发生的伤亡事故和劳动者的职业病状况，进行统计、报告和处理。

第七章　女职工和未成年工特殊保护

第五十八条　国家对女职工和未成年工实行特殊劳动保护。

未成年工是指年满十六周岁未满十八周岁的劳动者。

第五十九条　禁止安排女职工从事矿山井下、国家规定的第四级体力劳动强度的劳动和其他禁忌从事的劳动。

第六十条　不得安排女职工在经期从事高处、低温、冷水作业和国家规定的第三级体力劳动强度的劳动。

第六十一条　不得安排女职工在怀孕期间从事国家规定的第三级体力劳动强度的劳动和孕期禁忌从事的劳动。对怀孕七个月以上的女职工,不得安排其延长工作时间和夜班劳动。

第六十二条　女职工生育享受不少于九十天的产假。

第六十三条　不得安排女职工在哺乳未满一周岁的婴儿期间从事国家规定的第三级体力劳动强度的劳动和哺乳期禁忌从事的其他劳动,不得安排其延长工作时间和夜班劳动。

第六十四条　不得安排未成年工从事矿山井下、有毒有害、国家规定的第四级体力劳动强度的劳动和其他禁忌从事的劳动。

第六十五条　用人单位应当对未成年工定期进行健康检查。

第八章　职 业 培 训

第六十六条　国家通过各种途径,采取各种措施,发展职业培训事业,开发劳动者的职业技能,提高劳动者素质,增强劳动者的就业能力和工作能力。

第六十七条　各级人民政府应当把发展职业培训纳入社会经济发展的规划,鼓励和支持有条件的企业、事业组织、社会团体和个人进行各种形式的职业培训。

第六十八条　用人单位应当建立职业培训制度,按照国家规定提取和使用职业培训经费,根据本单位实际,有计划地对劳动者进行职业培训。

从事技术工种的劳动者,上岗前必须经过培训。

第六十九条　国家确定职业分类,对规定的职业制定职业技能标准,实行职业资格证书制度,由经备案的考核鉴定机构负责对劳动者实施职业技能考核鉴定。

第九章　社会保险和福利

第七十条　国家发展社会保险事业，建立社会保险制度，设立社会保险基金，使劳动者在年老、患病、工伤、失业、生育等情况下获得帮助和补偿。

第七十一条　社会保险水平应当与社会经济发展水平和社会承受能力相适应。

第七十二条　社会保险基金按照保险类型确定资金来源，逐步实行社会统筹。用人单位和劳动者必须依法参加社会保险，缴纳社会保险费。

第七十三条　劳动者在下列情形下，依法享受社会保险待遇：

（一）退休；

（二）患病、负伤；

（三）因工伤残或者患职业病；

（四）失业；

（五）生育。

劳动者死亡后，其遗属依法享受遗属津贴。

劳动者享受社会保险待遇的条件和标准由法律、法规规定。

劳动者享受的社会保险金必须按时足额支付。

第七十四条　社会保险基金经办机构依照法律规定收支、管理和运营社会保险基金，并负有使社会保险基金保值增值的责任。

社会保险基金监督机构依照法律规定，对社会保险基金的收支、管理和运营实施监督。

社会保险基金经办机构和社会保险基金监督机构的设立和职能由法律规定。

任何组织和个人不得挪用社会保险基金。

第七十五条　国家鼓励用人单位根据本单位实际情况为劳动者建立补充保险。

国家提倡劳动者个人进行储蓄性保险。

第七十六条　国家发展社会福利事业，兴建公共福利设施，为劳动者休息、休养和疗养提供条件。

用人单位应当创造条件，改善集体福利，提高劳动者的福利待遇。

第十章　劳动争议

第七十七条　用人单位与劳动者发生劳动争议，当事人可以依法申请调解、仲裁、提起诉讼，也可以协商解决。

调解原则适用于仲裁和诉讼程序。

第七十八条　解决劳动争议，应当根据合法、公正、及时处理的原则，依法维护劳动争议当事人的合法权益。

第七十九条　劳动争议发生后，当事人可以向本单位劳动争议调解委员会申请调解；调解不成，当事人一方要求仲裁的，可以向劳动争议仲裁委员会申请仲裁。当事人一方也可以直接向劳动争议仲裁委员会申请仲裁。对仲裁裁决不服的，可以向人民法院提起诉讼。

第八十条　在用人单位内，可以设立劳动争议调解委员会。劳动争议调解委员会由职工代表、用人单位代表和工会代表组成。劳动争议调解委员会主任由工会代表担任。

劳动争议经调解达成协议的，当事人应当履行。

第八十一条　劳动争议仲裁委员会由劳动行政部门代表、同级工会代表、用人单位方面的代表组成。劳动争议仲裁委员会主任由劳动行政部门代表担任。

第八十二条　提出仲裁要求的一方应当自劳动争议发生之日起六十日内向劳动争议仲裁委员会提出书面申请。仲裁裁决一般应在收到仲裁申请的六十日内作出。对仲裁裁决无异议的，当事人必须履行。

第八十三条　劳动争议当事人对仲裁裁决不服的，可以自收到仲裁裁决书之日起十五日内向人民法院提起诉讼。一方当事人在法定期限内不起诉又不履行仲裁裁决的，另一方当事人可以申请人民法院强制执行。

第八十四条　因签订集体合同发生争议，当事人协商解决不成的，当地人民政府劳动行政部门可以组织有关各方协调处理。

因履行集体合同发生争议，当事人协商解决不成的，可以向劳动争议仲裁委员会申请仲裁；对仲裁裁决不服的，可以自收到仲裁裁决书之日起十五日内向人民法院提起诉讼。

第十一章　监督检查

第八十五条　县级以上各级人民政府劳动行政部门依法对用人单位遵守劳

动法律、法规的情况进行监督检查,对违反劳动法律、法规的行为有权制止,并责令改正。

第八十六条 县级以上各级人民政府劳动行政部门监督检查人员执行公务,有权进入用人单位了解执行劳动法律、法规的情况,查阅必要的资料,并对劳动场所进行检查。

县级以上各级人民政府劳动行政部门监督检查人员执行公务,必须出示证件,秉公执法并遵守有关规定。

第八十七条 县级以上各级人民政府有关部门在各自职责范围内,对用人单位遵守劳动法律、法规的情况进行监督。

第八十八条 各级工会依法维护劳动者的合法权益,对用人单位遵守劳动法律、法规的情况进行监督。

任何组织和个人对于违反劳动法律、法规的行为有权检举和控告。

第十二章 法律责任

第八十九条 用人单位制定的劳动规章制度违反法律、法规规定的,由劳动行政部门给予警告,责令改正;对劳动者造成损害的,应当承担赔偿责任。

第九十条 用人单位违反本法规定,延长劳动者工作时间的,由劳动行政部门给予警告,责令改正,并可以处以罚款。

第九十一条 用人单位有下列侵害劳动者合法权益情形之一的,由劳动行政部门责令支付劳动者的工资报酬、经济补偿,并可以责令支付赔偿金:

(一)克扣或者无故拖欠劳动者工资的;

(二)拒不支付劳动者延长工作时间工资报酬的;

(三)低于当地最低工资标准支付劳动者工资的;

(四)解除劳动合同后,未依照本法规定给予劳动者经济补偿的。

第九十二条 用人单位的劳动安全设施和劳动卫生条件不符合国家规定或者未向劳动者提供必要的劳动防护用品和劳动保护设施的,由劳动行政部门或者有关部门责令改正,可以处以罚款;情节严重的,提请县级以上人民政府决定责令停产整顿;对事故隐患不采取措施,致使发生重大事故,造成劳动者生命和财产损失的,对责任人员依照刑法有关规定追究刑事责任。

第九十三条 用人单位强令劳动者违章冒险作业,发生重大伤亡事故,造成严重后果的,对责任人员依法追究刑事责任。

第九十四条　用人单位非法招用未满十六周岁的未成年人的，由劳动行政部门责令改正，处以罚款；情节严重的，由市场监督管理部门吊销营业执照。

第九十五条　用人单位违反本法对女职工和未成年工的保护规定，侵害其合法权益的，由劳动行政部门责令改正，处以罚款；对女职工或者未成年工造成损害的，应当承担赔偿责任。

第九十六条　用人单位有下列行为之一，由公安机关对责任人员处以十五日以下拘留、罚款或者警告；构成犯罪的，对责任人员依法追究刑事责任：

（一）以暴力、威胁或者非法限制人身自由的手段强迫劳动的；

（二）侮辱、体罚、殴打、非法搜查和拘禁劳动者的。

第九十七条　由于用人单位的原因订立的无效合同，对劳动者造成损害的，应当承担赔偿责任。

第九十八条　用人单位违反本法规定的条件解除劳动合同或者故意拖延不订立劳动合同的，由劳动行政部门责令改正；对劳动者造成损害的，应当承担赔偿责任。

第九十九条　用人单位招用尚未解除劳动合同的劳动者，对原用人单位造成经济损失的，该用人单位应当依法承担连带赔偿责任。

第一百条　用人单位无故不缴纳社会保险费的，由劳动行政部门责令其限期缴纳；逾期不缴的，可以加收滞纳金。

第一百零一条　用人单位无理阻挠劳动行政部门、有关部门及其工作人员行使监督检查权，打击报复举报人员的，由劳动行政部门或者有关部门处以罚款；构成犯罪的，对责任人员依法追究刑事责任。

第一百零二条　劳动者违反本法规定的条件解除劳动合同或者违反劳动合同中约定的保密事项，对用人单位造成经济损失的，应当依法承担赔偿责任。

第一百零三条　劳动行政部门或者有关部门的工作人员滥用职权、玩忽职守、徇私舞弊，构成犯罪的，依法追究刑事责任；不构成犯罪的，给予行政处分。

第一百零四条　国家工作人员和社会保险基金经办机构的工作人员挪用社会保险基金，构成犯罪的，依法追究刑事责任。

第一百零五条　违反本法规定侵害劳动者合法权益，其他法律、行政法规已规定处罚的，依照该法律、行政法规的规定处罚。

第十三章 附 则

第一百零六条 省、自治区、直辖市人民政府根据本法和本地区的实际情况，规定劳动合同制度的实施步骤，报国务院备案。

第一百零七条 本法自 1995 年 1 月 1 日起施行。

中华人民共和国劳动合同法

（2007 年 6 月 29 日第十届全国人民代表大会常务委员会第二十八次会议通过 根据 2012 年 12 月 28 日第十一届全国人民代表大会常务委员会第三十次会议《关于修改〈中华人民共和国劳动合同法〉的决定》修正）

第一章 总 则

第一条 为了完善劳动合同制度，明确劳动合同双方当事人的权利和义务，保护劳动者的合法权益，构建和发展和谐稳定的劳动关系，制定本法。

第二条 中华人民共和国境内的企业、个体经济组织、民办非企业单位等组织（以下称用人单位）与劳动者建立劳动关系，订立、履行、变更、解除或者终止劳动合同，适用本法。

国家机关、事业单位、社会团体和与其建立劳动关系的劳动者，订立、履行、变更、解除或者终止劳动合同，依照本法执行。

第三条 订立劳动合同，应当遵循合法、公平、平等自愿、协商一致、诚实信用的原则。

依法订立的劳动合同具有约束力，用人单位与劳动者应当履行劳动合同约定的义务。

第四条 用人单位应当依法建立和完善劳动规章制度，保障劳动者享有劳动权利、履行劳动义务。

用人单位在制定、修改或者决定有关劳动报酬、工作时间、休息休假、劳动安全卫生、保险福利、职工培训、劳动纪律以及劳动定额管理等直接涉及劳动者切身利益的规章制度或者重大事项时，应当经职工代表大会或者全体职工讨论，提出方案和意见，与工会或者职工代表平等协商确定。

在规章制度和重大事项决定实施过程中，工会或者职工认为不适当的，有权向用人单位提出，通过协商予以修改完善。

用人单位应当将直接涉及劳动者切身利益的规章制度和重大事项决定公示，或者告知劳动者。

第五条　县级以上人民政府劳动行政部门会同工会和企业方面代表，建立健全协调劳动关系三方机制，共同研究解决有关劳动关系的重大问题。

第六条　工会应当帮助、指导劳动者与用人单位依法订立和履行劳动合同，并与用人单位建立集体协商机制，维护劳动者的合法权益。

第二章　劳动合同的订立

第七条　用人单位自用工之日起即与劳动者建立劳动关系。用人单位应当建立职工名册备查。

第八条　用人单位招用劳动者时，应当如实告知劳动者工作内容、工作条件、工作地点、职业危害、安全生产状况、劳动报酬，以及劳动者要求了解的其他情况；用人单位有权了解劳动者与劳动合同直接相关的基本情况，劳动者应当如实说明。

第九条　用人单位招用劳动者，不得扣押劳动者的居民身份证和其他证件，不得要求劳动者提供担保或者以其他名义向劳动者收取财物。

第十条　建立劳动关系，应当订立书面劳动合同。

已建立劳动关系，未同时订立书面劳动合同的，应当自用工之日起一个月内订立书面劳动合同。

用人单位与劳动者在用工前订立劳动合同的，劳动关系自用工之日起建立。

第十一条　用人单位未在用工的同时订立书面劳动合同，与劳动者约定的劳动报酬不明确的，新招用的劳动者的劳动报酬按照集体合同规定的标准执行；没有集体合同或者集体合同未规定的，实行同工同酬。

第十二条　劳动合同分为固定期限劳动合同、无固定期限劳动合同和以完成一定工作任务为期限的劳动合同。

第十三条　固定期限劳动合同，是指用人单位与劳动者约定合同终止时间的劳动合同。

用人单位与劳动者协商一致，可以订立固定期限劳动合同。

第十四条 无固定期限劳动合同，是指用人单位与劳动者约定无确定终止时间的劳动合同。

用人单位与劳动者协商一致，可以订立无固定期限劳动合同。有下列情形之一，劳动者提出或者同意续订、订立劳动合同的，除劳动者提出订立固定期限劳动合同外，应当订立无固定期限劳动合同：

（一）劳动者在该用人单位连续工作满十年的；

（二）用人单位初次实行劳动合同制度或者国有企业改制重新订立劳动合同时，劳动者在该用人单位连续工作满十年且距法定退休年龄不足十年的；

（三）连续订立二次固定期限劳动合同，且劳动者没有本法第三十九条和第四十条第一项、第二项规定的情形，续订劳动合同的。

用人单位自用工之日起满一年不与劳动者订立书面劳动合同的，视为用人单位与劳动者已订立无固定期限劳动合同。

第十五条 以完成一定工作任务为期限的劳动合同，是指用人单位与劳动者约定以某项工作的完成为合同期限的劳动合同。

用人单位与劳动者协商一致，可以订立以完成一定工作任务为期限的劳动合同。

第十六条 劳动合同由用人单位与劳动者协商一致，并经用人单位与劳动者在劳动合同文本上签字或者盖章生效。

劳动合同文本由用人单位和劳动者各执一份。

第十七条 劳动合同应当具备以下条款：

（一）用人单位的名称、住所和法定代表人或者主要负责人；

（二）劳动者的姓名、住址和居民身份证或者其他有效身份证件号码；

（三）劳动合同期限；

（四）工作内容和工作地点；

（五）工作时间和休息休假；

（六）劳动报酬；

（七）社会保险；

（八）劳动保护、劳动条件和职业危害防护；

（九）法律、法规规定应当纳入劳动合同的其他事项。

劳动合同除前款规定的必备条款外，用人单位与劳动者可以约定试用期、培训、保守秘密、补充保险和福利待遇等其他事项。

第十八条　劳动合同对劳动报酬和劳动条件等标准约定不明确，引发争议的，用人单位与劳动者可以重新协商；协商不成的，适用集体合同规定；没有集体合同或者集体合同未规定劳动报酬的，实行同工同酬；没有集体合同或者集体合同未规定劳动条件等标准的，适用国家有关规定。

第十九条　劳动合同期限三个月以上不满一年的，试用期不得超过一个月；劳动合同期限一年以上不满三年的，试用期不得超过二个月；三年以上固定期限和无固定期限的劳动合同，试用期不得超过六个月。

同一用人单位与同一劳动者只能约定一次试用期。

以完成一定工作任务为期限的劳动合同或者劳动合同期限不满三个月的，不得约定试用期。

试用期包含在劳动合同期限内。劳动合同仅约定试用期的，试用期不成立，该期限为劳动合同期限。

第二十条　劳动者在试用期的工资不得低于本单位相同岗位最低档工资或者劳动合同约定工资的百分之八十，并不得低于用人单位所在地的最低工资标准。

第二十一条　在试用期中，除劳动者有本法第三十九条和第四十条第一项、第二项规定的情形外，用人单位不得解除劳动合同。用人单位在试用期解除劳动合同的，应当向劳动者说明理由。

第二十二条　用人单位为劳动者提供专项培训费用，对其进行专业技术培训的，可以与该劳动者订立协议，约定服务期。

劳动者违反服务期约定的，应当按照约定向用人单位支付违约金。违约金的数额不得超过用人单位提供的培训费用。用人单位要求劳动者支付的违约金不得超过服务期尚未履行部分所应分摊的培训费用。

用人单位与劳动者约定服务期的，不影响按照正常的工资调整机制提高劳动者在服务期期间的劳动报酬。

第二十三条　用人单位与劳动者可以在劳动合同中约定保守用人单位的商业秘密和与知识产权相关的保密事项。

对负有保密义务的劳动者，用人单位可以在劳动合同或者保密协议中与劳动者约定竞业限制条款，并约定在解除或者终止劳动合同后，在竞业限制期限内按月给予劳动者经济补偿。劳动者违反竞业限制约定的，应当按照约定向用人单位支付违约金。

第二十四条 竞业限制的人员限于用人单位的高级管理人员、高级技术人员和其他负有保密义务的人员。竞业限制的范围、地域、期限由用人单位与劳动者约定,竞业限制的约定不得违反法律、法规的规定。

在解除或者终止劳动合同后,前款规定的人员到与本单位生产或者经营同类产品、从事同类业务的有竞争关系的其他用人单位,或者自己开业生产或者经营同类产品、从事同类业务的竞业限制期限,不得超过二年。

第二十五条 除本法第二十二条和第二十三条规定的情形外,用人单位不得与劳动者约定由劳动者承担违约金。

第二十六条 下列劳动合同无效或者部分无效:

(一)以欺诈、胁迫的手段或者乘人之危,使对方在违背真实意思的情况下订立或者变更劳动合同的;

(二)用人单位免除自己的法定责任、排除劳动者权利的;

(三)违反法律、行政法规强制性规定的。

对劳动合同的无效或者部分无效有争议的,由劳动争议仲裁机构或者人民法院确认。

第二十七条 劳动合同部分无效,不影响其他部分效力的,其他部分仍然有效。

第二十八条 劳动合同被确认无效,劳动者已付出劳动的,用人单位应当向劳动者支付劳动报酬。劳动报酬的数额,参照本单位相同或者相近岗位劳动者的劳动报酬确定。

第三章 劳动合同的履行和变更

第二十九条 用人单位与劳动者应当按照劳动合同的约定,全面履行各自的义务。

第三十条 用人单位应当按照劳动合同约定和国家规定,向劳动者及时足额支付劳动报酬。

用人单位拖欠或者未足额支付劳动报酬的,劳动者可以依法向当地人民法院申请支付令,人民法院应当依法发出支付令。

第三十一条 用人单位应当严格执行劳动定额标准,不得强迫或者变相强迫劳动者加班。用人单位安排加班的,应当按照国家有关规定向劳动者支付加班费。

第三十二条　劳动者拒绝用人单位管理人员违章指挥、强令冒险作业的,不视为违反劳动合同。

劳动者对危害生命安全和身体健康的劳动条件,有权对用人单位提出批评、检举和控告。

第三十三条　用人单位变更名称、法定代表人、主要负责人或者投资人等事项,不影响劳动合同的履行。

第三十四条　用人单位发生合并或者分立等情况,原劳动合同继续有效,劳动合同由承继其权利和义务的用人单位继续履行。

第三十五条　用人单位与劳动者协商一致,可以变更劳动合同约定的内容。变更劳动合同,应当采用书面形式。

变更后的劳动合同文本由用人单位和劳动者各执一份。

第四章　劳动合同的解除和终止

第三十六条　用人单位与劳动者协商一致,可以解除劳动合同。

第三十七条　劳动者提前三十日以书面形式通知用人单位,可以解除劳动合同。劳动者在试用期内提前三日通知用人单位,可以解除劳动合同。

第三十八条　用人单位有下列情形之一的,劳动者可以解除劳动合同:

(一)未按照劳动合同约定提供劳动保护或者劳动条件的;

(二)未及时足额支付劳动报酬的;

(三)未依法为劳动者缴纳社会保险费的;

(四)用人单位的规章制度违反法律、法规的规定,损害劳动者权益的;

(五)因本法第二十六条第一款规定的情形致使劳动合同无效的;

(六)法律、行政法规规定劳动者可以解除劳动合同的其他情形。

用人单位以暴力、威胁或者非法限制人身自由的手段强迫劳动者劳动的,或者用人单位违章指挥、强令冒险作业危及劳动者人身安全的,劳动者可以立即解除劳动合同,不需事先告知用人单位。

第三十九条　劳动者有下列情形之一的,用人单位可以解除劳动合同:

(一)在试用期间被证明不符合录用条件的;

(二)严重违反用人单位的规章制度的;

(三)严重失职,营私舞弊,给用人单位造成重大损害的;

(四)劳动者同时与其他用人单位建立劳动关系,对完成本单位的工作任务

造成严重影响,或者经用人单位提出,拒不改正的;

(五)因本法第二十六条第一款第一项规定的情形致使劳动合同无效的;

(六)被依法追究刑事责任的。

第四十条 有下列情形之一的,用人单位提前三十日以书面形式通知劳动者本人或者额外支付劳动者一个月工资后,可以解除劳动合同:

(一)劳动者患病或者非因工负伤,在规定的医疗期满后不能从事原工作,也不能从事由用人单位另行安排的工作的;

(二)劳动者不能胜任工作,经过培训或者调整工作岗位,仍不能胜任工作的;

(三)劳动合同订立时所依据的客观情况发生重大变化,致使劳动合同无法履行,经用人单位与劳动者协商,未能就变更劳动合同内容达成协议的。

第四十一条 有下列情形之一,需要裁减人员二十人以上或者裁减不足二十人但占企业职工总数百分之十以上的,用人单位提前三十日向工会或者全体职工说明情况,听取工会或者职工的意见后,裁减人员方案经向劳动行政部门报告,可以裁减人员:

(一)依照企业破产法规定进行重整的;

(二)生产经营发生严重困难的;

(三)企业转产、重大技术革新或者经营方式调整,经变更劳动合同后,仍需裁减人员的;

(四)其他因劳动合同订立时所依据的客观经济情况发生重大变化,致使劳动合同无法履行的。

裁减人员时,应当优先留用下列人员:

(一)与本单位订立较长期限的固定期限劳动合同的;

(二)与本单位订立无固定期限劳动合同的;

(三)家庭无其他就业人员,有需要扶养的老人或者未成年人的。

用人单位依照本条第一款规定裁减人员,在六个月内重新招用人员的,应当通知被裁减的人员,并在同等条件下优先招用被裁减的人员。

第四十二条 劳动者有下列情形之一的,用人单位不得依照本法第四十条、第四十一条的规定解除劳动合同:

(一)从事接触职业病危害作业的劳动者未进行离岗前职业健康检查,或者疑似职业病病人在诊断或者医学观察期间的;

（二）在本单位患职业病或者因工负伤并被确认丧失或者部分丧失劳动能力的；

（三）患病或者非因工负伤，在规定的医疗期内的；

（四）女职工在孕期、产期、哺乳期的；

（五）在本单位连续工作满十五年，且距法定退休年龄不足五年的；

（六）法律、行政法规规定的其他情形。

第四十三条　用人单位单方解除劳动合同，应当事先将理由通知工会。用人单位违反法律、行政法规规定或者劳动合同约定的，工会有权要求用人单位纠正。用人单位应当研究工会的意见，并将处理结果书面通知工会。

第四十四条　有下列情形之一的，劳动合同终止：

（一）劳动合同期满的；

（二）劳动者开始依法享受基本养老保险待遇的；

（三）劳动者死亡，或者被人民法院宣告死亡或者宣告失踪的；

（四）用人单位被依法宣告破产的；

（五）用人单位被吊销营业执照、责令关闭、撤销或者用人单位决定提前解散的；

（六）法律、行政法规规定的其他情形。

第四十五条　劳动合同期满，有本法第四十二条规定情形之一的，劳动合同应当续延至相应的情形消失时终止。但是，本法第四十二条第二项规定丧失或者部分丧失劳动能力劳动者的劳动合同的终止，按照国家有关工伤保险的规定执行。

第四十六条　有下列情形之一的，用人单位应当向劳动者支付经济补偿：

（一）劳动者依照本法第三十八条规定解除劳动合同的；

（二）用人单位依照本法第三十六条规定向劳动者提出解除劳动合同并与劳动者协商一致解除劳动合同的；

（三）用人单位依照本法第四十条规定解除劳动合同的；

（四）用人单位依照本法第四十一条第一款规定解除劳动合同的；

（五）除用人单位维持或者提高劳动合同约定条件续订劳动合同，劳动者不同意续订的情形外，依照本法第四十四条第一项规定终止固定期限劳动合同的；

（六）依照本法第四十四条第四项、第五项规定终止劳动合同的；

（七）法律、行政法规规定的其他情形。

第四十七条 经济补偿按劳动者在本单位工作的年限,每满一年支付一个月工资的标准向劳动者支付。六个月以上不满一年的,按一年计算;不满六个月的,向劳动者支付半个月工资的经济补偿。

劳动者月工资高于用人单位所在直辖市、设区的市级人民政府公布的本地区上年度职工月平均工资三倍的,向其支付经济补偿的标准按职工月平均工资三倍的数额支付,向其支付经济补偿的年限最高不超过十二年。

本条所称月工资是指劳动者在劳动合同解除或者终止前十二个月的平均工资。

第四十八条 用人单位违反本法规定解除或者终止劳动合同,劳动者要求继续履行劳动合同的,用人单位应当继续履行;劳动者不要求继续履行劳动合同或者劳动合同已经不能继续履行的,用人单位应当依照本法第八十七条规定支付赔偿金。

第四十九条 国家采取措施,建立健全劳动者社会保险关系跨地区转移接续制度。

第五十条 用人单位应当在解除或者终止劳动合同时出具解除或者终止劳动合同的证明,并在十五日内为劳动者办理档案和社会保险关系转移手续。

劳动者应当按照双方约定,办理工作交接。用人单位依照本法有关规定应当向劳动者支付经济补偿的,在办结工作交接时支付。

用人单位对已经解除或者终止的劳动合同的文本,至少保存二年备查。

第五章 特别规定

第一节 集体合同

第五十一条 企业职工一方与用人单位通过平等协商,可以就劳动报酬、工作时间、休息休假、劳动安全卫生、保险福利等事项订立集体合同。集体合同草案应当提交职工代表大会或者全体职工讨论通过。

集体合同由工会代表企业职工一方与用人单位订立;尚未建立工会的用人单位,由上级工会指导劳动者推举的代表与用人单位订立。

第五十二条 企业职工一方与用人单位可以订立劳动安全卫生、女职工权益保护、工资调整机制等专项集体合同。

第五十三条 在县级以下区域内,建筑业、采矿业、餐饮服务业等行业可以由工会与企业方面代表订立行业性集体合同,或者订立区域性集体合同。

第五十四条　集体合同订立后,应当报送劳动行政部门;劳动行政部门自收到集体合同文本之日起十五日内未提出异议的,集体合同即行生效。

依法订立的集体合同对用人单位和劳动者具有约束力。行业性、区域性集体合同对当地本行业、本区域的用人单位和劳动者具有约束力。

第五十五条　集体合同中劳动报酬和劳动条件等标准不得低于当地人民政府规定的最低标准;用人单位与劳动者订立的劳动合同中劳动报酬和劳动条件等标准不得低于集体合同规定的标准。

第五十六条　用人单位违反集体合同,侵犯职工劳动权益的,工会可以依法要求用人单位承担责任;因履行集体合同发生争议,经协商解决不成的,工会可以依法申请仲裁、提起诉讼。

第二节　劳务派遣

第五十七条　经营劳务派遣业务应当具备下列条件:

(一)注册资本不得少于人民币二百万元;

(二)有与开展业务相适应的固定的经营场所和设施;

(三)有符合法律、行政法规规定的劳务派遣管理制度;

(四)法律、行政法规规定的其他条件。

经营劳务派遣业务,应当向劳动行政部门依法申请行政许可;经许可的,依法办理相应的公司登记。未经许可,任何单位和个人不得经营劳务派遣业务。

第五十八条　劳务派遣单位是本法所称用人单位,应当履行用人单位对劳动者的义务。劳务派遣单位与被派遣劳动者订立的劳动合同,除应当载明本法第十七条规定的事项外,还应当载明被派遣劳动者的用工单位以及派遣期限、工作岗位等情况。

劳务派遣单位应当与被派遣劳动者订立二年以上的固定期限劳动合同,按月支付劳动报酬;被派遣劳动者在无工作期间,劳务派遣单位应当按照所在地人民政府规定的最低工资标准,向其按月支付报酬。

第五十九条　劳务派遣单位派遣劳动者应当与接受以劳务派遣形式用工的单位(以下称用工单位)订立劳务派遣协议。劳务派遣协议应当约定派遣岗位和人员数量、派遣期限、劳动报酬和社会保险费的数额与支付方式以及违反协议的责任。

用工单位应当根据工作岗位的实际需要与劳务派遣单位确定派遣期限，不得将连续用工期限分割订立数个短期劳务派遣协议。

第六十条 劳务派遣单位应当将劳务派遣协议的内容告知被派遣劳动者。

劳务派遣单位不得克扣用工单位按照劳务派遣协议支付给被派遣劳动者的劳动报酬。

劳务派遣单位和用工单位不得向被派遣劳动者收取费用。

第六十一条 劳务派遣单位跨地区派遣劳动者的，被派遣劳动者享有的劳动报酬和劳动条件，按照用工单位所在地的标准执行。

第六十二条 用工单位应当履行下列义务：

（一）执行国家劳动标准，提供相应的劳动条件和劳动保护；

（二）告知被派遣劳动者的工作要求和劳动报酬；

（三）支付加班费、绩效奖金，提供与工作岗位相关的福利待遇；

（四）对在岗被派遣劳动者进行工作岗位所必需的培训；

（五）连续用工的，实行正常的工资调整机制。

用工单位不得将被派遣劳动者再派遣到其他用人单位。

第六十三条 被派遣劳动者享有与用工单位的劳动者同工同酬的权利。用工单位应当按照同工同酬原则，对被派遣劳动者与本单位同类岗位的劳动者实行相同的劳动报酬分配办法。用工单位无同类岗位劳动者的，参照用工单位所在地相同或者相近岗位劳动者的劳动报酬确定。

劳务派遣单位与被派遣劳动者订立的劳动合同和与用工单位订立的劳务派遣协议，载明或者约定的向被派遣劳动者支付的劳动报酬应当符合前款规定。

第六十四条 被派遣劳动者有权在劳务派遣单位或者用工单位依法参加或者组织工会，维护自身的合法权益。

第六十五条 被派遣劳动者可以依照本法第三十六条、第三十八条的规定与劳务派遣单位解除劳动合同。

被派遣劳动者有本法第三十九条和第四十条第一项、第二项规定情形的，用工单位可以将劳动者退回劳务派遣单位，劳务派遣单位依照本法有关规定，可以与劳动者解除劳动合同。

第六十六条 劳动合同用工是我国的企业基本用工形式。劳务派遣用工是补充形式，只能在临时性、辅助性或者替代性的工作岗位上实施。

前款规定的临时性工作岗位是指存续时间不超过六个月的岗位；辅助性工

作岗位是指为主营业务岗位提供服务的非主营业务岗位；替代性工作岗位是指用工单位的劳动者因脱产学习、休假等原因无法工作的一定期间内，可以由其他劳动者替代工作的岗位。

用工单位应当严格控制劳务派遣用工数量，不得超过其用工总量的一定比例，具体比例由国务院劳动行政部门规定。

第六十七条　用人单位不得设立劳务派遣单位向本单位或者所属单位派遣劳动者。

第三节　非全日制用工

第六十八条　非全日制用工，是指以小时计酬为主，劳动者在同一用人单位一般平均每日工作时间不超过四小时，每周工作时间累计不超过二十四小时的用工形式。

第六十九条　非全日制用工双方当事人可以订立口头协议。

从事非全日制用工的劳动者可以与一个或者一个以上用人单位订立劳动合同；但是，后订立的劳动合同不得影响先订立的劳动合同的履行。

第七十条　非全日制用工双方当事人不得约定试用期。

第七十一条　非全日制用工双方当事人任何一方都可以随时通知对方终止用工。终止用工，用人单位不向劳动者支付经济补偿。

第七十二条　非全日制用工小时计酬标准不得低于用人单位所在地人民政府规定的最低小时工资标准。

非全日制用工劳动报酬结算支付周期最长不得超过十五日。

第六章　监督检查

第七十三条　国务院劳动行政部门负责全国劳动合同制度实施的监督管理。

县级以上地方人民政府劳动行政部门负责本行政区域内劳动合同制度实施的监督管理。

县级以上各级人民政府劳动行政部门在劳动合同制度实施的监督管理工作中，应当听取工会、企业方面代表以及有关行业主管部门的意见。

第七十四条　县级以上地方人民政府劳动行政部门依法对下列实施劳动合同制度的情况进行监督检查：

（一）用人单位制定直接涉及劳动者切身利益的规章制度及其执行的情况；

（二）用人单位与劳动者订立和解除劳动合同的情况；

（三）劳务派遣单位和用工单位遵守劳务派遣有关规定的情况；

（四）用人单位遵守国家关于劳动者工作时间和休息休假规定的情况；

（五）用人单位支付劳动合同约定的劳动报酬和执行最低工资标准的情况；

（六）用人单位参加各项社会保险和缴纳社会保险费的情况；

（七）法律、法规规定的其他劳动监察事项。

第七十五条 县级以上地方人民政府劳动行政部门实施监督检查时，有权查阅与劳动合同、集体合同有关的材料，有权对劳动场所进行实地检查，用人单位和劳动者都应当如实提供有关情况和材料。

劳动行政部门的工作人员进行监督检查，应当出示证件，依法行使职权，文明执法。

第七十六条 县级以上人民政府建设、卫生、安全生产监督管理等有关主管部门在各自职责范围内，对用人单位执行劳动合同制度的情况进行监督管理。

第七十七条 劳动者合法权益受到侵害的，有权要求有关部门依法处理，或者依法申请仲裁、提起诉讼。

第七十八条 工会依法维护劳动者的合法权益，对用人单位履行劳动合同、集体合同的情况进行监督。用人单位违反劳动法律、法规和劳动合同、集体合同的，工会有权提出意见或者要求纠正；劳动者申请仲裁、提起诉讼的，工会依法给予支持和帮助。

第七十九条 任何组织或者个人对违反本法的行为都有权举报，县级以上人民政府劳动行政部门应当及时核实、处理，并对举报有功人员给予奖励。

第七章 法律责任

第八十条 用人单位直接涉及劳动者切身利益的规章制度违反法律、法规规定的，由劳动行政部门责令改正，给予警告；给劳动者造成损害的，应当承担赔偿责任。

第八十一条 用人单位提供的劳动合同文本未载明本法规定的劳动合同必备条款或者用人单位未将劳动合同文本交付劳动者的，由劳动行政部门责令改正；给劳动者造成损害的，应当承担赔偿责任。

第八十二条 用人单位自用工之日起超过一个月不满一年未与劳动者订立

书面劳动合同的，应当向劳动者每月支付二倍的工资。

用人单位违反本法规定不与劳动者订立无固定期限劳动合同的，自应当订立无固定期限劳动合同之日起向劳动者每月支付二倍的工资。

第八十三条　用人单位违反本法规定与劳动者约定试用期的，由劳动行政部门责令改正；违法约定的试用期已经履行的，由用人单位以劳动者试用期满月工资为标准，按已经履行的超过法定试用期的期间向劳动者支付赔偿金。

第八十四条　用人单位违反本法规定，扣押劳动者居民身份证等证件的，由劳动行政部门责令限期退还劳动者本人，并依照有关法律规定给予处罚。

用人单位违反本法规定，以担保或者其他名义向劳动者收取财物的，由劳动行政部门责令限期退还劳动者本人，并以每人五百元以上二千元以下的标准处以罚款；给劳动者造成损害的，应当承担赔偿责任。

劳动者依法解除或者终止劳动合同，用人单位扣押劳动者档案或者其他物品的，依照前款规定处罚。

第八十五条　用人单位有下列情形之一的，由劳动行政部门责令限期支付劳动报酬、加班费或者经济补偿；劳动报酬低于当地最低工资标准的，应当支付其差额部分；逾期不支付的，责令用人单位按应付金额百分之五十以上百分之一百以下的标准向劳动者加付赔偿金：

（一）未按照劳动合同的约定或者国家规定及时足额支付劳动者劳动报酬的；

（二）低于当地最低工资标准支付劳动者工资的；

（三）安排加班不支付加班费的；

（四）解除或者终止劳动合同，未依照本法规定向劳动者支付经济补偿的。

第八十六条　劳动合同依照本法第二十六条规定被确认无效，给对方造成损害的，有过错的一方应当承担赔偿责任。

第八十七条　用人单位违反本法规定解除或者终止劳动合同的，应当依照本法第四十七条规定的经济补偿标准的二倍向劳动者支付赔偿金。

第八十八条　用人单位有下列情形之一的，依法给予行政处罚；构成犯罪的，依法追究刑事责任；给劳动者造成损害的，应当承担赔偿责任：

（一）以暴力、威胁或者非法限制人身自由的手段强迫劳动的；

（二）违章指挥或者强令冒险作业危及劳动者人身安全的；

（三）侮辱、体罚、殴打、非法搜查或者拘禁劳动者的；

（四）劳动条件恶劣、环境污染严重，给劳动者身心健康造成严重损害的。

第八十九条 用人单位违反本法规定未向劳动者出具解除或者终止劳动合同的书面证明，由劳动行政部门责令改正；给劳动者造成损害的，应当承担赔偿责任。

第九十条 劳动者违反本法规定解除劳动合同，或者违反劳动合同中约定的保密义务或者竞业限制，给用人单位造成损失的，应当承担赔偿责任。

第九十一条 用人单位招用与其他用人单位尚未解除或者终止劳动合同的劳动者，给其他用人单位造成损失的，应当承担连带赔偿责任。

第九十二条 违反本法规定，未经许可，擅自经营劳务派遣业务的，由劳动行政部门责令停止违法行为，没收违法所得，并处违法所得一倍以上五倍以下的罚款；没有违法所得的，可以处五万元以下的罚款。

劳务派遣单位、用工单位违反本法有关劳务派遣规定的，由劳动行政部门责令限期改正；逾期不改正的，以每人五千元以上一万元以下的标准处以罚款，对劳务派遣单位，吊销其劳务派遣业务经营许可证。用工单位给被派遣劳动者造成损害的，劳务派遣单位与用工单位承担连带赔偿责任。

第九十三条 对不具备合法经营资格的用人单位的违法犯罪行为，依法追究法律责任；劳动者已经付出劳动的，该单位或者其出资人应当依照本法有关规定向劳动者支付劳动报酬、经济补偿、赔偿金；给劳动者造成损害的，应当承担赔偿责任。

第九十四条 个人承包经营违反本法规定招用劳动者，给劳动者造成损害的，发包的组织与个人承包经营者承担连带赔偿责任。

第九十五条 劳动行政部门和其他有关主管部门及其工作人员玩忽职守、不履行法定职责，或者违法行使职权，给劳动者或者用人单位造成损害的，应当承担赔偿责任；对直接负责的主管人员和其他直接责任人员，依法给予行政处分；构成犯罪的，依法追究刑事责任。

第八章 附 则

第九十六条 事业单位与实行聘用制的工作人员订立、履行、变更、解除或者终止劳动合同，法律、行政法规或者国务院另有规定的，依照其规定；未作规定的，依照本法有关规定执行。

第九十七条 本法施行前已依法订立且在本法施行之日存续的劳动合同，

继续履行;本法第十四条第二款第三项规定连续订立固定期限劳动合同的次数,自本法施行后续订固定期限劳动合同时开始计算。

本法施行前已建立劳动关系,尚未订立书面劳动合同的,应当自本法施行之日起一个月内订立。

本法施行之日存续的劳动合同在本法施行后解除或者终止,依照本法第四十六条规定应当支付经济补偿的,经济补偿年限自本法施行之日起计算;本法施行前按照当时有关规定,用人单位应当向劳动者支付经济补偿的,按照当时有关规定执行。

第九十八条　本法自2008年1月1日起施行。

中华人民共和国劳动合同法实施条例

(国务院令第535号)

第一章　总　　则

第一条　为了贯彻实施《中华人民共和国劳动合同法》(以下简称劳动合同法),制定本条例。

第二条　各级人民政府和县级以上人民政府劳动行政等有关部门以及工会等组织,应当采取措施,推动劳动合同法的贯彻实施,促进劳动关系的和谐。

第三条　依法成立的会计师事务所、律师事务所等合伙组织和基金会,属于劳动合同法规定的用人单位。

第二章　劳动合同的订立

第四条　劳动合同法规定的用人单位设立的分支机构,依法取得营业执照或者登记证书的,可以作为用人单位与劳动者订立劳动合同;未依法取得营业执照或者登记证书的,受用人单位委托可以与劳动者订立劳动合同。

第五条　自用工之日起一个月内,经用人单位书面通知后,劳动者不与用人单位订立书面劳动合同的,用人单位应当书面通知劳动者终止劳动关系,无需向劳动者支付经济补偿,但是应当依法向劳动者支付其实际工作时间的劳动报酬。

第六条　用人单位自用工之日起超过一个月不满一年未与劳动者订立书面

劳动合同的,应当依照劳动合同法第八十二条的规定向劳动者每月支付两倍的工资,并与劳动者补订书面劳动合同;劳动者不与用人单位订立书面劳动合同的,用人单位应当书面通知劳动者终止劳动关系,并依照劳动合同法第四十七条的规定支付经济补偿。

前款规定的用人单位向劳动者每月支付两倍工资的起算时间为用工之日起满一个月的次日,截止时间为补订书面劳动合同的前一日。

第七条 用人单位自用工之日起满一年未与劳动者订立书面劳动合同的,自用工之日起满一个月的次日至满一年的前一日应当依照劳动合同法第八十二条的规定向劳动者每月支付两倍的工资,并视为自用工之日起满一年的当日已经与劳动者订立无固定期限劳动合同,应当立即与劳动者补订书面劳动合同。

第八条 劳动合同法第七条规定的职工名册,应当包括劳动者姓名、性别、公民身份号码、户籍地址及现住址、联系方式、用工形式、用工起始时间、劳动合同期限等内容。

第九条 劳动合同法第十四条第二款规定的连续工作满 10 年的起始时间,应当自用人单位用工之日起计算,包括劳动合同法施行前的工作年限。

第十条 劳动者非因本人原因从原用人单位被安排到新用人单位工作的,劳动者在原用人单位的工作年限合并计算为新用人单位的工作年限。原用人单位已经向劳动者支付经济补偿的,新用人单位在依法解除、终止劳动合同计算支付经济补偿的工作年限时,不再计算劳动者在原用人单位的工作年限。

第十一条 除劳动者与用人单位协商一致的情形外,劳动者依照劳动合同法第十四条第二款的规定,提出订立无固定期限劳动合同的,用人单位应当与其订立无固定期限劳动合同。对劳动合同的内容,双方应当按照合法、公平、平等自愿、协商一致、诚实信用的原则协商确定;对协商不一致的内容,依照劳动合同法第十八条的规定执行。

第十二条 地方各级人民政府及县级以上地方人民政府有关部门为安置就业困难人员提供的给予岗位补贴和社会保险补贴的公益性岗位,其劳动合同不适用劳动合同法有关无固定期限劳动合同的规定以及支付经济补偿的规定。

第十三条 用人单位与劳动者不得在劳动合同法第四十四条规定的劳动合同终止情形之外约定其他的劳动合同终止条件。

第十四条 劳动合同履行地与用人单位注册地不一致的,有关劳动者的最低工资标准、劳动保护、劳动条件、职业危害防护和本地区上年度职工月平均工资标准等事项,按照劳动合同履行地的有关规定执行;用人单位注册地的有关标准高于劳动合同履行地的有关标准,且用人单位与劳动者约定按照用人单位注册地的有关规定执行的,从其约定。

第十五条　劳动者在试用期的工资不得低于本单位相同岗位最低档工资的80%或者不得低于劳动合同约定工资的80%,并不得低于用人单位所在地的最低工资标准。

第十六条　劳动合同法第二十二条第二款规定的培训费用,包括用人单位为了对劳动者进行专业技术培训而支付的有凭证的培训费用、培训期间的差旅费用以及因培训产生的用于该劳动者的其他直接费用。

第十七条　劳动合同期满,但是用人单位与劳动者依照劳动合同法第二十二条的规定约定的服务期尚未到期的,劳动合同应当续延至服务期满;双方另有约定的,从其约定。

第三章　劳动合同的解除和终止

第十八条　有下列情形之一的,依照劳动合同法规定的条件、程序,劳动者可以与用人单位解除固定期限劳动合同、无固定期限劳动合同或者以完成一定工作任务为期限的劳动合同:

(一)劳动者与用人单位协商一致的;

(二)劳动者提前30日以书面形式通知用人单位的;

(三)劳动者在试用期内提前3日通知用人单位的;

(四)用人单位未按照劳动合同约定提供劳动保护或者劳动条件的;

(五)用人单位未及时足额支付劳动报酬的;

(六)用人单位未依法为劳动者缴纳社会保险费的;

(七)用人单位的规章制度违反法律、法规的规定,损害劳动者权益的;

(八)用人单位以欺诈、胁迫的手段或者乘人之危,使劳动者在违背真实意思的情况下订立或者变更劳动合同的;

(九)用人单位在劳动合同中免除自己的法定责任、排除劳动者权利的;

(十)用人单位违反法律、行政法规强制性规定的;

(十一)用人单位以暴力、威胁或者非法限制人身自由的手段强迫劳动者劳动的;

(十二)用人单位违章指挥、强令冒险作业危及劳动者人身安全的;

（十三）法律、行政法规规定劳动者可以解除劳动合同的其他情形。

第十九条 有下列情形之一的，依照劳动合同法规定的条件、程序，用人单位可以与劳动者解除固定期限劳动合同、无固定期限劳动合同或者以完成一定工作任务为期限的劳动合同：

（一）用人单位与劳动者协商一致的；

（二）劳动者在试用期间被证明不符合录用条件的；

（三）劳动者严重违反用人单位的规章制度的；

（四）劳动者严重失职，营私舞弊，给用人单位造成重大损害的；

（五）劳动者同时与其他用人单位建立劳动关系，对完成本单位的工作任务造成严重影响，或者经用人单位提出，拒不改正的；

（六）劳动者以欺诈、胁迫的手段或者乘人之危，使用人单位在违背真实意思的情况下订立或者变更劳动合同的；

（七）劳动者被依法追究刑事责任的；

（八）劳动者患病或者非因工负伤，在规定的医疗期满后不能从事原工作，也不能从事由用人单位另行安排的工作的；

（九）劳动者不能胜任工作，经过培训或者调整工作岗位，仍不能胜任工作的；

（十）劳动合同订立时所依据的客观情况发生重大变化，致使劳动合同无法履行，经用人单位与劳动者协商，未能就变更劳动合同内容达成协议的；

（十一）用人单位依照企业破产法规定进行重整的；

（十二）用人单位生产经营发生严重困难的；

（十三）企业转产、重大技术革新或者经营方式调整，经变更劳动合同后，仍需裁减人员的；

（十四）其他因劳动合同订立时所依据的客观经济情况发生重大变化，致使劳动合同无法履行的。

第二十条 用人单位依照劳动合同法第四十条的规定，选择额外支付劳动者一个月工资解除劳动合同的，其额外支付的工资应当按照该劳动者上一个月的工资标准确定。

第二十一条 劳动者达到法定退休年龄的，劳动合同终止。

第二十二条 以完成一定工作任务为期限的劳动合同因任务完成而终止的，用人单位应当依照劳动合同法第四十七条的规定向劳动者支付经济补偿。

第二十三条　用人单位依法终止工伤职工的劳动合同的,除依照劳动合同法第四十七条的规定支付经济补偿外,还应当依照国家有关工伤保险的规定支付一次性工伤医疗补助金和伤残就业补助金。

第二十四条　用人单位出具的解除、终止劳动合同的证明,应当写明劳动合同期限、解除或者终止劳动合同的日期、工作岗位、在本单位的工作年限。

第二十五条　用人单位违反劳动合同法的规定解除或者终止劳动合同,依照劳动合同法第八十七条的规定支付了赔偿金的,不再支付经济补偿。赔偿金的计算年限自用工之日起计算。

第二十六条　用人单位与劳动者约定了服务期,劳动者依照劳动合同法第三十八条的规定解除劳动合同的,不属于违反服务期的约定,用人单位不得要求劳动者支付违约金。

有下列情形之一,用人单位与劳动者解除约定服务期的劳动合同的,劳动者应当按照劳动合同的约定向用人单位支付违约金:

(一)劳动者严重违反用人单位的规章制度的;

(二)劳动者严重失职,营私舞弊,给用人单位造成重大损害的;

(三)劳动者同时与其他用人单位建立劳动关系,对完成本单位的工作任务造成严重影响,或者经用人单位提出,拒不改正的;

(四)劳动者以欺诈、胁迫的手段或者乘人之危,使用人单位在违背真实意思的情况下订立或者变更劳动合同的;

(五)劳动者被依法追究刑事责任的。

第二十七条　劳动合同法第四十七条规定的经济补偿的月工资按照劳动者应得工资计算,包括计时工资或者计件工资以及奖金、津贴和补贴等货币性收入。劳动者在劳动合同解除或者终止前 12 个月的平均工资低于当地最低工资标准的,按照当地最低工资标准计算。劳动者工作不满 12 个月的,按照实际工作的月数计算平均工资。

第四章　劳务派遣特别规定

第二十八条　用人单位或者其所属单位出资或者合伙设立的劳务派遣单位,向本单位或者所属单位派遣劳动者的,属于劳动合同法第六十七条规定的不得设立的劳务派遣单位。

第二十九条　用工单位应当履行劳动合同法第六十二条规定的义务,维护被派遣劳动者的合法权益。

第三十条 劳务派遣单位不得以非全日制用工形式招用被派遣劳动者。

第三十一条 劳务派遣单位或者被派遣劳动者依法解除、终止劳动合同的经济补偿,依照劳动合同法第四十六条、第四十七条的规定执行。

第三十二条 劳务派遣单位违法解除或者终止被派遣劳动者的劳动合同的,依照劳动合同法第四十八条的规定执行。

第五章 法律责任

第三十三条 用人单位违反劳动合同法有关建立职工名册规定的,由劳动行政部门责令限期改正;逾期不改正的,由劳动行政部门处2000元以上2万元以下的罚款。

第三十四条 用人单位依照劳动合同法的规定应当向劳动者每月支付两倍的工资或者应当向劳动者支付赔偿金而未支付的,劳动行政部门应当责令用人单位支付。

第三十五条 用工单位违反劳动合同法和本条例有关劳务派遣规定的,由劳动行政部门和其他有关主管部门责令改正;情节严重的,以每位被派遣劳动者1000元以上5000元以下的标准处以罚款;给被派遣劳动者造成损害的,劳务派遣单位和用工单位承担连带赔偿责任。

第六章 附则

第三十六条 对违反劳动合同法和本条例的行为的投诉、举报,县级以上地方人民政府劳动行政部门依照《劳动保障监察条例》的规定处理。

第三十七条 劳动者与用人单位因订立、履行、变更、解除或者终止劳动合同发生争议的,依照《中华人民共和国劳动争议调解仲裁法》的规定处理。

第三十八条 本条例自公布之日起施行。

中华人民共和国劳动争议调解仲裁法

（2007 年 12 月 29 日第十届全国人民代表大会常务委员会第三十一次会议通过）

第一章　总　　则

第一条　为了公正及时解决劳动争议，保护当事人合法权益，促进劳动关系和谐稳定，制定本法。

第二条　中华人民共和国境内的用人单位与劳动者发生的下列劳动争议，适用本法：

（一）因确认劳动关系发生的争议；

（二）因订立、履行、变更、解除和终止劳动合同发生的争议；

（三）因除名、辞退和辞职、离职发生的争议；

（四）因工作时间、休息休假、社会保险、福利、培训以及劳动保护发生的争议；

（五）因劳动报酬、工伤医疗费、经济补偿或者赔偿金等发生的争议；

（六）法律、法规规定的其他劳动争议。

第三条　解决劳动争议，应当根据事实，遵循合法、公正、及时、着重调解的原则，依法保护当事人的合法权益。

第四条　发生劳动争议，劳动者可以与用人单位协商，也可以请工会或者第三方共同与用人单位协商，达成和解协议。

第五条　发生劳动争议，当事人不愿协商、协商不成或者达成和解协议后不履行的，可以向调解组织申请调解；不愿调解、调解不成或者达成调解协议后不履行的，可以向劳动争议仲裁委员会申请仲裁；对仲裁裁决不服的，除本法另有规定的外，可以向人民法院提起诉讼。

第六条　发生劳动争议，当事人对自己提出的主张，有责任提供证据。与争议事项有关的证据属于用人单位掌握管理的，用人单位应当提供；用人单位不提供的，应当承担不利后果。

第七条　发生劳动争议的劳动者一方在十人以上，并有共同请求的，可以推举代表参加调解、仲裁或者诉讼活动。

第八条 县级以上人民政府劳动行政部门会同工会和企业方面代表建立协调劳动关系三方机制,共同研究解决劳动争议的重大问题。

第九条 用人单位违反国家规定,拖欠或者未足额支付劳动报酬,或者拖欠工伤医疗费、经济补偿或者赔偿金的,劳动者可以向劳动行政部门投诉,劳动行政部门应当依法处理。

第二章 调 解

第十条 发生劳动争议,当事人可以到下列调解组织申请调解:

(一)企业劳动争议调解委员会;

(二)依法设立的基层人民调解组织;

(三)在乡镇、街道设立的具有劳动争议调解职能的组织。

企业劳动争议调解委员会由职工代表和企业代表组成。职工代表由工会成员担任或者由全体职工推举产生,企业代表由企业负责人指定。企业劳动争议调解委员会主任由工会成员或者双方推举的人员担任。

第十一条 劳动争议调解组织的调解员应当由公道正派、联系群众、热心调解工作,并具有一定法律知识、政策水平和文化水平的成年公民担任。

第十二条 当事人申请劳动争议调解可以书面申请,也可以口头申请。口头申请的,调解组织应当当场记录申请人基本情况、申请调解的争议事项、理由和时间。

第十三条 调解劳动争议,应当充分听取双方当事人对事实和理由的陈述,耐心疏导,帮助其达成协议。

第十四条 经调解达成协议的,应当制作调解协议书。

调解协议书由双方当事人签名或者盖章,经调解员签名并加盖调解组织印章后生效,对双方当事人具有约束力,当事人应当履行。

自劳动争议调解组织收到调解申请之日起十五日内未达成调解协议的,当事人可以依法申请仲裁。

第十五条 达成调解协议后,一方当事人在协议约定期限内不履行调解协议的,另一方当事人可以依法申请仲裁。

第十六条 因支付拖欠劳动报酬、工伤医疗费、经济补偿或者赔偿金事项达成调解协议,用人单位在协议约定期限内不履行的,劳动者可以持调解协议书依法向人民法院申请支付令。人民法院应当依法发出支付令。

第三章　仲　　裁

第一节　一般规定

第十七条　劳动争议仲裁委员会按照统筹规划、合理布局和适应实际需要的原则设立。省、自治区人民政府可以决定在市、县设立；直辖市人民政府可以决定在区、县设立。直辖市、设区的市也可以设立一个或者若干个劳动争议仲裁委员会。劳动争议仲裁委员会不按行政区划层层设立。

第十八条　国务院劳动行政部门依照本法有关规定制定仲裁规则。省、自治区、直辖市人民政府劳动行政部门对本行政区域的劳动争议仲裁工作进行指导。

第十九条　劳动争议仲裁委员会由劳动行政部门代表、工会代表和企业方面代表组成。劳动争议仲裁委员会组成人员应当是单数。

劳动争议仲裁委员会依法履行下列职责：

（一）聘任、解聘专职或者兼职仲裁员；

（二）受理劳动争议案件；

（三）讨论重大或者疑难的劳动争议案件；

（四）对仲裁活动进行监督。

劳动争议仲裁委员会下设办事机构，负责办理劳动争议仲裁委员会的日常工作。

第二十条　劳动争议仲裁委员会应当设仲裁员名册。

仲裁员应当公道正派并符合下列条件之一：

（一）曾任审判员的；

（二）从事法律研究、教学工作并具有中级以上职称的；

（三）具有法律知识、从事人力资源管理或者工会等专业工作满五年的；

（四）律师执业满三年的。

第二十一条　劳动争议仲裁委员会负责管辖本区域内发生的劳动争议。

劳动争议由劳动合同履行地或者用人单位所在地的劳动争议仲裁委员会管辖。双方当事人分别向劳动合同履行地和用人单位所在地的劳动争议仲裁委员会申请仲裁的，由劳动合同履行地的劳动争议仲裁委员会管辖。

第二十二条　发生劳动争议的劳动者和用人单位为劳动争议仲裁案件的双

方当事人。

劳务派遣单位或者用工单位与劳动者发生劳动争议的，劳务派遣单位和用工单位为共同当事人。

第二十三条 与劳动争议案件的处理结果有利害关系的第三人，可以申请参加仲裁活动或者由劳动争议仲裁委员会通知其参加仲裁活动。

第二十四条 当事人可以委托代理人参加仲裁活动。委托他人参加仲裁活动，应当向劳动争议仲裁委员会提交有委托人签名或者盖章的委托书，委托书应当载明委托事项和权限。

第二十五条 丧失或者部分丧失民事行为能力的劳动者，由其法定代理人代为参加仲裁活动；无法定代理人的，由劳动争议仲裁委员会为其指定代理人。劳动者死亡的，由其近亲属或者代理人参加仲裁活动。

第二十六条 劳动争议仲裁公开进行，但当事人协议不公开进行或者涉及国家秘密、商业秘密和个人隐私的除外。

第二节 申请和受理

第二十七条 劳动争议申请仲裁的时效期间为一年。仲裁时效期间从当事人知道或者应当知道其权利被侵害之日起计算。

前款规定的仲裁时效，因当事人一方向对方当事人主张权利，或者向有关部门请求权利救济，或者对方当事人同意履行义务而中断。从中断时起，仲裁时效期间重新计算。

因不可抗力或者有其他正当理由，当事人不能在本条第一款规定的仲裁时效期间申请仲裁的，仲裁时效中止。从中止时效的原因消除之日起，仲裁时效期间继续计算。

劳动关系存续期间因拖欠劳动报酬发生争议的，劳动者申请仲裁不受本条第一款规定的仲裁时效期间的限制；但是，劳动关系终止的，应当自劳动关系终止之日起一年内提出。

第二十八条 申请人申请仲裁应当提交书面仲裁申请，并按照被申请人人数提交副本。

仲裁申请书应当载明下列事项：

（一）劳动者的姓名、性别、年龄、职业、工作单位和住所，用人单位的名称、住所和法定代表人或者主要负责人的姓名、职务；

（二）仲裁请求和所根据的事实、理由；

（三）证据和证据来源、证人姓名和住所。

书写仲裁申请确有困难的，可以口头申请，由劳动争议仲裁委员会记入笔录，并告知对方当事人。

第二十九条　劳动争议仲裁委员会收到仲裁申请之日起五日内，认为符合受理条件的，应当受理，并通知申请人；认为不符合受理条件的，应当书面通知申请人不予受理，并说明理由。对劳动争议仲裁委员会不予受理或者逾期未作出决定的，申请人可以就该劳动争议事项向人民法院提起诉讼。

第三十条　劳动争议仲裁委员会受理仲裁申请后，应当在五日内将仲裁申请书副本送达被申请人。

被申请人收到仲裁申请书副本后，应当在十日内向劳动争议仲裁委员会提交答辩书。劳动争议仲裁委员会收到答辩书后，应当在五日内将答辩书副本送达申请人。被申请人未提交答辩书的，不影响仲裁程序的进行。

第三节　开庭和裁决

第三十一条　劳动争议仲裁委员会裁决劳动争议案件实行仲裁庭制。仲裁庭由三名仲裁员组成，设首席仲裁员。简单劳动争议案件可以由一名仲裁员独任仲裁。

第三十二条　劳动争议仲裁委员会应当在受理仲裁申请之日起五日内将仲裁庭的组成情况书面通知当事人。

第三十三条　仲裁员有下列情形之一，应当回避，当事人也有权以口头或者书面方式提出回避申请：

（一）是本案当事人或者当事人、代理人的近亲属的；

（二）与本案有利害关系的；

（三）与本案当事人、代理人有其他关系，可能影响公正裁决的；

（四）私自会见当事人、代理人，或者接受当事人、代理人的请客送礼的。

劳动争议仲裁委员会对回避申请应当及时作出决定，并以口头或者书面方式通知当事人。

第三十四条　仲裁员有本法第三十三条第四项规定情形，或者有索贿受贿、徇私舞弊、枉法裁决行为的，应当依法承担法律责任。劳动争议仲裁委员会应当将其解聘。

第三十五条 仲裁庭应当在开庭五日前，将开庭日期、地点书面通知双方当事人。当事人有正当理由的，可以在开庭三日前请求延期开庭。是否延期，由劳动争议仲裁委员会决定。

第三十六条 申请人收到书面通知，无正当理由拒不到庭或者未经仲裁庭同意中途退庭的，可以视为撤回仲裁申请。

被申请人收到书面通知，无正当理由拒不到庭或者未经仲裁庭同意中途退庭的，可以缺席裁决。

第三十七条 仲裁庭对专门性问题认为需要鉴定的，可以交由当事人约定的鉴定机构鉴定；当事人没有约定或者无法达成约定的，由仲裁庭指定的鉴定机构鉴定。

根据当事人的请求或者仲裁庭的要求，鉴定机构应当派鉴定人参加开庭。当事人经仲裁庭许可，可以向鉴定人提问。

第三十八条 当事人在仲裁过程中有权进行质证和辩论。质证和辩论终结时，首席仲裁员或者独任仲裁员应当征询当事人的最后意见。

第三十九条 当事人提供的证据经查证属实的，仲裁庭应当将其作为认定事实的根据。

劳动者无法提供由用人单位掌握管理的与仲裁请求有关的证据，仲裁庭可以要求用人单位在指定期限内提供。用人单位在指定期限内不提供的，应当承担不利后果。

第四十条 仲裁庭应当将开庭情况记入笔录。当事人和其他仲裁参加人认为对自己陈述的记录有遗漏或者差错的，有权申请补正。如果不予补正，应当记录该申请。

笔录由仲裁员、记录人员、当事人和其他仲裁参加人签名或者盖章。

第四十一条 当事人申请劳动争议仲裁后，可以自行和解。达成和解协议的，可以撤回仲裁申请。

第四十二条 仲裁庭在作出裁决前，应当先行调解。

调解达成协议的，仲裁庭应当制作调解书。

调解书应当写明仲裁请求和当事人协议的结果。调解书由仲裁员签名，加盖劳动争议仲裁委员会印章，送达双方当事人。调解书经双方当事人签收后，发生法律效力。

调解不成或者调解书送达前，一方当事人反悔的，仲裁庭应当及时作出裁决。

第四十三条　仲裁庭裁决劳动争议案件,应当自劳动争议仲裁委员会受理仲裁申请之日起四十五日内结束。案情复杂需要延期的,经劳动争议仲裁委员会主任批准,可以延期并书面通知当事人,但是延长期限不得超过十五日。逾期未作出仲裁裁决的,当事人可以就该劳动争议事项向人民法院提起诉讼。

仲裁庭裁决劳动争议案件时,其中一部分事实已经清楚,可以就该部分先行裁决。

第四十四条　仲裁庭对追索劳动报酬、工伤医疗费、经济补偿或者赔偿金的案件,根据当事人的申请,可以裁决先予执行,移送人民法院执行。

仲裁庭裁决先予执行的,应当符合下列条件:

(一)当事人之间权利义务关系明确;

(二)不先予执行将严重影响申请人的生活。

劳动者申请先予执行的,可以不提供担保。

第四十五条　裁决应当按照多数仲裁员的意见作出,少数仲裁员的不同意见应当记入笔录。仲裁庭不能形成多数意见时,裁决应当按照首席仲裁员的意见作出。

第四十六条　裁决书应当载明仲裁请求、争议事实、裁决理由、裁决结果和裁决日期。裁决书由仲裁员签名,加盖劳动争议仲裁委员会印章。对裁决持不同意见的仲裁员,可以签名,也可以不签名。

第四十七条　下列劳动争议,除本法另有规定的外,仲裁裁决为终局裁决,裁决书自作出之日起发生法律效力:

(一)追索劳动报酬、工伤医疗费、经济补偿或者赔偿金,不超过当地月最低工资标准十二个月金额的争议;

(二)因执行国家的劳动标准在工作时间、休息休假、社会保险等方面发生的争议。

第四十八条　劳动者对本法第四十七条规定的仲裁裁决不服的,可以自收到仲裁裁决书之日起十五日内向人民法院提起诉讼。

第四十九条　用人单位有证据证明本法第四十七条规定的仲裁裁决有下列情形之一,可以自收到仲裁裁决书之日起三十日内向劳动争议仲裁委员会所在地的中级人民法院申请撤销裁决:

(一)适用法律、法规确有错误的;

（二）劳动争议仲裁委员会无管辖权的；

（三）违反法定程序的；

（四）裁决所根据的证据是伪造的；

（五）对方当事人隐瞒了足以影响公正裁决的证据的；

（六）仲裁员在仲裁该案时有索贿受贿、徇私舞弊、枉法裁决行为的。

人民法院经组成合议庭审查核实裁决有前款规定情形之一的，应当裁定撤销。

仲裁裁决被人民法院裁定撤销的，当事人可以自收到裁定书之日起十五日内就该劳动争议事项向人民法院提起诉讼。

第五十条 当事人对本法第四十七条规定以外的其他劳动争议案件的仲裁裁决不服的，可以自收到仲裁裁决书之日起十五日内向人民法院提起诉讼；期满不起诉的，裁决书发生法律效力。

第五十一条 当事人对发生法律效力的调解书、裁决书，应当依照规定的期限履行。一方当事人逾期不履行的，另一方当事人可以依照民事诉讼法的有关规定向人民法院申请执行。受理申请的人民法院应当依法执行。

第四章 附 则

第五十二条 事业单位实行聘用制的工作人员与本单位发生劳动争议的，依照本法执行；法律、行政法规或者国务院另有规定的，依照其规定。

第五十三条 劳动争议仲裁不收费。劳动争议仲裁委员会的经费由财政予以保障。

第五十四条 本法自2008年5月1日起施行。

最高人民法院关于审理劳动争议案件适用法律问题的解释（一）

（2020年12月25日最高人民法院审判委员会第1825次会议通过，自2021年1月1日起施行 法释〔2020〕26号）

为正确审理劳动争议案件，根据《中华人民共和国民法典》《中华人民共和国劳动法》《中华人民共和国劳动合同法》《中华人民共和国劳动争议调解仲裁法》《中华人民共和国民事诉讼法》等相关法律规定，结合审判实践，制定本解释。

第一条　劳动者与用人单位之间发生的下列纠纷,属于劳动争议,当事人不服劳动争议仲裁机构作出的裁决,依法提起诉讼的,人民法院应予受理:

(一)劳动者与用人单位在履行劳动合同过程中发生的纠纷;

(二)劳动者与用人单位之间没有订立书面劳动合同,但已形成劳动关系后发生的纠纷;

(三)劳动者与用人单位因劳动关系是否已经解除或者终止,以及应否支付解除或者终止劳动关系经济补偿金发生的纠纷;

(四)劳动者与用人单位解除或者终止劳动关系后,请求用人单位返还其收取的劳动合同定金、保证金、抵押金、抵押物发生的纠纷,或者办理劳动者的人事档案、社会保险关系等移转手续发生的纠纷;

(五)劳动者以用人单位未为其办理社会保险手续,且社会保险经办机构不能补办导致其无法享受社会保险待遇为由,要求用人单位赔偿损失发生的纠纷;

(六)劳动者退休后,与尚未参加社会保险统筹的原用人单位因追索养老金、医疗费、工伤保险待遇和其他社会保险待遇而发生的纠纷;

(七)劳动者因为工伤、职业病,请求用人单位依法给予工伤保险待遇发生的纠纷;

(八)劳动者依据劳动合同法第八十五条规定,要求用人单位支付加付赔偿金发生的纠纷;

(九)因企业自主进行改制发生的纠纷。

第二条　下列纠纷不属于劳动争议:

(一)劳动者请求社会保险经办机构发放社会保险金的纠纷;

(二)劳动者与用人单位因住房制度改革产生的公有住房转让纠纷;

(三)劳动者对劳动能力鉴定委员会的伤残等级鉴定结论或者对职业病诊断鉴定委员会的职业病诊断鉴定结论的异议纠纷;

(四)家庭或者个人与家政服务人员之间的纠纷;

(五)个体工匠与帮工、学徒之间的纠纷;

(六)农村承包经营户与受雇人之间的纠纷。

第三条　劳动争议案件由用人单位所在地或者劳动合同履行地的基层人民法院管辖。

劳动合同履行地不明确的,由用人单位所在地的基层人民法院管辖。

法律另有规定的,依照其规定。

第四条 劳动者与用人单位均不服劳动争议仲裁机构的同一裁决,向同一人民法院起诉的,人民法院应当并案审理,双方当事人互为原告和被告,对双方的诉讼请求,人民法院应当一并作出裁决。在诉讼过程中,一方当事人撤诉的,人民法院应当根据另一方当事人的诉讼请求继续审理。双方当事人就同一仲裁裁决分别向有管辖权的人民法院起诉的,后受理的人民法院应当将案件移送给先受理的人民法院。

第五条 劳动争议仲裁机构以无管辖权为由对劳动争议案件不予受理,当事人提起诉讼的,人民法院按照以下情形分别处理:

(一)经审查认为该劳动争议仲裁机构对案件确无管辖权的,应当告知当事人向有管辖权的劳动争议仲裁机构申请仲裁;

(二)经审查认为该劳动争议仲裁机构有管辖权的,应当告知当事人申请仲裁,并将审查意见书面通知该劳动争议仲裁机构;劳动争议仲裁机构仍不受理,当事人就该劳动争议事项提起诉讼的,人民法院应予受理。

第六条 劳动争议仲裁机构以当事人申请仲裁的事项不属于劳动争议为由,作出不予受理的书面裁决、决定或者通知,当事人不服依法提起诉讼的,人民法院应当分别情况予以处理:

(一)属于劳动争议案件的,应当受理;

(二)虽不属于劳动争议案件,但属于人民法院主管的其他案件,应当依法受理。

第七条 劳动争议仲裁机构以申请仲裁的主体不适格为由,作出不予受理的书面裁决、决定或者通知,当事人不服依法提起诉讼,经审查确属主体不适格的,人民法院不予受理;已经受理的,裁定驳回起诉。

第八条 劳动争议仲裁机构为纠正原仲裁裁决错误重新作出裁决,当事人不服依法提起诉讼的,人民法院应当受理。

第九条 劳动争议仲裁机构仲裁的事项不属于人民法院受理的案件范围,当事人不服依法提起诉讼的,人民法院不予受理;已经受理的,裁定驳回起诉。

第十条 当事人不服劳动争议仲裁机构作出的预先支付劳动者劳动报酬、工伤医疗费、经济补偿或者赔偿金的裁决,依法提起诉讼的,人民法院不予受理。

用人单位不履行上述裁决中的给付义务,劳动者依法申请强制执行的,人民法院应予受理。

第十一条 劳动争议仲裁机构作出的调解书已经发生法律效力,一方当事人反悔提起诉讼的,人民法院不予受理;已经受理的,裁定驳回起诉。

第十二条　劳动争议仲裁机构逾期未作出受理决定或仲裁裁决,当事人直接提起诉讼的,人民法院应予受理,但申请仲裁的案件存在下列事由的除外:

(一)移送管辖的;

(二)正在送达或者送达延误的;

(三)等待另案诉讼结果、评残结论的;

(四)正在等待劳动争议仲裁机构开庭的;

(五)启动鉴定程序或者委托其他部门调查取证的;

(六)其他正当事由。

当事人以劳动争议仲裁机构逾期未作出仲裁裁决为由提起诉讼的,应当提交该仲裁机构出具的受理通知书或者其他已接受仲裁申请的凭证、证明。

第十三条　劳动者依据劳动合同法第三十条第二款和调解仲裁法第十六条规定向人民法院申请支付令,符合民事诉讼法第十七章督促程序规定的,人民法院应予受理。

依据劳动合同法第三十条第二款规定申请支付令被人民法院裁定终结督促程序后,劳动者就劳动争议事项直接提起诉讼的,人民法院应当告知其先向劳动争议仲裁机构申请仲裁。

依据调解仲裁法第十六条规定申请支付令被人民法院裁定终结督促程序后,劳动者依据调解协议直接提起诉讼的,人民法院应予受理。

第十四条　人民法院受理劳动争议案件后,当事人增加诉讼请求的,如该诉讼请求与讼争的劳动争议具有不可分性,应当合并审理;如属独立的劳动争议,应当告知当事人向劳动争议仲裁机构申请仲裁。

第十五条　劳动者以用人单位的工资欠条为证据直接提起诉讼,诉讼请求不涉及劳动关系其他争议的,视为拖欠劳动报酬争议,人民法院按照普通民事纠纷受理。

第十六条　劳动争议仲裁机构作出仲裁裁决后,当事人对裁决中的部分事项不服,依法提起诉讼的,劳动争议仲裁裁决不发生法律效力。

第十七条　劳动争议仲裁机构对多个劳动者的劳动争议作出仲裁裁决后,部分劳动者对仲裁裁决不服,依法提起诉讼的,仲裁裁决对提起诉讼的劳动者不发生法律效力;对未提起诉讼的部分劳动者,发生法律效力,如其申请执行的,人民法院应当受理。

第十八条 仲裁裁决的类型以仲裁裁决书确定为准。仲裁裁决书未载明该裁决为终局裁决或者非终局裁决,用人单位不服该仲裁裁决向基层人民法院提起诉讼的,应当按照以下情形分别处理:

(一)经审查认为该仲裁裁决为非终局裁决的,基层人民法院应予受理;

(二)经审查认为该仲裁裁决为终局裁决的,基层人民法院不予受理,但应告知用人单位可以自收到不予受理裁定书之日起三十日内向劳动争议仲裁机构所在地的中级人民法院申请撤销该仲裁裁决;已经受理的,裁定驳回起诉。

第十九条 仲裁裁决书未载明该裁决为终局裁决或者非终局裁决,劳动者依据调解仲裁法第四十七条第一项规定,追索劳动报酬、工伤医疗费、经济补偿或者赔偿金,如果仲裁裁决涉及数项,每项确定的数额均不超过当地月最低工资标准十二个月金额的,应当按照终局裁决处理。

第二十条 劳动争议仲裁机构作出的同一仲裁裁决同时包含终局裁决事项和非终局裁决事项,当事人不服该仲裁裁决向人民法院提起诉讼的,应当按照非终局裁决处理。

第二十一条 劳动者依据调解仲裁法第四十八条规定向基层人民法院提起诉讼,用人单位依据调解仲裁法第四十九条规定向劳动争议仲裁机构所在地的中级人民法院申请撤销仲裁裁决的,中级人民法院应当不予受理;已经受理的,应当裁定驳回申请。

被人民法院驳回起诉或者劳动者撤诉的,用人单位可以自收到裁定书之日起三十日内,向劳动争议仲裁机构所在地的中级人民法院申请撤销仲裁裁决。

第二十二条 用人单位依据调解仲裁法第四十九条规定向中级人民法院申请撤销仲裁裁决,中级人民法院作出的驳回申请或者撤销仲裁裁决的裁定为终审裁定。

第二十三条 中级人民法院审理用人单位申请撤销终局裁决的案件,应当组成合议庭开庭审理。经过阅卷、调查和询问当事人,对没有新的事实、证据或者理由,合议庭认为不需要开庭审理的,可以不开庭审理。

中级人民法院可以组织双方当事人调解。达成调解协议的,可以制作调解书。一方当事人逾期不履行调解协议的,另一方可以申请人民法院强制执行。

第二十四条 当事人申请人民法院执行劳动争议仲裁机构作出的发生法律效力的裁决书、调解书,被申请人提出证据证明劳动争议仲裁裁决书、调解书有下列情形之一,并经审查核实的,人民法院可以根据民事诉讼法第二百三十七条

规定,裁定不予执行:

(一)裁决的事项不属于劳动争议仲裁范围,或者劳动争议仲裁机构无权仲裁的;

(二)适用法律、法规确有错误的;

(三)违反法定程序的;

(四)裁决所根据的证据是伪造的;

(五)对方当事人隐瞒了足以影响公正裁决的证据的;

(六)仲裁员在仲裁该案时有索贿受贿、徇私舞弊、枉法裁决行为的;

(七)人民法院认定执行该劳动争议仲裁裁决违背社会公共利益的。

人民法院在不予执行的裁定书中,应当告知当事人在收到裁定书之次日起三十日内,可以就该劳动争议事项向人民法院提起诉讼。

第二十五条　劳动争议仲裁机构作出终局裁决,劳动者向人民法院申请执行,用人单位向劳动争议仲裁机构所在地的中级人民法院申请撤销的,人民法院应当裁定中止执行。

用人单位撤回撤销终局裁决申请或者其申请被驳回的,人民法院应当裁定恢复执行。仲裁裁决被撤销的,人民法院应当裁定终结执行。

用人单位向人民法院申请撤销仲裁裁决被驳回后,又在执行程序中以相同理由提出不予执行抗辩的,人民法院不予支持。

第二十六条　用人单位与其他单位合并的,合并前发生的劳动争议,由合并后的单位为当事人;用人单位分立为若干单位的,其分立前发生的劳动争议,由分立后的实际用人单位为当事人。

用人单位分立为若干单位后,具体承受劳动权利义务的单位不明确的,分立后的单位均为当事人。

第二十七条　用人单位招用尚未解除劳动合同的劳动者,原用人单位与劳动者发生的劳动争议,可以列新的用人单位为第三人。

原用人单位以新的用人单位侵权为由提起诉讼的,可以列劳动者为第三人。

原用人单位以新的用人单位和劳动者共同侵权为由提起诉讼的,新的用人单位和劳动者列为共同被告。

第二十八条　劳动者在用人单位与其他平等主体之间的承包经营期间,与发包方和承包方双方或者一方发生劳动争议,依法提起诉讼的,应当将承包方和发包方作为当事人。

第二十九条 劳动者与未办理营业执照、营业执照被吊销或者营业期限届满仍继续经营的用人单位发生争议的,应当将用人单位或者其出资人列为当事人。

第三十条 未办理营业执照、营业执照被吊销或者营业期限届满仍继续经营的用人单位,以挂靠等方式借用他人营业执照经营的,应当将用人单位和营业执照出借方列为当事人。

第三十一条 当事人不服劳动争议仲裁机构作出的仲裁裁决,依法提起诉讼,人民法院审查认为仲裁裁决遗漏了必须共同参加仲裁的当事人的,应当依法追加遗漏的人为诉讼当事人。

被追加的当事人应当承担责任的,人民法院应当一并处理。

第三十二条 用人单位与其招用的已经依法享受养老保险待遇或者领取退休金的人员发生用工争议而提起诉讼的,人民法院应当按劳务关系处理。

企业停薪留职人员、未达到法定退休年龄的内退人员、下岗待岗人员以及企业经营性停产放长假人员,因与新的用人单位发生用工争议而提起诉讼的,人民法院应当按劳动关系处理。

第三十三条 外国人、无国籍人未依法取得就业证件即与中华人民共和国境内的用人单位签订劳动合同,当事人请求确认与用人单位存在劳动关系的,人民法院不予支持。

持有《外国专家证》并取得《外国人来华工作许可证》的外国人,与中华人民共和国境内的用人单位建立用工关系的,可以认定为劳动关系。

第三十四条 劳动合同期满后,劳动者仍在原用人单位工作,原用人单位未表示异议的,视为双方同意以原条件继续履行劳动合同。一方提出终止劳动关系的,人民法院应予支持。

根据劳动合同法第十四条规定,用人单位应当与劳动者签订无固定期限劳动合同而未签订的,人民法院可以视为双方之间存在无固定期限劳动合同关系,并以原劳动合同确定双方的权利义务关系。

第三十五条 劳动者与用人单位就解除或者终止劳动合同办理相关手续、支付工资报酬、加班费、经济补偿或者赔偿金等达成的协议,不违反法律、行政法规的强制性规定,且不存在欺诈、胁迫或者乘人之危情形的,应当认定有效。

前款协议存在重大误解或者显失公平情形,当事人请求撤销的,人民法院应予支持。

第三十六条　当事人在劳动合同或者保密协议中约定了竞业限制，但未约定解除或者终止劳动合同后给予劳动者经济补偿，劳动者履行了竞业限制义务，要求用人单位按照劳动者在劳动合同解除或者终止前十二个月平均工资的30%按月支付经济补偿的，人民法院应予支持。

前款规定的月平均工资的30%低于劳动合同履行地最低工资标准的，按照劳动合同履行地最低工资标准支付。

第三十七条　当事人在劳动合同或者保密协议中约定了竞业限制和经济补偿，当事人解除劳动合同时，除另有约定外，用人单位要求劳动者履行竞业限制义务，或者劳动者履行了竞业限制义务后要求用人单位支付经济补偿的，人民法院应予支持。

第三十八条　当事人在劳动合同或者保密协议中约定了竞业限制和经济补偿，劳动合同解除或者终止后，因用人单位的原因导致三个月未支付经济补偿，劳动者请求解除竞业限制约定的，人民法院应予支持。

第三十九条　在竞业限制期限内，用人单位请求解除竞业限制协议的，人民法院应予支持。

在解除竞业限制协议时，劳动者请求用人单位额外支付劳动者三个月的竞业限制经济补偿的，人民法院应予支持。

第四十条　劳动者违反竞业限制约定，向用人单位支付违约金后，用人单位要求劳动者按照约定继续履行竞业限制义务的，人民法院应予支持。

第四十一条　劳动合同被确认为无效，劳动者已付出劳动的，用人单位应当按照劳动合同法第二十八条、第四十六条、第四十七条的规定向劳动者支付劳动报酬和经济补偿。

由于用人单位原因订立无效劳动合同，给劳动者造成损害的，用人单位应当赔偿劳动者因合同无效所造成的经济损失。

第四十二条　劳动者主张加班费的，应当就加班事实的存在承担举证责任。但劳动者有证据证明用人单位掌握加班事实存在的证据，用人单位不提供的，由用人单位承担不利后果。

第四十三条　用人单位与劳动者协商一致变更劳动合同，虽未采用书面形式，但已经实际履行了口头变更的劳动合同超过一个月，变更后的劳动合同内容不违反法律、行政法规且不违背公序良俗，当事人以未采用书面形式为由主张劳动合同变更无效的，人民法院不予支持。

第四十四条 因用人单位作出的开除、除名、辞退、解除劳动合同、减少劳动报酬、计算劳动者工作年限等决定而发生的劳动争议，用人单位负举证责任。

第四十五条 用人单位有下列情形之一，迫使劳动者提出解除劳动合同的，用人单位应当支付劳动者的劳动报酬和经济补偿，并可支付赔偿金：

（一）以暴力、威胁或者非法限制人身自由的手段强迫劳动的；

（二）未按照劳动合同约定支付劳动报酬或者提供劳动条件的；

（三）克扣或者无故拖欠劳动者工资的；

（四）拒不支付劳动者延长工作时间工资报酬的；

（五）低于当地最低工资标准支付劳动者工资的。

第四十六条 劳动者非因本人原因从原用人单位被安排到新用人单位工作，原用人单位未支付经济补偿，劳动者依据劳动合同法第三十八条规定与新用人单位解除劳动合同，或者新用人单位向劳动者提出解除、终止劳动合同，在计算支付经济补偿或赔偿金的工作年限时，劳动者请求把在原用人单位的工作年限合并计算为新用人单位工作年限的，人民法院应予支持。

用人单位符合下列情形之一的，应当认定属于“劳动者非因本人原因从原用人单位被安排到新用人单位工作”：

（一）劳动者仍在原工作场所、工作岗位工作，劳动合同主体由原用人单位变更为新用人单位；

（二）用人单位以组织委派或任命形式对劳动者进行工作调动；

（三）因用人单位合并、分立等原因导致劳动者工作调动；

（四）用人单位及其关联企业与劳动者轮流订立劳动合同；

（五）其他合理情形。

第四十七条 建立了工会组织的用人单位解除劳动合同符合劳动合同法第三十九条、第四十条规定，但未按照劳动合同法第四十三条规定事先通知工会，劳动者以用人单位违法解除劳动合同为由请求用人单位支付赔偿金的，人民法院应予支持，但起诉前用人单位已经补正有关程序的除外。

第四十八条 劳动合同法施行后，因用人单位经营期限届满不再继续经营导致劳动合同不能继续履行，劳动者请求用人单位支付经济补偿的，人民法院应予支持。

第四十九条 在诉讼过程中，劳动者向人民法院申请采取财产保全措施，人民法院经审查认为申请人经济确有困难，或者有证据证明用人单位存在欠薪逃匿可能的,应当减轻或者免除劳动者提供担保的义务,及时采取保全措施。

人民法院作出的财产保全裁定中,应当告知当事人在劳动争议仲裁机构的裁决书或者在人民法院的裁判文书生效后三个月内申请强制执行。逾期不申请的,人民法院应当裁定解除保全措施。

第五十条　用人单位根据劳动合同法第四条规定,通过民主程序制定的规章制度,不违反国家法律、行政法规及政策规定,并已向劳动者公示的,可以作为确定双方权利义务的依据。

用人单位制定的内部规章制度与集体合同或者劳动合同约定的内容不一致,劳动者请求优先适用合同约定的,人民法院应予支持。

第五十一条　当事人在调解仲裁法第十条规定的调解组织主持下达成的具有劳动权利义务内容的调解协议,具有劳动合同的约束力,可以作为人民法院裁判的根据。

当事人在调解仲裁法第十条规定的调解组织主持下仅就劳动报酬争议达成调解协议,用人单位不履行调解协议确定的给付义务,劳动者直接提起诉讼的,人民法院可以按照普通民事纠纷受理。

第五十二条　当事人在人民调解委员会主持下仅就给付义务达成的调解协议,双方认为有必要的,可以共同向人民调解委员会所在地的基层人民法院申请司法确认。

第五十三条　用人单位对劳动者作出的开除、除名、辞退等处理,或者因其他原因解除劳动合同确有错误的,人民法院可以依法判决予以撤销。

对于追索劳动报酬、养老金、医疗费以及工伤保险待遇、经济补偿金、培训费及其他相关费用等案件,给付数额不当的,人民法院可以予以变更。

第五十四条　本解释自 2021 年 1 月 1 日起施行。

后　　记

本书由上海市普陀区总工会组织权益保障部工作人员和上海七方律师事务所劳动法律师团队共同撰写而成，具体章节撰稿人如下：

第一章　李华平

第二章　马怡坤

第三章　谢亦团、李林芳、朱玉贵

第四章　谢亦团

第五章　李华平、王年俊

第六章　王余婷

第七章　谢亦团、王年俊

第八章　王余婷、郑华、孙志勇、孔慧卿、宋佳凌

第九章　王余婷

第十章　王余婷、郑华、罗雅敏

第十一章　王余婷、马怡坤、王年俊

第十二章　李剑、谢亦团

第十三章　郑华、吴炜

第十四章　李华平、孙志勇

第十五章　李华平

2022 年 12 月